全国高等教育自学考试指定教材
护理学专业（独立本科段）

# 预防医学（二



（2009年版）

（附：预防医学自学考试大纲）

全国高等教育自学考试指导委员会　组编

主　编　钟才高

编　者　（按姓氏笔画为序）

王乐三　刘桃成　胡敏予　曾　明

主　审　蔡　原

参　审　谭红专　孔杏云

北京大学医学出版社

**图书在版编目（CIP）数据**

预防医学．2/钟才高主编．—北京：北京大学医学出版社，2009（2023.1 重印）

全国高等教育自学考试指定教材

ISBN 978-7-81116-728-3

Ⅰ．预…　Ⅱ．钟…　Ⅲ．预防医学—高等教育—自学考试—教材　Ⅳ．R1

中国版本图书馆 CIP 数据核字（2009）第 119645 号

**预防医学（二）**（2009 年版）

**主　　编：**钟才高

**出版发行：**北京大学医学出版社

**地　　址：**（100191）北京市海淀区学院路 38 号　北京大学医学部院内

**电　　话：**发行部 010－82802230；图书邮购 010－82802495

**网　　址：**http：//www.pumpress.com.cn

E－mail：booksale@bjmu.edu.cn

**印　　刷：**北京溢漾印刷有限公司

**经　　销：**新华书店

**责任编辑：**江　宁　　**责任校对：**金彤文　　**责任印制：**罗德刚

**开　　本：**787 mm×1092 mm　1/16　　**印张：**21.75　　**字数：**530 千字

**版　　次：**2009 年 9 月第 1 版　2023 年 1 月第 25 次印刷

**书　　号：**ISBN 978-7-81116-728-3

**定　　价：**33.00 元

# 组编前言

21世纪是一个变化莫测的世纪，是一个催人奋进的时代。科学技术飞速发展，知识更替日新月异。希望、困惑、机遇、挑战，随时随地都有可能出现在每一个社会成员的生活之中。抓住机遇，寻求发展，迎接挑战，适应变化的制胜法宝就是学习——依靠自己学习，终身学习。

作为我国高等教育组成部分的自学考试，其职责就是在高等教育这个水平上倡导自学、鼓励自学，为每一个自学者铺就成才之路。组织编写供读者学习的教材就是履行这个职责的重要环节。毫无疑问，这种教材应当适合自学者增强创新意识、培养实践能力、形成自学能力，也有利于学习者学以致用，解决实际工作中所遇到的问题。具有如此特点的书，我们虽然沿用了“教材”这个概念，但它与那种仅供教师讲、学生听，教师不讲、学生不懂，以“教”为中心的教科书相比，已经在内容安排、形式体例、行文风格等方面都大不相同了。希望读者对此有所了解，以便从一开始就树立起依靠自己学习的坚定信念，不断探索适合自己的学习方法，充分利用已有的知识基础和实际工作经验，最大限度地发挥自己的潜能，达到学习的目标。

祝每一位读者自学成功。

本教材由全国考委医药学类专业委员会遴选作者、安排编写、组织审稿，保证了医药学类自考教材的质量。

欢迎读者提出意见和建议。

**全国高等教育自学考试指导委员会**

**2009年6月**

# 目　　录

## 预防医学(二)自学考试大纲



## 预防医学（二）



### 第一篇　预防医学概论

## 第二篇　疾病预防与控制

## 第三篇　人群健康研究方法

全国高等教育自学考试

护理学专业（独立本科段）

# 预防医学（二）自学考试大纲

（含考核目标）

全国高等教育自学考试指导委员会　制定

# 预防医学（二）课程自学考试大纲出版前言

为了适应社会主义现代化建设事业的需要，鼓励自学教材，我国在 20 世纪 80 年代初建立了高等教育自学考试制度。高等教育自学考试是个人自学，社会助学和国家考试相结合的一种高等教育形式。应考查通过规定的专业考试课程并经思想品德鉴定达到毕业要求的，可获得毕业证书；国家承认学历并按照规定享有与普通高等学校毕业生同等的有关待遇。经过近 30 年的发展，高等教育自学考试为国家培养造就了大批专门人才。

课程自学考试大纲是国家规范自学者学习范围、要求和考试标准的文件。它是按照专业考试计划的要求，具体指导个人自学、社会助学、国家考试、编写教材、编写自学辅导书的依据。

随着经济社会的快速发展，新的法律法规不断出台，科技成果不断涌现，原大纲中有些内容过时、知识陈旧。为更新教育观念，深化教学内容方式、考试制度、质量评价制度改革，使自学考试更好地提高人才培养的质量，各专业委员会按照专业考试计划的要求，对原课程自学考试大纲组织了修订或重编。

修订后的大纲，在层次上，专科参照一般普通高校专科或高职院校的水平，本科参照一般普通高校本科水平；在内容上，力图反映学科的发展变化，增补了自然科学和社会科学近年来研究的成果，对明显陈旧的内容进行了删减。

全国考委医药学类专业委员会组织制定了《预防医学（二）自学考试大纲》，经教育部批准，现颁发施行。各地教育部门、考试机构应认真贯彻执行。

**全国高等教育自学考试指导委员会**

**二〇〇九年四月**

# 目　　录

# Ⅰ　课程性质、设置目的与基本要求

## 一、课程的性质与特点

全国高等教育自学考试指定教材《预防医学》是一本供护理学专业（独立本科段）的非预防医学专业的统编教材，该课程为护理学专业的必修课程，6学分。全书除绪论外，分为预防医学概论、疾病预防与控制、人群健康研究方法三篇，共20章。内容涵盖公共卫生与预防医学基本理论、基本知识与基本技能。该《预防医学》课程不同于基础医学、临床医学与护理学等分支学科课程，它具有知识内容覆盖面广、学科交叉性强、理论与方法并存、适用操作性好等特点，同时注重学生的实际应用与自学能力的培养。课程所涉及的公共卫生与预防医学知识能满足国家卫生保健事业对护理专业毕业生的要求。

护理工作与预防医学的工作领域有着密切的联系，临床护理、社区护理、家庭护理等是构成预防工作不可缺少的重要组成部分。护理工作者在疫苗接种、临床预防、健康体检、健康教育宣传、公共卫生突发事件（如食物中毒、职业危害、灾害性健康损害等事件）处理等公共卫生工作中起着十分重要的作用，因此，《预防医学》课程是护理专业医学生的重要必修课之一。

## 二、课程设置目的

本教材的教学目标旨在护理专业教育中加强预防战略思想教育，使学生牢固树立“预防为主”、“大卫生观”的基本思想，充分认识医学的目的不仅仅是治疗疾病，更重要的是预防疾病、增进健康、延长寿命、提高生命质量。同时，使学生充分理解现代的医学模式与健康新概念，懂得护理工作所涉及的服务对象不仅仅是患者，还应包括健康人群、亚健康人群。使护理专业毕业生在未来的医疗卫生服务工作实践中具有利用预防医学基本原理和方法开展以医院为中心的“三级预防”工作。

## 三、课程基本要求

为适应21世纪卫生保健事业发展的需要，本教材根据2003年3月世界医学联合会（WFME）发布的“本科医学教育国际标准”（Global Standards for Basic Medical Education）和2001年11月国际医学教育研究所（IIME）提出的“医学教育全球最低基本要求”(Global Minimum Essential Requirements in Medical Education)，通过学习本课程，要求护理专业学生具有预防医学战略思想，在保护和促进人类健康方面具备良好的公共卫生与预防医学基础理论、基本知识与基本技能，在将来的护理工作实践中能为社区制定卫生保健规划、健康促进与疾病预防策略提供技术指导，并能参与公共卫生突发事件处理和开展人群健康影响研究工作。《预防医学》课程学习的基本要求如下：

第一篇“预防医学概论”基本要求：① 了解环境与健康的关系、卫生法律法规、初级卫生保健与疾病监测的基本知识；② 熟悉生活环境、职业环境、医院环境、社会环境以及食物中影响人类健康的各种有害因素；③ 掌握卫生保健策略，特别是三级预防策略，以达到能为社区制定卫生保健规划、健康促进与疾病预防策略提供技术指导，具备参与公共卫生突发事件处理的工作能力。

第二篇“疾病预防与控制”基本要求：① 了解地方病、职业病、食源性疾病、传染性疾病、慢性非传染性疾病、医源性疾病、社会病等疾病发生的原因（致病因素）、临床诊断等；② 熟悉和掌握上述疾病的处理原则；③ 掌握这些疾病的基本预防对策。

第三篇“人群健康研究方法”基本要求：① 了解疾病病因探索方法、人群健康研究资料的统计基本概念、统计分析基本步骤等；② 熟悉流行病学调查方法、数值变量资料与分类变量资料的统计描述与统计推断、直线回归与直线相关分析；③ 掌握 $t$ 检验与 $\chi^2$ 检验基本统计方法与分析。

# Ⅱ　课程内容与考核目标

## 绪　论

### 一、学习目的和要求

通过绪论的学习，了解预防医学的发展趋势及其特点、护理专业学习预防医学的目的和意义；熟悉21世纪预防医学面临的主要问题；掌握生物-心理-社会医学模式、健康的概念与健康标准、我国的卫生工作方针。

### 二、课程内容

（一）现代预防医学的发展趋势
（二）医学模式与健康概念
（三）预防医学在医学领域中的战略地位与作用
（四）21世纪预防医学面临的主要问题
（五）护理专业学习预防医学的重要性

### 三、考核知识点

1. 预防医学的概念与特点。
2. 医学模式与健康概念。
3. 预防医学的战略地位与作用。
4. 护理专业学习预防医学的重要性。

### 四、考核要求

1. 现代预防医学的发展趋势
识记：预防医学的定义。
领会：预防医学与临床医学的区别与现代预防医学发展趋势的特点。
2. 医学模式与健康概念
识记：医学模式定义，健康的内涵及其10项标志。
领会：医学模式的演变对疾病防制的指导意义。
3. 预防医学的战略地位与作用
识记：我国不同时期的卫生工作方针。
领会：WHO在每年的世界卫生日（4月7日）确定一个有关公共卫生主题的意义。
4. 护理专业学习预防医学的重要性
领会：学习《预防医学》课程的重要性及课程学习的目的。
简单应用：医院护理工作中如何实施临床预防。

# 第一篇　预防医学概论

## 第一章　环境与健康概述

### 一、学习目的和要求

通过本章的学习，了解人类环境及其构成、环境污染物的种类及其来源，理解人类环境的概念与环境污染控制策略；熟悉生态系统、食物链与食物网、生态平衡的概念，环境污染物对机体健康的影响因素；掌握人与环境的关系，重点掌握环境污染对人体健康的危害。

### 二、课程内容

第一节　人与环境的关系
（一）人类环境及其构成
（二）人与环境的关系
（三）生态系统与生态平衡
第二节　环境污染及其对健康的危害
（一）环境污染来源
（二）污染物在体内的处置过程
（三）环境污染物对健康的影响
（四）污染物对健康损害的影响因素
（五）环境污染引起的疾病类型
第三节　环境污染的控制策略
（一）贯彻执行卫生法律法规与卫生标准
（二）加强环境卫生调查监测与监督管理
（三）控制污染源的污染物排放
（四）加强环境保护宣传教育

### 三、考核知识点

1. 人类环境概念及人与环境的关系。
2. 环境污染及其对人体健康的影响。

### 四、考核要求

1. 人与环境的关系
识记：人类环境、生态系统、食物链与食物网、生态平衡的概念。
领会：人与环境的关系。
简单应用：食物链与食物网在环境污染危害中的作用。
2. 环境污染及其对健康的危害
识记：环境污染、一次污染物、二次污染物、剂量-效应关系、剂量-反应关系、相加作用、协同作用、加强作用、拮抗作用、独立作用的概念。

领会：环境污染对人体健康的急性损害作用、慢性损害作用、致癌作用、致畸作用、免疫毒作用以及环境污染引起的疾病类型；污染物的理化学性质、暴露强度与方式，多种污染物联合影响，机体易感性以及暴露时环境条件等因素对人体健康危害的影响。

简单应用：机体易感性（包括生理状况、疾病状态、遗传因素与营养条件）对污染物所致健康危害的影响。

综合应用：环境污染健康危害的预防在社区护理工作中的应用。

# 第二章　生活环境与健康

## 一、学习目的和要求

通过本章的学习，了解大气物理因素的健康效应和住宅建筑的卫生学要求、健康相关产品概念与种类，熟悉大气、饮用水、住宅环境卫生措施和健康相关产品的卫生监督和管理，掌握大气化学污染、饮用水污染、不良住宅建筑的健康危害以及健康相关产品对健康的负面影响，重点掌握饮用水的卫生学要求与水源的卫生防护。

## 二、课程内容

第一节　大气质量与健康

（一）大气物理因素的健康效应

（二）大气化学污染的健康危害

（三）大气卫生防护对策

第二节　饮用水与健康

（一）饮用水的卫生要求

（二）饮用水污染来源

（三）饮用水污染的健康危害

（四）饮用水供给卫生措施

第三节　住宅环境与健康

（一）住宅建筑的卫生要求

（二）住宅建筑内的污染因素

（三）不良住宅建筑的健康危害

（四）住宅建筑室内环境的卫生防护

第四节　健康相关产品与健康

（一）主要的健康相关产品

（二）健康相关产品对健康的影响

（三）健康相关产品的卫生监督和管理

## 三、考核知识点

1. 大气化学污染对健康的直接危害与间接影响。
2. 饮用水的卫生学要求、饮用水污染的健康危害与水源的卫生防护措施。
3. 住宅建筑卫生要求与不良住宅建筑的健康危害。
4. 健康相关产品对健康的负面影响。

## 四、考核要求

1. 大气质量与健康
识记：急性危害、慢性危害、温室效应、臭氧空洞、酸雨、气候变化的概念。
领会：大气化学污染对人体健康的直接损害与间接损害作用。
2. 饮用水与健康
识记：饮用水的卫生学要求。
领会：饮用水污染危害健康的特征。
简单应用：集中式给水水源选择的基本原则。
综合应用：分散式给水水源的卫生防护基本要求。
3. 住宅环境与健康
识记：住宅建筑的基本卫生要求。
领会：不良住宅建筑引起的健康危害。
4. 健康相关产品与健康
识记：健康相关产品概念。
领会：化妆品导致的刺激性接触性皮炎、变应性接触性皮炎、光变应性接触性皮炎、光毒性皮炎、皮肤痤疮、皮肤色素沉着症等；化妆品的微生物污染造成的健康损害；洗涤剂的健康损害。

# 第三章　食物与健康

## 一、学习目的和要求

通过本章的学习，了解能量和5类营养素的生理功能、膳食参考摄入量和合理的膳食结构、食物中外源性污染类型；熟悉各类食物的营养价值，食品添加剂的概念、分类与使用要求；掌握合理膳食的基本要求和合理的膳食结构、不同类型的病人营养原则与营养状况的调查与评价方法。

## 二、课程内容

第一节　食物中的营养素
（一）膳食营养素参考摄入量
（二）能量与营养素
第二节　合理膳食

（一）合理膳食的基本要求
（二）各类食物的营养价值
（三）合理的膳食结构
第三节　临床营养
（一）基本膳食
（二）治疗膳食
（三）试验膳食
（四）营养状况的调查与评价
第四节　食品中外源性物质的卫生问题
（一）食品添加剂
（二）食品中污染物及防制

## 三、考核知识点

1. 膳食营养素参考摄入量。
2. 合理膳食的基本要求和合理的膳食结构。
3. 医院不同病人的膳食原则与营养状况的调查与评价。
4. 食品添加剂的概念、分类与使用要求。

## 四、考核要求

1. 食物中的营养素
识记：平均需要量、推荐摄入量、适宜摄入量、可耐受最高摄入量的概念。
领会：能量与5大营养素对促进机体健康的作用。
2. 合理膳食
识记：合理膳食的基本要求、营养质量指数、中国居民膳食指南。
领会：食品营养价值的评定。
简单应用：中国居民平衡膳食宝塔。
3. 临床营养
识记：医院病人的基本膳食、治疗膳食、试验膳食的基本原则，标准体重计算，身体质量指数。
领会：不同病人的营养膳食要求。
简单应用：病人的基本膳食、治疗膳食、试验膳食在护理实践中的应用。
综合应用：医院病人的营养状况调查与评价。

# 第四章　职业环境与健康

## 一、学习目的和要求

通过本章的学习，了解职业生命质量概念与措施、职业卫生服务概念与模式；熟悉影响职业者健康的生产环境的有害因素、生产过程不良劳动条件、劳动过程中劳动者不良机体状态、职业健康促进的概念与措施；掌握劳动者的健康监护与职业卫生服务的内容。

**二、课程内容**

第一节　职业性有害因素
（一）生产环境中有害因素
（二）生产过程不良劳动条件
（三）劳动过程中劳动者不良机体状态
第二节　职业生命质量与职业健康促进
（一）职业生命质量
（二）职业健康促进
第三节　劳动者的健康监护
（一）就业前健康检查
（二）定期健康检查
（三）应急性健康检查
（四）离岗或转岗时的健康检查
（五）职业环境的卫生监测
第四节　职业卫生服务
（一）职业卫生服务
（二）职业卫生服务的内容
（三）职业卫生服务模式
（四）护理工作者在职业卫生服务中的作用

**三、考核知识点**

1. 影响职业者健康的职业有害因素。
2. 职业健康促进的概念与措施。
3. 劳动者健康监护的基本内容。
4. 职业卫生服务的内容。

**四、考核要求**

1. 职业性有害因素

识记：职业性有害因素的概念与分类

领会：生产环境中有害因素、生产过程中不良劳动条件、劳动过程中劳动者不良机体状态对劳动者健康的影响。

2. 职业生命质量与职业健康促进

识记：职业生命质量与职业健康促进的概念。

领会：实施职业健康促进措施对保护劳动者的重要性。

3. 劳动者的健康监护

识记：职业健康监护、就业前健康检查、职业禁忌证、定期健康检查、应急性健康检查的概念与职业环境监测和职业者生物检测内容。

领会：不同健康监护措施对保护劳动者健康的意义。

简单应用：在某一职业人群中，宣传就业前健康检查、定期健康检查、应急性健康检查、离岗或转岗时健康检查对促进职业者健康的作用和意义。

4. 职业卫生服务

识记：职业卫生服务概念。

领会：职业卫生服务的内容、职业卫生服务对保护职业者健康的重要性。

综合应用：护理工作人员在职业卫生服务中的作用。

# 第五章　医院环境与健康

## 一、学习目的和要求

通过本章的学习，了解医院总体布局以及医院各功能部分设计的卫生要求；熟悉医院室内和室外环境质量要求；掌握护理职业暴露因素及其防护措施、护理区环境管理的要求、护理区交叉感染的预防控制措施。

## 二、课程内容

第一节　医院环境质量要求

（一）医院规划布局

（二）医院环境质量卫生要求

第二节　医院护理防护

（一）护理职业暴露及其防护

（二）医院护理区卫生管理

## 三、考核知识点

1. 医院室内和室外环境质量要求。

2. 医院护理职业暴露因素及其防护措施、护理区环境卫生管理的要求、护理区交叉感染的预防控制措施。

## 四、考核要求

1. 医院环境质量要求

识记：医院室内和室外环境质量要求。

领会：室内环境质量对病人康复的作用。

2. 医院护理防护

识记：医院护理区、护理职业暴露、护理职业防护、交叉感染的概念。

领会：护理工作中生物、物理、化学和社会心理因素（护理暴露因素）产生的来源；护理区的整洁卫生和舒适安全对病人康复的作用；导致护理区交叉感染的主要原因。

简单应用：护理区交叉感染的卫生管理与控制措施。

# 第六章　非物质环境因素与健康

## 一、学习目的和要求

通过本章的学习，了解社会经济、文化教育和人际关系与健康的关系；熟悉社会环境因素与健康的关系；掌握情绪、个性和应激等心理因素和行为因素对健康的影响。

## 二、课程内容

第一节　社会环境因素与健康
（一）社会经济与健康
（二）文化教育与健康
（三）人际关系与健康
第二节　心理因素与健康
（一）情绪与健康
（二）个性与健康
（三）应激与健康
第三节　行为因素与健康
（一）促进健康的行为
（二）危害健康的行为

## 三、考核知识点

1. 社会环境因素对健康的影响。
2. 心理因素和行为因素对健康的影响。
3. 促进健康的行为。

## 四、考核要求

1. 社会环境与健康
识记：社会环境概念、社会环境因素的概念。
领会：社会经济、文化教育、人际关系对健康的影响。
2. 心理因素与健康
识记：心理因素、情绪、个性、气质、性格和应激的概念。
领会：应激事件对健康的影响。
简单应用：指导病人调节心理因素来促进疾病恢复。
3. 行为因素与健康
识记：行为、行为医学的概念。
领会：常见不良行为因素对健康的影响。
简单应用：指导健康人与病人采取促进健康的行为。

# 第七章　预防保健策略与措施

## 一、学习目的和要求

通过本章的学习，了解初级卫生保健基本原则、卫生法与卫生监督的概念、21 世纪全球卫生保健目标；熟悉初级卫生保健的概念、内涵、主要任务和突发公共卫生事件的报告与通报；掌握疾病的三级预防策略和突发公共卫生事件中医疗卫生机构的应急反应。

## 二、课程内容

第一节　初级卫生保健
（一）初级卫生保健的概念与基本原则
（二）初级卫生保健的主要任务
（三）21 世纪全球卫生保健目标
第二节　疾病的三级预防策略
（一）一级预防
（二）二级预防
（三）三级预防
第三节　卫生法与卫生监督
（一）卫生法
（二）卫生监督
（三）疾病监测
第四节　突发公共卫生事件的应急反应
（一）突发公共卫生事件定义
（二）突发公共卫生事件特征
（三）突发公共卫生事件分级
（四）突发公共卫生事件报告与通报
（五）医疗卫生机构在突发公共卫生事件中的作用

## 三、考核知识点

1. 初级卫生保健的概念、内涵与主要任务。
2. 疾病的三级预防概念、内容与应用。
3. 卫生监督的概念与内容。
4. 突发公共卫生事件的报告与通报以及医疗卫生机构的应急反应。

## 四、考核要求

1. 初级卫生保健
识记：初级卫生保健的概念与内涵。
领会：初级卫生保健的主要内容。

2. 疾病的三级预防

识记：一级预防、计划免疫、特殊预防、环境保护、健康教育、自我保健、二级预防和三级预防的概念。

领会：发病前期的病因预防（即一级预防）在疾病防治中的优先地位。

简单应用：发病期的二级预防和发病后期的三级预防对于防止疾病发展和恶化的重要性。

综合应用：心血管疾病如高血压的三级预防措施的制定。

3. 卫生法与卫生监督

识记：卫生法律、卫生法规、卫生规章、卫生标准、卫生技术操作规程、国际卫生条约、预防性卫生监督、经常性卫生监督、应急性卫生监督、疾病监测的概念。

领会：卫生监督与疾病监测在预防保健中的作用。

4. 突发公共卫生事件的应急反应

识记：突发公共卫生事件的概念和特征。

领会：突发公共卫生事件报告与通报的重要性。

简单应用：医疗卫生机构在突发公共卫生事件中应采取的应急反应。

# 第二篇　疾病预防与控制

## 第八章　地方病防制

### 一、学习目的和要求

通过本章的学习，了解地方病防治工作的基本原则、碘缺乏病、地方性氟中毒和地方性砷中毒的致病病因、发病机制、病区划分标准、临床表现；熟悉地方病概念、流行特征以及碘缺乏病、地方性氟中毒和地方性砷中毒的诊断依据与诊断标准；掌握碘缺乏病、地方性氟中毒和地方性砷中毒的防治措施。

### 二、课程内容

第一节　地方病概述

（一）地方病的定义

（二）地方病的流行特征

（三）地方病防治工作的基本原则

第二节　碘缺乏病

（一）致病病因

（二）流行特征

（三）病区划分标准

（四）地方性甲状腺肿

（五）地方性克汀病

（六）防治措施
第三节　地方性氟中毒
（一）致病病因
（二）流行特征
（三）病区划分标准
（四）发病机制
（五）临床表现与临床诊断
（六）防治措施
第四节　地方性砷中毒
（一）致病病因
（二）流行特征
（三）病区判断与病区划分标准
（四）发病机制
（五）临床表现
（六）诊断标准
（七）防治措施

**三、考核知识点**

1. 地方病的概念、流行特征与地方病防治工作的基本原则。
2. 碘缺乏病、地方性氟中毒和地方性砷中毒的概念、诊断依据、诊断标准与防治措施。

**四、考核要求**

1. 地方病概述
识记：地方病、生物地球化学性疾病、自然生物源性地方病的概念。
领会：地方病的流行特征、制定社区地方病防治工作的基本原则的重要性。
简单应用：地方病的总体预防控制对策在社区中的应用。
2. 碘缺乏病
识记：碘缺乏病、地方性甲状腺肿、地方性克汀病的概念。
领会：地方性甲状腺肿、地方性克汀病的诊断依据与诊断标准。
简单应用：制定农村社区碘缺乏病的防治措施。
3. 地方性氟中毒
识记：地方性氟中毒的概念。
领会：氟斑牙、氟骨症的诊断依据与诊断标准。
简单应用：制定农村社区地方性氟中毒的防治措施。
4. 地方性砷中毒
识记：地方性砷中毒的概念。
领会：地方性砷中毒的诊断标准。
简单应用：制定农村社区地方性砷中毒的防治措施。

# 第九章　职业病防制

## 一、学习目的和要求

通过本章的学习，了解常见职业病（职业中毒、尘肺、物理因素职业病）的职业接触机会、发病机制；熟悉常见职业中毒、尘肺病和物理因素所致的职业病等的临床诊断标准与预防措施；掌握职业中毒与尘肺的处理原则、康复护理，重点掌握职业病的概念、构成条件、职业病特点、职业病诊断依据。

## 二、课程内容

第一节　概述

（一）职业性病损

（二）职业病特点

（三）职业病诊断依据

（四）职业病预防对策

第二节　职业中毒

（一）职业中毒概述

（二）常见的职业中毒

第三节　尘肺

（一）尘肺病概述

（二）常见的尘肺

第四节　物理因素职业病

（一）物理因素职业病的概述

（二）常见物理因素职业病

## 三、考核知识点

1. 职业病的概念、发生条件、职业病特点与诊断依据。

2. 生产性毒物与职业中毒的概念；铅、汞、一氧化碳、苯中毒的处理原则、康复护理与预防措施。

3. 生产性粉尘、尘肺、矽肺、硅酸盐肺、炭尘肺、混合型尘肺、金属尘肺的概念；尘肺的诊断原则、处理原则、康复护理与预防措施；尘肺的分类。

4. 中暑、职业性噪声聋、手臂振动病的概念；中暑的处理原则、康复护理与预防措施。

## 四、考核要求

1. 职业病概述

识记：职业性病损、职业病、工伤、工作有关疾病的概念。

领会：职业病发生的条件、职业病特点、职业病的诊断依据。

简单应用：职业病患者的护理原则。

2. 职业中毒

识记：生产性毒物、职业中毒的概念。

领会：铅、汞、一氧化碳、苯中毒的处理原则与预防措施。

简单应用：铅、汞、一氧化碳、苯中毒患者的康复护理。

综合应用：三级预防策略在职业中毒防治中的应用。

3. 尘肺

识记：生产性粉尘、尘肺、矽肺、硅酸盐肺、炭尘肺、混合型尘肺、金属尘肺的概念。

领会：尘肺的诊断原则、处理原则与预防控制措施；尘肺的分类。

简单应用：尘肺患者的康复护理原则。

4. 物理因素职业病

识记：中暑、职业性噪声聋、手臂振动病的概念。

领会：中暑的处理原则与预防措施。

简单应用：中暑患者的康复护理原则。

# 第十章　食源性疾病防制

## 一、学习目的和要求

通过本章的学习，了解常见营养性疾病包括肥胖、心血管疾病、糖尿病、痛风、骨质疏松症发生的有关营养相关因素；熟悉食物中毒的概念、发病特点与食物中毒类型；掌握营养性疾病的概念、膳食指导和营养健康教育，重点掌握食物中毒的调查处理原则。

## 二、课程内容

第一节　营养性疾病

（一）肥胖

（二）心血管疾病

（三）糖尿病

（四）痛风

（五）骨质疏松症

第二节　食物中毒

（一）食物中毒的概念

（二）常见的食物中毒及其预防

（三）食物中毒调查处理原则

## 三、考核知识点

1. 营养性疾病概念与营养相关因素、膳食防治。

2. 食物中毒的概念、食物中毒发病的共同特点、食物中毒的调查处理原则。

### 四、考核要求

1. 营养性疾病

识记：营养性疾病、肥胖、动脉粥样硬化、糖尿病的概念。

领会：导致肥胖、心血管疾病、糖尿病、痛风、骨质疏松症的营养相关因素。

简单应用：肥胖、心血管疾病、糖尿病、痛风、骨质疏松症的膳食指导与营养健康教育。

2. 食物中毒

识记：食物中毒概念。

领会：食物中毒共同发病特点、食物中毒处理总则。

简单应用：医疗机构对食物中毒事件的现场处理。

综合应用：沙门菌食物中毒、动植物食物中毒、有机磷农药食物中毒的判断与调查处理。

## 第十一章　传染病防制

### 一、学习目的和要求

通过本章的学习，了解流行性感冒、结核病、乙型肝炎和艾滋病的病原学和流行特征，熟悉传染病流行过程的基本环节，掌握传染病的预防控制对策，重点掌握流行性感冒、结核病和艾滋病的预防控制措施。

### 二、课程内容

第一节　传染病概述

（一）传染病的基本概念

（二）传染病流行过程的基本环节

（三）传染病的预防措施

第二节　常见传染病

（一）流行性感冒

（二）结核病

（三）乙型肝炎

（四）艾滋病

### 三、考核知识点

1. 传染病流行过程的基本环节与预防控制对策。

2. 常见传染病的流行特征与预防控制措施。

### 四、考核要求

1. 传染病概述

识记：传染病、传染病流行病学、潜伏期、传染源、临床症状期、恢复期、病原携带者、人畜共患病、传播途径、垂直传播和易感人群的概念。

领会：传染病报告、隔离传染源、切断传播途径、保护易感人群对传染病控制的作用。

2. 常见传染病的防制

识记：流行性感冒、结核病、乙型肝炎和艾滋病的流行特征。

领会：艾滋病分期与流行病学意义。

简单应用：流行性感冒、结核病、乙型肝炎和艾滋病的防制措施。

# 第十二章　慢性非传染性疾病防制

## 一、学习目的和要求

通过本章的学习，了解慢性非传染性疾病的流行特征和预防控制对策，熟悉心脑血管疾病（高血压、脑卒中、冠心病）和糖尿病（2 型）的流行特征，掌握心脑血管疾病（高血压、脑卒中、冠心病）和糖尿病（2 型）的综合预防措施。

## 二、课程内容

第一节　概述

（一）慢性非传染性疾病的概念

（二）流行特征

（三）预防控制对策

第二节　心脑血管疾病

（一）概述

（二）流行特征

（三）预防措施

第三节　糖尿病

（一）概述

（二）流行特征

（三）预防措施

## 三、考核知识点

1. 慢性非传染性疾病的概念、流行特征和预防控制对策。

2. 心脑血管疾病的流行特征与预防措施。

3. 糖尿病的流行特征与预防措施。

## 四、考核要求

1. 概述

识记：慢性非传染性疾病的概念与流行特征。

领会：慢性非传染性疾病预防控制对策。

2. 心脑血管疾病

识记：高血压、脑卒中、冠心病的流行特征。

领会：健康教育、合理膳食、禁烟限酒、适量运动、控制体重和保持心理平衡对于减少或防止心脑血管疾病发生的作用。早发现、早诊断、早治疗对防止和减少心脑血管疾病的发展或急性发作以及预防并发症的意义。

简单应用：心脑血管病的后期患者进行康复治疗对恢复患者健康的重要性。

3. 糖尿病

识记：糖尿病的流行特征。

领会：健康教育和健康促进、合理膳食、增加体力活动、减肥和减轻精神紧张对降低糖尿病患病率的作用。

简单应用：筛检糖尿病高危人群；对糖尿病患者急性规范化的治疗和管理。

# 第十三章　医源性疾病防制

## 一、学习目的和要求

通过本章的学习，了解医源性疾病（包括药源性医源性疾病、感染性医源性疾病）的概念与健康危害；熟悉药源性医源性疾病发生的原因、种类与防制措施，重点掌握感染性医源性疾病的特点、种类、传播途径与防制措施。

## 二、课程内容

第一节　概述

（一）医源性疾病的特点

（二）医源性疾病的危害

（三）医源性疾病的预防对策

第二节　常见的医源性疾病

（一）药源性医源性疾病

（二）感染性医源性疾病

## 三、考核知识点

1. 医源性疾病的特点与防制对策。

2. 药源性医源性疾病发生的原因、种类与防制措施。感染性医源性疾病的特点、种类、传播途径、防制措施。

## 四、考核要求

1. 概述

识记：医源性疾病的概念与特点。

领会：医源性疾病的健康危害。

简单应用：医源性疾病的预防对策。

2. 常见的医源性疾病

识记：药源性医源性疾病、感染性医源性疾病的概念。

领会：药源性医源性疾病的发生原因与种类、感染性医源性疾病的特点、种类、传播途径。

简单应用：药源性医源性疾病和感染性医源性疾病的预防对策。

# 第十四章　社会病防制

## 一、学习目的和要求

通过本章的学习，了解社会病的概念和流行特征；熟悉社会病的防治原则、吸毒的流行特征、影响因素、健康危害以及防范吸毒的社会对策；掌握自杀的流行特征、影响因素和预防对策。

## 二、课程内容

第一节　社会病概述
（一）社会病概念
（二）社会病流行特征
（三）社会病防治原则
第二节　常见的社会病
（一）自杀
（二）吸毒

## 三、考核知识点

1. 社会病的防治原则。
2. 自杀与吸毒的流行特征、影响因素和预防对策。

## 四、考核要求

1. 概述
识记：社会病、社会诊断、社会处方的概念、社会病的流行特征。
领会：社会处方对于保护和促进人群身心健康的作用。
简单应用：社会病的社会诊断。
2. 常见的社会病
识记：自杀和吸毒的概念、流行特征。
领会：自杀和吸毒的影响因素和预防对策。
简单应用：自杀患者的临床干预。

# 第三篇　人群健康研究方法

## 第十五章　医学统计学概述

### 一、学习目的和要求

通过本章的学习，了解医学统计学在医学科研工作中的重要作用；熟悉统计资料的类型和统计工作的基本步骤；掌握医学统计学的基本概念和统计表的绘制、统计图的应用和制作。

### 二、课程内容

第一节　统计学中的几个基本概念
（一）同质与变异
（二）总体与样本
（三）参数与统计量
（四）误差
（五）概率
第二节　统计资料的类型
（一）数值变量资料
（二）无序分类变量资料
（三）有序分类变量资料
第三节　统计工作的基本步骤
（一）统计设计
（二）搜集资料
（三）整理资料
（四）分析资料
第四节　统计表与统计图
（一）统计表
（二）统计图

### 三、考核知识点

1. 医学统计学的基本概念。
2. 统计资料的类型。
3. 统计工作的基本步骤。
4. 统计图表的绘制与应用。

### 四、考核要求

1. 统计学中的几个基本概念

识记：医学统计学、同质、变异、总体、样本、样本含量、总体参数、误差、抽样误差和概率。

领会：随机抽样误差与非随机抽样误差产生的原因；概率大小的意义。

2. 统计资料的类型

识记：数值变量、无序分类变量、有序分类变量的概念。

领会：数值变量资料、无序分类变量资料和有序分类变量资料的区别。

3. 统计工作的基本步骤

识记：统计描述、统计推断的概念。

简单应用：临床研究资料的统计工作步骤。

4. 统计表与统计图

识记：统计表与统计图的基本结构与制作原则。

领会：常用统计图的适用条件与要求。

简单应用：根据临床研究资料性质正确选用统计表与统计图。

# 第十六章　数值变量资料的统计分析

## 一、学习目的和要求

通过本章的学习，了解数值变量资料的统计描述中频数分布表的制作、总体均数的区间估计、检验假设的意义和步骤；熟悉数值变量资料的 $t$ 检验；掌握集中趋势指标与离散趋势指标的计算与应用意义。

## 二、课程内容

第一节　数值变量资料的统计描述

（一）频数分布表

（二）集中趋势指标

（三）离散趋势指标

（四）正态分布与参考值范围的制定

第二节　数值变量资料的统计推断

（一）均数的抽样误差与标准误

（二）$t$ 分布

（三）总体均数的区间估计

（四）假设检验的意义和基本步骤

第三节　均数的 $t$ 检验与 $u$ 检验

（一）单样本 $t$ 检验

（二）配对样本 $t$ 检验

（三）两样本 $t$ 检验

（四）两样本 $u$ 检验

（五）正态性检验和两样本方差齐性检验

（六）假设检验应注意的问题

## 三、考核知识点

1. 集中趋势指标与离散趋势指标。
2. 均数的抽样误差与标准误。
3. 均数的 $t$ 检验。

## 四、考核要求

1. 数值变量资料的统计描述

识记：算术均数，几何均数，中位数和百分位数、极差，四分位数间距、方差、标准差和变异系数的概念。

领会：集中趋势和离散趋势指标的应用意义。

简单应用：某临床试验研究资料的集中趋势指标和离散趋势指标的计算。

2. 数值变量资料的统计推断

识记：标准差和标准误的概念。

领会：总体均数的区间估计、假设检验的基本步骤。

3. 均数的 $t$ 检验与 $u$ 检验

识记：均数的 $t$ 检验的步骤。

领会：单样本 $t$ 检验、配对样本 $t$ 检验、两样本 $t$ 检验的区别。

简单应用：将单样本 $t$ 检验、配对样本 $t$ 检验、两样本 $t$ 检验方法应用于临床资料的统计分析。

# 第十七章　分类变量资料的统计分析

## 一、学习目的和要求

通过本章的学习，了解应用相对数时应注意的问题，总体率的区间估计、两总体率之差的区间估计和率的 $u$ 检验，行×列表资料 $\chi^2$ 检验和秩和检验；熟悉率的抽样误差与标准误、率的标准化法；掌握常用相对数计算与应用、四格表资料的 $\chi^2$ 检验与配对四格表资料的 $\chi^2$ 检验方法。

## 二、课程内容

第一节　分类变量资料的统计描述

（一）常用相对数

（二）应用相对数时应注意的问题

（三）率的标准化法

第二节　分类变量资料的统计推断

（一）率的抽样误差与标准误

（二）总体率的区间估计

（三）两总体率之差的区间估计
（四）率的 $u$ 检验
第三节　$\chi^2$ 检验
（一）四格表资料的 $\chi^2$ 检验
（二）配对四格表资料的 $\chi^2$ 检验
（三）行×列表资料 $\chi^2$ 检验
第四节　秩和检验
（一）配对设计资料的符号秩检验
（二）两组资料的秩和检验
（三）单因素多组资料的秩和检验
（四）配伍设计资料的秩和检验
（五）应用中的注意事项

**三、考核知识点**

1. 常用相对数计算与应用、率的标准化法。
2. 率的抽样误差与标准误。
3. $\chi^2$ 检验方法。

**四、考核要求**

1. 分类变量资料的统计描述
识记：常用相对数（率、构成比、相对比）计算公式。
领会：常用相对数（率、构成比、相对比）的应用意义。
简单应用：根据已有的临床资料，计算率、构成比、相对比。
2. 分类变量资料的统计推断
领会：率的抽样误差与标准误的意义。
简单应用：总体率的区间估计、两总体率之差的区间估计。
3. $\chi^2$ 检验
领会：四格表资料 $\chi^2$ 检验的基本思想。
简单应用：临床资料中四格表资料和配对四格表资料的 $\chi^2$ 检验。

## 第十八章　直线回归和直线相关

**一、学习目的和要求**

通过本章的学习，了解直线回归方程、相关系数的计算及其意义；熟悉总体回归系数的假设检验步骤及其应用；掌握相关系数的假设检验步骤及其相关应用的注意事项。

**二、课程内容**

第一节　直线回归

（一）直线回归方程
（二）总体回归系数的假设检验
（三）直线回归方程的应用
第二节　直线相关
（一）相关系数
（二）相关系数的计算
（三）相关系数假设检验
（四）决定系数
（五）直线回归与相关应用的注意事项

**三、考核知识点**

1. 总体回归系数的假设检验。
2. 相关系数的假设检验。

**四、考核要求**

1. 直线回归
识记：直线回归方程。
领会：直线回归方程的应用。
简单应用：临床资料的总体回归系数的假设检验。
2. 直线相关
识记：正相关与负相关的涵义。
领会：直线回归与相关应用的注意事项。
简单应用：相关系数的计算和相关系数的假设检验。

# 第十九章　流行病学调查方法

**一、学习目的和要求**

通过本章的学习，了解流行病学的研究目的和研究方法；熟悉描述性研究的常用指标，普查和抽样调查的用途和优缺点，病例对照研究和队列研究的分类和对象的选择；掌握疾病暴发应急调查，疾病的筛检，病例对照研究和队列研究的原理、特点和资料分析方法。

**二、课程内容**

第一节　概述
（一）流行病学研究目的
（二）流行病学研究方法
第二节　描述性研究
（一）描述性研究常用指标
（二）疾病暴发应急调查

（三）普查
（四）抽样调查
第三节　分析性研究
（一）病例对照研究
（二）队列研究
第四节　疾病筛检
（一）筛检和筛检试验的定义
（二）筛检的用途
（三）筛检的应用原则
（四）筛检的评价
（五）提高筛检收益的方法

## 三、考核知识点

1. 流行病学研究的目的与研究方法。
2. 描述性研究方法的应用。
3. 分析性研究方法的应用。
4. 疾病筛检的用途、应用原则与评价。

## 四、考核要求

1. 概述
识记：流行病学研究方法
领会：流行病学研究目的
2. 描述性研究
识记：描述性研究常用指标包括发病率、罹患率、患病率、感染率、续发率、死亡率、病死率、生存率概念。
领会：普查的用途与优缺点；抽样调查的基本原则与优缺点。
简单应用：临床研究中的抽样调查。
综合应用：疾病暴发的应急调查。
3. 分析性研究
识记：病例对照研究与队列研究的概念、种类。
领会：病例对照研究与队列研究特点、研究对象的选择。
简单应用：病例对照研究方法、队列研究方法在临床研究中的应用。
4. 疾病筛检
识记：疾病筛检试验评价的真实性、灵敏度、特异度、误诊率、符合率、正确指数、阳性预测值、阴性预测值、阳性似然比、阴性似然比的概念。
领会：筛检的用途与应用原则。
简单应用：在临床研究中筛检试验的真实性评价与可靠性评价。

# 第二十章　疾病病因探讨

## 一、学习目的和要求

通过本章的学习，了解病因模型与因果关联的形式；熟悉病因的概念与分类、病因探讨方法；掌握疾病病因的因果关联的推断标准。

## 二、课程内容

第一节　病因概述
（一）病因的定义
（二）病因模型
（三）病因分类
第二节　病因探讨方法
（一）病因假设形成的基本方法（Mill 准则）
（二）病因假设检验
第三节　因果关联推断
（一）关联的形式
（二）因果关联的推断标准

## 三、考核知识点

1. 不同病因的分类及其涵义。
2. 病因探讨的基本方法及其应用。
3. 因果关联的推断标准及其应用。

## 四、考核要求

1. 病因概述
识记：病因的定义、直接病因、间接病因、充分病因、必要病因的概念。
领会：病因分类的意义。
2. 病因探索方法
领会：求同法、求异法、同异并用法、共变法和剩余法的内涵。
综合应用：综合应用 Mill 准则，同时结合临床流行病学知识建立病因假设。
3. 因果关联推断
领会：偶然关联、虚假关联、伴随关联、因果关联等关联形式；关联的强度、关联的时间性、关联的重复性和关联的合理性的概念。
简单应用：对某一临床研究资料作出因果关联推断。

# Ⅲ 大纲说明与考核实施要求

## 一、《预防医学自学考试大纲》的目的和作用

《预防医学自学考试大纲》是根据护理学专业（独立本科阶段）自学考试计划的要求，结合自学考试的特点而确定的，其目的是对该课程的自学、社会助学和考试命题进行指导和规定。

此课程自学考试大纲明确了课程学习的内容和考核知识点，规定了自学考试的考核范围和考核要求。因此，它既是编写此课程自学考试教材和相应辅导书的依据，同时也是自学应考者学习掌握课程知识、社会助学组织和单位进行自学辅导、国家自考委组织自学考试命题的依据。

## 二、《预防医学自学考试大纲》与《预防医学》教材的关系

《预防医学自学考试大纲》是自学应考者进行自学与国家自学考试委员会组织自学考试命题的依据，而《预防医学》教材是自学考试大纲所规定的课程知识与内容的扩展与延伸。自学考试大纲与教材的基本内容和重要知识是一致的，教材中涵盖了大纲中规定的所有课程内容与考核知识点，非考核知识点内容在教材里有，但大纲里不一定体现。

## 三、关于自学教材

指定教材：《预防医学》，全国高等教育自学考试指导委员会组编，钟才高主编，北京大学医学出版社，2009 年版。

## 四、关于自学要求和自学方法的指导

本大纲在第Ⅱ部分中给出了各章的学习目的和基本要求，还指出了课程内容、考核知识点和考核要求。各章中的考核要求与考核知识点是相对应的，其中考核要求是考核知识点内容的再分解与细化，它是本课程自学考试必须要掌握的内容，具有考核意义。对于那些考核意义不大的或可考可不考的课程内容没有列入考核知识点。

为了有效地指导自学应考者系统全面地学习课程内容，全面把握课程的基本知识、基本理论和基本技能，本大纲在各章的学习目的和要求中提出了应考者需要了解、熟悉、掌握的知识内容，其中熟悉、掌握的知识内容作为考核知识点的主要内容。

在自学考核大纲中，考核要求根据考核知识点对自学应考者应掌握的知识内容提出了识记、领会、应用（包括简单应用或综合应用）三个层次的要求，其各自的涵义是：

1. 识记：要求自学应考者准确识别和记忆预防医学有关的名词、概念或定义、原理、知识内涵等。

2. 领会：要求在识记的基础上，全面理解和把握课程中预防医学的基本知识、基本理论、基本方法的内涵，掌握有关概念、原理、方法或定律、公式等并融会贯通，理解它们与

相关知识点的联系与区别，同时能够做出正确的选择和判断。

3. 应用：包括简单应用与综合应用，在领会的基础上，能够运用预防医学的基本知识、基本理论、基本方法分析和解决护理学领域的相关理论问题与实际问题，真正做到学以致用，有益于提高护理工作的质量。

本课程共 6 学分。

由于预防医学涉及基础医学、临床医学和护理学等多个学科，内容广泛，因此自学者一定要按照自学考试大纲的要求，认真学习高等自学考试指导委员会组织编写的《预防医学》教材，掌握最基本的概念、理论和知识要点。

## 五、对社会助学的要求

为帮助自学应考者系统全面地掌握课程内容，采用正确的学习方法，助学单位可组织有经验的教师进行辅导、答疑，帮助自学者掌握重点，解释疑点和攻克难点，培养自学应考者发现问题、分析问题和解决问题的能力，使他们能更好地识记、领会、应用预防医学课程内容中的相关考核知识点内容。

## 六、关于考试命题的若干规定

1. 本课程考试采用闭卷笔试方式。满分 100 分，60 分及格。考试时间为 150 分钟，可以携带计算器。

2. 本大纲各章所规定的考核知识点与考核要求（即知识点下的知识细目）都属于考试的内容，考试命题既要覆盖到章，又要避免面面俱到。要注意突出课程的重点、章节重点，加大重点的覆盖率。

3. 考试命题应根据考试大纲规定的考核要求，确定考试范围和考核目标。考试范围不应超出本大纲中考核知识点范围，考核目标不得高于考试大纲中所规定的相应能力层次的要求。命题应着重考核自学者对基本概念、基本知识与基本理论是否理解和掌握或融会贯通，对基本方法是否可以灵活应用。不应选择与基本要求不符的偏题或怪题。

4. 本课程在试卷中对不同层次能力要求的比例大致为：识记占 20%，领会占 30%，简单应用和综合应用占 50%。要合理安排试题的难易程度，试题的难度可分为：易、较易、较难和难 4 个等级，每份试卷中难度试题的分数比例一般分别为：2∶3∶3∶2。

5. 本课程试题的题型一般为：单项选择题、多项选择题、填空题、名词解释题、简答题和论述题。命题时必须基本按上面所规定的题型命题，考试试卷使用的题型可以略少，但不能超出规定。

# 附录：试题类型举例

**一、单项选择题（下列四个备选答案中只有一个是正确的。请选出并将其代码写在题干后面的括号内，多选、错选均不得分）**

1. 缺乏下面哪种维生素可引起夜盲症（　　）

A. 维生素 A

B. 维生素 C

C. 维生素 D

D. 维生素 E

2. 下列哪项不属于劳动者的健康监护内容（　　）

A. 就业前健康检查

B. 定期健康检查

C. 生活环境卫生监测

D. 职业环境卫生监测

**二、多项选择题（下列五个备选方案中至少有两个是正确的。请将正确选项前的代码写在题干后面的括号内，多选、少选、错选均不得分）**

1. 生活饮用水的基本卫生学要求包括（　　）

A. 感官性状良好

B. 流行病学安全

C. 化学物质有益无害

D. 富含矿物质

E. 水量满足需要

2. 使人群传染性疾病的易感性升高的因素有（　　）

A. 新生儿增加

B. 易感人口迁入

C. 传染性疾病流行后

D. 免疫人口死亡

E. 传染病生物病因变异

**三、填空题（将正确答案填入空格内）**

1. 1998 年，WHO 修订了健康的概念，即“健康是一种动态的____________、__________、__________、__________的完好状态，而不仅仅是没有疾病和虚弱”。

2. 两种或两种以上的环境污染物同时或先后进入机体并相互影响所产生的联合毒作用

有________、________、________、________等。

**四、名词解释题**

1. 职业性有害因素
2. 生物地球化学性疾病

**五、简答题**

1. 简述集中式给水的水源选择应考虑的基本要求？
2. 简述食物中毒发病的共同特点？

**六、论述题**

1. 以心脑血管疾病为例，论述慢性非传染性疾病的三级预防控制对策。
2. 论述护理工作者在职业卫生服务中的作用。

# 后　　记

《预防医学（二）自学考试大纲》是根据全国高等教育自学考试护理学专业（独立本科段）考试计划的要求，由医药学类专业委员会组织编写。2009 年 5 月医药学类专业委员会对本大纲组织审稿。

参加《预防医学（二）自学考试大纲》编写的有：中南大学钟才高教授、胡敏予教授、王乐三副教授、曾明副教授和湖南师范大学医学院刘桃成副教授。

本大纲审定由中国医科大学蔡原教授担任主审，中南大学谭红专教授、孔杏云教授参加审稿，并提出改进意见。

大纲编审人员付出了辛勤劳动，特此表示感谢。

**全国高等教育自学考试指导委员会**
**医药学类专业委员会**
**2009 年 6 月**

全国高等教育自学考试指定教材

护理学专业（独立本科段）

# 预防医学（二）

# 绪 论

预防医学（preventive medicine）是以人群为研究对象，应用宏观与微观的技术手段，研究健康影响因素及其作用规律，阐明外界环境因素与人群健康的相互关系，制定公共卫生策略与措施，以达到预防疾病、增进健康、延长寿命、提高生命质量为目标的一门医学科学。预防医学不同于其他医学学科，其特点是：预防工作服务的对象是整个人群，包括健康人群、亚健康人群及患病人群；研究的内容是防病与保健；工作的对策是积极主动；研究方法上更注重微观与宏观相结合。预防医学是医学领域的一个重要学科群，它与临床医学、护理学等学科有着密切的联系。

## 一、现代预防医学的发展趋势

20 世纪以来，预防医学经历了从预防传染性疾病扩展到预防非传染性疾病的战略重心转移。人类在与天花、霍乱、鼠疫、伤寒、痢疾等急性传染性疾病的斗争过程中，充分认识到主动采取免疫接种、隔离消毒、消灭病媒生物、检疫检测等积极性措施能有效地预防和控制传染性疾病。随着传染病发病率的急剧下降，人群疾病谱与死因谱发生了明显的变化。由于环境污染、不良生活行为与习惯、卫生服务落后以及社会心理压力等因素引起的心血管疾病、恶性肿瘤等慢性非传染性疾病的发病率与死亡率大幅度增加，特别是环境污染引起的职业病、公害病、食源性疾病严重威胁着人类的健康。因此，现在人们已经清醒地认识到要全面预防疾病、增进健康、提高生命质量，不但要采取免疫接种、隔离消毒、消灭病媒、饮用水消毒等生物预防措施来预防传染性疾病，而且要消除环境污染、加强自然环境保护、合理膳食、消除不良生活卫生习惯、提供安全用水、加强药品与食品卫生监督、优化卫生保健服务、和谐社会环境与人际关系、纠正不良心理状态、预防意外伤害等综合卫生措施来预防慢性非传染性疾病以及各种健康危害。随着 21 世纪生命科学技术的迅速发展，分子生物学、基因工程等技术在预防医学领域得到了广泛应用，预防医学已走向现代预防医学发展时期。

现代预防医学的发展趋势具有以下特点：① 预防的策略从个体预防扩展到群体预防与社会预防。我国提出的“大卫生”观，是以预防为主社会化的具体表现。随着人类社会的进步，健康是人的一种基本权利。疾病预防与健康促进不仅依赖于个人的自身维护，同时很大程度上依赖于政府及社会各部门的共同努力。居民的健康水平与生存环境条件、社会医疗保险制度、医疗保健机构服务质量、卫生资源合理配置等密切相关。因此，只有把个体预防和群体预防以及社会预防结合起来，居民健康水平才能不断提高；② 预防的内容从疾病预防控制扩展到促进健康与提高生命质量。预防医学的核心是“防病”与“保健”，前者是“未病先防，既病防变”，后者是“增进健康，延长寿命”。疾病的预防控制是预防医学最基本的任务，但是由于社会生产力的发展，居民经济生活条件不断改善，人类对健康的要求已不仅仅是疾病的预防与控制，更多的需要是健康水平与生存质量的提高。因此，健康影响因素的预防已不断深入和扩展，人类亚健康的干预与健康促进将是预防医学未来值得重视的工作内容；③ 预防的手段从生物性预防扩展到非生物性预防。由于传染性疾病可通过免疫接种、隔离消毒、消灭病媒等生物性预防措施进行有效的预防与控制，而慢性非传染性疾病如心血管疾病与恶性肿瘤等疾病由于病因复杂、无特异防治措施，在人类疾病谱和死因谱中居于前列。因此，健康危害因素的预防重点扩展到非生物性因素的预防领域如消除环境污染、提倡良好的生活行为与习惯、预防意外伤害以及优化卫生保健服务等方面。

## 二、医学模式与健康概念

### （一）医学模式

医学模式（medical model）是人类在认识自身健康与防治疾病过程中对医学问题的整体思维方法。不同的医学模式，在观察、分析和处理人类健康与疾病问题、解释致病病因与疾病现象方面有着不同的思维方式。在各个历史时期有不同的医学模式，如古代有神灵主义医学模式；近代有机械论医学模式；现代有生物医学模式和生物—心理—社会医学模式。

生物医学模式（biomedical model）是一种依赖于生物学基础的医学思维方式，认为每种疾病的发生都是在生物机体器官、细胞或分子上发现生理生化、组织病理学或遗传学等生物特征的改变，并可确定物理、化学或生物学的特定病因，应能找到相应的预防和治疗措施。这种模式的主要缺陷在于只注重人体的生物属性，而忽视了人的社会属性；只重视人的生理活动，而忽视了人的心理活动在疾病发生发展以及防治与康复中的作用。这种医学模式无法解释心理及社会因素对健康的影响，因此生物医学模式具有不全面性。

生物—心理—社会医学模式（bio-psycho-social medical model）是在生物医学模式基础上扩展完善的、同时考虑生物因素与心理因素、社会因素等对健康影响的一种思维方式。认为人类的许多疾病如恶性肿瘤、心脑血管疾病、糖尿病等慢性非传染性疾病的致病因素很难用单一生物病因解释，社会因素、个人心理因素与生活行为因素等也影响这类疾病的发生与发展。即使是生物因素为主要致病因素的传染病，其疾病的发生、发展与防治效果也会受到社会心理行为因素的作用。因此，生物医学模式向生物—心理—社会医学模式的转变扩大了预防医学的视野，丰富了预防医学的内涵，促进了公共卫生事业的发展。它不仅对疾病的病因分析、诊断与治疗，而且对疾病预防控制以及健康促进都将起到十分重要的指导作用。

### （二）健康概念

早在 1946 年，世界卫生组织（World Health Organization，WHO）提出："健康是一种身体、心理和社会适应能力的完好状态，而不仅仅是没有疾病和虚弱"。随着人们对健康的深入认识，健康的内涵不断完善。1998 年，WHO 修订了健康的概念，即"健康是一种动态的身体、心理、精神和社会适应能力的完好状态，而不仅仅是没有疾病和虚弱"（Health is a dynamic state of complete physical，mental，spiritual and social wellbeing and not merely the absence of disease or infirmity）。在原有定义的基础上，增加了"dynamic"（动态的）和"spiritual"（精神上的）两个词，指出健康具有动态性，健康与亚健康、健康与患病可以互变，强调重视预防保健可以增进健康，忽视预防保健可以降低健康水平。另外，健康还补充了精神健康，主要是为了强调人们在日常工作和生活过程中保持良好的精神状态，它是以心理健康为基础并高于后者的一种健康内容，精神健康包括道德健康。道德指人们共同生活及其行为的准则和做人应有的品德与精神，道德健康的最高标准是无私奉献，最低标准是不损害他人。没有道德的人不是一个健康的人。因此，一个人应同时具有躯体上、心理上、精神上的健康和良好的社会适应能力才可被认为是一个健康的人。

世界卫生组织对健康提出了10项标志：①充沛的精力，能从容不迫地担负日常生活和繁重的工作，而不感到过分紧张和疲劳；②处世乐观，态度积极，乐于承担责任，不挑剔事物的巨细；③善于休息，睡眠良好；④应变能力强，适应环境的变化；⑤能够抵御一般感冒和传染病；⑥体重适当，身材匀称，站立时头、肩、臂位置协调；⑦眼睛明亮，反应敏捷，眼睑不发炎；⑧牙齿清洁，无龋齿，不疼痛，牙龈颜色正常，无出血现象；⑨头发有光泽，无头屑；⑩肌肉丰满，皮肤有弹性。

根据WHO的健康定义内容，近年来国内外学者先后提出了人体亚健康（sub-health）状态的概念。亚健康介于健康状态（第一状态）和疾病状态（第二状态）之间，它的本质就是“虚弱”或“不健全”，其机体状态达不到完美健康的标志要求，但也不能诊断为疾病，只是存在一些功能性的改变，如精神活力降低，反应能力减退，适应力降低，免疫力低下等，有人称其为“灰色状态”或“第三状态”。在多数情况下，健康、亚健康、疾病是一个不间断的连续过程。据WHO的一项全球性调查表明，全世界真正健康的人仅占5%，经医生检查诊断为病人的占20%，75%的人处于健康和患病之间的亚健康状态。因此，亚健康状态的干预将是21世纪预防医学的重要工作内容。实际上，健康不仅仅是没有疾病和虚弱，还应具有优质的生命质量；健康的维护不能单靠医生与药物，而更应该依赖于自我保健与预防。

## 三、预防医学在医学领域中的战略地位与作用

预防医学在医学领域中的重要性早已为世人所重视。医学古著《黄帝内经》中即有“圣人不治已病治未病”的记载，强调防病重于治病的思想。孙思邈《千金要方》中也记载“上医治未病之病，中医治欲病之病，下医治已病之病”，对重视疾病预防的医生给予了高度评价。自从20世纪初人类采取预防措施有效控制烈性传染病以来，预防医学在促进人类健康方面的战略地位与作用已越来越重要。

WHO十分重视预防医学与公共卫生在医学领域中的重要地位与作用。该组织的目的是使全世界人民获得可能达到的最高健康水平（The objective of the World Health Organization shall be the attainment by all peoples of the highest possible level of health），并在该组织法中提出了22项任务，其中绝大部分是预防医学的工作内容。自1950年至今，WHO每年选择一个与健康密切相关的公共卫生问题作为世界卫生日（4月7日）的主题，目的在于通过主题内容的宣传以提高各国政府、社团组织及居民对严重威胁人类健康的公共卫生问题的认识，强调疾病预防工作的重要性。在世界卫生日，各成员国都会举行庆祝活动，推广和普及有关公共卫生与预防医学知识。如1980年世界卫生日的主题是“要吸烟还是要健康，任君选择”（smoking or health-the choice is yours），警告吸烟有害于健康，提倡人们不要吸烟；又如2008年世界卫生日的主题是“保护健康免受气候变化的危害”（protecting health from climate change），告诫人们要爱护自然环境，防治导致气候变化的环境污染，以保护人类健康。联合国也十分重视公共卫生与预防医学对人类健康的作用，在2000年9月发表的《联合国千年宣言》中提出的8项千年发展目标，其中有4项直接涉及公共卫生内容，即降低儿童死亡率，改善产妇保健，与艾滋病毒/艾滋病、疟疾和其他地方病作斗争，保证环境的可持续发展能力等。联合国为了解决发展中国家日益严重的公共健康危机，2001年11月在多哈召开的WTO第四届部长级会议上通过了《知识产权协议与公共健康宣言》（简称

多哈宣言），明确了 WTO 成员国政府采取措施保护公共健康的主权权利。2003 年 10 月，联合国第 58 届会议通过了关于《加强全球公共卫生能力建设》的决议，内容包括敦促会员国将公共卫生融入本国国民经济和社会发展战略，呼吁会员国和国际社会通过教育和大众传媒等途径提高对良好公共卫生措施的认识等 8 项主张。

在我国，党和政府高度重视公共卫生能力的建设，长期坚持把疾病预防与控制放在首位。在新中国成立初期，提出了“面向工农兵、预防为主、团结中西医、卫生工作与群众运动相结合”的卫生工作方针。为了适应我国社会主义现代化建设的需要，1996 年 12 月在《中共中央、国务院关于卫生改革与发展的决定》中，明确提出“以农村为重点、预防为主、中西医并重、依靠科技进步、动员全社会参与、为人民健康和社会主义现代化建设服务”作为我国新时期的卫生工作方针。“预防为主”（put prevention first）是我国卫生工作的总方针，它重点解决了卫生工作中防病与治病的主次问题，明确了预防医学在医学实践活动中的重要战略地位与社会作用。国内外的医学实践证明，只有“预防为主”才是提高人民健康水平最有效、最可靠、最经济的途径。例如，在人群中实施计划免疫接种，可以终生免患相应的传染病，又如通过提供安全饮水能有效地预防介水肠道传染病的流行。因此，预防重于治疗不容怀疑。2003 年上半年我国在抗击“非典型肺炎”即严重急性呼吸综合征（Severe Acute Respiratory Syndrome，SARS）流行所采取的一系列综合性预防措施是贯彻预防为主卫生工作方针的成功典范。由于我国长期贯彻预防为主的卫生工作方针，公共卫生能力建设不断加强，城乡社区卫生保健服务体系不断健全，居民生活卫生条件显著改善，安全用水覆盖率不断扩大，卫生法律法规与卫生标准体系更加完善，居民健康水平明显提高。

## 四、21 世纪预防医学面临的主要问题

改革开放以来，随着经济建设的高速发展，我国的卫生保健事业已取得了巨大成就。但是，由于目前我国社会经济仍处于不断发展阶段，卫生资源的有限性与居民卫生保健需求的增长性将成为不可避免的矛盾，特别是在面临许多严重危害人类健康的公共卫生问题方面，缺乏长效稳定的预防保健机制，与社会经济发展速度相比，公共卫生服务能力相对滞后。21 世纪我国公共卫生与预防医学面临的主要问题有：

1. 新发传染病的严重威胁　随着抗生素的发现、疫苗接种以及居民生活卫生条件的改善等，过去严重危害人类健康的“经典”传染病的发病率已大幅下降。但是，随着病原微生物的变异或进化演变、已知病原微生物扩散到新的地区或人群、已灭绝的传染性疾病卷土重来、病原微生物对抗生素的耐药性以及自然环境与社会环境因素的变化等，许多新的传染性疾病如艾滋病、严重急性呼吸综合征（SARS）、禽流感、口蹄疫、疯牛病、甲型 H1N1 流感等对人类健康构成了严重威胁。由于新传染病具有人群易感性高、传播方式多样性以及预防与诊治缺乏有效手段等特点，未来新发传染病的预防控制将是公共卫生面临的重大问题。

2. 慢性非传染性疾病的危害加剧　随着社会经济的发展和居民生活水平的提高，我国的疾病谱与死因谱随之发生变化，以心脑血管疾病、恶性肿瘤、糖尿病等为代表的慢性非传染性疾病已严重地危害我国人民健康，并有逐年增加的趋势。据我国卫生部发布的“2007 年我国卫生事业发展统计公报”，恶性肿瘤、心脑血管疾病等慢性非传染性疾病成为我国城乡居民最主要的死亡原因，我国前 5 位死亡原因城市依次是：恶性肿瘤、脑血管疾病、心脏病、呼吸系统疾病、损伤和中毒；农村依次是：恶性肿瘤、脑血管疾病、呼吸系统疾病、心

脏病、损伤和中毒。其中城市居民恶性肿瘤、脑血管病、心脏病死亡构成比分别为28.5%、18.0%、16.3%；农村居民恶性肿瘤、脑血管病、呼吸系统疾病死亡构成比分别为24.8%、20.6%、17.2%。这些慢性非传染性疾病的预防控制以及康复是我国预防医学领域正在面临的严重挑战。

3. 职业病危害的预防控制难度增加　据统计，目前全国涉及有毒有害化学品企业超过1600万家，接触职业病危害因素的人数超过2亿。近年来，我国职业病危害形势十分严峻，接触职业病危害因素的人数和职业病发病率居世界首位。2005年，卫生部共收到全国30个省、自治区、直辖市（不包括西藏、港、澳、台）各类职业病报告12 212例，其中尘肺病例报告9173，占75.11%，尘肺病例死亡966例。截至2005年，我国尘肺累计病例已达607 570例，其中存活病人470 089例。目前我国职业病危害的预防控制难度增加的主要原因是：接触职业危害因素的人数多，患病数量大，检测难度大，专家估计今后10年至15年职业病发病还将继续呈上升趋势；职业危害人群分布广，特别是中小企业危害重；职业病危害流动性大、危害转移严重，正面临从东部地区向中西部地区、从大中企业向中小企业、从城市人口向农村人口转移的三大趋势。

4. 食品安全存在严重隐患　随着农业生产技术与食品工业化的推进，食物原料生产与采购、食品加工以及食品供应等环节的食品安全管理工作难度已越来越大，存在的食品安全隐患相当严重。据WHO估计，全球每年发生食源性疾病达10亿人次以上。我国卫生部通报2008年全国食物中毒报告事件431起，中毒13 095人，死亡154人，涉及100人以上的食物中毒13起。特别是近年来，由于食品化学性污染及其引起的慢性健康危害事件，如三聚氰胺奶粉事件，连续发生。据卫生部统计，截至2008年12月底，全国累计报告因食用问题奶粉导致泌尿系统出现异常的患儿29.6万人，其中6人死亡；住院人数52 898人。食品安全问题正演变成人类面临的最重大健康问题，我国作为最大的发展中国家，也正面临着食品安全问题的严峻考验。

在今后相当长的时间内，我国除了面临上述几类公共卫生与预防医学问题以外，还将面临环境污染、人口老龄化、药物滥用、不洁性行为、意外伤害事故等对人类健康影响的挑战。

## 五、护理专业学习预防医学的重要性

在医学教育中开设预防医学课程，加强预防战略思想教育，使非预防医学专业学生具有防病治病的基础知识与综合能力，对保护和促进人类健康具有重要意义。1988年在世界医学教育大会上通过的爱丁堡宣言指出：“医学教育的目的是培养促进全体人民健康的医生”，“病人理当指望把医生培养成为一个专心地倾听者，仔细的观察者，敏锐的交谈者和有效的临床医生，而不再满足于仅仅治疗某些疾病”。2001年11月国际医学教育学会（Institute for International Medical Education，IIME）提出的“全球医学教育最低基本要求（Global Minimum Essential Requirements in Medical Education）”中明确提出了医学生在保护和促进人类健康方面所应具备的公共卫生与预防医学的知识与技能。2008年9月我国教育部、卫生部颁布的临床医学专业《本科医学教育标准》（试行）中强调医学生应将预防疾病与驱除病痛作为终身责任，要求掌握各种常见病、多发病的发病原因，认识环境因素、社会因素及行为心理因素对疾病形成与发展的影响以及疾病预防在提高人民健康水平中的作用，并具有全科医学、健康教育、疾病预防和筛查等有关预防医学的基本技能。我国十分重视在医学教育中加强预防医学教学，强调预防保健战略思想必须贯穿于整个医学的教育过程。

在2008年1月我国颁布的《护士条例》中规定“护士是指经执业注册取得护士执业证书，依照本条例规定从事护理活动，履行保护生命、减轻痛苦、增进健康职责的卫生技术人员。”由此可见，护理工作与预防医学的工作领域有着密切联系，临床护理、社区护理、家庭护理等是构成预防工作不可缺少的重要组成部分。护理工作者在疫苗接种、临床预防、健康体检、健康教育宣传、公共卫生突发事件（如食物中毒、职业危害、灾害性健康损害等）处理等工作中起着十分重要的作用，因此，《预防医学》课程是护理专业医学生的重要必修课之一。护理的最终目标是保护、促进和优化健康，通过护理工作，可以减轻病人的痛苦，促进病人的健康恢复，并向病人宣传卫生保健知识来预防疾病与损伤等，这就要求护理专业学生必须具有较为全面的预防医学知识和基本技能。通过学习《预防医学》课程以及参加社区预防保健的实践活动，要求达到以下目的：①牢固树立“预防为主”、“大卫生观”的思想，充分认识公共卫生措施在预防疾病、促进健康、提高生命质量方面的重要作用；②掌握预防医学的基本理论、基本知识和基本技能，以适应我国卫生保健服务工作的需要，在社区与医院能有效地开展三级预防工作；③了解环境与健康的关系，熟悉影响人类健康的自然环境因素、社会环境因素以及心理行为因素等，能为社区制定卫生保健规划、健康促进与疾病预防策略提供技术指导，具备参与公共卫生突发事件处理和开展人群健康影响研究的工作能力。

（钟才高）

# 第一篇　预防医学概论

## 第一章　环境与健康概述

随着人类社会的发展，尤其是工业革命以来，人类对自然环境资源加以大力开发与利用，如围湖造田扩大粮食生产，把森林变成耕地以发展种植业，把原野变成牧场以发展畜牧业，甚至把森林、原野、农田和牧场变成城市或工业区等。这些生产活动虽然实时地满足了人类生存的物质生活需要，但它们破坏了自然环境，带来了诸如环境污染、臭氧层破坏、生态平衡失调、自然资源耗竭等环境问题。在 20 世纪中期以后，随着生产力的迅速发展，人类活动范围不断扩大，环境污染对人类健康安全已构成了严重的威胁。因此，环境破坏对人类健康的影响将成为人类生存和发展过程中需要迫切解决的问题。

### 第一节　人与环境的关系

人类在长期进化和生存过程中既依赖于环境，又不断适应环境和改造环境，人类和环境之间形成了相互联系、相互作用、相互制约和相互依赖的动态平衡关系，二者构成对立统一的总体。

#### 一、人类环境及其构成

**（一）人类环境的概念**

人类环境（human environment）是指地球上围绕着人群的空间及其中能够直接或间接影响人类生存、生活和发展的各种因素的总和，是人类赖以生存的物质条件。WHO 公共卫生专家委员会为环境下的定义是："环境是指在特定的时刻由物理、化学、生物及社会的各种因素构成的整体状态，这些因素可能直接地或间接地对生命机体或人类活动产生现时的或远期的作用。"根据环境因素的性质可将人类环境分为物质环境与非物质环境两大类，前者为自然环境，后者为社会环境。

**（二）自然环境及其构成**

自然环境（natural environment）又称为物质环境，是指人类生存和发展所依赖的各种自然条件的总和，它包括各种生物因素与非生物因素，前者有动物、植物、微生物等；后者有大气、阳光、水体、土壤等，这些因素是人类赖以生存的重要物质条件。根据其有无人为活动污染，自然环境又可以分为两类：

1. 原生环境（primary environment） 指天然形成的，未受人为因素污染的自然环境。人类可从原生环境中获取许多机体所必需的物质与要素，如空气、水、营养素、阳光、辐射等。值得指出的是，在某些地区原生环境中可能含有对人体健康不利的因素，如地质结构的原因造成地球表面化学元素分布的不均衡而导致生物地球化学性疾病。另外，原生环境的地质灾害、恶劣的气象条件等也可危害人类的健康，如 2008 年 5 月在四川汶川发生的地震等。

2. 次生环境（secondary environment） 指由于受人类活动的影响，而使天然形成的环境条件如环境地貌、结构特征、性质等发生了改变的自然环境。根据人类活动的类型，又可将次生环境分为生活环境和劳动环境。① 生活环境（living environment）是指人类居住生活的环境，如住宅环境等；② 劳动环境（working environment）是指人类从事生产劳动与工作的环境，如办公场所、车间、矿山等。随着工农业和交通运输业的迅速发展，大量的废气、废水、废渣（工业三废）排入人类环境中，造成环境污染，影响人类的生活质量，甚至可导致公害事件的发生等。此外，生产劳动环境中的各种职业性有害因素可以损害劳动者的健康，甚至可以引起职业病或职业伤残的发生。因此，次生环境对人类健康的影响是 21 世纪公共卫生与预防医学领域需要研究和解决的重点问题之一。环境不仅为人类提供了赖以生存的空气、水、食物等物质基础，同时也对人类的精神、心理与社会行为等非物质环境产生了重要的影响。

自然环境中存在各种环境因素（environmental factors），它是环境介质所容纳和转运的成分。通过环境介质的载体作用，而直接或间接对人类健康起作用。按环境因素的属性可以分为物理性、化学性、生物性 3 类，即：① 物理因素（physical factors）：指自然环境中存在的阳光、声波、电离辐射、电磁辐射以及气温、气湿、气压、气流等气象条件。这些物理因素在适当的接触或暴露水平是维持人类生命必不可少的生存条件，如紫外线具有杀菌、抗佝偻病和增强机体免疫等作用。但是，由于人类的生产与生活活动，可能对环境施加额外的物理因素或使原有的自然物理因素变强或变弱，如人为活动排放的放射性废弃物造成环境电离辐射污染，使用机械或交通运输工具产生噪声与振动等；② 化学因素（chemical factors）：指自然环境（如大气、水体、土壤以及食物）中存在的各种化学物质，包括无机和有机化学物质，其中许多化学物质是人类生存必不可少的成分，如大气中的 $O_2$，水体中的微量元素，食物中的营养素等。但是，由于人类的生产和生活活动可使有毒化学物质污染环境，危害人体健康，如工业企业燃料燃烧排放的废气中含有大量的 $SO_2$、$NO_2$、CO 等有害气体，农业生产过程中使用大量的杀虫剂、除草剂、杀菌剂等农药；③ 生物因素（biological factors）：指自然环境中存在的动物、植物与微生物，它们是人类赖以生存的重要食物来源，如人体健康所需的蛋白质、脂肪、糖类等营养性物质。但有些生物因素如致病性细菌、真菌、病毒、寄生虫以及动植物体内存在的毒素或形成的有害物质等是危害人类健康的致病病因，如病原体霍乱弧菌、伤寒杆菌、血吸虫、钩端螺旋体、河豚体内的河豚毒素、发芽马铃薯中的龙葵素等。

### （三）社会环境及其构成

社会环境（social environment）又称非物质环境，它是指人类在自然环境的基础上，通过长期有意识的社会劳动与生活活动所形成的政治制度、经济体系、社会结构、人际关系、精神文化、风俗习惯等方面的总和。社会环境与人类健康密切相关，它不但可以直接影响人群或个体的健康水平，而且还可以通过影响自然环境质量、资源利用以及人的心理行为等间接影响人体的健康。

社会环境因素是一类非物质的环境因素，它作为外源信息通过机体的感觉系统作用于人类的精神和心理行为，对人类的健康具有双重作用，即良好的社会环境因素如政局稳定、社会和谐安定、医疗卫生服务体系合理、人际关系融洽等有利于人的身心健康；不良的社会环境因素如社会动乱不安、恐怖与战争、政治制度不合理、人际关系紧张等则可使人精神紧张、心理扭曲、行为失控等，甚至诱发某些疾病。社会因素对人类的健康危害有时比自然环境因素危害更大，如伊拉克战争，许多平民与士兵死于战争或变成终生残废，一些居民在战争中受到极大的心理损害，其中许多发展成精神或心理上的疾病；不良嗜好、药物滥用、不洁性行为、药物成瘾等也严重危害人类健康。

## 二、人与环境的关系

人与环境息息相通，紧密相连，人和环境是一个不可分割的整体。自然环境与社会环境因素的任何变化都可能直接或间接地影响人体健康。由于环境因素的交织性、多样性、可变性以及人类具有改造环境的主观能动性，使得人与环境的关系极其复杂。在人类社会发展的漫长过程中，人与环境形成了一种既相互对立与相互制约又相互依赖与相互作用的辩证统一关系。

1. 人与环境的统一性　在人类环境中，人和环境之间连续不断地进行着物质交换、能量流通与信息交流，保持着动态平衡，成为一个不可分割的统一体。人是环境的产物，组成人体的物质都来自于环境。有科学家对人体血液与地壳岩石中的化学元素及其含量之间的关系进行了研究，发现除构成两者各自的基本要素外，其他化学元素的含量存在明显的高度相关性，这就充分反映了人体和环境在物质上的统一。人与社会环境更具有统一性，没有人类，就不存在社会环境。人类与其他生物种群不同，人既具有生物属性又具有社会属性，人类生存与社会环境共存。

2. 人对环境的适应性　在人类长期进化发展过程中，各种环境条件是经常变化的，人体经过长期的适应性调节，对环境变化具有一定的适应能力，现代人类的行为特征、形态结构和生理功能都是适应其周围环境变化的结果。例如人体首次进入大气含氧量稀少的高原环境，开始对氧气不足感到不适，甚至可影响某些生理功能，但机体可通过增加呼吸频率以增加呼吸空气量、加速血液循环以适应缺氧环境，随着在高原环境中生活时间的延长，人体还可以通过增加红细胞数量或者血红蛋白含量以提高携氧功能等机制来适应缺氧环境，维持人体正常的生命活动。人类不但对自然环境因素存在适应性，而且对社会环境因素包括经济体制、生活方式、风俗习惯等也存在适应性。

3. 人与环境的相互作用　环境与人的相互作用包括人对环境的作用和环境对人的作用。首先，环境为人类提供生命活动的物质基础，环境的组成成分及存在状态的任何改变都会对人体产生影响；其次，人的生活和生产活动也以各种形式不断地对环境施加影响，使环境的组成与性质发生变化。环境变化对人类的影响，机体虽然可通过生理生化调节功能对此变化加以适应，但当环境因素作用强度过大或者环境中存在大量的污染物，超过了人体的调节能力，机体的适应机制就会遭到破坏而导致健康损害效应；同样道理，环境对人为污染的影响具有一定的缓冲能力，即环境通过自身的物理、化学、生物自净作用机制可消除人为的影响。但是这种缓冲能力是有限的，当人类对环境的不良影响超过了环境的自净能力时，就会导致环境生态破坏、环境质量恶化。另外，人类不但能改造客观物质世界，同时也能创造社会环境条件，例如人类可改变政治经济制度等。社会环境因素对人类健康的影响至关重要，例如通过优化社会结构、提高社会和谐程度等措施来大大增进人类健康水平。所以，人类的健康与疾病是人类与环境相互作用的结果。

### 三、生态系统与生态平衡

1. 生态系统（ecosystem） 指在一定的空间范围内，由生物群落（包括微生物、动物、植物和人类等）与非生物环境（包括空气、水体、土壤等）所组成的生物环境体系。生态系统是一个生物与其生存环境之间、生物与生物之间相互依赖的完整体系，是生物圈内物质和能量循环的功能单位。任何一个生物群落与其环境都可以组成一个生态系统，生态系统可大可小，大至整个地球生物圈，小至一片森林、一口池塘、一条河流。生态系统按环境特征可分为陆生生态系统和水生生态系统。

在生态系统中维持生物种群间物质与能量流动的桥梁是食物链和食物网。食物链（food chain）是指环境中较低级别的生物体以食物形式被另一种生物体吞食，而后者又被较高级别的生物体吞食，在生物体之间构成不同营养级别的生物体逐级被吞食的生存链关系。生态系统中多条食物链交错相连，形成复杂的网络状食物关系即食物网（food web），后者把生态系统内部各个不同营养级别的生物体连成一个总体。通过食物链或食物网保持生态系统结构和功能的相对稳定，即当食物网中某一条食物链发生障碍时，可通过其他食物链进行必要的调整和补偿，食物链对环境中的物质迁移和蓄积有重要的作用。环境中某些污染物，可通过食物链在生物体间迁移并在生物体内逐级蓄积，使高位营养级生物体内污染物浓度以达到危害人类健康的程度。

2. 生态平衡（ecological balance） 指生态系统中的各个生物群落的数量、结构与功能处于相对稳定、相互适应、相互协调的状态。生态系统可不断通过反馈调节系统来保持其内部组成和结构的稳定性包括同种或异种生物种群的密度与数量、生物群落与其环境之间的相互适应性，以保持自身稳定和对外界环境变化的适应。但是，当外界干扰因素的影响超过了生态系统自身的调节能力时，就会引起生态系统数量、结构与功能的失调，即生态平衡失调。影响生态平衡的因素有自然因素和人为因素两类，自然因素是指自然环境自身在短时间内发生的剧烈变化，如地震、火山喷发、洪水、泥石流等，这些自然事件虽然破坏性较大，但发生频率不高。人为因素如环境污染、滥砍滥伐森林，破坏陆地植被，滥捕滥杀野生动物等，均可导致自然生态环境破坏。衡量生态系统是否处于生态平衡状态，最主要的标志是生物群落种类与数量是否发生了改变。如大量使用农药，使得农作物病虫害的“天敌”减少或灭绝，导致农业环境生态系统平衡失调。

## 第二节 环境污染及其对健康的危害

环境污染（environmental pollution）是指由于人为的或自然的污染原因，使得进入环境的污染因素的量或作用强度超过了环境的自净能力，使环境的组成与性质发生了改变，造成了生态平衡失调，并对人类健康产生了直接、间接或潜在的有害影响的现象。严重的环境污染危害称公害（public nuisance）。进入环境并能引起环境污染危害的物质称为环境污染物（environmental pollutant），根据其属性可分为生物性、化学性和物理性的污染物。化学性的污染物可在环境中通过环境的物理、化学或生物学作用转变成另一种物质的过程称为污染物的转化。根据污染物是否被转化可将污染物分为一次污染物（primary pollutant）和二次污染物（secondary pollutant）。从污染源直接排放到环境中未经转化的污染物称为一次污染物；二次污染物是指污染物排放到环境中后，在环境中发生各种反应而转化形成的与一次污染物理化性状不同的新污染物，如工业废水中的无机汞可在水环境底泥微生物的作用下生成有机汞，后者为二次污染物。本节仅对物质环境因素的健康危害进行讨论。

## 一、环境污染来源

1. 生产性污染　指工矿企业或农业生产过程中向环境排出的有害物质或有害因素引起的污染。如工业企业未经处理或者处理不当排出的“工业三废”即废气、废水、废渣，其中可含有各种有害物质如重金属等。若“工业三废”处理不当或未加处理排入环境，可造成大气、水体或土壤的污染。农业生产过程中长期使用或滥用农药（如杀虫剂、除草剂等），可造成土壤、水环境以及农作物的污染，特别是难降解的化学性污染物可在土壤中残留并造成长期污染危害。

2. 生活性污染　指居民生活过程中排出的“生活三废”即粪便、生活垃圾与生活污水。随着世界人口的增长和生活水平的提高，“生活三废”的产量不断增加，尤其是一些大中城市，生活性污染已成为城市污染的主要来源之一。在现代生活中，较为突出的生活性固体废弃物，如电子产品废弃物、电池、塑料等，这些废弃物由于回收与无害化处理难度大，可对环境造成长期污染。另外，含烷基磺酸盐型合成洗涤剂的广泛使用使得富含氯、磷等物质的生活污水大量进入水环境，可使水环境中的藻类大量繁殖，致使耗氧量增加，水的感观性状和化学性状迅速恶化，引起水体富营养化现象。

3. 交通运输性污染　随着国民经济建设的迅速发展和居民生活水平的提高，汽车、火车、轮船与飞机等交通工具特别是私用汽车拥有量迅猛增加。据国家统计局《2008 年国民经济和社会发展统计公报》报道，截至 2008 年底，全国民用汽车达 6467 万辆，其中私人汽车 4173 万辆，增长 18.1%，民用轿车 2438 万辆，增长 24.5%。汽车废气与噪声污染已成为城市环境的重要污染源。

4. 其他污染来源　如医院废水与废渣、科研机构与高校实验室排除的废水、电视塔与无线通信设备产生的微波与电磁辐射、医疗卫生机构使用放射性同位素产生的电离辐射等都是人类环境中不可忽视的污染来源。

## 二、污染物在体内的处置过程

进入环境介质中的环境污染物，在环境介质中和介质间迁移，通过这些介质可经呼吸道、消化道、皮肤等途径进入人体后，随血液或淋巴液分配到全身的各个器官组织，在体内进行代谢转化与排泄。停留在体内的污染物或其代谢产物可转运至靶器官，与内源性靶分子发生反应，引起机体组织或细胞结构和功能的改变。

1. 污染物的吸收途径　环境污染物进入机体的途径主要有：①呼吸道：以气态（气体、蒸气）和气溶胶（烟、雾、粉尘）形式存在于空气中的化学污染物经呼吸道吸收。从鼻腔到肺泡整个呼吸道均可吸收，但肺泡是最主要的吸收部位，其主要吸收机制是简单扩散。由于肺泡具有表面积大、肺血流量丰富等生理解剖特点，空气中的污染物极易经呼吸道吸进入血液，且首先不经肝脏代谢而直接进入血液循环分布于全身。因此，经呼吸道吸收的毒物引起的急性毒性反应特别迅速，如 CO、$H_2S$ 气体中毒。化学毒物的溶解度、分子量大小以及血/气分配系数等因素均可影响呼吸道吸收速率；② 消化道：存在于饮用水和食物中的化学污染物主要经消化道吸收进入人体。整个消化道均可吸收，但小肠是消化道的主要吸收部位。酸性的毒物主要在胃内吸收，碱性的毒物主要在小肠内吸收。脂溶性毒物主要通过简单扩散，水溶性小分子毒物通过滤过作用，重金属与有机物化学毒物通过主动转运机制吸收。胃肠道蠕动程度、吸收部位 pH 值、毒物的脂溶性与溶解度以及消化道的空腹程度可影响肠道吸收速率；③ 皮肤：有些化学毒物可通过表皮屏障、毛囊与皮脂腺、汗腺导管进入血液。毒物的分子量大小、脂/水分配系数、皮肤的完整性与角质层厚度、毒物的接触面积、接触浓度与时间以及空气的潮湿程度等因素均可影响皮肤的吸收程度。一些脂溶性较高的毒物可迅速通过皮肤吸收，如苯、甲苯、二甲苯等有机溶剂，有机磷农药也易经皮肤吸收而引起全身性中毒。

2. 污染物的分布与储存　污染物经过各种途径进入人体后，随血液或淋巴液分配到全身各个器官组织，但由于各个器官组织的血流量以及与污染物的亲和力不同，使得污染物在体内分布不均衡甚至以相对高浓度蓄积于某些组织或器官，如铅蓄积于骨骼，有机氯农药蓄积于脂肪组织等。另外，化学毒物进入体内后，随着时间的延长可在机体内进行重新分布（即再分布），如铅一次经口染毒后 2 h，其染毒剂量的 50%会先分布于肝脏，1 个月后重新分布的铅在体内残留量的 90%会蓄积于骨骼组织。蓄积或储存化学物质的组织或器官称储存库（storage depot），化学物质在储存库中的浓度远高于血液浓度。有的组织或器官既可以是化学毒物作用的靶器官同时又可以是其储存库。化学物质在储存部位以两种形式储存：一种是以结合形式储存，即与组织中某些特殊蛋白质（主要是低分子蛋白质）结合而储存，如重金属离子在肝、肾组织中与富含有半胱氨酸的低分子蛋白质结合而储存在体内；另一种是以游离形式储存，如二噁英（TCDD）、有机氯农药（DDT、六六六等）等易在体内脂肪组织中蓄积。储存库对化学物质毒性具有双重作用：一方面可对急性中毒具有一定保护作用，即它可通过减少血液中化学毒物浓度对毒物毒性起到缓冲作用。另一方面具有潜在性危害作用，即当机体处于某种生理或病理状态时，储存库中的化学毒物可释放入血液引起中毒反应，如储存在脂肪组织中的有机氯农药，当机体处于消瘦或脂肪动员时，脂肪中的有机氯农药可进入血液，引起中毒反应。化学物质在体内存在物质蓄积和功能蓄积两种情况。物质蓄积（material accumulation）是指化学物质在体内某些组织或器官中的量随接触时间的延长而不断增多，可蓄积到引起机体中毒的浓度水平。功能蓄积（functional accumulation）是指化学物质对机体的某一器官或组织的损害作用，随机体与化学物质接触时间的延长而逐渐加重，但化学物质在该组织或器官中的含量并无明显增加。

3. 污染物的生物转化　进入体内的环境污染物在体内代谢酶的作用下经过一系列的生物化学反应，生成结构、功能、毒性不同的代谢产物的过程即为生物转化（biotransformation）。化学物质在体内进行生物转化的主要场所是肝脏，其次是肺、肾、皮肤与血液等。生物转化过程一般分为两个阶段：第一阶段为氧化、还原、水解反应（即Ⅰ相反应）；第二阶段为结合反应（即Ⅱ相反应）。化学污染物经生物转化后有两种结局，即代谢解毒作用与代谢增毒作用。代谢解毒作用（detoxication）是指化学污染物在体内酶系统的作用下，其毒性结构破坏、降解、毒性减低或消失，或形成水溶性较强易排出体外的代谢产物的过程。代谢活化作用（metabolic activation）是指化学污染物经体内代谢转化后其毒性反而增加的过程，如对硫磷在体内氧化后形成对氧磷，其毒性增加。

4. 污染物的排泄　排泄（excretion）是化学物质及其代谢产物向体外转运的过程。排泄的途径有：① 肾脏排泄，体内化学毒物及其代谢产物主要通过肾小球的被动过滤和肾小管的主动分泌而随尿液排出。被排泄物分子量大小与尿液 pH 值影响排泄速率。一般为分子量＜60 000 的物质，可从肾小球滤过。碱性尿有利于酸性化学物的排出，酸性尿有利于碱性化学物的排出，临床上常常通过调节尿的 pH 值来促进化学毒物的排出，如苯巴比要中毒的患者可服用碳酸氢钠使尿呈碱性促进其排泄；② 肝胆排泄，此途径仅次于肾脏。胃肠道吸收入血的毒物首先须经肝脏代谢再进入血液循环与肝肠循环。在肝肠循环中，随胆汁排泄的代谢产物，其中一部分可再经小肠重吸收，重返肝脏，另一部分经随粪便排出体外。肝肠循环具有重要的生物学意义，可使一些机体需要的物质重吸收，如胆汁酸平均有 95%被小肠壁重吸收，并被再利用。但化学毒物也可通过肝肠循环，使其在体内停留时间延长，毒作用时间增加；③ 经肺排泄，对于气态与挥发性有害化学物如 CO、$SO_2$、$H_2S$、甲醛等，均可以简单扩散方式从肺脏排出体外；④ 其他途径排泄，如随乳汁、唾液、汗液、头发和指甲等。排泄是机体的重要解毒方式之一，但值得注意的是化学物质及其代谢物在排泄部位（或器官）可能产生毒作用。例如，镉、汞经肾脏排泄时可对肾小管造成损害；砷经汗腺排泄时引起皮炎，经肠道排泄时引起肠炎；汞经口腔唾液排泄时引起口腔炎等。

## 三、环境污染物对健康的影响

根据环境污染物对人体健康损害作用的性质，可将其健康影响分为急性毒作用、慢性毒作用、致癌作用、遗传毒性和免疫毒作用等。

1. 急性毒作用　环境中大量污染物或毒性较大的污染物在短时间内进入机体所引起的有害效应，包括急性中毒或死亡。环境污染引起的急性危害常见于以下两个原因：① 重大的生产事故，环境中大量的有害物质在短时间内进入人体。例如 1984 年 12 月，在印度博帕尔出现的异氰酸甲酯事件，由于工厂储存异氰酸甲酯的储存罐破裂，大量异氰酸甲酯在短时间内释放到大气中，导致 20 余万人中毒，5 万人双目失明，2500 多人死亡；② 环境条件急剧恶化，不利于环境污染物的扩散稀释，使污染物大量积聚在底层空气中。如 1952 年 12 月的伦敦烟雾事件，主要原因是由于伦敦地处盆地与逆温条件，从污染源排除的烟尘和 $SO_2$ 等污染物积蓄在低层空气中不能扩散，造成 1 周内死亡人数比同期多 4000 人。

2. 慢性毒作用　环境污染物低浓度长期反复或长期持续作用于机体所产生的慢性危害，其主要原因是由于化学毒物在体内产生物质蓄积和功能蓄积所致。是否产生慢性危害与环境污染物的性质、暴露持续时间、生物半衰期以及组织器官对化学毒物的反应等因素有关。通常情况下，慢性危害是处于长期低浓度的污染物作用下而引起机体生理生化功能或病理组织学改变，主要表现：① 非特异性影响，在环境污染物低剂量长期作用下机体出现非特异性临床表现，如机体生理功能、免疫功能与抵抗力下降，对不利环境因素危害的敏感性增加；② 引起慢性疾患，如日本富山县神通川流域 1955 年—1972 年出现的痛痛病，由于该地区上游某铅锌矿将含镉选矿废水与尾矿渣排入河水，下游农民用被污染的河水来灌溉农田，而导致农作物含有大量的镉即出现“镉米”、“镉蔬菜”，当地居民长期食用含镉量很高的农作物而患此病。环境污染物所致的慢性危害通常是渐进式的损害，致病初期不易察觉有害效应而常常得不到应有的重视，直到出现明显的临床症状，此时往往已造成不可逆的损伤或严重的健康后果。因此，如何及早发现环境污染物对人群健康产生的慢性危害与及时采取有效措施干预，是预防医学研究的一项重要内容。

3. 致癌作用　自 1775 年英国医生发现烟囱清洁工阴囊癌发生率与烟尘在阴囊部位的沉积有关以来，证实了煤烟中煤焦油的致癌性。目前，已有大量流行病学资料证实环境污染可导致肿瘤发病率与死亡率增高，如我国对黄浦江水质污染情况与肿瘤发生关系进行的流行病学调查发现，以黄浦江上、中、下游河段水源为饮用水源的男性居民标准化胃癌、肝癌死亡率呈梯度增高变化，与江水污染程度有关。有专家估计人类 80%～90%的肿瘤与环境因素有关，致癌因素包括化学因素、物理因素和生物因素。

4. 致畸作用　尽管遗传因素对人类出生缺陷的发生有重要影响，但是越来越多的调查研究资料表明，后天的环境污染因素与生殖细胞遗传物质和胚胎发育损伤密切相关。环境污染因素作用于不同发育阶段的胚胎可引起各种后果，如流产、胎儿发育迟缓、胎儿先天畸形等。先天性缺陷指婴儿出生前已经形成的发育障碍，包括形态结构异常（畸形）和智力低下两个方面。具有致畸作用的化学物质称为致畸物（teratogen），常见的致畸物包括有机汞、敌枯双、DDT、反应停、环磷酰胺、放射线以及风疹病毒等。在日本水俣病的环境污染事件研究中发现孕期摄入甲基汞通过胎盘引起胎儿中枢神经系统发育障碍与胎儿畸形发生率明显增高。

5. 免疫毒作用　某些环境有害物质对生物机体的免疫系统或功能产生损害作用。其损害的机制是直接损害免疫细胞的结构与功能，通过干扰机体神经内分泌系统等，使机体免疫功能降低，导致机体容易发生感染性疾病或肿瘤，即表现为免疫抑制毒作用；另外，也可影响免疫细胞的抗原识别能力，从而引起病理性免疫应答，导致过敏反应或自身免疫性疾病。环境毒物对免疫系统或功能的毒作用有可能表现为双向性，即同一化合物可在不同条件下表现为免疫抑制或过敏反应。导致过敏反应的环境毒物有六六六、DDT、甲醛、铅、苯、硝基苯、苯胺等。具有免疫抑制作用的环境毒物有多氯联苯、二噁英、六氯苯、DDT、敌百虫、西维因、苯并（a）芘、石棉等。另外，有的环境毒物还可引起机体的自身免疫反应，如氯乙烯、多氯联苯、汞、铅等。

## 四、污染物对健康损害的影响因素

### （一）污染物的理化特性

1. 污染物化学结构　分子结构不但决定化学物质的物理特性，也决定化学物质对健康产生损害作用的性质、强度以及毒作用的部位。如氧气（$O_2$）与臭氧（$O_3$），在化学结构上虽只差一个氧原子，但它们的性质完全不同，前者是机体所必需，后者则对呼吸道黏膜产生刺激作用。苯胺易形成高铁血红蛋白，影响血红蛋白（Hb）携带氧的能力；而硝基苯则主要对神经系统产生毒作用。脂族烃类毒物，一般情况下随着碳原子数增加，其毒性增强，不饱和化合物毒性大于饱和化合物，如乙炔的毒性大于乙烯，乙烯的毒性大于乙烷。

2. 污染物物理性质　化学毒物的颗粒大小（分散度）、溶解度、挥发性等均直接影响其在环境中的稳定性、吸收速率、毒作用性质与毒性大小等。例如空气中粉尘颗粒越小，在环境中存在的时间越长，则进入人体呼吸道越深，吸收速度越快，故易对机体健康产生损害作用。又如苯和苯乙烯的挥发度不同，虽然二者的 $LD_{50}$ 大致相同，但由于苯的挥发性比苯乙烯大 11 倍，故苯的危害性远较苯乙烯大。

3. 污染物生物半衰期　污染物的理化特性决定污染物的生物半衰期，而污染物的生物半衰期的长短决定污染物在环境中或人体内停留的时间，停留时间越长其健康危害越大。如 DDT、多氯联苯等持久性有机污染物在环境中不易降解，生物半衰期长，能在环境中较长时间存在，并引起蓄积，对人体健康和生态环境造成严重危害。生物半衰期长的污染物在体内的蓄积量可在短时间内达到有害作用水平，易产生有害健康的影响。

**（二）污染物暴露的强度与方式**

1. 作用剂量或强度　作用剂量是指化学物质进入机体的数量，一般以 mg/kg 体重表示；作用强度一般指物理因素作用于机体的程度。污染物对健康的损害作用与其作用剂量或强度有关。一定的作用剂量能引起一定的生物学效应。由于目前靶器官、靶组织剂量难以测定，故多用环境污染物的暴露剂量来反映环境污染物对人体的作用剂量。在环境医学研究中，污染物引起的生物学效应可以从以下两个方面评价。

（1）剂量—效应关系（dose-effect relationship）　指某化学物质的摄入量与其引起机体生物学效应强度之间的关系。如有机磷农药，它引起血液中胆碱酯酶活性降低的程度随机体摄入有机磷农药的剂量的增加而加重。

（2）剂量—反应关系（dose-response relationship）　指暴露于某化学污染物的群体中，暴露剂量与群体中出现某种强度的生物学效应的发生率之间的关系。一般以百分率或比值表示，如死亡率、肿瘤发生率等。如甲基汞中毒症状的发生率与人群暴露于甲基汞的剂量有关。

2. 暴露途径或方式　环境化学污染物主要有呼吸道、消化道、皮肤与眼黏膜等暴露途径，同一种化学毒物由于其暴露途径不同，可能其毒性就会存在较大的差异。不同暴露途径或方式影响污染物健康危害程度的原因可能由于：① 暴露部位的吸收率不同；② 暴露部位的首过效应不同；③ 进入血液循环的分布速度不同；④ 对暴露部位产生的损害作用不同。如同一种污染物若经呼吸道吸收可很快进入血液循环，而经消化道进入则首先需经肝脏代谢解毒后才进入血液，直接进入血液与通过肝脏解毒后进入血液其健康损害程度是有差别的。又如有的化学毒物经眼黏膜接触可产生刺激作用，而经消化道暴露则无刺激作用。

3. 暴露期限与频率　有害污染物的暴露可以是一次短期或多次短期重复或长期连续的暴露。某些易代谢解毒的污染物，在暴露总量相同的情况下，若一次短时间内大量暴露可引起严重的健康损害作用，但分次少量长时间反复暴露则无损害作用，后者的主要原因是由于每次少量进入机体，毒物在生物转化酶作用下可代谢解毒。对于易蓄积的化学毒物，暴露频率越高（即接触的时间间隔越短），毒物在靶部位的蓄积浓度（量）越易达到健康损害作用的水平。对于环境污染物，较常见的情况是低剂量长期重复暴露。

**（三）多种污染物的联合暴露**

环境介质中的污染物并非单一存在，而是多种污染物或因素同时存在，人体也可以通过空气、饮水与食物等途径摄入同一污染物。实际上，环境污染物对人体健康的作用方式是一种联合暴露形式。多种污染物同时存在时所产生的毒效应与单独存在时的效应是不同的，它们可以通过相互影响对方毒物的生物转运、生物转化和排泄等过程，使污染物对机体的毒效应强度发生改变。两种或两种以上的化学物质同时或先后进入机体并相互影响所产生的综合毒性效应，称为化学物的联合作用，可分为以下 5 类。

1. 相加作用（additive joint effect） 指多种化学毒物同时存在时的毒效应等于各化学毒物单独作用时毒效应的总和。相加作用常见于化学结构相似或同系化合物或毒作用靶器官相同或毒作用机制一致的毒物，如大部分刺激性气体（$Cl_2$、$SO_2$）的联合毒作用一般表现为相加作用。

2. 协同作用（synergistic effect） 指多种化学毒物同时存在时的毒效应大于各化学毒物单独作用时毒效应的总和，即增毒作用。如暴露石棉可使肺癌的危险度增加 5 倍，吸烟可使肺癌的危险度增加 12 倍，而吸烟的石棉工人由于吸烟和石棉的协同作用，患肺癌的危险度增加了 55 倍。大气中 CO 和 $H_2S$ 窒息性气体可相互促进中毒的发展，增加相互中毒的严重性。

3. 加强作用（potentiation joint action） 一种化学物质对某器官或系统本身并无毒性，但与另一种化学毒物同时或先后进入机体时，使其化学物毒性增强，称加强作用。如异丙醇本身对肝脏无毒，但与四氯化碳同时进入肝脏，可使四氯化碳的毒性大大增强。

4. 拮抗作用（antagonistic joint action） 指多种化学毒物同时存在时的毒效应小于各化学毒物单独作用时毒效应之和。拮抗作用常见于一种化学毒物能阻碍另一种化学毒物的吸收或促进另一种化合物的代谢解毒或排泄；或通过影响代谢酶减轻另一种化学毒物的毒性；或通过竞争毒作用靶来降低另一种毒物的毒性。

5. 独立作用（independent action） 由于各个化学毒物的毒作用机制不同或毒作用靶不同或其毒效应终点不同，所引发的毒效应也互不干扰，表现为各自的毒效应，此种联合作用为独立作用。如反应停与放线菌素 C 的联合作用，反应停是致畸作用（胚胎毒性），放线菌素 C 是血液毒性，使白细胞和血小板减少，二者的毒作用是一种独立作用。

**（四）机体易感性**

人群中不同的个体在同一环境污染物相同暴露水平或暴露条件下，个体之间出现的毒效应强度不同，有的表现为严重损伤甚至死亡，有的则出现轻微的损害或甚至不出现毒效应。造成机体损害作用的易感性差异的主要原因是生物机体的遗传多态性，那些对环境污染物毒作用特别敏感的个体称为高危个体（high risk individual）。常见影响污染物健康危害的机体因素有：

1. 生理状况 不同性别、不同年龄或不同生理过程等对污染物的损害作用易感性不同。环境流行病学调查发现，在氟化物污染地区氟化物对女性的损害较男性严重。如马拉硫磷对新生大鼠的急性毒性比成年大鼠大，这是由于新生大鼠体内参与马拉硫磷解毒的酶活性较成年大鼠低。

2. 健康状况 当一种污染物毒作用的靶器官（或系统或组织）与疾病的组织损伤部位相同，机体对污染物的毒作用易感性增加。例如，有呼吸道炎症的人对大气污染物的损害作用特别敏感。

3. 遗传因素 遗传多态性或某些遗传性疾病可明显影响污染物对机体的毒性，如缺乏红细胞 6-磷酸葡萄糖脱氢酶的患者，对硝基苯类化合物引起的血液毒性特别敏感。

4. 营养条件 环境污染物在体内的生物转化反应主要由微粒体混合功能氧化酶系（MFO）催化，必需脂肪酸与蛋白质缺乏一般可使 MFO 活性降低，MFO 活性的减弱在不同程度上影响化学毒物的毒性。凡是经 MFO 代谢活化的化学毒物，必需脂肪酸与蛋白质缺乏可使化学毒物毒性降低，如致癌研究证实，节食饮食时蛋白质缺乏可降低致癌物如黄曲霉毒素 $B_1$ 和二甲基亚硝胺的致癌作用；而经代谢解毒的化学毒物，必需脂肪酸与蛋白质缺乏可使化学毒物毒性增加，如低蛋白饲料喂养的大鼠对各种农药的敏感性要高 2～26 倍。

**（五）暴露时的环境条件**

环境因素在一定程度上可直接或间接地影响环境污染物对人体健康损害的程度。如气温、气湿和气流等通过改变污染物在环境中的存在形式、浓度和空间分布或影响污染物与人体的接触方式等，进而影响污染物对人体健康的损害程度。在某些生产环境中，较高的气温和气湿不利于汗液的蒸发，颗粒性污染物容易被汗液黏附在皮肤表面而增加其危害作用。又如除草剂敌草快对鱼的毒性，水体中 $CaCO_3$ 含量较高（硬水）时，敌草快对鱼的急性毒性小，若水体中 $CaCO_3$ 含量较低（软水）时，敌草快对鱼的急性毒性增加，即敌草快在软水中的生物毒性比在硬水中大。

## 五、环境污染引起的疾病类型

环境污染对人群健康的损害作用是多种多样的，按照危害的类型一般可将环境污染引起的疾病分为以下 4 类：

1. 公害病（public nuisance disease）　公害病是指由严重的环境污染引起，经过政府认定的一类地区性环境污染性疾病。从 20 世纪 50 年代以来，全世界曾经发生过数 10 起大型的公害污染事件。如 1986 年 4 月前苏联的切尔诺贝利核电站，由于核反应堆保护壳爆炸，大量放射性物质泄露，导致当时 2 人死亡，204 人受核辐射损伤，220 万人的居住区受污染，13.5 万人被疏散，至 1990 年初统计死亡人数达到 273 人。

2. 职业病（occupational disease）职业病是指由生产劳动环境和生产劳动过程中存在或产生的职业性有害因素引起的一类疾病。如矿山工人长期吸入含有游离二氧化硅粉尘可导致矽肺。职业病必须按照国家规定的诊断标准进行诊断。2002 年 5 月 1 日开始正式实施《中华人民共和国职业病防治法》，与其配套公布了新职业病名单共 10 类，115 种职业病（详见第四章“职业环境与健康”）。

3. 传染病（infection disease）　是指由致病病原体污染大气、水体等环境而引起的一类具有传染性的疾病，如介水传染病中的霍乱、伤寒、痢疾等；又如呼吸道传染性疾病甲型 H1N1 流感等。

4. 食源性疾病（foodborne diseases）　是指通过摄入含有致病因子的食物或摄入营养素不平衡的食物而引起的一类疾病。它包括营养性疾病、食物中毒性疾病、食源性变态反应性疾病以及食品中某些污染物所致的慢性疾病等。

# 第三节　环境污染的控制策略

为了消除环境污染，保持生态系统平衡，确保人类健康与生命安全，应全面采取控制环境污染的策略与措施。

## 一、贯彻执行卫生法律法规与卫生标准

卫生法律法规具有约束污染物排放、控制环境污染、保证人类环境质量的法律效力。卫

生标准能为卫生执法监督提供重要的技术依据。贯彻卫生法律法规，执行环境卫生（质量）标准，对控制环境污染、维护人类健康与生命安全具有重要意义。如我国 1984 年颁布、并于 1996 年 5 月和 2008 年 2 月两次修订的《中华人民共和国水污染防治法》，对保证人类水源水质安全起到了重要的作用。

## 二、加强环境卫生调查监测与监督管理

为了解某地环境的卫生现状以及环境污染物对人群健康影响的情况，以便相关人员作出正确的卫生决策和完善卫生质量标准，而对环境污染物及其健康危害进行调查。它包括以下 3 个方面。

1. 污染源调查监测　调查监测工业污染源排放的主要污染物、排放量、排放速度等以及企业执行环境保护法或环境卫生法规与排放标准的情况。

2. 环境污染状况调查监测　调查工业污染区及其周围的居住环境的污染状况，了解环境污染的规律及其健康影响的范围与危害程度。

3. 人群健康危害调查评价　调查人群环境暴露的健康损害效应，评价环境污染对人群健康的影响类型及危害程度。

4. 开展卫生监督与管理　卫生部门与环境保护等部门应密切配合，认真负责地开展预防性卫生监督、经常性卫生监督与应急性卫生监督工作与管理。

## 三、控制污染源的污染物排放

为了防止环境污染，保护环境，必须控制污染源的污染物排放。环境污染的程度受到工业布局、能源结构、地形气候等诸多社会和自然因素的影响，所以，必须坚持综合防治原则保护环境与人类健康。污染源的排放总量和排放特征决定了一个区域的环境质量，要从根本上解决环境污染问题，需要实施合理规划，改进生产工艺技术，推行三废处理技术，严格执行污染物排放标准，从源头全程控制污染物的排放。其对策主要包括以下两个方面：

1. 城市建设和工业规划措施　包括：① 调整工业结构，合理布局工业企业；② 加强或完善城市绿化系统，提高生态环境的自净能力，改善城市环境质量；③ 加强居住区内污染源的控制管理。

2. 生产工艺和卫生技术措施　包括：① 改善能源结构，应尽量选择低硫和低灰分的燃料；② 改进生产工艺，用无毒或低毒的原料替代毒性大的原料，减少污染物排放；③ 加强生产管理，消除无组织排放，杜绝生产事故性排放；④ 提高污染物净化处理能力，使三废排放符合国家标准；⑤ 控制交通废气与噪声污染，推行使用节能交通工具等。

## 四、加强环境保护宣传教育

坚持科学发展观，把保护自然环境与促进经济发展和社会进步放到同等地位。充分利用宣传媒介，加强环境与健康教育，提高全民族的环保意识，共同控制环境污染的发生。把消除和控制环境污染视为一种社会公德与自我责任，使居民的行为融入自然环境的保护之中。

（钟才高）

# 第二章　生活环境与健康

生活环境（living environment）是指人类生活活动所依存的各种外界环境要素的总和，它包括大气、水、土壤、住宅以及健康相关产品等。生活环境因素既可对人体产生有益的健康保障作用，又在一定的条件下，对人体产生不利的健康损害作用。

## 第一节　大气质量与健康

大气（atmosphere）是人类及其他生物体赖以生存的重要外界环境因素之一，它的物理形状和化学组成对人体健康有着密切的关系。随着距地面高度的不同，大气的物理性状与化学性质有很大的差异。大气圈按气温的垂直变化特点可分为 5 层，即对流层、平流层、中间层、热成层和逸散层，其中与人类健康最密切相关的是对流层，其次是平流层。

### 一、大气物理因素的健康效应

1. 太阳辐射（solar radiation）　是太阳向宇宙空间发射的电磁波和粒子流，是地球大气运动的主要能量来源，也是地表上光和热的源泉。太阳辐射中有紫外线（波长＜400 nm）、可见光线（波长 400～760 nm）和红外线（760～30 000 nm），三者分别占 7%、50% 和 43%。

紫外线（ultraviolet radiation，UV）根据波长的长短又可分为 3 段：长波紫外线（UV-A，波长 320～400 nm）、中波紫外线（UV-B，波长 290～320 nm）和短波紫外线（UV-C，波长 200～290 nm），各段紫外线对人体皮肤的渗透能力不同。UV-A 主要有致色素沉着作用；UV-B 对机体具有抗佝偻病和致红斑作用；UV-C 有极强的杀菌和增强免疫等生物学效应，但对机体细胞也会产生严重损害。虽然紫外线有益于人体健康，但过多过强的紫外线会引起光照性眼炎与日光性皮炎，加速皮肤老化甚至导致皮肤癌等。而且紫外线的波长越短，对人类皮肤危害越大。

可见光（visible light）可综合作用于机体的高级神经系统，能提高视觉功能，平衡兴奋和镇静作用，提高情绪和工作效率，是人类生存不可或缺的条件之一。

红外线（infrared ray）经皮肤吸收后，能使局部组织温度升高，血管扩张充血，促进新陈代谢和细胞增生，并有消炎和镇痛作用。过强则会引起皮肤烧伤、体温升高，甚至热射病、日射病和红外线白内障等。

2. 气象因素（meteorological factor）　气温、气流、气湿和气压等气象因素与太阳辐射综合作用于人体，对机体的冷热感觉、体温调节、心脑血管功能、神经系统功能、免疫和新陈代谢等多种生理活动发挥着综合调节作用。合适的气象条件可使机体处于良好舒适的状态，当气象条件的变化超过机体调节能力的范围时，如酷暑、严寒、高温、高湿、气流、低气压、暴风雨等，均能引起机体代偿能力的下降，从而导致疾病，如心脑血管疾病、呼吸系统疾病、关节疾病等。气象因素对于大气中污染物的扩散稀释也有极为重要的影响。

3. 空气离子化（air ionization） 大气中带正电荷或负电荷的气体分子就是空气离子。空气离子化是由于自然或人工的作用，使大气中的中性气体分子（如氧气、氮气）形成带电荷的正负离子的过程。普遍认为，适当浓度的空气负离子有镇静、催眠、镇痛、镇咳、降血压、增强注意力、提高工作效率等良好作用。树林、瀑布附近、喷泉附近、海滨、风景区、夏季雷雨过后，大气中负离子含量较多，有利于机体健康。过量正离子则可以引起头痛、失眠、呼吸加快、血压增加、疲倦、注意力不集中等不良作用。

## 二、大气化学污染的健康危害

自然状态下的大气是由无色、无臭、无味的混合气体、水蒸气和气溶胶组成。清洁干燥的空气，按其容积百分比，氮（$N_2$）占 78.09％，氧（$O_2$）占 20.93％，氩（Ar）占 0.93％，二氧化碳（$CO_2$）占 0.03％、并含有微量的氖（Ne）、氦（He）、氪（Kr）等稀有气体。人类生产与生活活动可向大气中排放化学污染物，若不能通过大气自净作用清除这些污染物时，就会导致大气的化学污染，危害人类健康。

1. 直接危害作用 指环境污染物直接作用于机体而对健康产生的损害作用。直接危害作用根据健康损害作用发生的时间分为急性危害与慢性危害：

（1）急性危害：当大气污染物的浓度在短期内急剧增高，使当地居民吸入大量的污染物可造成人体健康的急性损害作用。大气污染引起的急性危害常见于以下两种情况：①生产事故的发生，短时间内大量污染物进入大气环境，如 1984 年 12 月印度博帕尔市联合农药厂异氰酸甲酯泄漏事件，由于异氰酸甲酯储存罐失修破裂，大量异氰酸甲酯泄漏而污染大气，造成 25 万人中毒，5 万多人双目失明，2500 人死亡；②环境条件急剧恶化，不利于污染物扩散稀释，如 1952 年 12 月伦敦烟雾事件，由于伦敦地处盆地，烟雾事件发生时出现逆温，短时间内煤烟粉尘与 $SO_2$ 集聚于低层大气中而不易消散，造成 1 周内死亡人数比同期多 4000 余人。

（2）慢性危害：居民长期接触低浓度的大气化学污染物可引起各种慢性危害，如慢性呼吸道炎症刺激反应、心血管疾病、慢性阻塞性肺部疾病等，还可引起免疫功能下降、变态反应，甚至可导致肿瘤与胎儿畸形等。

2. 间接危害作用

（1）温室效应（greenhouse effect）：指地球表面大气中的 $CO_2$、$CH_4$、$N_2O$ 和 CFCs 等气体能吸收地表发射的热辐射，使大气温度增加的现象。气候变暖会影响人类的健康，主要表现在：①有利于病原体和传染病媒介生物的迅速繁殖，促使传染病、生物性地方病、寄生虫病的发病率上升；②导致暑热相关疾病的发病率和死亡率增加；③使得空气中的一些有害过敏原如真菌孢子、花粉等有害物质浓度增加，人群中过敏性疾病的发病率增加等。

（2）臭氧空洞（ozone cavum）：臭氧层能吸收太阳辐射中的大部分紫外线，是地球的保护层，对于人类健康有很重要的意义。近年来，由于人类的生产生活活动，被广泛应用的氯氟烃和溴氟烃等物质进入大气，导致污染区臭氧层臭氧消耗，即出现臭氧层空洞。臭氧层空洞形成后对宇宙短波紫外线的吸收就会减弱，使短波紫外线辐射到污染区地面增强，导致人群皮肤癌和白内障等疾病的发病率增加，过量的紫外线辐射对地球上的其他动植物也有杀伤作用，农作物质量下降，某些物种甚至可能灭绝。

（3）酸雨（acid rain）：$pH<5.6$ 的酸性降水称为酸雨。二氧化碳、二氧化硫和氮氧化

物等酸性气态污染物，在大气中与水蒸气发生化学反应生成各种酸性物质，导致降水的 pH 值降低。酸雨危害的主要表现有：① 酸雨能增加汞、铅等有害重金属的溶解度，通过食物链向水体、农作物等植物中的转移，最终危害人类健康；② 长期生存在含酸性沉降物的环境之中，酸雾侵入肺部诱发肺水肿，动脉硬化、心肌梗死等疾病的患病率会增加；③ 酸雨使土壤中的营养元素如钙、镁、钾等溶出，抑制土壤微生物如固氮菌的繁殖，最终导致土壤贫瘠，农作物产量降低；④ 酸雨还腐蚀建筑物、文物古迹和其他设施等。

（4）气候变化（climate alteration）：大气污染物中的烟尘能促使云雾形成，从而吸收太阳的直射或散射光，使到达地面的太阳辐射和紫外线辐射到地面的强度减弱。因此，在某些大气污染严重的地区，儿童佝偻病的发病率增高，通过空气传播的疾病也容易流行。同时，大气污染物还会降低能见度，增加交通事故的发生率等。

## 三、大气卫生防护对策

1. 卫生法律法规措施　根据《中华人民共和国环境保护法》和《中华人民共和国大气污染防治法》等法律法规，制订大气卫生标准。大气卫生标准（sanitary standard of atmosphere）是为了改善环境空气质量，防止生态破坏，保护人群健康，评价大气污染程度，对大气中有害物质的最大允许浓度以法律形式做出的限值规定。大气的卫生标准的制定要比生产车间空气的卫生标准严格，空气质量要求更高。我国大气卫生标准是以标准状况下 1 $m^3$ 空气中化学物质质量的 mg 数或 μg 数表示。我国现行的大气卫生标准主要有《环境空气质量标准》(GB 3095－1996）和工业企业设计卫生标准中的“居住区大气中有害物质的最高容许浓度”，此外还有与大气质量密切相关的《大气污染物综合排放标准》(GB 16297－1996）等。

2. 大气卫生防护措施　为了有效地控制大气污染，应从实际出发，从源头开始控制，推行清洁生产的理念，合理规划和管理城市，完善相关的法律法规，只有采取技术与管理等多方面的综合措施，才能达到防制大气污染的目标。大气卫生防护措施包括：① 全面规划，合理布局。结合城镇规划，实行功能分区，全面合理地安排工业区和居民区的位置；② 加强污染源治理，减少污染物排放。对生产生活过程中可能污染大气的污染源加强监督管理，严格执法；③ 植树造林，完善城市绿化系统。增设公园绿地，扩大绿地面积；④ 加强监督，建立健全大气污染监视系统，评价大气环境质量，并及时发现大气污染来源，对违反大气污染防治法的事件应及时处理；⑤ 普及宣传教育，提高环境保护意识。依靠政府及社会力量，共同消除大气污染，创造良好的大气环境质量；⑥ 加强生产安全管理与设备维修，防止生产事故的发生。

3. 生产工艺措施　依托科技进步，改革生产工艺，从源头上减少污染物排放，推行清洁生产和消烟除尘等卫生工程技术措施。生产工艺措施包括：① 改善工业企业生产能源结构，选择低硫和低灰分的燃煤，普及天然气、煤气等气态燃料能源；发展水电、风能和太阳能等清洁能源，采用集中供热；改造锅炉，提高燃料燃烧效率；② 改革生产工艺，用无毒或低毒的原料代替毒性较大的原料；实行密闭式生产，杜绝和消除跑、冒、滴、漏和事故性排放；加强消烟除尘、净化废气的卫生措施，以最大限度减少污染物的排放量。

4. 大气卫生监督和管理　对尚处规划设计阶段的卫生问题，卫生监督部门应与相关部门密切协作，加强卫生审查，对设计方案中存在的卫生问题进行有效的监督管理，严格执行“三同时”即卫生工程与主体工程同时设计、同时施工、同时投产。卫生监督部门应经常性地开展大气卫生监测监督工作，对不符合国家卫生标准的企业或单位，按照国家有关法律法规规定实施处罚。

## 第二节　饮用水与健康

饮用水是人类维持生命活动必不可少的重要生活物质，人体内一切生理生化和新陈代谢活动，如体温的调节、营养物质的消化和吸收等，都需要在水的参与下才能完成。人体需水量因年龄、气候、生活习惯、劳动强度的不同而有差异。正常成人的每日生理需水量约为2.5～3L。如果机体摄水量不足时，会导致机体新陈代谢的紊乱，甚至可能危及生命。目前全世界共有14亿人生活在缺乏洁净饮用水的地区，每年因缺水或饮用不洁水质而死亡的人数高达700万。我国拥有世界1/7的人口，人均水量仅为世界人均水量的1/4，被联合国列为13个贫水国之一；同时工业废水和生活污水造成的水体污染已严重影响到水资源的质量，因此，水资源紧缺将严重影响人类的健康安全。

### 一、饮用水的卫生要求

历经数次修订的我国现行《生活饮用水卫生标准》（GB5749－2006）对保证饮用水安全，保护人民身体健康发挥着重要的作用。为控制饮用水相关疾病的发生和传播，生活饮用水应符合以下的基本卫生要求：

1. 感官性状良好　生活饮用水水质应清澈透明、无色、无臭、无异味，不得含有肉眼可见物；饮用者主观上乐于饮用。

2. 流行病学安全　饮用水不含有任何能传播介水传染病的病原体，细菌总数不超过规定限值，以防止介水传染性疾病的发生。

3. 水中所含的化学物质及放射性物质不得危害健康　有毒有害化学物质包括毒理指标、一般化学指标与放射性指标不得超过《生活饮用水卫生标准》中规定的最大容许浓度即限值，不对机体产生引起任何急、慢性中毒或远期危害。

4. 水量满足需要　水量充足且使用方便，能满足居民日常生活用水需要。

2006年12月中华人民共和国卫生部与中国国家标准化管理委员会颁布的《生活饮用水卫生标准》中规定了水质常规指标及其限值（表2－1）。

**表2－1　生活饮用水卫生标准水质常规指标及限值（GB5749－2006）**

| 指　标 | 限　值 |
| --- | --- |
| 1. 微生物指标 | |
| 总大肠菌群（MPN/100ml或CFU/100ml） | 不得检出 |
| 耐热大肠菌群（MPN/100ml或CFU/100ml） | 不得检出 |
| 大肠埃希菌（MPN/100ml或CFU/100ml） | 不得检出 |
| 菌落总数（CFU/100ml） | 100 |
| 2. 毒理指标 | |
| 砷（mg/L） | 0.01 |
| 镉（mg/L） | 0.005 |

| 指　标 | 限　值 |
|---|---|
| 铬（六价，mg/L） | 0.05 |
| 铅（mg/L） | 0.01 |
| 汞（mg/L） | 0.001 |
| 硒（mg/L） | 0.01 |
| 氰化物（mg/L） | 0.05 |
| 氟化物（mg/L） | 1.0 |
| 硝酸盐（以N计，mg/L） | 10 |
| 三氯甲烷（mg/L） | 0.06 |
| 四氯化碳（mg/L） | 0.002 |
| 溴酸盐（使用臭氧时，mg/L） | 0.01 |
| 甲醛（使用臭氧时，mg/L） | 0.9 |
| 亚氯酸盐（使用二氧化氯消毒时，mg/L） | 0.7 |
| 氯酸盐（使用复合二氧化氯消毒时，mg/L） | 0.7 |
| 3. 感官性状和一般化学指标 | |
| 色度（铂钴色度单位） | 15 |
| 浑浊度（NTU-散射浊度单位） | 1（水源与净水技术条件限制时为3） |
| 臭和味 | 无异臭、异味 |
| 肉眼可见物 | 无 |
| pH（pH单位） | $6.5<pH<8.5$ |
| 铝（mg/L） | 0.2 |
| 铁（mg/L） | 0.3 |
| 铜（mg/L） | 1.0 |
| 锌（mg/L） | 1.0 |
| 氯化物（mg/L） | 250 |
| 硫酸盐（mg/L） | 250 |
| 溶解性总固体（mg/L） | 1000 |
| 总硬度（以 $CaCO_3$ 计，mg/L） | 450 |
| 耗氧量（$COD_{Mn}$法，以 $O_2$ 计，mg/L） | 3（水源限制，原水耗氧量>6 mg/L时为5） |
| 挥发性酚类（以苯酚计，mg/L） | 0.002 |
| 阴离子合成洗涤剂（mg/L） | 0.3 |
| 4. 放射性指标 | 指导值 |
| 总α放射性（Bq/L） | 0.5 |
| 总β放射性（Bq/L） | 1 |

注：① MPN表示最可能数；CFU表示菌落形成单位。水样检出大肠菌群时，应进一步检验大肠埃希菌或耐热大肠菌群；水样未检出大肠菌群，不必检验大肠埃希菌或耐热大肠菌群；② 放射性指标超过指导值，应进行核素分析和评价，判定能否饮用。

## 二、饮用水污染来源

生活饮用水的水源水污染主要来自以下几个方面：① 工矿企业废水、废渣污染。一些企业环境保护意识不强，工业废水未处理达标，甚至未经处理排放入江河湖泊，造成水源水质污染，工业废渣露天堆放，由于雨水冲洗也可污染水源；② 自然灾害污染。洪涝大水淹没工业、生活废水储存池与粪池等，污染物流入生活饮用水源水的水体中，造成水源污染；③ 意外水污染事故。有毒有害物质因意外泄漏事故进入水源造成污染；④ 生活污水污染。居民区、公共场所、企事业单位、医院等厨房、浴室、厕所等排出的污水污物未经处理排放入水环境，污染水源；⑤ 农业污染。水源地附近农田使用农药、化肥等通过地面径流污染水源。另外，水厂使用了不符合卫生质量要求的水处理材料，其中含有毒有害物质，造成水质污染等。

## 三、饮用水污染的健康危害

根据世界卫生组织（WHO）调查，人类疾病80%与水有关。饮用水在生产、输送或储存等供水环节都可能被污染，水质不良可引起多种疾病。我国的饮用水污染主要包括生物性污染和化学性污染，但总体而言，以生物性污染为主。饮用水被病原体污染可引起介水传染病，尤其是肠道传染病的暴发流行。化学性污染虽不如生物性污染常见，但易对人体健康产生潜在性危害。

饮用水的污染危害通常表现以下特征：① 感观性状发生改变，水体可出现异色、异味、臭味、浑浊和肉眼可见物，这种情况多见于有机物污染，而化学性污染，感官改变往往不明显，但危害较大；② 饮用者出现共同的不良反应，饮用者中，有一定数量的人群出现一系列共同的症状或不适反应；③ 水质检验异常，测定水源水、出厂水及有代表性的末梢水，可测出共同的污染物，并与所确定的污染源及其排放的废水中所含有的主要污染物一致，如果是生物性污染，可同时在罹患者的生物标本中追踪检出相关病原微生物；④ 明显的流行病学分布特征，在同一供水区域内患者有集中趋势，其潜伏期、主要症状、体征相似，并与污染物（或病原体）对机体的特异损害作用一致。

1. 生物性污染的健康危害　生物性污染主要来自生活污水、医院污水和畜产品加工业等污染来源，这些污水中含有人及动物携带的细菌、病毒、寄生虫卵，可引发介水传染病和介水寄生虫病的发生和流行。

介水传染病（water-borne communicable diseases）是指机体通过饮用或接触被病原体污染的水，或食用被该种水污染的食物而传播的疾病。主要包括伤寒、痢疾、霍乱等细菌性肠道传染病，肝炎、脊髓灰质炎等病毒性传染病和血吸虫病、阿米巴痢疾等寄生虫病。其中由于饮用被污染的水体造成的介水传染病占大部分，饮用水被污染的主要原因包括：① 受病原体污染的水源，未经妥善处理和消毒即供居民饮用；② 处理后的饮用水在输配和储存过程中，由于输送水管道渗漏和管网出现负压等原因，重新被病原体污染；③ 二次供水设施管理不当，如水池没有及时清洗消毒、水塔顶部没有加盖等，使饮用水再度被污染。

介水传染病的流行特点主要表现为：① 一次水源的严重污染后，可出现介水传染病的暴发流行，短期内突然出现大量病人，且绝大多数病例发病日期集中在同一潜伏期内。若水源经常受污染，则发病者终年不断，病例表现为散发流行；② 病例分布与居民的供水范围或涉水区域一致，绝大多数患者都有饮用或接触同一水源的病史；③ 一旦对污染源采取治理措施和加强饮用水的净化、消毒或停止接触被污染的水体后，疾病的流行便能迅速得到控制。

2. 化学性污染的健康危害　饮用水被有机或无机化学物质污染引起的健康危害不同于

病原体污染的危害，其特点一般具有慢性或潜在性。常见的化学性污染危害包括居民慢性中毒和致癌、致畸和致突变等远期危害。但意外事故或人为投毒使饮用水受到大量化学物污染可引起居民急性中毒，而在一般的情况下，饮用水中化学物质不会因短期饮用而造成急性危害。

根据污染物的毒性可将化学性污染分为两类：①一般化学物，如排放入水中的酸、碱、硫酸盐、钾、钠、钙、镁、蛋白质，碳水化合物，脂肪等，这类物质进入水体虽然对人体没有致命性伤害，但会影响饮用水的感官性状，导致居民不能接受饮用；②有毒化学物，如铅、砷、汞、氰化物、农药、酚、多氯联苯、多环芳族、六价铬、二噁英、氯乙烯和苯等，其中某些物质可造成人体急性或慢性中毒，导致肿瘤或畸形。

3. 物理性污染的健康危害　饮用水中的物理性污染物主要是放射性污染。放射性是指原子核在衰变过程中放出α、β、γ射线，一般分为天然放射性和人工放射性两类。饮水中的放射性主要来自于原子能工业、核电站、医用同位素等废水与泄漏物等污染，其含量因当地土壤、岩石、工业废水、废渣排放情况而异。饮用水中放射性污染可对人类造成危害。因此，我国《生活饮用水卫生标准》中规定了总α、β放射性强度的限制值。它可通过消化道吸收，形成内辐射，对机体造成危害。α射线对人体损伤力集中，可致细胞成团死亡，引起皮肤烧伤；β射线对人体组织的伤害不很集中，但也可损伤表层细胞；γ射线的穿透力强，危险性最大，如可导致血液系统的疾病、出血性紫斑甚至白血病而危及生命。还可损伤神经系统功能导致头痛、失眠、记忆衰退、新陈代谢功能紊乱、毛发脱落、肌肉萎缩、食欲减退等病症，严重的可诱发恶性肿瘤及皮肤癌。

## 四、饮用水供给卫生措施

饮用水安全是保证人类健康的基本条件。为保证饮用水的卫生安全，卫生部门应根据国家《水污染防治法》、《污水综合排放标准》、《生活饮用水卫生标准》以及相关行业《工业水污染物排放标准》等法律法规，加强饮用水及其水源水的卫生监督和管理，有效地控制和消除饮用水中有害于健康的各种因素。

### （一）集中式给水

集中式给水（central water supply）是指由水源集中取水，经集中净化的消毒后，通过输水设施输送到用户的供水方式。它的优点在于：用水方便；有利于水源的选择和防护；易于采取改良水质的措施，以保证良好的水质；便于卫生部门监督和管理。但一旦集中式供水的水源被污染，极易引起疾病的暴发流行，危害面很广。集中式给水的卫生措施主要包括水源选择与水质净化的消毒处理。

1. 水源选择　集中式供水的水源一般有地表水和地下水两种。选择水源时，应对水源水进行卫生学调查，根据当地的实际情况，选择水量充沛、水质良好和便于防护的水源，同时要考虑各地实际的经济技术水平。选择水源时，必须综合考虑以下基本要求。

（1）水量充沛：通过水文学或水文地质学的充分调查，了解水源的水量，同时根据近期和远期的社会经济发展需要，确定居民的需水量，恰当地选择水源。选择地表水水源时，一般要求本地区枯水期水量大于总用水量。

（2）水质良好：选择饮用水水源时，卫生部门应对所有可能的水源进行卫生学调查，在不同季节、不同地点对水质的各种理化和微生物指标进行检验，综合各方面因素选择水质较好的水源水。

（3）便于卫生防护：虽然饮用水要经过水厂的净化处理才能供给居民饮用，但如果水源的卫生防护条件不佳，并受到工业废水和生活污水的污染，也无法保证良好的饮用水水质。有条件的地区，可以优先选择地下水。只能用地表水作为饮用水水源时，取水点应设在城镇和工矿企业的上游。

（4）经济合理，技术可行：选择水源时，分析比较各个水源的水量和水质后，再结合取水、净水、输水等设备的具体条件，选择基本建设费用和经常性管理维护费用最小的方案。

2. 水的净化与消毒　天然水体的水质，无论取自何处，都与用户对水质的要求存在差异。要满足人们日常生活对水的生理和生活需求，达到国家生活饮用水卫生标准，必须对水进行净化和消毒处理。净化的目的是改善饮用水的物理性状，去除悬浮物质和部分病原体；消毒的目的是杀灭水中的病原微生物。常规的水质处理包括混凝沉淀或澄清、过滤和消毒。

（1）混凝沉淀：天然水中细小的胶体物质和悬浮物，难以自然沉淀，需要借助混凝剂的凝聚、絮凝作用形成较大的絮状物，从水中沉降下来，使水质得到澄清，这一过程称混凝沉淀（coagulative precipitation）。通过混凝沉淀，使水体浑浊度与色度大大降低，细菌等微生物明显减少。

常用的混凝剂有金属盐类混凝剂和高分子混凝剂两大类，金属盐类混凝剂如铝盐和铁盐类混凝剂，前者包括明矾、硫酸铝、铝酸钠、三氯化铝、三氯化铁和硫酸亚铁等；高分子类混凝剂如聚合氯化铝和聚丙烯酰胺等。

影响混凝沉淀效果的因素主要有：① 混凝剂的种类和用量；② 混凝剂的投加方法、搅拌强度和反应时间；③ 水温，若水温低时，絮凝体形成慢；④ 水的 pH 值和碱度；⑤ 水中悬浮粒子的性质和含量，微粒少时，混凝效果差；⑥ 水中溶解性有机物的成分与含量等。

（2）过滤：原水经混凝沉淀后，大部分颗粒已被去除，浊度降低，但一般还达不到饮用水的卫生标准，还需进行过滤。过滤（filtration）是指浑水经过具有孔隙或多孔性结构的滤料阻隔截留水中微细的悬浮物质和微生物等杂质，使水质得到净化澄清的处理过程。过滤的功效不仅能进一步消除细小的悬浮物，降低水的浊度，而且水中的大部分病原体也被去除，特别是阿米巴和隐孢子虫包囊。水经过滤后，残留的细菌、病毒失去了悬浮物质的保护作用，为进一步消毒提供了有利的条件。在生活饮用水净化过程中，过滤是必不可少的步骤。

滤料可采用砂子、卵石、石英砂以及磁铁矿砂等。滤料的卫生要求包括：① 滤料本身无毒，有足够的化学稳定性，长期浸泡在水中本身不产生或不与水中任何化学物质反应产生有毒有害物质；② 滤料不能被微生物分解和利用；③ 滤料有较好的机械强度，不易磨损和碎裂；④ 颗粒均匀，具有适当的孔隙。

（3）消毒：为了保证饮用水在流行病学上的安全，水质经混凝沉淀与过滤净化处理后还必须进行消毒（disinfection）。某些地下水可不经净化处理，但仍需消毒。杀灭过滤水中的致病微生物，并保持水中较长时间存在一定的消毒剂即消毒残效，是预防肠道传染病的重要环节。消毒残效是使处理水在储水箱及配水系统管路中，仍具有连续性消毒杀菌作用，以保证居民用户的饮用安全。为切断传染病的传播途径，预防传染病的发生和流行，生活饮用水必须经过消毒处理后方可饮用。

饮用水消毒的方法很多，分为物理法和化学法两类。物理法消毒包括紫外线、煮沸和超声波消毒等。化学法消毒是往水中投加消毒剂，包括用氯、臭氧、溴、碘和高锰酸钾等氧化剂进行消毒。

氯化消毒是最主要的饮用水消毒方法，适应于集中式给水和分散式给水的消毒。氯化消毒是通过次氯酸的强氧化作用来杀灭细菌。次氯酸体积小，电荷中性，易于穿透细菌的细胞壁到菌体内发挥氧化损伤作用，使蛋白质、DNA 和 RNA 等物质释放，破坏细菌的酶系统致细菌死亡。常用的氯化消毒剂有液氯、漂白粉［Ca（OCl）Cl］和漂白粉精［$Ca(OCl)_2$］等，含氯化合物中具有杀菌能力的有效成分称为有效氯（active chlorine），含氯化合物分子团中氯的价态大于-1者均具有杀菌作用。一般漂白粉中含有效氯约25%～30%，漂白粉精含有效氯约60%～70%。目前氯化消毒是最经济有效、应用最广的消毒方法。但氯化消毒也有不良影响，氯会与水中天然存在的有机物发生反应产生各种氯化副产物，这些副产物通常具有致癌性或致突变性。因此，如何控制饮用水的氯化消毒剂副产物或积极寻找代替氯的更安全更优越的消毒方法已成为保证饮用水卫生的重要挑战之一。影响氯化消毒效果的因素主要有加氯量、接触时间、水的 pH 值、水温、混浊度、水中微生物的数量与种类等。

**（二）分散式给水**

分散式给水（separate water supply）是一种居民家庭单独使用的给水方式，目前农村大部分地区是分散式给水。一般情况下，从水质和卫生防护的角度考虑，分散式给水应优先选择符合《地下水环境质量标准》的地下水作为生活饮用水的水源，这是因为地下水，尤其是深层地下水水质较好、分布广且不易被污染。我国富源辽阔，人口众多，其中大部分农村地区居民生活水平较低，环境状况与饮用水安全问题更令人担忧。为了消除分散式给水的饮用水安全隐患，其水源的卫生防护至关重要。

1. 井水卫生　为防止污染，水井位置应尽可能设在地下水污染源上游，选择地势高、不易积水的位点，周围20～30 m 内无渗水厕所、粪坑等污染源。对于开放式水井需进行消毒，特别是在肠道传染病流行季节消毒次数应增加。

2. 泉水卫生　水量充沛、水质良好的泉水是农村饮用水的适宜水源。为便于使用，需防止污染，可修建集水池，必要时在集水池中加氯消毒。

3. 地表水卫生　地表水包括江河、湖塘、水库水等。以江河为水源时，将取水点设在河段上游，取水点周围25～30 m 内不能有任何可能污染水源的行为；以池塘为水源时，采用分塘取水，污染严重或水量较小的池塘不能作为水源；以湖泊作为水源时，采用分区供水。采用地表水卫生作为饮用水源时必须避免各种污染，并禁止取水点周围的一切可能污染水源的活动，并加强净化和消毒，尽可能地保证饮用水卫生。地表水常常需要将水放入缸内进行氯化消毒方可饮用，有条件者在消毒前要进行过滤处理。

分散式给水常常需要在水井或水缸中采用持续消毒法对水体进行氯化消毒。该法用盛有一次常规消毒量20～30倍氯化消毒剂的竹筒、塑料袋、玻璃瓶等容器，瓶上面打孔数个，以绳子悬吊在待消毒的水体中，由于取水时的震动氯化消毒剂从小孔释出，可持续消毒1～3周，此法简单有效。

## 第三节　住宅环境与健康

住宅（residential building）是人们为了充分利用自然和人为环境中的有利因素，防止其不良环境因素影响而创造的生活居住环境，是人们生活环境的重要组成部分。住宅卫生状况的好坏与居民健康密切相关。随着现代科学技术的飞速发展，特别是信息科技和电脑网络技术的发展，住宅的功能正由过去人们的单一生活起居场所，延伸成为人们生活、学习、工作、娱乐和家庭办公等多功能的场所。随着国民经济的发展和人民生活水平的提高，人们对住宅的卫生要求也越来越高，对住宅环境质量也越来越重视。

## 一、住宅建筑的卫生要求

住宅是人类生活的主要场所，人的一生中大约有 2/3 以上的时间是在住宅室内度过，尤其是婴幼儿、青少年和老、弱、病、残者在住宅中的时间更多。住宅环境是人们接触最多的环境，住宅的卫生状况、质量优劣和人类健康密切相关。住宅内的环境因素包括小气候、噪声、日照、采光、绿化和空气清洁度对人体健康产生长期的、慢性的影响。因此，为了保护和提高机体各系统的正常功能，防止疾病发生，促进健康，提高生命质量，在住宅建筑上应满足下列基本卫生要求：

1. 微小气候适宜　室内有适宜的小气候，冬暖夏凉、干燥，正常的空气湿度，必要时应有通风、采暖、防寒、隔热和降温等设备。

2. 采光照明良好　白天阳光充足，晚间人工照明良好。

3. 室内空气清洁　应避免室内外各种污染源对室内空气的污染，冬季室内也应有适当的换气，空气质量符合《室内空气质量标准》。

4. 隔音性能良好　应避免室外环境和相邻居室的噪声污染。

5. 卫生设施齐全　应有上、下水道和其他卫生设施，以保持室内清洁卫生。

6. 环境安静整洁　住宅建筑周边环境应有绿化带，室内家具布局合理整洁，充分满足居民休息、睡眠和学习需要。

7. 防止疾病传播　要有能防止动物侵扰和隔离病媒侵入的卫生设施。

## 二、住宅建筑内的污染因素

室内空气污染是指由于住宅室内存在能释放有毒有害物质的污染源，加之室内环境通风不良而导致室内空气中有毒物质的种类和数量明显增加，进而引起人体一系列不适症状。几年来住宅室内污染对健康的影响越来越多地备受关注，随着社会经济水平的提高和人民生活水平的提高，特别是建材业的高速发展，新型建筑装修材料造成的污染已成为室内空气污染的主要来源。建筑物密闭程度增加，尤其是空调的广泛使用，使室内污染物不易排出，增加了人体与污染物的接触机会。室内空气污染物来源很多，化学成分复杂。最为常见的污染来源及污染物有：

1. 室外污染物进入室内　如室外大气中的粉尘、二氧化硫等有害气体进入室内。

2. 室内的燃料燃烧　燃煤或木炭取暖时可产生一氧化碳、二氧化硫、氮氧化物、烟尘颗粒物、苯并芘等污染物。

3. 香烟烟雾污染　香烟在燃烧过程中，可产生大量有毒有害的化学物质，如香烟烟雾中含有一氧化碳、二氧化碳、挥发性亚硝酸、挥发性硫化物、氰化物、烃类、酚类以及含有烟焦油和烟碱（尼古丁）的颗粒物等。

4. 建筑装饰材料污染　装饰装修材料中含有大量的有毒有机污染物，如苯、甲苯、二甲苯、甲醛、三氯乙烯等，在室内释放出来污染空气；另外建筑材料中如砖、水泥等可能含有放射性物质。

5. 家用电器设备　如计算机、电视、微波炉、手机等均可产生电磁辐射，空调过滤装置由于长期不清洗，易产生致病菌，集中空调可引起军团菌污染；另外，室内音响设备、电视机等产生噪声等。

6. 烹调过程油烟的污染等。

## 三、不良住宅建筑的健康危害

1. 眼黏膜和呼吸道黏膜刺激症状　建筑材料、装饰装修材料和家具，家用化学品以及烹调、吸烟等会产生大量有毒有害物质，同时，许多地区为了防暑降温或防寒保暖、节约能源，要求建筑物有良好的密闭性，使得室内通风换气的性能减低，导致污染物浓度升高，空气质量下降。这些因素可引起住宅室内生活与工作的人们出现眼黏膜与上呼吸道黏膜刺激症状，另外还会出现头痛、疲劳、精力不足、嗜睡、全身不适和工作效率降低等。

2. 化学过敏反应　住宅室内空气中存在的多种化学致敏物质作用于机体组织器官或系统，会引起机体的过敏性反应。在室内，即使人们长期生活在仅有微量化学污染物存在的环境中，也可能出现哮喘、皮炎、过敏性鼻炎、眼刺激感和鼻咽喉痛等症状，排除致病因素后这些症状将会改善或消退。

3. 慢性潜在性危害　人一生中有70%的时间是在住宅室内度过的，室内空气中有害物质的浓度很低，不容易被发现，长期在被污染了的室内环境中生活和工作，会对人类健康产生潜在的危害。另外，这些低浓度化学污染物引起的疾病，症状往往表现为慢性过程。例如，住宅室内吸烟者呼出烟雾，可使得非吸烟者被动吸入烟草烟雾，长期以来会增加非吸烟者患肺癌的危险性。

## 四、住宅建筑室内环境的卫生防护

住宅应有较好的防寒避暑、隔热、隔潮与隔声等性能，使住宅室内免受或减轻外界不良气候因素和噪声等对健康的不良影响。

1. 保温与隔热　建筑材料的导热性越低，建筑物的保温与隔热性能越好，应尽可能选择导热系数较小的建筑材料，在冬季寒冷地区，还可以考虑加大围护结构的厚度。在夏季炎热地区，则不宜加厚围护结构，而必须采用导热系数小的建筑材料，或在围护结构中间采用导热性小的材料填充或构成中空的空气层，以加大其热阻值从而达到隔热的效果。

2. 遮阳与采暖　合适的遮阳措施既能最大限度地挡住夏季的直射阳光，又能保证室内有足够而均匀的照度，并且尽量不影响通风。遮阳常采用绿化遮阳，利用爬墙或攀架植物作为遮阳物，并借植物蒸发等作用减少太阳照射于墙面产生的辐射热，如蔷薇、紫藤、爬山虎等。还可以结合室内装饰设置各种遮阳竹帘、百叶板、百叶窗等设施。采暖尽量采用集中式采暖，如中央空调，这类采暖便于集中管理，占地面积小，热效率高，不污染室内空气，室内气温较均匀。没有条件的住宅若采用煤或天然气或木炭等进行分散式取暖时要注意通风排气。

3. 通风换气　居室必须有适当的通风换气设备以改善室内小气候，降低室内空气中的二氧化碳、有害气体与灰尘浓度，减少病原微生物数量。通风方式有自然通风和机械通风两种。一般应首先考虑充分利用自然通风，若建筑密度过高、门窗面积过小、门窗设置不合理或难以利用主导风向进行自然通风时，可采用机械通风如采用排气扇，排油烟机、空调等设备进行换气。

4. 噪声控制　室内噪声主要来自于室外工业与交通噪声，控制住宅噪声的根本性措施在于居住区要与工业区、商业区、机场、火车站、交通干线隔离。为了保证居民能生活在一个安静的环境中，必须采取立法、技术和管理措施加以综合治理，如研发低噪声车辆，加强道路两侧绿化工程建设（植物屏障），逐步拓宽交通道路与建筑物的间距，在道路和临街建筑物之间设置隔声墙或隔声门窗等。

5. 装饰材料的污染控制　住宅装饰材料污染危害的卫生防护措施有以下 3 个方面：① 科学选择建筑与装饰材料，要注意选择绿色环保住宅建筑与装饰材料，降低甲醛及其他挥发性有机化合物（volatile organic compound，VOCs）、铅、氡及其子体等有害物质的污染程度；② 减少有害物质释放，利用活性炭等吸附材料吸附室内空气中的甲醛及其他 VOCs，或将释放有害物质的装饰材料或家具放在没有人居住的房间内存放一定时间后再进入室内以减少其释放量，或将新装修的和放置了新家具的住室充分通风，并放置一定时间后再入室居住；③ 加强通风换气，利用通风换气设备，有效及时地排除室内的有害物质。

6. 加强住宅建筑的卫生监督　住宅选址及设计图纸应接受当地建设部门和卫生部门的审查，对住宅的地段选择、平面配置、卫生规模、采光照明、围护结构的保温隔热性能、遮阳、通风、采暖、隔声、防潮、供水排水、室内装饰等设计项目，都应按照国家和地方的有关卫生标准或要求，逐项进行卫生审查，将住宅的卫生设施与住宅建筑工程同时设计、同时施工和同时验收。居民在住房使用前可以向有关卫生监测部门申请检测室内空气中甲醛、放射线物质、二氯苯等有害物质的浓度，以确保居住的健康安全。

## 第四节　健康相关产品与健康

根据卫生部颁布的《卫生部健康相关产品审批工作程序》（1999 年 3 月 26 日）中提出了健康相关产品（health-related products）的概念，即指《中华人民共和国食品卫生法》、《保健食品管理办法》、《化妆品卫生监督条例》、《生活饮用水卫生监督管理办法》、《消毒管理办法》及其他法律、法规、规章规定的，由卫生部审批的食品、化妆品、涉及饮用水卫生的安全产品（涉水产品）、消毒药剂和消毒器械等各种与人体健康相关的产品，这是一个行业管理性概念。从学术角度来讲，健康相关产品是指人们日常生活所能接触到的，并与人体健康有密切相关的市场产品，包括物理性的、化学性的、生物性的健康相关产品。本节仅涉及化学性健康相关产品。

### 一、主要的健康相关产品

1. 化妆品（cosmetics）　是指用于涂抹、敷用、喷洒或其他方法，施用于人体表面任何部位（包括皮肤、毛发、指甲、口唇和口腔黏膜等），以达到清洁护肤、美容修饰或消除不良气味等目的的一种家用化学品。法定的化妆品均为外用，任何经呼吸道或消化道进入人体的物质，都不属于化妆品。

化妆品成分主要由基质和辅料组成，基质是化妆品的功能成分，其主要原料有油脂、粉类物质、蜡、天然有机物质等。辅料起成型稳定、添色加香或其他特定作用，包括色素、香精、防腐剂、抗氧化剂和其他添加剂（表面活性剂、保湿剂、黏合剂）等。化妆品按作用功能可分为以下 5 类：① 护肤类化妆品，如洗面奶、沐浴乳、护肤霜、面膜、珍珠霜、雀斑霜、粉刺霜等；② 美发益发类化妆品，如洗发露、护发素、生发剂、烫发剂、染发剂、胶粘剂、防脱发剂、去头皮屑洗发水等；③ 美容修饰类化妆品，如粉底液、口红、唇彩、睫毛膏、腮红、指甲油等；④ 香水类化妆品，如化妆水、香水、花露水等；⑤ 口腔卫生类化妆品，如牙膏、口腔除臭液、漱口水等。另外，还有特殊用途的化妆品，即能达到某种特殊功能的化妆品，一般包括皮肤去狐臭剂、脱毛剂、祛斑和防晒霜等化妆品。

2. 洗涤剂（detergents） 是指一类用于去除物体表面污垢，使被去污的物品通过洗涤后达到去污目的的家用化学品。洗涤剂可分为：① 纤维织物洗涤剂，如衣服、被褥、毛皮和地毯等的洗涤剂；② 硬体表面洗涤剂，如用于金属、玻璃、餐具等硬表面的洗涤剂；③ 人体清洁洗涤剂，如香皂、洗手液、洗发香波、剃须水等；④ 特殊用途洗涤剂，如地板蜡洗涤剂、墙壁洗涤剂、除臭剂和空气清新剂等。

洗涤剂主要由表面活性剂和添加剂两部分组成。表面活性剂可以将污垢润湿、乳化使其扩散到水溶液中，从而达到去污的目的，因此是洗涤剂去污能力大小的关键。添加剂主要包括助洗剂、络合剂、腐蚀抑制剂、酶、光亮剂、杀菌剂和香料等。

3. 消毒剂（disinfectant） 是指一类用于杀灭病原微生物的家用化学品。按照消毒剂的杀菌能力可分为 3 类：① 高效消毒剂：能杀灭一切微生物如细菌芽孢和乙肝病毒等，包括过氧乙酸、戊二醛和含氯消毒剂等；② 中效消毒剂：能杀灭抵抗力较强的结核杆菌和部分细菌、真菌和病毒，包括乙醇、碘伏和碘酊等；③ 低效消毒剂：能杀灭除结核杆菌以外的抵抗力较弱的细菌、真菌和病毒，包括苯扎溴胺（新洁尔灭）和高锰酸钾等。

4. 杀虫剂（insecticide） 是指用于杀灭或驱逐危害家庭生活的病媒昆虫，如苍蝇、蟑螂、蚊子、老鼠等的一种家用化学品。目前杀虫剂在世界范围内广为使用，但是它含有镉、铅、砷、汞等重金属元素和有机毒物，它的高毒性、残留性和蓄积性也严重威胁着人类健康和生态环境。

5. 其他健康相关产品 家庭常用的健康相关产品还包括：① 医疗卫生用品，如注射器、创可贴和卫生巾等；② 涉水产品，如水质处理器、纯净水容器、水过滤器以及一次性水杯等；③ 保健用品，如减肥食品、营养食品等；④ 电磁辐射产品，如电视机、计算机、微波炉和移动电话等；⑤ 家用黏合剂和涂料，如各种胶水、装潢涂料等；⑥ 塑料制品和儿童玩具等。

## 二、健康相关产品对健康的影响

健康相关产品种类繁多，对人体健康的影响各有不同。当健康相关产品存在质量问题、使用方式不当或使用量过大以及使用者有特殊过敏体质时，就会对人体产生健康危害。现仅以化妆品和洗涤剂为例简述健康相关产品对健康的危害。

### （一）化妆品对健康的危害

正确地选择和使用化妆品可以保持人体皮肤、指甲和毛发的健康，减轻外界理化因素对皮肤的刺激作用，以达到清洁皮肤、促进皮肤血液循环和新陈代谢的护肤美容作用。但是化妆品直接接触施用的皮肤，会因为其所含化学组分、化学性或微生性污染、外界理化因素、个人体质和使用方法等对机体产生不良影响。

1. 化妆品对皮肤的损害 《化妆品皮肤病诊断标准及处理原则》(GB17149－1997) 将“化妆品皮肤病”定义为人们日常生活中使用化妆品所引起的皮肤及其附属器的病变。

(1) 接触性皮炎：化妆品接触性皮炎主要包括刺激性接触性皮炎 (irritant contact dermatitis，ICD) 和变应性接触性皮炎 (allergic contact dermatitis，ACD) 两类。ICD是指由化妆品刺激引起的皮肤浅表的急性或亚急性炎症反应，仅限于接触部位，症状包括红斑、丘疹、水疱、水肿、瘙痒、灼热、疼痛感等。化妆品中常见的具有刺激性的物质包括直发剂中的氢氧化锂、指甲油中的有机溶剂和美白祛斑产品中的氢醌类物质等。ACD是指由化妆品中含有的变应原物质经机体T淋巴细胞介导的皮肤迟发型变态反应性组织损伤。通常是初次或多次接触某种化妆品后，经一段潜伏期再次接触该化妆品时出现的症状，主要表现为瘙痒、皮损形态多样、丘疹边界不清、局部红肿等，常见的有染发剂中的苯胺类物质、香水中的防腐剂等。

(2) 光感性皮炎：化妆品光感性皮炎包括光变应性接触性皮炎 (photoallergic contact dermatitis，PCD) 和光毒性皮炎 (phototoxic dermatitis) 两种。PCD是指使用含有光变应原物质的化妆品后，接触日光的部位出现T细胞介导的湿疹样皮肤炎症反应，而不接触日光的部位则不出现这种反应，常见的有防晒剂中的对氨基甲酸和香料中的葵子麝香等。光毒性皮炎是指某些化妆品中的物质能增加皮肤对光的敏感性，日光照射后这些物质对皮肤产生毒性刺激导致损伤。光毒性皮炎与光变应性皮炎的区别在于：任何人接触了能引起光毒性皮炎的物质都能发病，而后者仅限于拥有特殊体质的接触者。

(3) 化妆品性皮肤痤疮：指由于化妆品使用不当而引起的痤疮样皮疹称化妆品痤疮 (cosmetics acne)。由于化妆品堵塞皮脂腺汗腺毛囊口，或患者皮脂腺分泌过于旺盛，增加了毛囊堵塞的机会，皮脂不能顺畅排出，积聚而形成。多发生在面部，以炎性毛囊性丘疹及白头粉刺多见。

(4) 化妆品皮肤色素沉着症：是指使用化妆品引起的皮肤色素沉着症 (skin pigmentation)，一般多由化妆品直接染色或刺激皮肤色素增生，也可继发于皮炎之后，光照可使病情加重。色素异常通常局限于施用化妆品的涂抹部位，主要表现为不规则斑片状或点状色素沉着。

2. 化妆品对指(趾)甲的损害 使用指(趾)甲化妆品所致的指甲损害 (mail lesion)。常见的有甲油和甲清洁剂，其中的有机溶剂可使甲板脱脂导致指甲损害，如甲板粗糙、软化、脆裂、剥离、变形、失去光泽等，也可导致甲周皮炎，如指(趾)甲周围皮肤红肿、疼痛甚至化脓。

3. 化妆品对毛发的损害 使用化妆品可引起毛发损害。能引起毛发损害的化妆品包括洗发剂、染发剂、烫发剂、发胶、眉笔、睫毛膏等。主要表现为毛发脱色、分叉、断裂、变脆、失去光泽和脱落等。

4. 化妆品对眼睛的损害 眼部皮肤和黏膜较一般皮肤敏感，易引起不同程度的损害。主要是由于洗发剂、染发剂、发胶、香水等非眼部化妆品误入眼内，其中含有去污剂或表面活性剂等化学物质的刺激，或眼部化妆品如睫毛膏、眼影膏、眼线膏等的颗粒或纤维等刺激眼睛造成的。主要症状为眼睑或结膜充血红肿、局部丘疹或水疱、自觉瘙痒和烧灼感等。眼部化妆品接触性皮炎发生后亦可遗留色素沉着。

5. 化妆品的微生物污染危害 化妆品的微生物污染是除了化妆品原料造成的损害以外，

影响其安全性的另一个主要因素。化妆品在生产过程中使用的原料、容器和制作过程中都可能受到微生物污染。另外，在化妆品启封后的使用或存放过程中，由于手部接触或空气中的微生物落入都可能使化妆品被微生物污染。被微生物污染的化妆品不仅使化妆品出现腐败变质和感官性状恶化，如变色、异味、霉变、酸败、膏体液化分层等，而且对使用者的健康带来不良的影响，如微生物在化妆品中产生的毒素或化妆品在微生物的作用下产生的代谢产物均可成为机体的变应原或刺激原，对机体的施用部位产生致敏作用或刺激作用。另外被致病菌污染的化妆品还可能引起局部甚至全身感染，严重时会引起皮肤化脓性感染导致接触者发生败血症等。

### （二）洗涤剂对健康的危害

洗涤剂对健康的危害主要取决于合成洗涤剂的表面活性剂。阳离子型表面活性剂的毒性较大，非离子型毒性较小，阴离子型毒性居于两者之间。目前家居最常用的是阴离子型合成洗涤剂。

合成洗涤剂对人体产生的健康危害主要是皮肤损害，全身中毒偶有报道。洗涤剂对皮肤产生不同程度的刺激和损害作用，尤其在皮肤破损时，表面活性剂对皮肤的刺激和损害作用更为明显。洗涤剂经吸收进入人体后还会导致全身中毒，有报道称含有硫化硒的洗发香波长期使用会导致全身性震颤、腹痛、嗜睡、食欲减退等症状。长期使用洗涤剂还可能对血液系统、神经系统、生殖系统、内分泌系统产生慢性危害。

## 三、健康相关产品的卫生监督和管理

健康相关产品与人民日常生活息息相关，为保证人民身体健康，卫生部自 2006 年 6 月 1 日起正式实施《健康相关产品卫生行政许可程序》。为配合其实施，卫生部还分别制定了《健康相关产品生产企业卫生条件审核规范》、《卫生部化妆品卫生行政许可申报受理规定》、《卫生部消毒剂、消毒器械卫生行政许可申报受理规定》、《卫生部涉及饮用水卫生安全产品卫生行政许可申报受理规定》等。

（钟才高）

# 第三章　食物与健康

## 第一节　食物中的营养素

营养（nutrition）是指人体摄入、消化、吸收和利用食物中的营养成分，以维持人体的健康水平。食物中所含的营养成分即营养素（nutrient）。包括蛋白质、脂肪、碳水化合物、矿物质、维生素为人体需要的 5 大类营养素。人体对某种营养素的需要量会随年龄、性别和生理状况而异。为了帮助个体和人群安全地摄入各种营养素，避免可能产生的营养过多或缺乏的危害，营养学家提出了适用于各类人群的每日平均膳食营养素参考摄入量（Dietary Reference Intakes，DRIs）的参考值。

### 一、膳食营养素参考摄入量

DRIs 包括 4 项营养水平指标，即：平均需要量（estimated average requirements，EAR）；推荐摄入量（recommended nutrient intake，RNI）；适宜摄入量（adequate intake，AI）和可耐受最高摄入量（tolerable upper levels，UL）。

#### （一）平均需要量

EAR 指某一特定性别、年龄及生理状况的群体中对某种营养素需要量的平均值。当某种营养素摄入量达到 EAR 水平表示可满足某一群体中 50％的个体对该营养素的需要，但该水平不能满足另外 50％的个体的需要。

#### （二）推荐摄入量

RNI 是以 EAR 为基础制定的，如果已知 EAR 的标准差，则 RNI 定为 EAR 加两个标准差，即：RNI＝EAR＋2SD。RNI 可以满足某一特定性别、年龄及生理状况的人群中绝大多数（97％～98％）个体需要，长期摄入 RNI 水平，可以维持组织中有适当的储备。RNI 是健康个体的膳食营养素摄入目标，个体摄入量低于 RNI 时并不一定表明该个体未达到适宜营养状态。如果某个个体的平均摄入量达到或超过了 RNI，可以认为该个体没有摄入不足的危险。

#### （三）适宜摄入量

在个体需要量的研究资料不足而不能计算 EAR 时，因而不能求得 RNI，可设定 AI 来代替 RNI。AI 是通过观察或实验研究获得的健康人群的某种营养素的摄入量。AI 应能满足目标人群中几乎所有个体的需要，其主要用作个体的营养素摄入目标，同时用作限制过多摄入的标准。当健康个体摄入量达到 AI 时，出现营养缺乏的危险性很小。如长期摄入超过 AI，则有可能产生毒副作用。

#### （四）可耐受最高摄入量

UL 是平均每日可以摄入营养素的最高量。这个量对一般人群中几乎所有的个体都不至于引起不利健康的结果；当摄入量大于 UL 时，可能导致损害健康的危险性增大。UL 并不是一个建议的摄入水平。“可耐受性”是指这一剂量在生物学上大体可以耐受的，但并不表示可能是有益的。健康人体摄入大于UL无明显益处。UL的主要用途是检查个体摄入量过高的可能，避免发生中毒。在大多数的情况下，UL包括膳食、强化食物和添加剂等各种来源的营养素之和。许多营养素因没有足够的资料来制定其UL，所以，未制定UL并不意味着过多摄入对机体没有危害。

## 二、能量与营养素

### （一）能量

机体能量来源于食物中的碳水化合物、脂肪和蛋白质在体内进行生物氧化，其能量一部分用于维持体温和向外环境中散发，余者形成三磷酸腺苷（ATP）储存于高能磷酸键中。ATP在机体需要时释放出能量供机体基础代谢、体力活动与婴幼儿、儿童、青少年生长发育的需要。

### （二）营养素

1. 蛋白质　是人体的重要组成成分，约占正常人体重的16%，成人体内每天约有3%的蛋白质被更新。蛋白质广泛存在于动、植物性食物中，不同食品中的蛋白质含量不同，如小麦每100g（可食部）的蛋白质含量为11.9g，黄豆为35g，鸡蛋为13.3g，牛肉（瘦肉）为20.2g，猪肉（瘦肉）20.3g。

2. 脂类　脂类包括脂肪和类脂。脂肪是由一分子甘油（glycerol）和三分子脂肪酸（fatty acids，FA）结合而成的甘油三酯。其中人体不可缺少而机体又不能合成即必须通过食物供给的脂肪酸为必需脂肪酸，如亚油酸和α-亚麻酸。食物中脂肪具有下列功能：① 增加饱腹感；② 改善食物的感官性状；③ 提供脂溶性维生素。类脂主要有磷脂、糖脂和固醇类。磷脂和糖脂为生物膜的重要组成成分，而固醇类则是形成类固醇激素、胆汁盐、细胞膜等必不可少的物质。膳食中的脂类主要来自动物脂肪组织、肉类、植物种子、大豆、花生等。

3. 碳水化合物　因其含有碳、氢、氧3种元素，由碳和水等量化合而成，又称为糖类。碳水化合物种类繁多，按其聚合度可分为单糖、双糖、寡糖和多糖等4类。膳食碳水化合物的功能为：① 主要的能量营养素；② 改变食物的色香、味、型；③ 提供膳食纤维。膳食纤维具有时生理功能为：Ⓐ增强肠道功能；Ⓑ控制体重和减肥；Ⓒ降低血糖和胆固醇；④ 预防结肠癌。膳食中碳水化合物主要存在于植物种子、水果、蔬菜、甘蔗之中。

4. 维生素　是人体维持正常生理功能不可缺少的一类有机化合物，天然存在于食物中，人体几乎不能合成，需要量甚微，既不参与机体的组成，亦不能提供能量。营养学上通常按维生素的溶解性分为脂溶性和水溶性维生素两类。脂溶性维生素有维生素A、维生素D、维生素E、维生素K，其共同特点有：① 溶于脂肪及脂溶剂，而不溶于水；② 化学组成仅含碳、氢、氧；③ 与食物中脂类共存；④ 在肠道吸收时随脂肪经淋巴系统吸收，从胆汁有少量排出；⑤ 摄入后，大部分储存于脂肪组织中；⑥ 缺乏症出现缓慢；⑦ 不能用尿进行营养状况的评价；⑧ 有时大剂量摄入时易引起中毒。水溶性维生素包括维生素$B_1$、维生素$B_2$、维生素$B_6$、维生素$B_{12}$、维生素C、烟酸、叶酸、泛酸、生物素等，其共同特点有：① 溶于水而不溶于脂肪及脂溶剂；② 化学组成除碳、氢、氧外，尚有氮、硫、钴等元素；③ 在满足组织需要后，多余部分将由尿排出；④ 无非功能性的单纯储存形式，在体内仅有少量储存；⑤绝大多数以辅酶或辅基的形式参加各种酶系统，并发挥重要作用；⑥机体缺乏症状出现较快；⑦营养状况大多可以通过血和/或尿进行评价；⑧毒性小。

5. 矿物质　在自然界中，目前已知天然存在的化学元素有 92 种，在人体内已发现 81 种。其中 20 余种为人体必需矿物质，约占人体重量的 4%～5%。凡体内含量大于体重 0.01%的矿物质称之为常量元素或宏量元素，反之，称为微量元素。钙、磷、镁、钾、钠、氯、硫等 7 种元素为常量元素。人体中某些化学元素存在数量极少，甚至仅有痕量，但有一定的生理功能，且必须通过食物摄入，称之为必需微量元素。按其生物学作用将之分为 3 类：第 1 类为人类必需微量元素，包括碘、锌、硒、铜、钼、铬、钴及铁，共 8 种；第 2 类为人体可能必需的元素，包括锰、硅、硼、矾及镍，共 5 种；第 3 类为具有潜在的毒性，但在低剂量时，可能具有人体必需功能的元素，包括氟、铅、镉、汞、砷、铝及锡，共 7 种。

关于"能量与营养素"的详细内容请参见全国高等教育自学考试指定教材护理学专业（专科）《营养学》教材（北京大学医学出版社出版，郭红卫主编，2008 年）。

## 第二节　合理膳食

合理膳食（rational diet）又称平衡膳食或健康膳食。是指全面达到营养供给量的膳食。既保证摄食者能量和各种营养素全面达到营养生理需要量，又在各种营养素之间建立起一种生理上的平衡。获得合理膳食是制定膳食营养素供给量标准的基本原则，也是研究人类营养学以达到提高全民健康水平的最终目的。

### 一、合理膳食的基本要求

就目前所知，人体所需的营养素有 40 多种。而自然界中除母乳外，任何一种天然食物所含的营养素都不完全，需要从多种食物中进行合理的调配，才能获得平衡膳食。

#### （一）满足机体的需要

摄入的食物应供给机体足量的营养素和能量，以保证机体活动和劳动的需要；保证机体的新陈代谢、生长、修复等基本生命活动的需要；保证机体的抵抗力和免疫功能，以适应各种环境和条件下的机体需要。因此，能量和营养素的摄入量应满足机体的需要，以达到促进健康的目的。

#### （二）摄入的营养素保持平衡

摄入的各种营养素之间的比例要合适，如蛋白质、脂肪和糖类三大供能营养素的供能比例需要平衡；与能量代谢有关的维生素与能量消耗之间需要平衡；必需氨基酸之间比例需要平衡；饱和脂肪酸与不饱和脂肪酸之间需要平衡；膳食钙与磷、产酸性食物与产碱性食物之间需要平衡等。除此，各种营养素和能量的摄入量与消耗量之间也要保持平衡。

#### （三）食物对人体无害

为了保证人类的健康安全，提高生存质量，食物不应含有对人体造成危害的各种有害因素，食物中的微生物、有毒成分、化学物质、农药残留、食品添加剂、真菌及毒素等均应符合我国食品卫生国家标准（GB）的规定。

#### （四）食物加工与烹调合理

食物经加工与烹调后，应尽量减少营养素的损失、提高消化吸收率，并保持良好的色香味感官性状。

**（五）建立合理的用膳制度和良好的饮食习惯**

根据不同人群的生理需要和生活、学习和劳动性质，合理安排用膳制度，建立良好的饮食习惯。我国居民一日三餐，但对学龄前及学龄儿童以“三餐两点制”或“三餐一点制”为优。要养成不挑食、不偏食、不暴饮暴食等良好的饮食习惯，使摄入的食物能充分进行消化吸收和利用。

## 二、各类食物的营养价值

食品营养价值（nutritional value）是指某种食品所含营养素和能量满足人体营养需要的程度。食品营养价值的高低，取决于食品中营养素的种类是否齐全、数量的多少、相互比例是否适宜以及是否易消化吸收。

**（一）各类食品的营养**

1. 谷类　谷类食品主要包括小麦、大米、玉米、小米、高粱等。各种谷类种子除形态大小不一外，其结构基本相似，由谷皮、胚乳、胚芽 3 个主要部分组成，分别占谷粒重量的 13%～15%、83%～87%、2%～3%。

（1）蛋白质：谷类蛋白质的含量，因品种、气候、地区及加工方法的不同而异，蛋白质含量一般变动在 7.5%～15%之间。一般谷类蛋白质因必需氨基酸组成不平衡，赖氨酸含量少，苏氨酸、色氨酸、苯丙氨酸、蛋氨酸偏低，因此谷类蛋白营养价值低于动物性食物。提高谷类蛋白质的营养价值，常可采用氨基酸强化和蛋白质互补的方法。

（2）碳水化合物：谷类碳水化合物主要为淀粉，集中在胚乳的淀粉细胞内，含量在 70%以上，在我国居民膳食中 50%～70%能量来自谷类碳水化合物。

（3）脂肪：谷类脂肪含量低，大米、小麦约为 1%～2%，玉米和小米可达 4%。

（4）矿物质：谷类含矿物质约为 1.5%～3%，主要在谷皮和糊粉层中。其中主要是磷、钙，由于多以植酸盐形式存在，消化吸收较差。

（5）维生素：谷类是膳食 B 族维生素的重要来源，如硫胺素、核黄素、尼克酸、泛酸和吡哆醇，主要分布在糊粉层和胚部。谷类加工的精度越高，保留的胚芽和糊粉层越少，维生素损失就越多。

2. 豆类　豆类分大豆（黄豆、黑豆和青豆）和其他豆类（包括豌豆、蚕豆、绿豆、小豆、芸豆等）。

（1）营养成分：大豆含有 35%～40%的蛋白质，是植物性食品中含蛋白质最多的食品。大豆蛋白质的氨基酸组成接近人体需要，具有较高的营养价值，且富含谷类蛋白较为缺乏的赖氨酸，是谷类蛋白质互补的天然理想食品，故大豆蛋白为优质蛋白。大豆所含脂肪约 15%～20%，其中不饱和脂肪酸占 85%，且以亚油酸最多，高达 50%以上。此外，大豆油中还含有 1.64%的磷脂和具有抗氧化能力较强的维生素 E。大豆中含碳水化合物 25%～30%，其中只有一半是可供利用的淀粉、阿拉伯糖、半乳聚糖和蔗糖，而另一半是人体不能消化吸收的棉籽糖和水苏糖，存在于大豆细胞壁，在肠道细菌作用下发酵产生二氧化碳和氨，可引起腹胀。此外，大豆还含有丰富的钙、硫胺素和核黄素。

（2）大豆中的抗营养因素：大豆中含有一些抗营养因素，可影响人体对某些营养素的消化吸收。在应用大豆时，应注意合理处理这些抗营养因素，才能充分发挥大豆的营养作用。

①蛋白酶抑制剂（protease inhibitor，PI）：能抑制胰蛋白酶、糜蛋白酶、胃蛋白酶等蛋白酶的物质。其中抗胰蛋白酶因子（或称胰蛋白抑制剂）对人体胰蛋白酶的活性有部分抑制作用，妨碍蛋白质的消化吸收，对动物有抑制生长的作用。采用常压蒸汽加热 30 分钟、1 kg压力加热 10～25 分钟，即可破坏生大豆中的抗胰蛋白酶因子。

②豆腥味：大豆中含有很多酶，其中脂肪氧化酶是产生豆腥味及其他异味的主要酶类。采用 95℃以上加热 10～15 分钟或用乙醇处理后减压蒸发，纯化大豆脂肪氧化酶等方法，均可脱去部分豆腥味。

③胀气因子（flatus-producing factor）：占大豆糖类一半的水苏糖和棉籽糖，在肠道微生物作用下产气。大豆通过加工制成豆制品时，胀气因子则被除去。

④植酸（phytic acid）：大豆中存在的植酸可与锌、钙、镁、铁等螯合，影响其吸收利用。在 pH 4.5～5.5 时可得到含植酸很少的大豆蛋白，因在此 pH 条件下，植酸可溶解 35%～75%，而对蛋白质的影响不大。

⑤皂苷（saponin）和异黄酮（isoflavone）：此两类物质具有抗氧化、降低血脂和血胆固醇的作用，特别是大豆皂苷、大豆异黄酮还具有雌激素样作用和抗溶血、抗真菌、抗细菌及抑制肿瘤等作用。

⑥植物红细胞凝集素（phytahematoagglutinin；PHA）：为凝集人和动物红细胞的一种蛋白质，可影响动物的生长，加热即被破坏。

3. 蔬菜、水果类　蔬菜、水果富含有各种有机酸、芳香物质和色素等成分，使它们具有良好的感官性状，对增进食欲、促进消化、丰富食品多样性具有重要意义。

（1）碳水化合物：蔬菜水果所含碳水化合物包括糖、淀粉、纤维素和果胶物质。含糖较多的蔬菜有胡萝卜、西红柿、南瓜和甜薯。水果含糖较蔬菜多，但因其种类和品种不同，含糖的种类和数量有较大差异，如苹果和梨以含果糖为主，桃、李、柑橘以含蔗糖为主，葡萄、草莓则以葡萄糖和果糖为主。根茎类的蔬菜含有较多的淀粉，如土豆、藕等。

（2）维生素：新鲜蔬菜、水果是供给维生素 C、胡萝卜素、核黄素和叶酸的重要来源。维生素 C 一般在蔬菜代谢旺盛的叶、花、茎内含量丰富。一般深绿颜色蔬菜维生素 C 含量较浅色蔬菜高，叶菜中的含量较瓜菜中高。胡萝卜素在绿色、黄色或红色蔬菜中含量较多，如胡萝卜、南瓜、苋菜中含量丰富。水果中以鲜枣、草莓、橘、猕猴桃中维生素 C 含量较多，芒果、柑橘、杏等含胡萝卜素较多。

（3）矿物质：蔬菜水果中含有丰富的矿物质，如钙、磷、铁、钾、钠、镁、铜等，是膳食中矿物质的主要来源，对维持体内酸碱平衡起重要作用。绿叶蔬菜一般每 100 g 含钙在 100 mg 以上，含铁 1～2 mg，如菠菜、雪里红、油菜、苋菜含钙较多。但蔬菜中存在的草酸不仅影响本身所含钙和铁的吸收，而且还影响其他食物中钙和铁的吸收。因此在选择蔬菜时，不能只考虑其钙的绝对含量，还应注意其草酸的含量。草酸是一种有机酸，能溶于水，故食用含草酸多的蔬菜时，可先在开水中烫一下，去除部分草酸，以利钙、铁的吸收。

（4）芳香物质、有机酸和色素：蔬菜水果中常含有各种芳香物质和色素，使食品具有特殊的香味和颜色，可赋予蔬菜水果以良好的感官性状。芳香物质为油状挥发性化合物，称精油。主要成分为醇、酯、醛和酮等，有些芳香物质是以糖苷或氨基酸状态存在，必须经酶的作用，分解成精油才具有香味（如蒜油）。水果中的有机酸，以苹果酸、柠檬酸和酒石酸为主，此外还有乳酸、琥珀酸、延胡索酸等，有机酸因水果种类、品种和成熟度不同而异。未成熟的果实中琥珀酸和延胡索酸较多；柑橘类和浆果类中柠檬酸含量丰富。有机酸能刺激人体消化腺的分泌，增进食欲，有利于食物的消化；另一方面，有机酸使食物保持一定的酸度，对维生素C的稳定性具有保护作用。此外，蔬菜水果中还含有一些酶类、杀菌物质和具有特殊功能的生理活性成分。

4. 畜类　我国人民多食用猪肉，其次为羊肉、牛肉，少数地区也食用马肉、驴肉、狗肉等。

(1) 蛋白质：畜肉蛋白质大部分存在在于肌肉组织中。含量为10%～20%，按照蛋白质在肌肉组织中存在的部位不同，又分为肌浆中的蛋白质（占20%～30%）、肌原纤维中的蛋白质（占40%～60%）、间质蛋白（占10%～20%）。畜肉类蛋白质含人体必需氨基酸充足，而且在种类和比例上接近人体需要，易消化吸收，所以蛋白质营养价值很高，为利用率高的优良蛋白质。

(2) 脂肪：畜肉的脂肪含量因牲畜的肥瘦程度及部位有较大差异。如肥猪肉脂肪含量达90%，猪里脊肉含脂肪7.9%，猪前肘含脂肪31.5%，猪五花肉含蛋白质7.7%、脂肪35.3%，牛五花肉含脂肪5.4%，瘦牛肉含脂肪2.3%。畜肉类脂肪以饱和脂肪酸为主，熔点较高，少量卵磷脂、胆固醇和游离脂肪酸。胆固醇多存在于动物内脏。

(3) 碳水化合物：畜肉中的碳水化合物以糖原形式存在于肌肉和肝脏中，含量极少。宰后的动物肉尸，在保存过程中，由于酶的分解作用，糖原含量会逐渐下降。

(4) 矿物质：畜肉矿物质含量为0.8%～1.2%，其中钙含量低，为7.9 mg/100 g；含铁、磷较多，铁以血色素铁的形式存在，不受食物其他因素的影响，生物利用率高，是膳食铁的良好来源。

(5) 维生素：畜肉中B族维生素含量丰富，内脏如肝脏中富含维生素A、核黄素。

5. 禽肉　禽肉包括鸡、鸭、鹅、鸽、鹌鹑等的肌肉、内脏及制品。禽肉的营养价值与畜肉相似，不同在于脂肪含量少，而且熔点低，含有20%的亚油酸，易于消化吸收。禽肉蛋白质的氨基酸组成接近人体需要，含量约为20%，质地较畜肉细嫩，含氮浸出物多，故禽肉炖汤的味道较畜肉鲜美。

6. 水产类　水产类包括鱼类及其他水产类，是营养价值较高的一类优质食物。

(1) 鱼类：我国拥有广阔的海岸、江、河、湖泊，资源丰富，所产鱼类达2000种以上，其中海产鱼类1500多种，淡水鱼类500多种。

①蛋白质：鱼类肌肉中，蛋白质含量一般为15%～25%。肌纤维细短，间质蛋白少，组织软而细嫩，较畜、禽肉更易消化，其营养价值与畜、禽肉近似。氨基酸组成中，色氨酸含量偏低。存在于鱼类结缔组织和软骨中的含氮浸出物主要为胶原和黏蛋白，是鱼汤冷却后形成凝胶的主要物质。

②脂肪：鱼类含脂肪很少，一般为1%～3%。鱼的种类不同，脂肪含量差别也较大。鱼类脂肪在肌肉组织中含量很少，主要分布在皮下和内脏周围。鱼类脂肪多由不饱和脂肪酸组成，熔点低，常温下为液态，消化吸收率达95%，鱼类脂肪中含有长链多不饱和脂肪酸，如EPA和DHA。鱼类的胆固醇含量一般约为100 mg/100 g，但鱼子含量较高，如鲳鱼子胆固醇含量为1070 mg/100 g、虾子胆固醇达896 mg/100 g。

③矿物质：鱼类矿物质含量为1%～2%，磷的含量占总灰分的40%，此外钙、钠、氯、钾、镁含量丰富。钙的含量较畜肉高，为钙的良好来源。海产鱼类含碘丰富。

④ 维生素：鱼类是维生素 $B_2$ 的良好来源。海鱼的肝脏是维生素 A 和维生素 D 富集的食物。一些生鱼中含有硫胺素酶，在生鱼存放或生吃时，可破坏维生素 $B_1$，加热可破坏此酶。

（2）其他水产类：除碘含量丰富外，还含有多种营养成分。如海带、紫菜、海参、虾米、干贝等，其维生素和矿物质含量见表 3-1（中国疾病预防控制中心营养与食品安全所，2002 年）。

**表 3-1　几种水产品的维生素、矿物质含量（以每 100 g 可食部计）**

| | 海带（干） | 紫菜（干） | 苔菜（干） | 虾米（海米，虾仁） | 河蟹 | 海参 |
|---|---|---|---|---|---|---|
| 维生素 A（μgRE） | 40 | 228 | — | 21 | 389 | — |
| 胡萝卜素（μg） | 240 | 1370 | — | — | — | — |
| 维生素 $B_1$（mg） | 0.01 | 0.27 | 0.35 | 0.01 | 0.06 | 0.03 |
| 维生素 $B_2$（mg） | 0.10 | 1.02 | 0.40 | 0.12 | 0.28 | 0.04 |
| 尼克酸（mg） | 0.8 | 7.3 | 4.0 | 5.0 | 1.7 | 0.1 |
| 维生素 C（mg） | — | 2 | — | — | — | — |
| 维生素 E（mg） | 0.85 | 1.82 | — | 4.31 | 6.09 | 3.14 |
| 钙（mg） | 348 | 264 | 185 | 85 | 126 | 285 |
| 磷（mg） | 52 | 350 | 302 | 228 | 182 | 28 |
| 钾（mg） | 761 | 1796 | 410 | 550 | 181 | 43 |
| 钠（mg） | 327.4 | 710.5 | 4955.0 | 225.2 | 193.5 | 502.9 |
| 镁（mg） | 129 | 105 | 1257 | 2 | 23 | 149 |
| 铁（mg） | 4.7 | 54.9 | 283.7 | 6.4 | 2.9 | 13.2 |
| 锌（mg） | 0.65 | 2.47 | 3.56 | 1.45 | 3.68 | 0.63 |
| 硒（μg） | 5.84 | 7.22 | 5.59 | 7.90 | 56.72 | 63.93 |
| 铜（mg） | 0.14 | 1.68 | 1.11 | 1.07 | 2.97 | 0.05 |
| 锰（mg） | 0.14 | 4.32 | — | 3.25 | 0.42 | 0.76 |

7. 奶及奶制品　奶类是一种营养成分齐全、组成比例适宜、易消化吸收、营养价值高的天然食品，能满足初生幼仔迅速生长发育的全部需要。乳类食品中以牛奶为食用最普遍，适合于母乳不足的婴儿、某些疾病患者和老年人等人群。与人乳相比牛奶含蛋白质较多，而乳糖低于人乳，故以牛奶代替母乳时，应适当调整使其接近人乳组成，有益于婴儿的生长发育。奶类食品主要提供优质蛋白质、维生素 A、维生素 $B_2$ 和钙。除牛奶外，还有羊奶和马奶。

奶制品包括巴氏杀菌乳（消毒牛乳）、奶粉、炼乳、酸奶、奶油、奶酪等。① 巴氏杀菌乳：是将新鲜生牛奶经过过滤、加热杀菌后，分装出售的饮用奶。巴氏杀菌乳除维生素 $B_1$ 和维生素 C 有损失外，营养价值与新鲜牛奶差别不大，市售巴氏杀菌乳中常强化了维生素 D 和维生素 $B_1$ 等营养素；② 奶粉：根据食用要求奶粉又分为全脂奶粉、脱脂奶粉、加糖奶粉、调制奶粉。全脂奶粉是将鲜奶消毒后，除去 70%～80% 水分，采用喷雾干燥法，将奶喷成雾状微粒。脱脂奶粉的生产工艺同全脂奶粉，但原料奶经过脱脂的过程，由于脱脂使脂溶性维生素损失。此种奶粉适合于腹泻的婴儿及要求少脂膳食的患者。调制奶粉又称人乳化奶粉，该奶粉是以牛奶为基础，按照人乳组成的模式和特点，加以调制而成，使各种营养成分的含量、种类和比例接近母乳；③ 酸奶：是一种发酵制品，是以新鲜奶、脱脂奶、全脂奶粉、脱脂奶粉或炼乳等为原料接种乳酸菌，经过不同工艺发酵而成，其中以酸牛奶最为普遍。奶经过乳酸菌发酵后，乳糖变成乳酸，蛋白质凝固和脂肪不同程度的水解，形成独特的风味，该制品营养丰富，易消化吸收，还可刺激胃酸分泌。乳酸菌中的乳酸杆菌和双歧杆菌为肠道益生菌，在肠道生长繁殖，可抑制肠道腐败菌的生长繁殖，防止腐败胺类产生，对维护人体的健康有重要作用。酸奶适合于消化功能不良的婴幼儿、老年人，并能使成人乳糖缺乏者的乳糖不耐症状减轻；④ 炼乳：是一种浓缩乳，种类较多，按其成分可分为甜炼乳、淡炼乳、全脂炼乳、脱脂炼乳，若添加维生素 D 等营养物质可制成各种强化炼乳。目前市场上炼乳的主要品种是甜炼乳和淡炼乳；⑤ 复合奶：将脱脂奶粉和无水奶油分别溶解，按一定比例混合，再加入 50%的鲜奶即成复合奶，其营养价值与鲜奶基本相似；⑥ 奶油：由牛奶中分离的脂肪制成的产品，一般含脂肪 80%～83%，而含水量低于 16%，主要用于佐餐和面包、糕点制作。

8. 蛋类　蛋主要指鸡、鸭、鹅、鹌鹑、火鸡等的蛋。各种蛋的结构和营养价值基本相似，其中食用最普遍、销量最大的是鸡蛋。蛋类制成的蛋制品有皮蛋、咸蛋、糟蛋、冰蛋、干全蛋粉、干蛋白粉、干蛋黄粉等。

蛋类含蛋白质约为 12.8%。蛋清中蛋白质为胶状性水溶液，由卵白蛋白、卵胶黏蛋白、卵球蛋白等 5 种蛋白质组成；蛋黄中蛋白质主要是卵黄磷蛋白和卵黄球蛋白。鸡蛋蛋白含有人体所需的各种氨基酸，且氨基酸组成模式与合成人体组织蛋白所需模式相近，易消化吸收，其生物学价值达 95，是最理想的天然优质蛋白质和高营养价值食品。蛋类含糖较少，蛋清中主要是甘露糖和半乳糖，和蛋白相结合，蛋黄中主要是葡萄糖，大部分以磷酸质、磷蛋白结合形式存在。蛋类脂肪主要集中在蛋黄内，呈乳融状，大部分为中性脂肪，还有一定量的卵磷脂和胆固醇。脂肪分散成细小颗粒，故易消化吸收。每个鸡蛋含胆固醇约 290 mg，是胆固醇含量较高的食品。铁、磷、钙等矿物质和维生素 A、维生素 D、维生素 $B_1$ 及维生素 $B_2$ 多集中在蛋黄内，蛋黄中的铁因与磷蛋白结合而吸收率不高。

### （二）食品营养价值的评定

评定食品的营养价值，一是全面了解各种食物的天然组成成分，包括营养素、非营养素类物质、抗营养因素等。提出现有主要食品的营养缺陷，并指出改造或创制新食品的方向，解决抗营养因素问题，充分利用食物资源。二是了解在加工烹调过程中食品营养素的变化和损失，采取相应的有效措施，最大限度地保存食品中的营养素含量，提高食品营养价值。三是指导人们科学地选购食品和合理配制营养平衡膳食，以达到增进健康，增强体质及预防疾病的目的。

1. 营养素的种类及含量　对某食品进行营养价值评定时，应对其所含营养素的种类进行分析，并确定其含量。一般说来，食品中所提供营养素的种类和营养素的含量，越接近人体需要，该食品的营养价值越高。

2. 营养素质量　在评价某食品或某营养素价值时，营养素的质与量是同等重要的。蛋白质质的优劣体现在其氨基酸的组成及可被消化利用的程度；脂肪质的优劣则体现在脂肪酸的组成、脂溶性维生素含量等方面。

3. 营养质量指数　营养质量指数（index of nutrition quality，INQ）即营养素密度（待测食品中某营养素占供给量的比）与能量密度（待测食品所含能量占供给量的比）之比。

$$\text{INQ}=\frac{\text{某营养素含量/该营养素供给量}}{\text{该营养素所产生能量/能量供给量标准}}$$

如成年男性轻体力劳动供给标准能量为 10 040 kJ，蛋白质为 75 g，100 g 鸡蛋含蛋白质为 12.8 g，所产生能量为 0.653 kJ。鸡蛋 $\text{INQ}=\frac{12.8/75}{0.653/10.04}=2.62$

INQ=1，表示食物的该营养素与能量含量达到平衡；INQ>1，说明食物该营养素的供给量高于能量，故 INQ≥1，为营养价值高；INQ<1，说明此食物中该营养素的供给少于能量的供给，长期食用此种食物，可能发生该营养的不足或能量过剩，为营养价值低。INQ 是评价食物营养价值的一项简明指标。

## 三、合理的膳食结构

膳食结构又称为食物结构，是指消耗的食物种类及其数量的相对构成，它表示食物中各种营养素的组成关系。

### （一）膳食结构类型

一个国家居民的食物构成，是与其食用作物的生产、居民的经济收入、身体素质和饮食习惯相协调的。因此，食物结构的调整是一个涉及人口、营养、农业生产、食品加工、商业流通、民族风尚、饮食习惯和消耗水平等多方面的大问题，是一个非常复杂的系统工程。当今世界的膳食模式有以下 4 种类型。

1. 东方膳食模式　即大多数发展中国家的膳食模式，以植物性食品为主，动物性食品为辅。具有谷物食物消费量大，动物性食物消费量小，植物性食物提供能量占总能量近 90%，动物性蛋白质一般占蛋白质总量的 10%～20%的特点。

2. 经济发达国家的膳食模式　以欧美发达国家为代表，高蛋白质、高脂肪和高能量是其膳食的主要构成。这种食物模式的特点是粮谷类食物消费量小，动物性食物及食糖消费量大，高能量、高蛋白质、高脂肪、低膳食纤维。

3. 日本膳食模式　以日本为代表，它既保留了东方膳食的一些特点，又吸取了西方膳食的一些长处。该膳食模式是一种动植物食物较为平衡的膳食结构，其蛋白质、脂肪、碳水化合物的供能比适中，食物结构比较合理，基本符合营养要求。

4. 地中海膳食模式　该膳食模式是以居住在地中海地区的居民所特有的具有地理特征的膳食模式。其膳食结构的主要特点是富含植物性食物，每天食用适量的鱼、禽、少量蛋、奶酪和酸奶；每月食用红肉（猪、牛和羊肉及其制品）的次数不多，主要食用油为橄榄油；大部分成年人有饮用葡萄酒的习惯。膳食摄入饱和脂肪量低，不饱和脂肪量高，膳食中含有大量复合碳水化合物，蔬菜、水果摄入量较高。地中海居民心脑血管疾病发生率很低。

### （二）中国居民膳食指南及平衡膳食宝塔

1. 中国居民膳食指南（2007）　2008 年 1 月 15 日，卫生部的专题新闻发布会上公布了《中国居民膳食指南（2007）》。该“指南”以最新的科学证据为基础，提出以平衡膳食获取合理营养的行动方案，对广大居民具有普遍的指导意义。为 6 岁以上的正常人群的膳食提供了 10 条“指南”，即：① 食物多样，谷类为主，粗细搭配；② 多吃蔬菜水果和薯类；③ 每天吃奶类、大豆或其制品；④ 常吃适量的鱼、禽、蛋和瘦肉；⑤ 减少烹调油用量，吃清淡少盐膳食；⑥ 食不过量，天天运动，保持健康体重；⑦ 三餐分配要合理，零食要适当；

⑧ 每天足量饮水，合理选择饮料；⑨ 如饮酒应限量；⑩ 吃新鲜卫生的食物。

2. 中国居民平衡膳食宝塔（2007） 为了帮助居民在日常生活中实践“指南”的主要内容，用宝塔形式直观地展示了每日应摄入的食物种类，合理数量及适宜的身体活动量，便于居民理解。膳食宝塔共分 5 层，包含每天应摄入的主要食物种类。膳食宝塔利用各层位置和面积的不同反映了各类食物在膳食中的地位和应占的比重。底层是谷类薯类及杂豆，每人每日应摄入 250～400 g；第 2 层是蔬菜和水果类，每人每日应摄入 300～500 g 和 200～400 g；第 3 层是畜禽肉类、鱼虾类和蛋类等动物性食物，每人每日应摄入 50～70 g、50～100 g 和 25～50 g；第 4 层是奶及奶制品和大豆类及坚果类食物，每人每日应摄入 300 g 和 30～50 g；第 5 层塔尖是油和盐，每人每日摄入为 25～30 g 和 6 g（参见图 3－1）。

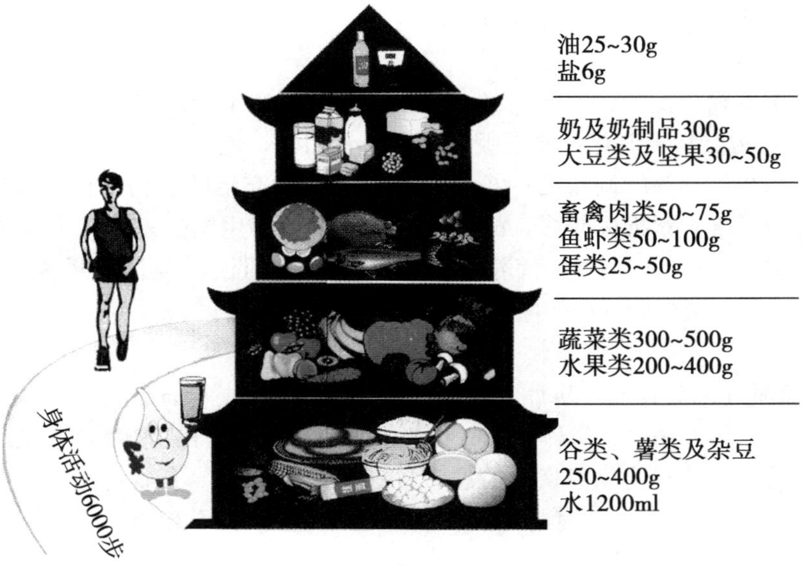


**图 3－1 中国居民平衡膳食宝塔**

该膳食宝塔增加了水和身体活动的形象，强调足量饮水和增加身体活动的重要性。水是膳食的重要组成部分，是一切生命必需的物质，其需要量主要受年龄、环境温度、身体活动等因素的影响。在温和气候条件下生活的轻体力活动成年人每日至少饮水 1200 ml（约 6 杯）；在高温或强体力劳动条件下应适当增加。饮水不足或过多都会对人体健康带来危害。饮水应少量多次，要主动，不应感到口渴时再喝水。目前我国大多数成年人身体活动不足或缺乏体育锻炼，应改变久坐少动的不良生活方式，养成天天运动的习惯，坚持每天多做一些消耗体力的活动。建议成年人每天进行累计相当于步行 6000 步以上的身体活动，如果身体条件允许，最好进行 30 分钟中等强度的运动。

## 第三节 临床营养

在临床护理工作中，要对患者在饮食方面提供的一系列护理措施，应具备较丰富的营养学知识，必须熟悉医院的膳食种类，才能根据病情需要，与营养师和医师配合，给予患者提供及时而准确地膳食。

医院膳食大体分为 3 类：即基本膳食、治疗膳食和试验膳食。

## 一、基本膳食

基本膳食按其质地及烹调加工原则又分为普通膳食、软食、半流质、流质 4 种。

### （一）普通膳食（normal diet）

普通膳食适用于体温正常、无消化道疾病、康复期、不需膳食限制者及产妇等均可采用。膳食原则：① 必须适合机体需要的平衡膳食，含有充足的各种营养素；② 一般正常的食品均可采用；③ 避免应用强烈辛辣刺激性的食品或调味品；④ 脂肪食品、油炸食品及其他不易消化的食物应少用；⑤ 烹调应多变花样，注意色、香、味、美，以增进食欲；⑥ 每日供应 3 餐，总能量为 6700～10 040 kJ（1600～2400 kcal）；蛋白质 70～90 g。

### （二）软食（soft diet）

软食适用于有轻微发烧、消化不良、口腔疾患或咀嚼不便的患者以及 3～4 岁的幼儿。膳食原则：① 食物要易于消化，便于咀嚼：食物要切碎，烧烂煮软；② 不用油炸及粗纤维多的食物，忌用强烈辛辣的调味品；③ 注意补充维生素充足的食物：长期采用软饭，因蔬菜都是切碎煮软，维生素损失较多，故要注意补充，如多用维生素 C 含量丰富的食物，如鲜番茄汁、鲜果汁、菜汤等；④ 营养素含量不低于普通饭，全日能量为 5850～9200 kJ（1400～2200 kcal），蛋白质 50～70 g。饮食需鲜美可口，一日三餐，在经济条件许可时，下午增加一餐点心。

### （三）半流质（semi-liquid diet）

半流质适用于体温稍高、身体较弱、不便咀嚼或吞咽大块食物有困难的患者；施行手术后，刚分娩后的产妇及有消化道疾患的患者等。膳食原则：① 食物应极软，易于消化，易于咀嚼及吞咽，呈半流动液体的食物；② 少食多餐：通常为每 2～3 h 进餐 1 次，每天 5～6 次。其能量在 6270～7530 kJ（1500～1800 kcal）之间，蛋白质 40～60 g；③ 如有消化道出血的患者，应采用少渣半流质。对伤寒、痢疾患者的饮食不能给含纤维及胀气的食物，如蔬菜、生水果等，对痢疾患者的饮食不能给牛奶及过甜胀气的食品；④ 禁用的食物包括油脂多或油煎炸的食物，及粗纤维食物和辛辣调味品等。

### （四）流质（liquid diet）

流质适用于急性感染、高热、口腔咽部咀嚼困难、急性消化道溃疡或炎症、大手术后及腹部手术后的患者（包括妇产科）和重危患者等。膳食原则：① 食物呈液体或在口中溶化为液体者；② 少食多餐：每 2～3 h 供应 1 次，每日 6～7 次，每次 200～250 ml；③ 凡腹部手术者及痢疾患者，为避免胀气不应供给牛奶、豆浆及过甜的液体；④ 喉部手术者，如扁桃体摘除手术后应给予流质（冷流质），同时禁用过酸、过咸的饮料，以免伤口刺激疼痛；⑤ 凡用鼻管喂入的流质，忌用蛋花汤，浓米汤，以免管道堵塞；⑥ 不宜长期采用：此种饮食所供能量及营养素均不充足，能量少于 4180 kJ（1000 kcal），蛋白质少于 30 g。

## 二、治疗膳食

治疗膳食种类很多，大致归纳为 3 类，即：增减营养素膳食、特别制备膳食、计量控制膳食。

### （一）增减营养素膳食

1. 高能量膳食　适用于体重不足，长期患消耗性疾病，如肺结核、伤寒、肿瘤、甲状腺功能亢进及病后康复期患者。膳食原则为：① 尽可能增加主食量及菜量；② 除正餐外，可加 2～3 次点心，如牛奶、甜点等含能量高的食物。

2. 低能量膳食　适用于需减轻体重的患者。膳食原则为降低膳食中的总能量，5020～6270 kJ 为宜，以蔬菜、水果为主。

3. 高蛋白膳食　适用于营养不良，手术前后，贫血，肝硬化腹水，慢性肾炎，结核病及烧伤等患者。膳食原则为增加富有动物性蛋白质的食品，如鸡、鸭、鱼、肉、蛋、牛奶、黄豆及黄豆制品。可在正餐中加一份荤菜或点心。

4. 低蛋白膳食　适用于急性肾炎、尿毒症及肝功能衰竭患者。膳食原则为：① 每日蛋白质不超过 40 g（包括动植物蛋白）；② 采用蔬菜，每天适当选用优质蛋白，如牛奶、鸡蛋等 12～15 g；③ 可采用麦淀粉饮食代替主食。

### （二）特别制备膳食

1. 少盐膳食　适用于心、肾功能不全，肝硬化，浮肿，高血压及先兆子痫等症。膳食原则：① 禁用一切用盐腌制的食品，如咸肉、香肠、咸蛋、皮蛋、酱菜、甜面酱等；② 每日食盐含量不超过 3 g（或酱油 10 ml），为调剂口味，可用糖醋烹炖。

2. 少钠膳食　适用于严重心、肾功能不全，高度浮肿，高血压及先兆子痫等症。膳食原则：① 除禁用食盐外，还禁用加钠量高的食物，如加碱的馒头、面条、发酵粉做的点心；② 每日膳食中含钠量不超过 500 mg 或遵照医嘱；③ 选用含钠量低的食物，可参阅食物钠含量表。

3. 无盐膳食　适用于严重心、肾功能不全，严重肝硬化，高度浮肿，高血压及先兆子痫等症。膳食原则：禁用食盐及一切含盐食物。

4. 少渣膳食　适用于腹泻、肠炎、肛门肿瘤、喉部及消化道手术、伤寒、痢疾及溃疡病康复期等症。膳食原则：① 介于半流质与软饭之间，一切食物均应切小剁碎煮烂，蔬菜做成菜泥；② 食物除了少纤维外，禁用含脂肪过多的食物，如肥肉、油煎油炸的食物等。

5. 无渣膳食　适用于比上述情况严重者。膳食原则：选择在消化后留下极少渣滓的食物。如牛奶、鸡蛋、鱼、豆浆、豆腐脑、豆腐等，肉类、菜泥、果泥等均不宜采用。

6. 高纤维素膳食　适用于无蠕动力的便秘或误食异物需刺激肠道蠕动使异物排出；冠心病、高血脂、高胆固醇、糖尿病等症。膳食原则：① 采用含纤维多的食物，如韭菜、芹菜、黄豆芽等蔬菜，水果及粗粮；② 适当吃些产气的食物和多饮水，刺激肠道蠕动，如蜂蜜、浓糖水、果酱、豆类等。

7. 少油膳食　适用于胆囊、胆道及肝脏、胰腺疾病患者。膳食原则：① 每日脂肪摄入量小于 40 g，禁用油炸食物、肥肉、猪油及含脂肪多的点心；② 食物烹调可采用蒸、卤、煮、烩等少用油或不用油的方法来改善食物的色、香、味。

8. 低胆固醇膳食　适用于肝、胆及血管疾病患者。膳食原则：① 胆固醇每日限制在 300 mg；② 牛奶、鸡蛋、瘦肉等可少量选用，对含胆固醇高的食物应尽量少吃，如动物内脏、蛋黄、脑、鱼子等；③ 不食肥肉及动物油脂。

9. 管饲膳食　适用于鼻管和肠管。膳食原则：① 供应的膳食分混合奶和要素膳两种；② 混合奶是以牛奶为主配制的食物。

### （三）计量控制膳食

计量控制膳食包括糖尿病膳食、痛风症膳食、艾迪生病膳食、甲状旁腺功能亢进膳食、肾上腺皮质功能亢进膳食及酮体膳食等。此类膳食必须根据医嘱正确给予计算、配制、称重、烹调。事前必须访问病员，了解患者口味、食量、并指导其在进膳食时不吃其他食物，并将配制的膳食吃尽。

## 三、试验膳食（诊断用膳食）

指在临床诊断、治疗疾病过程中常用来配合进行某些特殊功能检查的膳食。试验膳食主要是对受试者的膳食采取暂时和特殊的调整。医院较常采用的试验膳食如下：

### （一）隐血试验膳食

隐血试验膳食为配合检验粪便中是否有隐血，以诊断胃肠道有无出血的一种膳食，试验期一般为 3 天。膳食原则：①禁止食用肉类、肝、动物血（如猪、鸭、鸡血）、深色蔬菜及其他含铁丰富的食物；②可吃鸡蛋及白颜色的菜；③如果用还原酚酞法作隐血试验，可用瘦肉，但 1 天用量需在 100 g 以下。绿叶蔬菜在烹调时要煮沸 10 分钟，忌用动物血及肝、菠菜。

### （二）干膳

干膳为配合阿迪斯（Addis）计数检验的一种膳食，用于检查患者尿沉淀物，及尿浓缩功能。试验期为 1 天，一般试验是从当天早晨 6 时开始至下午 6 时止。膳食原则：①用膳食时告诉患者选用含水量低的食物，如米饭、无碱馒头、香干、蛋、肉类；②禁用汤类、粥类及任何饮料；③不用过甜、过酸或过咸的食物，以免患者口渴；④对用少盐、无盐膳食患者在供应干膳时，按少盐、无盐膳食原则。

### （三）胆囊造影膳食（脂肪餐）

胆囊造影膳食为配合胆囊造影术的一种膳食，有助于观察胆囊及胆管的形态与功能是否正常。膳食原则：①造影前一日采用不含脂肪的高糖少渣膳食，以免刺激胆汁分泌和排出；②造影当日禁用早餐，胆囊显影后，进食高脂肪膳；③膳食中的脂肪量不低于 50 g。可用的食物有肥猪肉、油煎鸡蛋、牛奶、黄油、植物油、奶油、巧克力糖等。

### （四）肌酐试验膳食

肌酐试验膳食为配合检查内生肌酐清除率的一种膳食，试验期为 3 天，前 2 天为准备期，最后一天为试验期，留置 24 小时尿液进行检测。膳食原则：①低蛋白饮食，每日蛋白质的总量不超过 40 g；②限制主食用量，每日不超过 300 g。严格限制副食中的肉类、鱼类、鸡鸭类及豆制品，每日膳食中以不超过一个鸡蛋为原则；③如患者感到饥饿，可增加蔬菜、藕粉、果汁等含糖水化物多而不含蛋白质的食物，以补充能量的不足。

### （五）莫氏试验膳食

莫氏试验膳食为配合诊断较早期的肾功能减退的一种膳食。膳食原则：①当日早、午、晚三餐如常，但每餐膳食含水量须在 500～600 ml；②24 h 内除试验餐外不得进其他食物。

### （六）胃液分析试验餐

胃液分析是将胃中分泌的液体吸出，进行物理、化学及显微镜等检查，胃液的质与量与所进食物的种类有密切关系，因此抽取胃液检查前要给予试验餐，以促进胃液的分泌，协助诊断消化系统疾病、贫血等疾病。膳食原则：①检查前一日晚 21：00 后不再进任何食物；

②检查当日清晨也禁食；③试验餐可用馒头 50 g 或面包二片及开水 400 ml。烤干的馒头片或面包糊均可。

**（七）饱餐试验餐**

饱餐试验餐为配合检查心脏功能的一种膳食。膳食原则：①一般饱餐采用平时饮食，量稍多些；②或加脂肪餐（高蛋白、高脂肪，包括油 20 g 和鸡蛋 2 只），食量即主食与副食和平时相同；③或在患者平时原有食量增加炒瘦肉片 75 g。

**（八）葡萄糖耐量试验膳食**

葡萄糖耐量试验膳食可配合诊断糖尿病及糖尿病分型的一种膳食，方法是空腹时给受试者一定量的糖类，一般用葡萄糖 75 g，分别测定空腹血糖及进食后 30、60、90 和 120 分钟血糖，观察进食后血糖上升和下降的变化来推测糖耐量是否正常。膳食原则：①试验前 3 天必须摄入足够的糖类，食物中糖类含量≥300 g/d，并排除重体力活动、情绪激动、升糖药物等干扰因素；②试验前一天晚餐后禁食（10～12 h）直至翌日早晨试验；③试验日早晨备用特制馒头一个（面粉 100 g，含糖类 75 g）。

**（九）测定基础代谢率的膳食**

测定基础代谢率的膳食可用于甲状腺功能的测定，观察治疗效果；亦可用于其他内分泌腺病（如嗜铬细胞瘤，腺垂体功能减退）等的辅助诊断的一种膳食。膳食原则：①测验前一日晚餐避免过饱，并应少吃富含蛋白质的食物；②试验当天禁食早餐，并避免饮茶、咖啡等兴奋性饮料，如有口渴可饮少量开水。

**（十）放射性核素吸碘试验膳食**

放射性核素吸碘试验膳食为配合协助诊断甲状腺功能亢进的一种膳食。膳食原则：禁用海产食物，如海带、海蜇头或皮、紫菜、发菜、苔菜、海参、淡菜、海蜒、梭子蟹、蚶、干贝、蛏子、带鱼、黄鱼、鲳鱼、鲞鱼、乌贼鱼、虾皮等。

## 四、营养状况的调查与评价

护士对护理对象进行营养状况调查及评价的主要目的是筛选出患者的营养危险因子及利用详细深入评估的方法，确认营养危险因子，作出正确的营养失调的护理诊断，以提供切实可行的营养改善计划及措施。营养调查的内容包括：①膳食营养调查；②人体营养水平的生化检验；③营养不足或缺乏的临床检查；④人体测量资料的分析。在此基础上对患者进行综合营养状况的评价。

**（一）膳食营养调查**

膳食营养调查的目的是了解在一定时间内调查对象通过膳食所摄取的能量和各种营养素的数量和质量，借此来评价正常营养需要能得到满足的程度。膳食营养调查的结果可成为改善调查对象营养、营养咨询、营养指导的主要工作依据。膳食营养调查通常采用下列几种方法。

1. 称量法　或称称重法，指对某一膳食单位（集体食堂或家庭）所消耗的食物全部分别称重的方法。

2. 查账法　对建有伙食账目的集体食堂等单位，可查阅过去一定期间食堂的食品消费总量，并根据同一时期的进餐人数，粗略计算每人每日各种食品的摄取量，再按照食物成分表计算这些食物所供给的能量和营养素数量。查账法简便、快速，但不够精确。

3. 24 小时回顾法　也称询问法，指经过询问由调查单位或对象提供的每个 24 小时内的膳食组成情况，据此进行估计评价的一种方法。此法工作简便但结果出入较大。

4. 化学分析法　指将调查对象的一日份全部熟食收集齐全，在实验中进行化学分析，测定其中能量和各种营养素含量的方法。该法手续复杂，除非特殊需要精确测定，一般不做。

5. 食物频率法　是问卷的形式进行的估计被调查者在指定的一段时期内摄入某些食物的频率的一种方法。调查个体经常性的食物摄入种类，根据每天、每周、每月甚至每年所食各种食物的次数或食物种类来评价膳食营养状况。

### （二）生化检验

在进行个体营养状况评价时，常需通过实验方法检测体内各种营养素的实际含量以便更客观地评价其营养状况。人体营养水平检测的营养素包括：蛋白质，血脂，血糖，矿物质，维生素。

### （三）营养不足或缺乏的临床检查

营养缺乏症检查项目、体征和营养素的关系见表 3-2。

**表 3-2　营养缺乏症与营养素的关系**

| 症状、体征 | | 缺乏营养素 |
|---|---|---|
| 全身 | 消瘦或浮肿、发育不良 | 能量、蛋白质、维生素、锌 |
| | 贫血 | 蛋白质、铁、叶酸、维生素 $B_{12}$、维生素 $B_6$、维生素 C |
| 皮肤 | 干燥，毛囊角化症 | 维生素 A |
| | 皮炎 | 维生素 PP、其他 |
| | 阴囊炎，脂溢性皮炎 | 维生素 $B_2$ |
| | 出血 | 维生素 C、维生素 K |
| 眼 | 角膜干燥、夜盲，毕脱斑 | 维生素 A |
| | 角膜边缘充血 | 维生素 $B_2$ |
| | 睑缘炎、畏光 | 维生素 $B_2$、维生素 A |
| 唇 | 口唇炎、口角炎、口角裂 | 维生素 $B_2$、维生素 PP |
| 口腔 | 舌炎、舌猩红 | 维生素 $B_2$、维生素 PP、维生素 $B_{12}$ |
| | 舌肉红、地图舌、舌水肿（牙咬痕可见） | 维生素 $B_2$、维生素 PP |
| | 口内炎 | 维生素 $B_2$、维生素 PP、维生素 $B_{12}$ |
| | 牙龈炎、出血 | 维生素 C |
| 骨骼 | 鸡胸、串珠胸、O 型腿、X 型腿、骨软化症 | 维生素 D、维生素 C |
| 神经 | 多发性神经炎、球后神经炎 | 维生素 $B_1$ |
| | 精神病 | 维生素 $B_1$、维生素 PP |
| | 中枢神经系统失调 | 维生素 $B_{12}$、维生素 $B_6$ |
| 循环 | 水肿 | 维生素 $B_1$、蛋白质 |
| | 右心肥大、舒张压下降 | 维生素 $B_1$ |

### （四）人体测量

人体测量包括身高、体重、肱三头肌皮褶厚度、臂围肌肉等。

1. 身高、体重　身高、体重是人体测量资料中最基础的数据。身高须观察几年、十几年、几十年，就不同年代的同龄人进行比较才能说明问题。体重则可反映或长或短时间内营养状况的变化，它能评价人体的营养情况，尤其是反映能量的摄取与消耗是否平衡以及脂肪在体内的增加或减少的一个重要指标。也是反映疾病严重程度和预后的一个重要指标。

（1）标准体重：标准体重的计算公式如下（常用后两者）：

① 布洛卡（Broca）公式：　　标准体重（kg）＝身高（cm）－100

② 布洛卡（Broca）改良公式：　　标准体重（kg）＝身高（cm）－105

③ 平田公式：　　标准体重（kg）＝［身高（cm）－100］×0.9

由不同的计算公式计算出不同人群的标准体重，然后再与实际体重比较，得出其体重指数或称肥胖度。

肥胖度：＜0.6，为重度营养缺乏；0.6～0.8，为中度营养缺乏；0.8～0.9，为轻度营养缺乏；0.9～1.1，为营养正常；1.1～1.2，为超重；1.2～1.3，为肥胖；＞1.3，为重度肥胖。

（2）身体质量指数（body mass index，BMI）：以体重（kg）/（身高 m）$^2$公式表示，是目前最常用的方法之一。中国成人 BMI：＜18.5 为体重过低；18.5～23.9 为体重正常；24.0～27.9 为超重；≥28 为肥胖。

（3）体重变化：正常人体重每日的变异为±0.1 kg，如果每日丢失或减少体重达 0.5 kg，提示能量的负平衡或是水的负平衡，或两者都处于负平衡。体重变化可由下列公式计算：

$$\text{体重变化}=\frac{\text{平时体重（kg）}-\text{实际体重（kg）}}{\text{平时体重（kg）}}\times 100\%$$

若在 6 个月内，体重明显比病前降低 10%～20%，就有发生多器官、系统功能性改变的危险性，会有不利的临床后果。有研究显示，手术后死亡率有与手术前体重丢失程度相平衡的倾向，如胃溃疡患者当手术前体重丢失达 20%时，手术死亡率为 30%；而营养良好的患者的死亡率则仅为 3.5% 。

2. 皮褶厚度　主要表示皮下脂肪厚度，WHO 推荐选用肩胛下、肱三头肌和脐旁三个测量点。消瘦、中等和肥胖的界限（测量肩胛下皮褶厚度和肱三头肌皮褶厚度之和），男性为＜10 mm、10～40 mm、＞40 mm；女性为＜20 mm、20～50 mm、＞50 mm。

3. 上臂肌围　一般认为上臂肌围是代表体内蛋白质储存的一个较灵敏的指标。上臂肌围测定是测定上臂围与肱三头肌皮褶厚度以后用公式求得的。实际上它除肌肉外还包括上臂骨骼，骨骼可用公式计算去除，但一般就包括在内。

$$\text{上臂肌围（cm）}=\text{上臂围（cm）}-\pi\times\text{肱三头肌皮褶厚度（cm）}$$

评价标准：我国男性上臂肌围平均为 25.3 cm，女性为 23.2 cm。测量值＞标准值 90%为营养正常，90%～80%为轻度肌蛋白消耗，80%～60%为中度肌蛋白消耗，＜60%为严重肌蛋白消耗。

## 第四节　食品中外源性物质的卫生问题

食品中的外源性物质可分为两大类，一类是食物在种植、养殖到食品生产、制造、处理、加工、充填、包装、运输和储存等过程中带入/进入的任何物质称为污染物。一类是从食品的味道、色泽和质地出发，有意添加一些物质，以改善其外观和风味的物质称为食品添加剂。

## 一、食品添加剂

### (一) 食品添加剂的定义

食品添加剂（food additives）系指为改善食品品质和色、香、味以及为防腐和加工工艺的需要而加入食品中的化学合成或者天然物质。我国第十一届全国人民代表大会常务委员会第七次会议于2009年2月28日通过了自2009年6月1日起实行《中华人民共和国食品安全法》。其中将食品添加剂的品种、使用范围、用量列入了食品安全标准的强制执行标准。国家亦将建立食品安全风险评估制度，对食品、食品添加剂中生物性、化学性和物理性危害进行风险评估。同时要求及时对食品添加剂的品种、使用范围、用量的标准进行修订。食品生产者应当依照食品安全标准关于食品添加剂的品种、使用范围、用量的规定使用食品添加剂；不得在食品生产中使用食品添加剂以外的化学物质和其他可能危害人体健康的物质。

### (二) 食品添加剂的分类

食品添加剂的分类方法有多种，按来源分为天然食品添加剂和化学合成食品添加剂两大类。天然食品添加剂主要从动、植物中提取制得，也有一些来自微生物的代谢产物。化学合成品又可分为一般化学合成品和人工合成天然相同物。按生产方法分为化学合成、生物合成（酶法和发酵法）和天然提取物3大类。我国按作用和功能（GB12493－1990）分为21类，至2003年3月，含食用香料共1694种。

01. 酸度调节剂（acidity regulator）　为增强食品中酸味和调整食品的pH或具有缓冲作用的酸、碱、盐类物质的总称。如：柠檬酸、酒石酸、苹果酸等。

02. 抗拮剂（anticaking agent）　添加于颗粒、粉末状食品中防止结块、成团、聚集保持松散的物质。如：亚铁氰化钾（规定使用范围仅限食盐）、磷酸三钙、二氧化硅等。

03. 消泡剂（antifoaming agent）　在食品加工过程中为降低表面张力、消除泡沫的物质。如：乳化硅油、高碳醇脂肪酸复合物、聚氧乙烯聚丙烯季戊四醇醚（PPE）等。

04. 抗氧化剂（antioxidant）　为防止、延缓油脂或食品中的变哈、退色及被氧化分解的物质。如：丁基羟基茴香醚，二丁基羟基甲苯，没食子酸丙酯。

05. 漂白剂（bieaching agent）　使食品中有色物质经化学作用而退色，包括还原性漂白剂、氧化性漂白剂或颜色吸附剂的总称。如：二氧化硫，焦亚硫酸钾，焦亚硫酸钠。

06. 膨松剂（bulking agent）　食品加工过程中加入的能使面胚发起，使制品具有疏软或松脆的化学物质。如：碳酸氢钠（小苏打）、碳酸氢铵（臭碱—配以酸性物质即为发酵粉）、轻质碳酸钙等。

07. 胶姆糖基础剂（chewing gum base）　赋予胶姆糖成泡、增塑、耐嚼等作用的一类物质。如：聚醋酸乙烯酯、丁苯橡胶、丁基橡胶等。

08. 着色剂（colur）　使食品着色的物质。包括天然和合成的色素。如：苋菜红，柠檬黄，靛蓝。

09. 护色剂（colour fixative）　使肉与肉制品呈现良好色泽的非色素物质。如：硝酸钠（钾），亚硝酸钠。

10. 乳化剂（emulsifier） 食品加工工艺中使油和水形成稳定乳浊液的表面张力的物质。如：蔗糖脂肪酸酯、酪蛋白酸钠、硬脂酰乳酸钙等。

11. 酶制剂（enzyme preparation） 由生物中提取的具有催化作用活性物质。如：木瓜蛋白酶，α-淀粉酶制剂，精制果胶酶。

12. 增味剂（flavius enhancer） 用于补充、增强或改进食品原有的口味或滋味的物质。如：谷氨酸钠，5'-呈味核苷酸二钠，氨基已酸。

13. 面粉处理剂（flour tratment agent） 在面粉加工过程中加入的使面粉漂白或改进焙烤食品质量的物质。如：过氧化苯甲酰、溴酸钾、碳酸钙等。

14. 被膜剂（coating agent） 为涂抹食品表面达到上光、保鲜、防止水分蒸发的物质。如：紫胶、石蜡、白色油等。

15. 水分保持剂（humectant） 指用于肉类和水产品加工中增强水分稳定和有较高持水性的磷酸盐类。如：磷酸三钠、六偏磷酸钠、磷酸二氢钠等。

16. 营养强化剂（food Enrichments） 指为增强营养成分而加入食品中的天然的或者人工合成的属于天然营养素范围的食品添加剂。如：乳酸亚铁、活性钙、葡萄糖酸锌等。

17. 防腐剂（preservative） 为防止食品腐败、变质，延长食品保存期，抑制食品中微生物繁殖的物质，食品中有同样效果的调味物质（如盐、糖）不包括在内。如：苯甲酸，山梨酸，丙酸钙，二氧化碳，噻苯咪唑。

18. 稳定和凝固剂（stabilizer and Coagulator） 使食品结构稳定，或使食品组织结构不变，增强黏性固形物的物质。如：硫酸钙、氯化钙、氯化镁等。

19. 甜味剂（sweetener） 加入食品中呈现甜味的天然和合成物质，列入食品或另有法规规定的除外。如：糖精钠，木糖醇，甘草。

20. 增稠剂（thickening） 使食品增加黏稠度，使其均匀分布的物质。如：琼脂、果胶、食用明胶等。

21. 其他 包括使用香料、香精和加工助剂。

（1）食用香料（flavouring agent）：为增强食品感官性状，使食品呈香或增香的物质。包括天然和天然相同的合成物质，以及人工合成物质。

（2）食用香精（flavouring essence）：用 2 种或 2 种以上的食用香料调配的呈香或增香物质。

（3）加工助剂（processing aids）：在食品加工和原料处理过程中，为达到某种技术要求而加入的物质，该物质不应成为食品的成分，最终加工和处理应能除去或仅有残留。

**（三）食品添加剂的使用要求**

食品添加剂关系到人民的身体健康，我国《食品安全法》第四十五条规定，食品添加剂应当在技术上确有必要且经过风险评估证明安全可靠，方可列入允许使用的范围。国务院卫生行政部门应当根据技术必要性和食品安全风险评估结果，及时对食品添加剂的品种、使用范围、用量的标准进行修订。第四十六条规定，食品生产者应当依照食品安全标准关于食品添加剂的品种、使用范围、用量的规定使用食品添加剂；不得在食品生产中使用食品添加剂以外的化学物质和其他可能危害人体健康的物质。第四十七条规定，食品添加剂应当有标签、说明书和包装。第四十八条规定，食品和食品添加剂的标签、说明书，不得含有虚假、夸大的内容，不得涉及疾病预防、治疗功能。生产者对标签、说明书上所载明的内容负责。

## 二、食品中的污染物及防制

食品受到污染后，一方面影响食品的感官性状；另一方面可造成食物中毒；更重要的是导致机体的慢性危害，对人类产生致畸、致突变和致癌作用。食品污染（food contamination）是指食物从种植、养殖到食品生产、加工、储存、运输及销售过程中有毒有害物质进入食物，使食品安全性、营养性和/或感官性状发生改变的过程，其有毒有害物质则称统为食品污染物。食品污染物按其性质可分为生物性污染、化学性污染及物理性污染三大类。

### （一）生物性污染

食品的生物性污染包括微生物污染、寄生虫污染和昆虫污染。寄生虫及其虫卵污染主要是病人、病畜的粪便通过水体或土壤直接或间接污染食品。昆虫污染主要包括粮食中的甲虫、螨类、蛾类及动物食品和发酵食品中的蝇、蛆等。

微生物污染主要有细菌、细菌毒素、霉菌、霉菌毒素及病毒等污染。食品在生产加工、运输、储藏、销售以及食用过程中都可能受到微生物的污染，根据微生物对人体的致病能力分为直接致病微生物、相对致病微生物和非致病性微生物三类。直接致病微生物包括致病性细菌、人畜共患传染病病原菌和病毒、产毒霉菌和霉菌毒素。相对致病微生物指通常条件下不致病，在一定条件下才有致病力的微生物。非致病性微生物指此类微生物本身无害，但是引起食品腐败变质、卫生质量下降的主要原因，包括非致病菌、不产毒霉菌及常见的酵母。按微生物污染的途径可分为内源性污染和外源性污染。所谓内源性污染是指作为原料的动植物体在生活过程中，由于本身带有的微生物而造成的污染，也称第一次污染。外源性污染是指食品在加工、运输、储藏、销售、食用过程中，通过水、空气、人、动物、机械设备及其用具而导致的微生物污染，亦称第二次污染。食品的水分活度与微生物的生长繁殖、食品的稳定性、食品的品质和储藏性密切相关。食品在微生物为主要污染的各种因素作用下，造成其原有化学性质或理化性质发生变化，降低或失去其营养价值或商品价值的过程称为食品腐败变质。防止食品腐败的措施包括：① 化学保藏法；② 低温保藏法；③ 加热杀菌保藏法；④ 干燥脱水保藏法；⑤ 辐照保藏法。

### （二）化学性污染

食品的化学性污染种类繁多，主要包括：① 来自生产、生活和环境中的污染物，如农药、兽药、有毒金属、多环芳烃化合物、N-亚硝基化合物、二噁英等；② 通过工具、容器、包装材料及涂料等溶入食品中的有害物质，如金属容器中的铅、镉、锌，橡胶、塑料中的单体和助剂以及包装材料中的石蜡、油墨等；③ 食品在加工、储存过程中产生的有害物质，如白酒加工中产生的有害的醇类、醛类等；④ 滥用食品添加剂。应用食品安全危险性分析方法，使食品在种植、养殖、加工、包装、储藏、运输、销售、消费等活动符合国家强制标准和要求，不存在可能损害人体健康、导致消费者病亡的有毒有害物质或危及消费者及其后代的隐患，以确保食品安全。

### （三）物理性污染

根据物理污染物的性质可将其分为杂物和放射性污染物两类。按杂物污染食品的来源又可将其分为食品产、储、运、销的污染物和掺假掺杂污染物。防制措施是在强调食品生产、储存、运输、销售过程加强监管的基础上，制定食品卫生标准，改进加工工艺和检验标准，严厉打击食品中掺假掺杂行为。放射性污染是指食品可吸附或吸收放射性核素，其来源主要是放射性物质的开采、冶炼、生产以及在生活中的应用与排放。特别是半衰期较长的核素，如$^{137}Cs$（铯）、$^{90}Sr$（锶），对人体健康危害较大。加强对放射性污染源的管理，防止食品受到放射性物质的污染；加强对食品中放射污染的监督，防止已经污染的食品进入体内是防制食品放射性污染及其对人体危害的主要措施。

（胡敏予）

# 第四章　职业环境与健康

生产劳动条件与人类身心健康密切相关，不良的生产劳动条件可对劳动者健康造成职业性损害，严重者可导致死亡。随着工业的发展，职业性有害因素对劳动者健康的危害问题日益突出。根据 WHO 估计，全世界每年由于职业性事故，约 1 亿职业者受到损害，20 万职业者死亡，由于职业性有害因素暴露每年还将会增加 0.68 亿～1.57 亿新的职业病病例。在我国，至 2008 年末职业卫生被监督单位 22.3 万个，职工总数 3202.4 万人，其中职业病危害因素接触人数占 35.7%。为了防止生产环境中的有害因素对劳动者健康的影响，必须对职业有害因素进行识别、评价、监测和控制，通过提供职业卫生服务和进行职业健康促进等工作使劳动者主动采用健康、安全的生产劳动和生活行为方式，以预防职业性有害因素对劳动者健康的危害。

## 第一节　职业性有害因素

在生产环境、生产过程或劳动过程中存在或产生的可直接危害劳动者健康或劳动能力的因素称为职业性有害因素（occupational hazardous factors）。常见的职业性有害因素可以分为以下三类。

### 一、生产环境中的有害因素

生产环境中存在的职业性有害因素按其性质可以分为 3 类。

1. 有害化学因素　包括生产性毒物和生产性粉尘。

（1）生产性毒物：各种生产性毒物在生产环境中可以多种形态（气态、液态、固态、蒸气、粉尘、烟或雾）及各种形式（原材料、辅助材料、产品、副产品、中间产品、夹杂物及废弃物等）存在。生产环境中常见的生产性毒物有以下几种：① 金属及类金属：如铅、汞、锰等；② 有机溶剂：如苯、甲苯等；③ 刺激性气体和窒息性气体：刺激性气体常见的有氯气、氮氧化物等；窒息性气体常见的有一氧化碳、硫化氢、氰化氢等；④ 农药：如有机磷农药、有机氯农药等；⑤ 高分子化合物生产过程中的毒物：如氯乙烯、丙烯腈等；⑥ 苯的氨基或硝基化合物：如三硝基甲苯、苯胺等。

（2）生产性粉尘：如矽尘、石棉尘、煤尘、各种有机粉尘等。

2. 异常物理因素　① 异常气象条件：如劳动场所的高温等；② 噪声与振动；③ 电离辐射与非电离辐射：前者如 X 射线、γ 射线等；后者如紫外线、射频辐射、激光等。

3. 致病生物因素　① 细菌：如毛皮加工等可接触到布氏杆菌、炭疽杆菌等；② 病毒：如森林作业者可接触到森林脑炎病毒等；③ 霉菌：如花生上的黄曲霉菌、甘蔗上的曲霉菌和青霉菌等。

## 二、生产过程不良劳动条件

1. 厂房建筑布局不合理　如将有害工序、工种和无害工序、工种安排在一个车间，或缺乏卫生工程措施（如产生尘、毒的车间或岗位缺乏除尘与排毒工程设施），或厂房的采光和照明等不符合卫生学要求，厂房建筑通风不良等。

2. 劳动体制缺乏人性化　主要表现在：① 不合理的劳动强度与时间。如重件手工锻打等，这种剧烈活动一般只能持续数分钟。劳动强度过大或时间安排不合理可导致职业性疲劳，甚至机体过劳和职业性病损；② 不合理的劳动组织与制度。工作分配不协调、轮班制度紊乱等对劳动者健康和劳动能力均有影响；③ 不合理的劳动待遇。劳动者在该工作岗位上工资待遇低未享受相应的劳动保障待遇，未享受相应的职业安全教育和培训，未享受相关的职业卫生保健，均可影响劳动者的身心健康。

3. 职业安全保障体系不完善　主要包括：① 不安全的生产设施。如生产设施的质量差或不合格，生产设备长期缺乏检修和维护保养、生产设备老化，导致跑、冒、滴、漏等现象，物料输送管道或出料口发生堵塞，机器设备气密性不好，或没有通风排毒等卫生工程措施等；② 不合格的劳保用品。个人防护用品不合格，如过滤式呼吸防护器的滤料不合格、选择或使用不正确、使用后未按时更换或失效等，使得个人防护用品的效能得不到很好的利用。

## 三、劳动过程中劳动者不良机体状态

不良劳动环境中存在的职业有害因素可能对劳动者健康产生不良的影响，而劳动者不良机体状态可能加重或加快环境中有害因素的损害作用，或不良机体状态长期持续可造成职业性病损和影响劳动者的职业生命质量。

1. 不良生理状态　机体不良生理状态包括：① 不良工作体位。在劳动过程中，由于职业性质或工作特点有时需要劳动者长时间处于某种特定姿势或强迫体位，可引起机体某些部位的损伤或疾病。强迫体位可能引起扁平足、下肢静脉曲张、脊柱变形等；② 不良健康状况。劳动者的健康状况不佳如肝、肾功能不全，对毒物的解毒与排泄功能减弱，加重职业有害因素对机体的损伤；③ 特殊生理状态。不同年龄阶段、不同生理状态，对有害因素的敏感性存在明显差异。如处于妊娠期、哺乳期的女性劳动者通常较容易受职业性有害因素的影响；④ 营养缺乏。劳动者的营养状况对于有害因素的代谢、储存和毒性都有密切的关系，有研究表明，营养缺乏可明显增加职业有害因素的健康危害。

2. 不良心理状态　随着现代社会工作效率的极大提高，工作、生活节奏的加快，就业的竞争与压力也迅速增大，不同岗位的劳动者，会存在或产生不同程度的心理问题，其中包括：① 职业紧张（occupational stress）。如工作负荷过重、工作进度过快、工作单调重复、轮班制度不合理、社会人际关系紧张等，劳动者生存、工作或社会的客观需求与劳动者个人的适应能力之间的失衡也可产生心理压力，若长期过度紧张的工作能损害劳动者健康，且职业紧张与许多心身疾病如冠心病、高血压病等密切相关；② 心理障碍。如劳动者封闭、自卑心理、职业不安全感及恐惧心理等。

3. 不良生活行为　包括不良卫生习惯与生活方式，许多职业性病损与不良生活方式和行为有密切的关系，如抽烟、喝酒、熬夜、过度疲劳等。不良的饮食习惯和不合理的饮食结构常使机体处于不良状态，也容易促进职业性有害因素对劳动者的健康损害，如缺食导致空腹有利于毒物的吸收等。

## 第二节　职业生命质量与职业健康促进

### 一、职业生命质量

劳动者创造了社会财富、推动着社会发展，是社会的中流砥柱，他们的生命质量是值得重点关注的，而且提高生命质量与劳动的发展是相辅相成、相互促进的。

1. 职业生命阶段　世界卫生组织（WHO）将人类 18～60 岁这段时期称为职业生命阶段（working life stage），这段时期是从事职业活动最具活力、最具创造力、精力最充沛、参与生产劳动和社会活动时间最长的阶段，是整个生命过程中的重要阶段。从实际意义上讲，职业生命阶段是指从开始职业活动到离开职业岗位的时间段。

2. 职业生命质量　职业生命质量（quality of working life）是指劳动者对工作的感受和职业对劳动者的身心效应，如劳动者对本身职业的满意度、工作安全感等。它体现着劳动者在劳动过程中的积极参与精神以及在职业活动中的自尊、自信和良好的适应状态。影响职业生命质量的因素包括工作环境、工作内容、工作满意度、职业安全保障、劳动报酬、劳动权益以及劳动者在劳动体系中的地位等。提高职业生命质量不仅可以提高劳动效率，而且能够增进劳动者之间的合作交流，提高劳动者的主动性，改善劳动的人文环境，增强劳动者的工作能力，完善和提高劳动者自身技能素质，从而间接地提高工作效率，推动社会经济发展。提高劳动者职业生命质量的主要措施有：①避免和减少职业有害因素和安全隐患对劳动者健康造成的损害；②增进劳动者的精神健康和心理卫生；③优化劳动体制，保证劳动者权益，提高劳动待遇；④加强职业教育，完善和提高劳动者自身的技能素质；⑤实施劳动者的职业健康促进和职业卫生服务；⑥消除和改变劳动者的不良生活方式与行为等。

### 二、职业健康促进

职业人群健康问题已经引起了政府与社会的广泛关注，国内外的预防医学家认识到，保护职业人群健康的关键，不仅在于治疗有病的劳动者，而更在于消除和预防职业环境中的职业有害因素的产生，并提高劳动者的自我保护能力。1994 年世界卫生组织《关于人人享有职业卫生保健的宣言》要求，确保世界上所有的职业者，不分年龄、性别、民族、职业、就业类型或劳动场所的规模或位置，都能享有职业卫生服务，确保每个劳动者都能有职业卫生和安全的劳动环境，并能方便享有必要的职业卫生服务。

#### （一）职业健康促进概念

职业健康促进（occupational health promotion）是指综合对职业人群进行健康教育，对企事业单位经营管理政策、法规、制度和组织进行卫生干预，改变不利于健康的行为和环境条件，加强职业卫生服务等，达到促进劳动者健康，提高工作生命质量的目的。

健康促进基本上是在劳动者还处于健康时就开始设法寻求协助劳动者采用有助于维护和增进健康的生活方式和促进劳动者健康的发展战略。职业健康促进通过采取措施降低劳动环境中的职业性有害因素水平，通过卫生宣传、健康教育促进劳动者行为改善、积极强化健康的生活方式。在三级预防的措施上，有组织的职业健康促进属于第一级预防，是为了降低职业人群（尤其是高危人群）的易感性，或避免易感者暴露于职业性有害因素的环境中，从而防治职业性病损的发生。

**（二）职业健康促进措施**

健康促进最基本的目的是针对目前存在的影响职业者健康的行为危险因素，通过职业卫生宣传、健康教育和干预措施来纠正不健康行为，建立良好的作业方式和生活习惯，促进劳动者健康。

1. 劳动场所健康促进　为了创建卫生、安全、满意和高效的劳动环境，促进经济可持续发展，世界卫生组织（WHO）和国际劳工组织（ILO）对职业卫生与安全工作提出了5项原则：①保护劳动者健康不受职业有害因素损害的健康保护与预防原则；②作业及劳动环境与劳动者作业能力相适应的工作适应原则；③促进劳动者心理、行为、生活及作业方式与社会适应状态的健康促进原则；④减轻或消除职业病、工伤及工作有关疾病所致不良后果的治疗与康复原则；⑤为劳动者提供治疗与预防的一般卫生保健服务的初级卫生保健原则对劳动场所进行健康促进。

劳动场所健康促进的主要内容包括：①通过改革生产工艺流程，采用清洁、安全生产方式，消除或控制职业有害因素的产生，即去除病因；②采取卫生措施控制职业性有害因素的作用条件，如有毒的逸散气体生产采用密闭式生产，以减少职业接触；③通过健康教育、管理培训等措施，提高管理者的劳动场所卫生管理水平及卫生防护意识，提高职业者自我保护能力，控制不良行为与生活方式。

2. 职业卫生宣传与健康教育　利用广播、电视、报纸杂志、网络、宣传等媒体传播健康知识、职业卫生知识、职业公共卫生法规以及自我保健知识等、举办职业危害健康教育展览、社区职业健康促进活动。

3. 职业安全教育　职业人群健康教育包括职业健康教育和一般健康教育。

（1）一般健康教育：包括健康运动锻炼、自我保健、预防酒精与药物滥用、戒烟、合理膳食与体重控制、卫生服务利用、健康筛检、心理健康咨询、意外事故预防等。

（2）职业健康教育：包括的内容有：①生产环境各种职业有害因素的告知；②安全操作、安全防护、安全技术、事故预防与急救的基本知识和个人职业卫生防护知识的教育与培训；③国家有关安全生产政策、法规、职业卫生法规、卫生标准、卫生管理制度等介绍；④职业性紧张与疲劳等方面的控制及心理健康咨询；⑤对接触危险性较大的特种作业劳动者如毒物接触、焊接、压力容器等工种的劳动者进行专门的安全技术知识培训。

护理工作者在职业健康促进工作中至关重要。护理人员不但需要具有护理的专业知识，而且还需要具备公共卫生的专业知识和运用健康教育的方法与技能才能搞好职业健康促进。在职业病与职业性损害患者的治疗与护理过程中，护理人员要对劳动者的基本情况、职业性质、生活与行为方式以及劳动过程和生产环境等情况有较为详细的了解，有目的地在医院开展职业健康教育活动。

4. 职业卫生干预措施　①对建设项目的职业病危害进行预评价审查；②职业防护设施设计卫生审查和竣工验收等卫生干预；③推广职业健康防护技术，实施安全清洁生产，改善劳动环境，降低、限制劳动环境中的职业有害因素的浓度，控制有害因素的作用条件；④对企业生产现场职业卫生防护设施、作业环境中的有害因素、职工健康状况、个人防护情况、卫生安全教育及制度以及其执行情况、企业的职业卫生管理工作进行经常性的职业卫生监督和卫生干预；⑤对职业者吸烟、酗酒、自我保健和自我保护意识差、营养不良、个人卫生习惯不佳、无职业卫生防护措施等健康相关行为进行干预；⑥为劳动者提供有效、及时、可及的职业卫生服务与职业卫生管理等，从而真正达到使劳动者认识转变、行为矫正和危险因素控制，从而降低职业病的发病率和促进劳动者的健康。

## 第三节　劳动者的健康监护

2002年由WHO/EURO职业卫生合作中心在法国南锡提出了基础职业卫生服务（basic occupational health service，BOHS）的概念，其战略目标是到2015年实现全世界所有劳动者都至少能够享有基本职业卫生服务，其中非常重要的一项任务就是劳动者的健康监护。

职业健康监护（occupational health surveillance）是指通过各种检测和分析手段，评价劳动者接触职业有害因素的影响及其危害程度，掌握劳动者的健康状况，及早地发现劳动者健康损害的征象，并采取相应的预防、处理措施，防止职业性疾患的发生与发展。职业健康监护是职业病防治的重要组成部分，在职业危害的三级预防工作中，健康监护属于二级预防即临床前预防。职业健康监护实质上是一种对职业者劳动过程及其前后的全程监护，其目的是结合劳动环境卫生监测和职业流行病学分析，监视职业病及工作相关疾病在人群中的发生、发展规律以及在人群、时间、空间上的分布规律；评价职业性有害因素的危险度及其防治效果，为制订和修订卫生标准，采取进一步措施改善劳动条件和防治职业性病损提供科学依据。健康监护的基本内容如下。

### 一、就业前健康检查

就业前健康检查（pre-employment health examination）是指对准备从事某项工作（或转换从事新的工作）的人员在上岗之前进行的健康检查。目的是了解受检者就业之前的健康状况，收集各项健康基础数据（作为今后定期健康检查的对照基础和用于建立健全健康档案），以及发现受检者的职业禁忌证。职业禁忌证（occupational contraindication）是指不宜从事某一特定职业或接触某一特定职业性有害因素的特殊生理或病理状态，例如，具有肝肾器质性疾患者是汞、铅、硫化氢等职业性有害因素的职业禁忌证。具有某职业或职业有害因素的职业禁忌证的个体，通常认为在安全的环境暴露条件下就能出现不良反应，而使职业病危害发生率增加，潜在的疾病加重，如对苯有职业禁忌证（血液病）者从事制鞋业或油漆业，极易出现造血系统的损害，因此，对从事苯作业的工人应着重进行血液系统的检查，以确定该工人的健康状况，评价是否适宜于从事该项作业。接触不同有害因素其主要的职业禁忌证不同，在我国《职业病范围和职业病患者处理办法》中，将几种主要劳动作业的职业禁忌证做了明确的规定，见表4－1。

**表 4-1　常见接触职业性有害因素作业的职业禁忌证**

| 职业性有害因素种类 | 职业禁忌证 |
| --- | --- |
| 铅 | 神经系统疾病；高血压；肝及肾疾患 |
| 汞 | 神经系统、肝、肾器质性疾患；内分泌疾病；自主神经功能紊乱；精神病 |
| 锰 | 神经系统器质性疾病；明显的类神经征；各种精神病；明显的内分泌疾病 |
| 砷 | 严重的呼吸道疾病；肝、肾疾患；血液病；外周神经系统疾病；皮肤病 |
| 苯 | 就业前体检所查的血象指标低于或接近于正常值下限者；各种血液病；严重的全身性皮肤病；月经过多或功能性子宫出血 |
| 甲苯、二甲苯 | 神经系统器质性疾病；明显的类神经征；肝脏疾患 |
| 苯的氨基、硝基化合物(不包括三硝基甲苯) | 中枢神经系统器质性疾病；肝、肾器质性疾患；明显的内分泌疾病；自主神经功能紊乱；血液病 |
| 三硝基甲苯 | 乙型病毒性肝炎表面抗原携带者；各种肝脏疾病；血液病；各种原因的晶体浑浊或白内障；严重的全身性皮肤病 |
| 一氧化碳 | 各种中枢神经和周围神经器质性疾病；器质性心血管疾病 |
| 硫化氢 | 明显的器质性心、肝、肾疾患；神经系统器质性疾患及精神疾患；明显的呼吸系统疾病 |
| 氰化氢 | 肾、呼吸道、皮肤、甲状腺等慢性疾患；精神抑郁症；嗅觉不灵者 |
| 有机磷农药 | 神经系统器质性疾患；肝、肾器质性疾患；明显的呼吸系统疾病；全身性皮肤病；全血胆碱酯酶活性明显低于正常者 |
| 粉尘 | 活动性肺结核；慢性肺疾病；严重的慢性上呼吸道疾病或支气管疾病；显著影响肺功能的胸膜、胸廓疾病；严重的心血管系统疾病 |

## 二、定期健康检查

定期健康检查（periodical health examination）是指按一定的时间间隔，对从事某种职业或接触某种职业性有害因素的劳动者进行健康状况的检查（包括常规检查和有针对性内容的检查），以及时、及早地发现职业性有害因素对劳动者健康的早期损害或可疑象征，以利于早期诊断、早期治疗。获取劳动者的定期健康检查资料以建立健康档案，为劳动环境防护措施效率评价提供资料依据。对职业高危人群或易感人群应作为定期健康检查的重点对象。根据定期健康检查情况，应及时调离并妥善安置健康检查中发现的有就业禁忌证和有与所从事职业有关损害的劳动者。定期健康检查是健康监护的重要内容，属于第二级预防。定期健康检查的时间间隔可根据劳动者接触的职业性有害因素的性质、危害程度、接触水平等情况而定。定期健康检查的内容应根据国家颁布的《职业病诊断标准及处理原则》中的有关规定执行，如接触职业性有害因素铅的劳动者定期体检的体检特殊项目有：尿铅或血铅、尿δ-氨基-γ铜戊酸（δ-ALA）、红细胞游离原卟啉（FEP）或锌原卟啉（ZPP）的测定。

## 三、应急性健康检查

应急性健康检查（emergency health examination）是指对出现职业卫生与职业安全事故

的工作场所或劳动环境中受有害因素暴露的劳动者进行健康检查，其目的是为了了解受事故影响的职业人群范围和劳动者受事故的危害程度，确定事故的处理措施和劳动者的救治方案。

### 四、离岗或转岗时的健康检查

离岗或转岗时的健康检查是指职业者调离目前从事的工作岗位时或者改换当前工作岗位前所进行的体格检查。目的是为了了解职业者在离岗或转岗时有无相关职业病损或可疑征象，为离岗从事新工作的劳动者或新转岗来的劳动者提供健康基础资料。

### 五、职业环境卫生监测

对职业者劳动环境中职业性有害因素的识别、评价和提出控制措施都需要进行职业环境的卫生监测，内容包括职业环境监测和职业者生物检测。

1. 职业环境监测的内容　①监测劳动者的工作组织、劳动情况以及可能影响健康的人体功效学因素；②评估可能对劳动者健康产生危害的职业卫生条件和职业有害因素水平（物理、化学和生物因素）；③评估劳动者接触的不利心理因素和不合理工作安排；④评估职业事故和重大灾害的风险；⑤监测安全措施和个人防护装置的使用情况、维护和保养情况等；⑥监测职业有害因素控制系统的运行情况；⑦评估一般卫生及卫生设备。

2. 职业者生物监测的内容　职业生物监测主要是通过监测职业者体内生物标志物来进行。包括：①监测生物材料中职业有害化学物及其代谢产物含量，以确定劳动者职业性有害因素接触水平、有害因素吸收程度及其在人体内的蓄积水平，常见的生物材料有尿、血、头发等，如尿中酚的含量测定可作为苯接触的生物监测指标；②监测劳动者机体的生物效应剂量，评价职业性有害因素损害机体健康的程度，这类指标包括生化、生理、生物物理、免疫等指标测定，多以生化指标为主，且大部分是非特异性的，需要对该有害物质的毒理学基础知识有所了解（尤其是毒作用机制的认识），如反映职业性毒物或其代谢产物对DNA损害的指标有DNA链断裂、DNA加合物等。

## 第四节　职业卫生服务

### 一、职业卫生服务

1. 职业卫生服务的概念　职业卫生服务（occupational health service，OHS）是卫生服务体系的一部分，是以职业人群和劳动环境为对象的一种特殊形式的预防性卫生服务。职业卫生服务的目的是促进职业人群健康，其定义与职业卫生的定义密切相关。1950年世界卫生组织（WHO）与国际劳工组织（ILO）认为，职业卫生的目的是促进和保护所有劳动者生理、心理和社会活动的最高健康水平，预防职业性有害因素对劳动者健康的影响，改造职业环境并使之保持适合劳动者的生理和心理状况。

随着预防意识的加强和对精神健康的重视，1985年，国际劳工组织对职业卫生服务的定义进行了修改，“职业卫生服务是一种促进雇主、职工及其代表建立和维护有益于职工安全和健康的劳动环境，使工作适合于保护劳动者身体和精神健康的预防性服务。”2006年6

月在意大利举行的WHO职业卫生合作中心第七次网络会议上讨论并强调世界各国应继续发展和扩大职业卫生服务。

2. 基础职业卫生服务　1978年《阿拉木图宣言》指出“初级卫生保健是基于切实可行、学术上可靠而又为社会所接受的方式与技术之上的主要的卫生保健。”它是个人、家庭、群众与国家卫生保健系统接触的第一环，能使卫生保健尽可能接近于人民居住及工作场所。1994年10月，在中国北京举行的WHO职业卫生合作中心第二次网络会议上讨论并正式通过了倡导“人人享有职业卫生服务”的全球策略。在2002年由WHO/EURO职业卫生合作中心在法国南锡结合了WHO“人人享有职业卫生服务”的初级卫生保健概念，提出了基础职业卫生服务（BOHS）的概念。BOHS是一项通过初级卫生保健，利用科学合理的、可接受的职业卫生方法为劳动者在工作中的健康提供保护，促进劳动者健康、幸福和提高劳动者的工作能力，预防疾病和事故的基本服务。

## 二、职业卫生服务的内容

1. 职业安全卫生状况的定位和规划　①生产工艺分析，了解各生产工艺过程中涉及的化学物质及相关资料；②职业有害因素识别，了解各生产部门，工种岗位可能存在的职业有害因素及其健康危害；③根据已有的职业环境监测与生物监测资料等，回顾企业的职业卫生状况；④了解企业管理者和劳动者职业卫生知识的认知程度；⑤指导监督改进工作场所安全措施和合理选择使用和评价个人防护用品；⑥评价职业病工伤造成的经济损失等。

2. 职业环境卫生监测　职业环境卫生监测是OHS的重要内容之一，在初步了解职业卫生与职业安全状况的基础上，通过监测来确定劳动场所有害因素水平、工作条件、劳动者暴露情况等，以利于采取措施促进劳动者健康。

3. 劳动者健康监护　2002年提出的基本职业卫生服务其战略目标中的一项重要任务是劳动者的健康监护。通过对劳动者进行健康检查，分析、评价职业有害因素对劳动者健康的影响及其影响程度，客观、真实的健康监护结果能更加真实地反应劳动者的健康状况和有助于及时发现健康损害征象，以便采取相应的预防措施。劳动者的健康监护包括：①医学监护（就业前体检、定期体检、离岗、转岗和应急的健康检查、高危人群和易感人群的筛检和随访观察）；②健康监护信息的收集、发布、上报、管理；③劳动者生理、心理因素的监测；④劳动场所急救设施的配置和应急救援组织的建立；⑤职业病和工伤的诊断、抢救、诊疗和康复服务。

4. 健康危险度评价　通过环境监测、健康监护、生物监测、职业流行病学调查及实验室检测等手段对职业有害因素的潜在危险进行定期、定量的鉴定和危险度评价，推算其最小有效作用浓度、作用条件和可能造成的损害和在一般接触条件下可能造成健康损害的远期效应。

5. 危险告知、健康教育与健康促进　用人单位有义务知道劳动场所中存在的职业性有害因素，并有责任告知劳动者和对劳动者进行职业卫生与安全操作培训；劳动者有权利知道和关注与自己工作相关的有害因素的信息；并有针对性地对劳动者进行健康教育和健康促进。

6. 实施劳动者与健康有关的其他初级卫生保健服务　如健康教育、预防接种、合理膳食、常见病的诊断和治疗等。

## 三、职业卫生服务模式

由于发展水平、卫生服务体制、政治经济制度、文化习俗等的不同，各国各地区之间职业卫生服务模式也不同。根据服务机构的不同，职业卫生服务模式可分为：

1. 国家卫生服务体系　国家卫生服务体系是由国家卫生服务机构聘请专门工作人员从事的一种为大型工业企业和大人群服务的模式。这种职业卫生服务模式的卫生工作人员包括工业卫生学家、卫生与安全工程师、临床医生、护士、心理医生等。它是以区域为服务对象，技术力量强，具有针对性。

2. 社区卫生保健中心　社区卫生保健中心由社区卫生保健机构承担，职业卫生服务的任务为所属地内劳动者提供职业卫生服务。这些社区卫生服务机构在向社区内居民提供初级卫生保健的同时，还向所管辖地内中小型企事业或居住在社区的各种职业人群（包括工人、农民、办公室工作人员等）提供职业卫生服务，将职业卫生服务与社区卫生保健服务结合起来，使劳动者易于得到较为全面的卫生服务，提高了社区卫生服务机构的使用效率和效益，但是由于社区卫生保健中心一般缺乏职业卫生专家，在处理职业卫生问题，尤其是较为复杂的职业卫生问题方面经验不足。

3. 社会健康保险机构　企事业单位、雇主、自主经营者和农民向社会保险机构交纳健康保险费，社会健康保险机构再向其受委托的服务机构（可以是各种具有资质的卫生服务机构或个人，如医院等）支付费用，而受委托的服务机构则负责向交纳健康保险费的单位或个人提供职业卫生服务。

4. 私人卫生保健机构　私人卫生保健机构是由私人开业医师（经过良好训练的、甚至具有职业卫生服务资质的卫生保健工作者）提供的职业卫生服务。私人卫生保健机构的服务灵活，服务目的是为了盈利。提供职业卫生服务者关心的是盈利，通常在高付费的情况下，其能提供高质量的服务，而在低付费时，则其服务水平可能受到影响，且其服务质量难于加以控管。

## 四、护理工作者在职业卫生服务中的作用

职业卫生护理是护理工作的一部分，是护理工作者运用职业卫生及护理等医学专业知识、技术、理论、方法，有组织地从事职业人群的一种促进健康，预防职业性危害，早期诊断与治疗职业性病损，控制职业病或伤残的发展及促进职业病病人的恢复，发挥最大健康效能的卫生服务。

1. 护理工作人员在职业卫生服务中的作用　主要有：① 协助公共卫生医师发现、了解、评估职业人群的共同职业健康问题，以确定职业卫生护理需求；② 以预防保健为主，医疗为辅，协助劳动者预防职业病，早期发现、早期治疗、及时有效地控制职业病，给予相应的保健指导；③ 通过职业卫生宣传、健康教育、卫生干预等健康促进方式普及职业卫生与保健知识，辅导劳动者履行健康生活、工作行为，促进职业人群健康；④ 参与职业病及一般职业病损的紧急处理与追踪随访；⑤ 负责职业人群的预防接种及卫生保健的有关工作；⑥ 参与劳动者健康检查及体格检查等相关项目；⑦ 协助职业健康教育及卫生指导的策划与实施；⑧ 提供职业健康咨询；⑨ 参与系统的、长期的相关职业卫生资料收集、整理、研究，作为进行职业护理工作的凭据。

2. 职业卫生护理的展望　2008 年 3 月在坎帕拉举行的第一次全球卫生人力资源论坛会议上指出，全球卫生人力资源短缺加剧，包括全球基本职业卫生服务行业就急需 4 百万卫生工作者，其中包括护理工作者。它呼吁各国政府严格制定卫生资格认证制度，培训和招募足够的卫生工作者，加强卫生工作者的培训和教育，以解决当前和预期的全球卫生人力资源短缺问题。职业卫生护理工作者属于卫生工作者之一，他们工作的范围可涉及工作劳动场所及任何职业类别（任何领域）的职业卫生护理，而非只限于工厂内的职业护理。职业卫生护理的护理人力资源要求的发展趋势有：①具有医院及社区护理工作经验；②具有经过国家法定机构认可的职业团体颁发的专业证书和职业卫生护理的硕（博）士学位；③具有在不同工作条件下发挥各种职业卫生服务作用的能力。

职业卫生护理工作人员未来的发展方向：护理人员通过增加专业教育及训练，发挥自主性及创造性，拓展专业角色与功能，不断面对公共卫生问题挑战而发展成为健康的管理者、咨询者、教育者、医疗照顾的提供者及职业环境保护者等人才。

（钟才高）

# 第五章　医院环境与健康

## 第一节　医院环境质量要求

### 一、医院规划布局

#### （一）用地选择

医院位置选择应符合医疗卫生网点规划布局，并能满足医院功能与环境的要求，应选择在患者就医交通方便、环境安静、远离污染源和青少年儿童活动密集场所、周围无有毒有害物质和易燃易爆物生产储存场所等地域，并尽可能地充分利用城市基础设施。综合性医院允许设在居民区内，但应远离幼儿园、中小学等少年儿童活动密集的场所。医院建筑的用地选择应具备防止医院感染与污染的环境条件。传染病院应设在居民区边缘地带。综合性医院若设有传染病区，应设置卫生隔离和污水、粪便、污物等卫生处理设施。医院选址及建设设计应经卫生审查，充分考虑医疗工作的特殊性质，满足公共卫生方面的有关要求。

#### （二）总体布局

医院总体布局应保证有良好的治疗和休养环境条件，并便于管理。同时应本着科学合理、节约用地的原则，不仅满足医院基本功能的需要，也要适当考虑未来发展。根据不同地区的气候条件，医院建筑物的朝向、间距、自然通风、采光和院区绿化应达到相关标准。医院建筑的功能分区要合理，洁污路线明确，能尽量避免或减少院内交叉感染，太平间、病理解剖室、焚化炉等应设置在医院隐蔽处，与医院主体工程建筑有适当隔离。医院的功能区域分为医疗区、行政后勤管理区和职工生活区。在总体布局上将生活区和医疗区分开，清洁区与污染区分开，病房与门诊相对隔离，医疗区建筑要有利于空气消毒与墙壁和设施的清洗，有污物污水处理设施。

1. 医院平面布局　①医疗区：是医院的主要功能区，包括门诊部、住院部和医技部门等。医疗区又分为传染区和非传染区。医院中传染病区应该单独设置出入口；②行政后勤管理区：分为行政管理和后勤总务两大部分；包括行政办公楼、医院食堂、锅炉房、洗衣房、仓库、车库、太平间等，这些建筑最好建在医院医疗区的后侧面，但要临街，并有单独出入口。医院食堂应与洗衣房、太平间、污水污物处理设施等保持一定距离，并有隔离带；③职工生活区：职工生活区不允许设在医院医疗区域内，应作为一个附属部分单独进行规划，设在医院的常年主导风向的上风向，与医院间保持一定的距离，并设单独出入口。

2. 医院出入口设置　医院出入口，主要供医务人员和病人使用，应位置明显，常设于城市主要道路上。另一个重要出口为污物出口，应远离医疗区与生活区，最好临近太平间后院，由城市次要道路运出，该出入口应由专人管理。住院部若设有产科、儿科和传染科等病房，则应有单独使用的出入口。

3. 医院交通流线设计　医院各部分之间的交通联系密切，交通流线复杂，一般应考虑四类交通：第一类为患者、患者家属、探视者、来访人员；第二类为医务人员，医师、护士、职工和培训人员；第三类为食物、药品、器械及燃料；第四类为垃圾、污物、污水及尸体。这四类人和物经常流动，对医院内部动态环境有重大影响，设计时应注意以下问题：①使医院内形成有秩序的动态环境，防止混乱。医院建筑包括病房、门诊与医技部门等的线路图要便捷、明确、显眼。病人使用的道路和出入口，应明显易找；②防止交叉感染，减少和杜绝院内感染。一般病人和传染病人、成人和儿童患者、住院和门诊病人、食品和药品供应路线均应分设，尸体运输路线要隐蔽，以免对病人产生不良精神和心理影响。

4. 医院安全设计　医院建筑与设备的布局要充分考虑安全，各病区的病房应与公共走廊分开，楼梯、通道、出入口都要考虑防火，病房楼应设置疏散用的楼梯和出入口。被服库、更衣室、厨房等易起火的房间应作为完全防火区域设计。空调、电气设备和给排水系统要分区域分层设计总阀，一旦出现险情能区域分层切断，控制灾情。手术室，抢救室等重点部门应作为专门安全区域设计，配以专门供电、供水系统，并考虑在发生灾情时不致造成输氧、输液中断。

**（三）门诊部设计**

1. 一般门诊　门诊部每天接纳各种病人，流量大，病种复杂，因此，门诊的布局应以防止交叉感染和创造方便的就诊条件作为重点，使病人从挂号、候诊、诊断、检查、交费和取药等路线尽可能缩短，以减少病人在往返途中的受感染的机会。内科宜设在出入口附近，且尽可能靠近检验科。门诊部应设有足够面积的候诊室，供病人休息候诊用，以减少病人拥挤和相互传染的机会。候诊室应按科室不同分别单独设置候诊室。

2. 诊室设置　门诊各科室的设置应便于病人就诊和医护人员工作。儿科、产科、外科、急诊室及一些医疗诊断室应设于底层。各科的临床诊断室应配置在门诊部较安静的地区。儿科、产科、结核病科和皮肤性病科在门诊部应有自己专用的出入口和医疗诊断室。

3. 传染病门诊　传染科门诊应有单独的专用出入口，并独立设置挂号收费室、采血治疗室、药房、化验室、病人厕所等。应设立预诊室和隔离观察室，常见传染病还应分别设置诊室。肠道门诊应自成一区，设单独出入口、观察室、小化验室和专用厕所。还应设专用挂号、收费、取药和医护人员更衣换鞋处。病人与医护人员的通行路线以及诊查室的门应分别设置。传染科门诊与病房间有专用的通道。

**（四）住院部病房设计**

病房是医院的重要组成部分，是住院病人得到诊断、治疗、护理及生活服务的场所。病房设计的完善与否，直接关系到医疗效果，所以在病房设计时，对病房安静、清洁、日光和通风条件，室内装修和色调等都应认真考虑；其次要使医护人员工作方便，使护士走最少的路而使病人得到最多的照顾；同时要避免交叉感染。病房与服务性用房，如营养厨房、洗衣房、供应室等要有简捷而方便的交通联系，要分清楚洁污路线。为了方便病人，有利于提高医疗护理的工作效率，减少交叉感染，对每一护理单元位置的安排及组合，必须考虑到各自不同的特点。

1. 普通病房　妇产科、儿科、传染科以外的病室称为普通病房。这些病房须按护理单元（病房的基本单位）划分为污染区、半污染区和清洁区。污染区的污洗室等应接近污物出口处，并应有便盆、痰杯的洗涤消毒设施。

2. 特殊病房　按性质可分为3类。即：①产科病房：应有单独的出入口和专用交通路线，以减少感染机会。婴儿室应接近产房区和产休室，并设隔离婴儿室和隔离洗婴设施，还应有防鼠、防蚊蝇等设施。产科与妇科合为一单元时，妇科的病房、治疗室、浴室、厕所与产科的产休室、产前检查室、浴室、厕所应分别设置；② 儿科病房：一般情况下，为了儿童安全和避免感染，儿科病房以设在一层为好，有单独的出入口及卫生处理室，至少应在一楼进病房入口处设一检查室，以方便门诊转来的病儿再做一次检查，防止将传染病带到病房。并设隔离病房和专用厕所；③ 传染病房：应独立设置，一般大型医院应单独建一幢病房，中小型医院可设在建筑物的一端，并设单独的出入口。要严格分清病人与工作人员及探亲者的路线，分清食物、清洁衣物与剩余食物、用过的餐具、污染的衣物等的运输路线。用过的餐具、污衣、污物等必须经过消毒处理，方可出病房。对需要分别隔离的病种应设单独通往室外的专用通道。完全隔离病房应设缓冲前室。盥洗室和厕所应附设于病房内。

### （五）手术室设计

1. 手术室分区　手术室分为无菌区、清洁区和非消毒区。各分区明确、路线分明是保证手术室内无菌、防止交叉感染的关键。手术室的交通要求清洁、污染和半污染三者没有交叉。医生、护士、患者和实习人员各行其道，各有其出入口、器械、敷料、衣物和手术车都应注意清污路线分明。

2. 手术室设计　手术室是医院中对清洁和安静要求较高的部分，应考虑：

（1）手术室位于病人不常去的地方。通常设在单独一翼，或专用一层，最好设在顶层。

（2）手术室应有方便的出入口和垂直及水平交通，以便与病房、门诊、急诊联系。

（3）手术室包括手术操作室及消毒室、麻醉室、输血室、卫生室等，其设计应考虑保持空气清洁，严格避免一切感染的机会，同时要有适宜的微小气候和水平较高的卫生技术设备（空气调节、照明、采暖等），并须有专用门与病房等科室隔开，避免与医院的其他部分形成交叉的活动路线。手术室采光口应设在北侧，以获得较均匀的光线。手术操作室应设无影灯。窗户玻璃应为两层，以保持良好的微小气候和满足空气清洁的要求。手术室地面和墙要采用可冲洗的材料，油漆到顶。墙面及屋顶的交接处应做成圆角，防止积尘以利清洁。

（4）手术室要准备两套供电系统，最好有自用发电设备。墙壁上应设足够的电流插座，每个插座上分设有自动短路装置，以免一处发生短路，而影响整个供电系统。

## 二、医院环境质量卫生要求

### （一）室内环境质量要求

1. 室内微小气候　医院环境的室内微小气候主要是指气温、气湿、气流和辐射。良好的微小气候有利于患者的健康恢复，提高机体抗病能力，也可以减少医院内病原微生物的生长繁殖。

（1）气温：空气温度的高低对患者的舒适和健康影响很大。医院室内气温按季节不同可分为夏季空调温度和冬季采暖温度两种，其高低又随不同的工作性质及对标准要求的高低不同而不同。一般在夏季，普通空调房间室温应控制为26～28℃，特殊空调房间温度应为22～26℃。在冬季时，病房、治疗室等场所室温为18～22℃，分娩准备室为20～22℃，手术室及产房为22～26℃。

（2）气湿：医院室内不同的场合有不同的湿度要求。一般在夏季，普通空调房间相对湿度应控制为45%～65%，特殊空调房间相对湿度应为50%～60%。在冬季时，相对湿度不要求。

(3) 气流：更换室内的空气是通过空气流动来实现的。常开窗能起到换气、使空气对流的作用。候诊室、普通病房等场所在室温为22℃左右时，风速应≤0.5 m/s。

2. 室内噪声卫生标准　环境安静、优美，避免噪声，有利于病人的治疗和休养。因为噪声会使人感到不安宁而产生烦恼和紧张情绪，这些情绪将会降低患者的抵抗力和治疗效果，从而使患者病情加重或延长并增加医院感染发生的可能。医院内不同区域的噪声卫生标准为：手术室、病房、检查室、候诊室、诊室均应小于45 dB，特殊病房在30～40 dB之间。

3. 生活饮用水卫生要求　医院生活饮用水质量应符合国家《生活饮用水卫生标准》(GB5749—2006) 规定的感官性状指标、化学指标、毒理学指标、细菌学指标以及放射性指标的要求。

4. 空气、物体表面、医务人员手卫生要求　我国《医院消毒卫生标准》(GB15982—1995) 规定了各类从事医疗活动的室内空气、医疗器械物体、医务人员手经消毒与灭菌处理后，允许残留微生物（细菌菌落总数）的最高数量限值即卫生标准，详见表5-1。同时规定各类环境不得检出乙型溶血性链球菌、金黄色葡萄球菌及其他致病性微生物。母婴同室、早产儿室、婴儿室、新生儿室及儿科病房的物体表面和医务人员手上，不得检出沙门菌。

**表5-1　医院各类室内空气、医疗器械物体、医务人员手细菌菌落总数卫生标准**

| 环境类别 | 范　围 | 卫生标准 | | |
| --- | --- | --- | --- | --- |
| | | 室内空气 cfu/m$^3$ | 物体表面 cfu/m$^3$ | 医务人员手 cfu/m$^3$ |
| Ⅰ | 层流洁净手术室、层流洁净病房 | ≤10 | ≤5 | ≤5 |
| Ⅱ | 普通手术室、产房、婴儿室、早产儿室、普通保护性隔离室、供应室无菌区、烧伤病房、重症监护病房 | ≤200 | ≤5 | ≤5 |
| Ⅲ | 儿科病房、妇产科检查室、注射室、换药室、治疗室、供应室清洁区、急诊室、化验室、各类普通病房和房间 | ≤500 | ≤10 | ≤10 |
| Ⅳ | 传染病科及病房 | — | ≤15 | ≤15 |

5. 医疗用品与医疗器械的卫生要求　按照我国《医院消毒卫生标准》要求，进入人体无菌组织、器官或接触破损皮肤、黏膜的医疗用品必须无菌；接触黏膜的医疗用品，细菌菌落总数应≤20 cfu/m$^3$，致病性微生物不得检出；接触皮肤的医疗用品，细菌菌落总数应≤200 cfu/m$^3$，致病性微生物不得检出；使用中的消毒液，细菌菌落总数应≤100 cfu/m$^3$，致病性微生物不得检出；无菌医疗器械保存液必须无菌。

**（二）医院室外环境质量卫生要求**

1. 医院环境的优化　一个清洁优美的医院环境，本身就是一种良性刺激，能改善人们的情绪，进而达到息病宁人、解除病人痛苦、益于恢复健康的效果。因此对医院外部环境进行优化显得非常重要。其中医院的绿化与美化尤为重要。绿化医院周围环境，能增加生气，丰富色彩，它不仅能点缀美化环境，而且是调节周围小气候的有效方式。因为植物通过光合作用，能吸收对人体有害的二氧化碳，同时放出氧气。研究发现绿色的环境还可消除大脑神经紧张和视觉疲劳，使人感到精神爽快，有利于调整和改善机体的各种功能。

医院原有的绿化面积一般要求应达到总面积的50%以上；对新建部分则要求达65%以上，包括植树、栽花、培育草坪、室内盆（花）草和立体绿化等。绿化用树种要选择抗污染、净化空气能力较强的树种。树木中常青树应占1/3左右，有条件者可开辟花房，自行培育各种鲜花和盆景等，这样更有利于美化环境。

2. 医院污水排放标准　医院污水必须按国家关于污水处理规定进行处理，达到排放标准。新建医院如无污水处理设施则不能开业。设置传染病房的综合医疗机构，要按照国家《医疗机构水污染物排放标准》（GB18466－2005）的要求处理废水。

（1）应将传染病房的污水与非传染病房的污水分开，传染病房的污水、粪便须经消毒后方可与其他污水合并处理。

（2）采用氯化消毒剂进行消毒处理的医疗机构污水，若直接排入地表水体，应进行脱氯处理，使总余氯<0.5 mg/L。

（3）污水处理站排除的废气应进行除臭、除味处理，保证污水处理站周边空气中污染物不超过规定限制值。

（4）传染病和结核病医疗机构应对污水处理站排出的废气进行消毒处理。

（5）栅渣、化粪池与污水处理站污泥属危险废物，应按危险废物进行处理和处置。水处理构筑物中的污泥，必须经过无害化处理，污泥排放时应达到下列标准：蛔虫卵死亡率大于95%；粪大肠菌群值不小于0.01 g；每10 g污泥（原检样中）不得检出肠道致病菌和结核杆菌。

为了保护居民健康，要防止带有病原体的污水污染水环境，经无害化处理后，排除的医院污水中污染物应不超过国家《医疗机构水污染物排放标准》（GB18466－2005）规定的限制值。

3. 医院污物处理要求　医院污物处理的主要对象是病原微生物、机体废弃组织、化学污染物、药源性废物、废弃医疗器皿及放射线同位素等。对每日产生的废物、垃圾必须进行分类及无害化处理。医疗废物中，最为重要的是对感染性废物的管理与处理。所谓感染性废物是指可能含有病原菌（细菌、病毒、寄生虫或真菌）的废弃物。其主要包括：① 被病人血液、体液、排泄物污染的物品；② 医疗机构收治的传染病病人或者疑似传染病病人产生的生活垃圾；③ 含病原体的培养基、标本和菌种、毒种保存液；④ 各种废弃的医学标本；⑤ 废弃的血液、血清；⑥ 使用后的一次性医疗用品及一次性医疗器械。由于感染性废物除了散发不良气味外，尚含有大量的细菌、真菌、病毒等致病微生物，如处理不当，就会留下后患，甚至引起医院感染的暴发和流行。因此医院污物的处理主要应加强对感染性废物的管理与处理，只有这样才能改善环境卫生和防止病原微生物的传播，从而减少感染的发生和可能由此产生的社会公害。医院废弃物处理过程中应做好以下几个方面的工作。

（1）医疗机构应设置3种以上颜色的污物袋，黑色袋装生活垃圾，黄色袋装医用垃圾（感染性废物置黄色塑料袋内密闭运送、无害化处理），放射性废弃物和其他特殊的废弃物使用有特殊标志的污物袋进行收集。使用的污物袋应有明显标识且坚韧耐用、不漏水。传染病病人所产生的医疗废物应当使用双层包装物收集，并及时密封。

（2）医疗机构应建立严格的污物分类收集与存放制度，有专人负责管理，生活垃圾与医疗废物应分类收集处理，不得混放。

（3）分散的污物袋要定期收集集中。污物袋应每日运出病房或科室，并运往指定的集中存放地（暂存点），放入有标识、带盖的污物桶（箱）内，防止污物的渗漏。

（4）医疗废物集中存放地（暂存点）应有明显警示标识，并有防鼠、防蚊蝇、防蟑螂、防盗、防泄漏等安全措施。同时，应设有冲洗及消毒设施，每日冲洗及消毒，清洗过程的废水应排入医院污水系统。

（5）医疗废物（包括使用过的一次性注射器、输液器、输血器等废弃物）应交由当地卫生行政部门/环境保护行政主管部门指定的处置单位作无害化处理，并做好“转移联单”登记与保存（3年）。一般情况下其交接转运时间不超过48小时。小型医疗机构如一级医院、社区医疗服务中心、乡（镇）卫生院等，可按污物数量及存放条件适当延长转运时间。

（6）医疗废物指定的处置单位必须施行密封转运，其车辆应在每一次转运后进行消毒。所处置的用后一次性注射器、输液器、输血器，不得转卖他用。

（7）凡收集、转运或直接接触医疗废物的人员必须经培训合格并加强个人防护。

（8）无论是液体污物（如排泄物、呕吐物等）还是固体污物的消毒处理均按卫生部《消毒技术规范》执行。非可燃性固体污物应先消毒再处置；可燃性的污物，在条件允许的情况下一律采用焚烧处理。

## 第二节　医院护理防护

医院是一个特殊的工作环境，护理是一个特殊的职业，各种对人体有潜在危害的暴露因素随处可见。在工作中，护理人员经常暴露于感染病人血液、体液及排泄物污染的环境中，如接触污染的注射器、针头、各种导管、器械等，还有各种理化因素，如光热、噪声、辐射等影响。因此，医护人员面临着严峻的职业暴露的危险，护理人员是最危险的人群。此外，工作环境、劳动强度及工作压力也会影响护理人员的身心健康。

### 一、护理职业暴露及其防护

护理职业暴露是指护理人员在医院护理工作中，对存在的各种生物、物理、化学及社会心理因素的职业接触。因此护理人员在实际工作中要具备一定的职业防护知识与技能，严格遵守标准操作规程，采取必要的个人防护措施，提高防护意识，把各种职业危害的损伤降到最低限度，通过自身防护和自我保健来避免职业因素的健康危害。

1. 生物因素暴露及防护　医院是各种病人集中的地方，物品与空气中含有大量的病原微生物，由于在治疗、护理、急救过程中接触血液、体液及各种传染病人，护理人员可能会通过接触、空气飞沫等传播途径而感染病原微生物。生物致病因素不仅可以引起医院病人之间的感染，而且还危害护理人员的健康。例如，2003年在我国部分地区发生的非典型性肺炎，累积确诊发病人数5329人，其中医务人员969人。

护理人员在进行各项操作时，应严格执行消毒隔离制度，充分利用各种防护用具和设备，减少各种生物因素的危害行为。例如在使用锐器如注射针头进行操作时应严格遵守操作规程，以防针头刺伤皮肤。操作后一定要洗手并掌握洗手的规范方法。

2. 物理因素暴露及防护　包括医院使用的放射性同位素和一些医疗设备运行中产生的电离辐射、电磁辐射与噪声，紫外线消毒时产生的臭氧以及紫外光对眼睛和皮肤黏膜的损伤等。

因此进行紫外线消毒时严禁工作人员进入消毒区域；紫外线监测时要戴防护面罩及防护眼镜，避免眼及皮肤黏膜直接暴露在紫外线灯光下。对仪器运行过程中产生的电离辐射和噪声，要加以适当的防护并注意进行神经、血液等方面的检查。

3. 化学因素暴露及防护　护理人员在工作中经常接触各种消毒剂，如戊二醛、甲醛、过氧乙酸和有效氯等，对人体的皮肤、黏膜、呼吸道、神经系统均有一定程度的损害。此外化疗药物具有较强的细胞毒性，在配制及输注过程中皮肤及黏膜易接触这些药物。

医护人员在配制酸性消毒剂时应戴手套及防护眼镜；禁用热水配制含氯消毒剂以免引发灼伤；正确地掌握化学消毒剂的配制方法和使用浓度，必要时戴手套口罩、眼罩。配制化疗药时应注意防护，操作前穿防护衣、戴口罩、手套、圆帽等以减少呼吸道吸入及皮肤接触。

4. 社会心理因素暴露及防护　新的医学模式特别强调心理因素对人体健康的影响。护理工作的压力源主要有：①不良工作环境；②紧急的工作性质；③沉重的工作负荷；④复杂的医患关系；⑤职业责任风险等。长期接触这些不良因素可以产生心理危害，影响护理人员身心健康。

医院管理部门应关心护理人员的身心健康，努力创建良好的工作环境，减轻劳动强度，定期体检及做好预防保健，使他们能愉快健康地工作。护理人员要学会自我调节，保证充足的睡眠与休息；合理饮食，均衡营养，参加体育活动，以增强自身的免疫力；积极应对各种压力，主动调整自己的心态；通过听音乐、唱歌等方法进行减压；通过沟通技巧的学习，正确处理人际关系，尤其是护患关系。以高度的工作责任心、精湛的知识和技术，防范差错事故发生，赢得患者及家属的信任、理解。

## 二、医院护理区卫生管理

医院护理区是指医院护理人员进行职业活动所涉及的区域范围，包括病房、门诊（注射室、换药室）、急诊室、手术室、供应室等。护理区是医疗场所的基本单位，是护理人员实施医疗活动、保证医疗实施的主要场所。良好的护理区环境是保证医疗、护理工作顺利运行，促进康复的重要条件，创造优美、舒适的护理区环境是护理人员工作的责任，是医院卫生管理的重要组成部分。

1. 护理区环境卫生管理　护理区的空间环境及各类陈设应规格统一，布局整齐合理；清洁与污染物品严格分开放置；各种设备和用物设置齐全合理。这样才能保证护理区环境整洁卫生。采取的管理措施有：①物有定位，用后归位，养成随时随地注意清理环境，保持整洁的习惯；②病室内墙定期除尘，地面及所有物品用湿式清扫法；③及时清除治疗护理后的废弃物及病人的排泄物；④非病人必需的生活用品及非医疗护理必需用物一律不得带入病房。

2. 护理区环境安全管理　护理区环境安全使病人能置身于安静及生活方便安全的环境中，使其有安宁、舒畅的感觉，有利病情好转及康复。

病室内清静安宁的环境能减轻患者的烦躁不安，使之得到充分地休息和睡眠，也是患者康复、医护人员能够专注有序地投入工作的重要保证。不同病室区的噪声标准有不同的允许值（详见第五章第一节）。病室区控制噪声的管理措施有：①医护人员应做到：走路轻、说话轻、操作轻、关门轻；②易发出响声的椅脚应钉橡胶垫，推车轮轴、门窗交合链应定期滴注润滑油；③积极开展保持环境安静的教育和管理。

护理区管理工作中应全力消除一切妨碍病人安全的因素，避免意外事故，提高治愈率，增进护理的社会效应。保证病室环境安全的措施：① 避免各种因素所致的意外损伤。如浴洗室地面潮湿，致使病人滑倒跌伤；昏迷病人未加床档、保护具而坠床或撞伤；神志不清或躁动病人触接电源而灼伤等；② 杜绝医源性损害。如粗心大意引发的护理事故、差错；服务态度欠佳，致使病人心理失衡等。

（曾　明）

# 第六章　非物质环境因素与健康

## 第一节　社会环境因素与健康

非物质环境（non-material environment）是指人类在生产、生活与社会交往活动中建立起来的意识形态与上层建筑体系，它是由政治制度、经济文化、教育水平、宗教信仰、人际关系、人口状况、生活方式与行为等非物质要素构成，是人类通过长期有意识的社会活动，加工和改造自然物质所创造的生产体系、积累的物质文化等所形成的人文环境体系。

社会环境因素（social environmental factor）是指存在于社会人文环境体系中的各种非物质要素的综合，如社会经济、宗教信仰、文化教育和人际关系等。社会环境因素对健康的影响非常广泛，在疾病的发生、转归和防治过程的各个环节中都起着很重要的作用。

### 一、社会经济与健康

社会经济（social economy）既是人类社会发展的主体形式，也包括满足人群基本生活需求的衣、食、住、行及文化教育、医疗保障等诸方面的基本条件，是人类赖以生存和保持健康的决定因素。社会经济的发展是提高人群健康水平的根本保证。社会经济因素通过与健康状况有关的其他社会因素，如工作与生活条件、文化教育、卫生服务等影响人群的健康。经济发展促使人群健康水平的提高，能极大地增强劳动效率和社会效率，又能促进社会经济发展。经济发展与人群健康存在相互依存、相互促进的关系。

1. 社会经济影响人群健康水平　社会经济发展是保障人群健康的物质基础，对人群健康水平的影响是通过多渠道综合作用的结果。分析社会经济因素对人群健康的影响，通常用反映经济发展指标及人群健康指标来进行综合评价经济因素对健康的影响。衡量经济发展的主要指标是：国民生产总值（GNP）、人均国民生产总值。常用的反映人群健康状况的指标有：出生率、死亡率、平均期望寿命、婴儿死亡率等。随着社会经济迅速增长，人们的工作、生活条件得到改善，用于教育和医疗保健的投资增加，人群健康水平明显提高，平均期望寿命显著增长，死亡率下降。然而发达国家与发展中国家的经济发展水平不同，贫富相差悬殊。经济发达国家，生产力水平高，物质条件优越，有良好的卫生服务和教育条件；而经济不发达的国家、地区或农村，许多人衣、食、住、行及医疗保健诸方面都存在较大的困难。因此，不同社会经济发展水平的国家或地区其居民健康水平存在明显差别（表 6-1）。

**表 6-1　不同社会经济发展水平与人群健康的关系**

| 国家或地区类别 | 统计的国家或地区(个) | 人口密度(人/km²) | 人均 GNI (2007)(美元) | 安全用水率(%) | 婴儿出生死亡率(‰) | 死亡率(‰) | 平均预期寿命(岁) |
|---|---|---|---|---|---|---|---|
| 全世界 | 224 | 49 | 9600 | 86 | 49 | 8 | 68 |
| 发达国家 | 50 | 27 | 31 200 | 97 | 6 | 10 | 77 |
| 欠发达国家 | 124 | 66 | 4760 | 84 | 54 | 8 | 67 |
| 最不发达国家 | 50 | 38 | 1060 | 62 | 85 | 13 | 55 |

摘自：美国人口咨询局，2007 年世界人口数据表，2008

2. 社会经济影响人群疾病谱　不同经济水平国家的疾病类型和死因谱也有明显差异。发展中国家健康问题主要表现为“贫困型”，即生活贫困、营养不良、医疗卫生设施不足，教育缺乏，传染病和呼吸系统疾病是其主要死亡原因。发达国家的主要死亡原因则是癌症和心血管疾病。

3. 社会经济对人类健康的不利影响　经济发展促进人类健康水平的提高，同时也给人类带来了不利的影响。一方面现代工业与交通运输业的迅速发展，给人类环境造成了严重的污染和破坏，对人体健康产生了有害影响。另一方面随着社会经济的发展，人们的生活方式发生了改变，健康问题主要来自不良的生活方式，如吸烟、酗酒、吸毒、不良睡眠习惯、缺乏运动以及不合理营养等，从而产生了一系列的现代社会病。与此同时高科技的广泛应用，现代工业由劳动密集型向技术密集型转化，劳动力相对过剩，社会竞争更加激烈，紧张单调的工作，生活节奏加快，工作压力加大及复杂的人际关系，给人类身心健康带来了不良的影响。

## 二、文化教育与健康

1. 文化（culture）　广义的文化是指社会物质财富和精神财富的总和。即人类生产活动的一切产物，包括新的发明、产品等物质文化产物和语言、文字、观念、理论及艺术等精神文化产物。狭义的文化即精神文化，包括思想意识、宗教信仰、文学艺术、道德规范、习俗、教育、科学技术和知识等。预防医学主要从狭义的文化概念出发，研究文化对人群健康的影响。

2. 教育（education）　教育是人们社会化的过程和手段。它不仅包括学校教育，也包括家庭、社会、自我教育。教育属于一种规范文化，它具有两种职能：一是按社会需要传授知识，即对人的智能规范；二是传播社会准则，即对人的行为规范。虽然各种文化因素都可能影响人群健康，但教育作为传播文化的一种方式，它对健康的影响极为深刻。

3. 文化与教育通过影响人们的生活方式和自我保健能力来影响人类健康。

（1）文化教育影响生活方式 ：生活方式是指人们采取的生活和行为模式，是人们日常生活中衣、食、住、行、娱乐的方式。生活方式以经济为基础，以文化为导向。是否拥有一定的物质生活资料，是经济问题；如何支配这些物质生活资料，是文化问题。教育主要通过培养人的文化素质来指导人的生活方式，因此，文化教育水平的高低直接影响着人们生活能力及行为生活方式，影响人们的精神生活，进而影响人们的身心健康。人们对生活资料的支配，取决于对生活的认识，包括怎样生活的价值取向和如何实现好的生活的知识范畴。教育正是通过传播这两方面的知识，对人的物质消费进行文化导向，引导人们进行有利于健康的合理消费。

（2）文化教育影响自我保健能力：文化教育有助于提高人的健康保健意识，主动关心自己的健康，寻求较好的生活质量。文化知识水平较高的人容易接受和正确掌握卫生保健知识，注重生活质量，保持良好的家庭环境和心理环境，积极地保护自己的健康。现代社会是高新技术知识爆发的时代，文化教育对人的健康和生存的影响越加明显。因此在飞速发展的现代社会，要求人们不断提高文化知识水平，造就新的生活技能，养成文明的生活方式，加强自我保健，这样才能健康地生活于现代社会中。

（3）文化教育影响后代健康：父母文化水平还可影响下一代的健康。父母受教育的程度，对其后代的健康有着重要的影响。研究表明，随母亲教育水平的提高，其婴儿死亡率降低。据美国调查，文盲妇女的婴儿死亡率为受过 10 年以上教育妇女的婴儿死亡率的 2.5 倍。父母的文化教育水平高，经济收入高，能为后代提供优越的物质生活条件和卫生保健服务，后代也能接受良好的文化教育，因而能有效地预防疾病，促进后代的健康成长；而父母的文化程度低，则影响就业，其工作和生活环境恶劣，经济收入低，对其后代的健康有严重的影响。

### 三、人际关系与健康

人际关系（interpersonal relationship）是指人类社会中人与人之间在相互交往、相互联系与相互影响过程中形成的心理关系。人际关系类型有：同事关系、朋友关系、血缘关系、婚姻关系、居住关系等。人际关系体现的是人与人之间心理上的距离，这是一种社会情感的体现。社会情感是一种特殊的社会心理过程，是伴随整个社会心理过程产生的心理体验和心理感受。人际关系反映了人们在相互交往的过程中寻求满足自身社会需要的心理状态。人际交往是人类社会发展与人的生存不可缺少的社会环境。

1. 融洽的人际关系促进健康　人际关系与人们的身心健康密切有关。融洽的人际关系可以使人获得情感上的支持，能体会到周围环境的温暖，产生良好的心理氛围和情绪反应，提高人的神经—心理的稳定性，有益于人们的身心健康。身心健康的老年人大都有着良好和谐的人际关系。处理好人际关系，有助于身心健康。

2. 不良的人际关系损害健康　紧张的人际关系导致人们心理距离增大，彼此都会产生不愉快的情绪体验，情绪低落、孤独、敏感，从而影响人的身心健康，严重的还会导致心理失常。一个人在日常生活中，尤其是当遭遇某些意外事件的时候，是否能够从人际关系中获得社会支持及获得的多少，都会对其身心产生很大的影响。因此，要加强自身的修养，对别人的言语和行为过失，要豁达与宽容，减少人际关系的摩擦和消耗，努力营造一个和谐、温暖的生活与工作环境，促进健康。

## 第二节　心理因素与健康

心理因素（psychological factor）是指一个人心理活动过程和个性特征有关的因素。心理活动过程是由认识过程、情绪过程和意志过程所构成。个性主要包括能力、气质和性格 3

个方面。能力主要是指人的智力和技能。社会环境中的各种因素必然要影响人的一切心理活动，而各种社会因素又必须要通过影响人的心理活动而影响人的健康。社会因素与心理因素相互作用，关系密不可分，常合称为社会心理因素。随着现代社会经济及科学技术的迅速发展，心理因素对人类健康与疾病的影响越来越显著。与健康关系比较密切的心理因素主要有：情绪、个性、应激等。

## 一、情绪与健康

情绪（emotion）是指人们对客观事物符合自己的需要的态度体验。情绪有 3 个特征：其一，情绪是由客观现实的刺激引起的，不是固有的；其二，情绪是主观体验，包括情感，情感是与高级的、社会的与行为的社会评价相联系的态度体验，例如理智感、道德感、美感等；其三，情绪的个人基础需要包括生理、心理、社会的需要。情绪是人类特有的一种心理现象，表现在主观感受（高兴、悲伤等）和客观表情（面部、体态等）上。心理因素对人的身心健康的作用主要是通过人的情绪而发挥作用的。情绪分为积极情绪和消极情绪两大类。愉快、积极的情绪对人体的生理机能有良好的促进作用，有利于健康；而消极情绪使人心理失衡，可导致神经内分泌系统功能紊乱，诱发机体病变。

1. 情绪与疾病　我国古代医书关于“喜伤心”、“怒伤肝”、“思伤脾”、“忧伤肺”、“恐伤肾”的记载，非常精辟地揭示了人的情绪与疾病的关系。情绪可作为疾病发作或复发的诱发因素，也可直接作为致病因素或疾病的促发因素。当人情绪变化时，往往伴随着生理变化。例如，人对恐怖等紧张应激时，会出现瞳孔变大、口渴、出汗、脸色发白等一系列情绪变化。如果这些急剧的情绪变化发生在患有心脑血管等疾病的病人身上，可引起心肌梗死、脑出血、精神病发作。研究证明，消极情绪与多种疾病有密切关系。长期忧郁者往往易患多种疾病。过度的消极情绪，长期不愉快、恐惧、失望，抑制胃肠运动而影响消化机能。

2. 生活事件在情绪致病中的作用　生活事件（life event）是指日常生活中引起人的心理平衡失调的事件。人们在复杂的社会环境遇到的诸多生活事件如配偶死亡、子女离家或毕业、退休、被解雇、纠纷、夫妻离婚等，多是消极的，也有积极的，但都出现过度刺激，引起人的心理平衡失调及情绪变化而导致疾病。但生活事件对人的情绪变化只是一种外部刺激，人的情绪本质是主观体验，它受个体心理特征的影响，如心理承受能力和自我调控能力的影响。

## 二、个性与健康

个性（personality）是指一个人区别于其他人的独特的精神面貌和心理特征。由于生活环境、教育水平、所从事的职业等不同，心理活动在每个人身上总带有个人特征，即一个人在其生活、实践活动中经常表现出来比较稳定的、带有一定倾向性的个体心理特征。个性倾向性是人对社会环境的态度和行为的积极特征，包括需要、动机、理想、信念和世界观等；个性心理特征是人的多种心理特点的一种独特结合。个性一旦形成，则很难或很少改变。个性主要包括能力、气质和性格等。能力主要是指人的智力和技能；气质即指心理活动的动力特征；性格指对现实环境和完成活动的态度上的特征。这些个性要素尤其气质和性格与健康和疾病有重要的影响。

1. 气质与健康　气质即通常所说的脾气，是个人在情绪发生的速度、强度、持久性、灵活性等心理特征的总和，也是人的情感体验特点的综合。一般把气质分为胆汁质、多血质、黏液质、抑郁质 4 种类型。胆汁质型的气质特征是：智慧敏捷，刚强，热情，但急躁冲动，易粗暴，缺乏准确性。多血质型的气质特征是：灵活，有朝气，善于适应变化的生活环境，情绪体验不深。黏液质型的气质特征是：稳重沉着、忍耐力强，但不灵活，缺乏生气。抑郁质的特征是：易感，内向，稳重，持久，但懦弱；沉默而孤独。研究表明人的气质与神经衰弱之间有着较为密切的联系，胆汁质、抑郁质的人易患神经衰弱。这 4 种气质类型属于极端形式，实际生活中人大多接近或类似某种气质。气质与个人的身体条件、遗传等因素有较大的联系，易变性差。

2. 性格与健康　性格是指人类在生活过程中形成的稳定、定型化即一贯性的态度及与之相适应的习惯的行为方式。性格是个性特征的核心，包括对人、对事的态度特征和对行为的自我调节及控制的意志特征。每个人的遗传因素、成长环境、接受教育程度、体内的某些微量元素及化学物质等不同，在此基础上形成的性格也就千差万别。与气质不同的是，性格的形成虽然稳定，但主要与后天条件有关，因此通过努力是可以改变的。这就为性格的去劣取优提供了机会。性格可左右人的思维、行为方式，也与人的健康关系密切。医学研究发现，不良性格能成为许多病患的诱发因素。性格内向、忧郁、消沉、多虑的人容易患溃疡病、神经官能症、内脏下垂、哮喘病、癌症等；喜怒无常、性格脆弱和多重性格者在精神病患者中所占的比例最大。

## 三、应激与健康

应激（stress）是指人们面对困难与逆境而产生的压力和反应。亦指机体与环境缺乏适应的一种心理状态，又称为心理压力或紧张刺激。应激是一个动态过程，就是刺激—心理活动—行为改变的发生过程。当机体处于应激状态时，通过一系列神经系统、内分泌及免疫系统等变化，影响机体内的环境平衡，严重者出现器质功能障碍而导致躯体疾病的发生。

1. 常见的应激事件　在现代社会中，人们可能遭遇的应激事件多种多样，常见的有：

（1）学习工作环境因素：包括工作负担过重、工作变迁、学习负荷过重、事业受挫、学习工作与个人的愿望不相符合、工作环境不良、人际关系紧张等。

（2）社会环境因素：由于社会环境的变动、人为或自然的因素导致的特殊事件的刺激，包括严重的自然灾害，如水灾、火灾、地震，交通事故频繁、噪声干扰、环境污染等。这些突发的社会事件、严重的自然灾害，超越了个人的承受能力，容易产生应激，导致人们生理、心理方面的重大变化，对健康产生影响。

（3）家庭生活环境因素：源于家庭生活环境的社会心理因素，包括父母离异、恋爱受挫、家庭成员之间关系紧张，生活困难、家庭成员伤亡等。这类社会心理因素是最常见、对人影响较大的一类因素，其中尤以丧偶、亲人伤亡影响最大。

2. 应激对健康的双重作用　应激事件即社会心理因素刺激是否产生应激状态、影响健康与许多因素有关。并不是遭遇到任何社会心理因素就会致病，这与社会心理因素刺激量的大小、持续时间、作用的方式有关，社会心理刺激要达到一定的量，持续一定的时间才可能致病。在一定的范围内，一些应激事件反而会激发机体的潜能，提高适应能力。因此应激对健康有着双重的影响。

（1）有利方面：可动员机体非特异性适应系统，产生对疾病的抵抗，增强体质和适应能力。这可以给人带来激励和振奋，使人心情愉快，精力充沛。

（2）不利方面：应激事件刺激过大或刺激过长，引起适应机制失效会导致不同程度的心理、行为及身体障碍。特别与某些精神疾病的发生密切相关，如神经症、心因性精神障碍、心身疾病等。应激事件刺激可以引起免疫功能改变，不但会增加对传染病的易感性，而且有促癌、致癌作用。

## 第三节　行为因素与健康

行为（behavior）是具有认识、思维能力的人对环境刺激所作出的能动反应，是心理活动的表现形式。人的行为是意识、思想、判断、决定等心理活动产生的，通过被他人观察到的行为，如言谈举止等活动表现出来。一般所谈的行为主要是指可观察到的行为。

由于行为活动比心理活动易于观察，因此，通过研究行为、分析心理活动过程与健康和疾病的关系的学科称为行为医学（behavioral medicine）。它把心理、行为科学技术和生物医学技术有机地结合起来，为人类认识致病因素、防治疾病开辟了一条新的途径。不断地认识、评价促进健康的行为及危害健康的行为，倡导促进健康行为，避免危害健康行为，成为现代社会每个人维护健康的重要任务。行为医学的出现，补充了生物—心理—社会医学模式的不足，丰富和完善了现代医学模式的内容。

### 一、促进健康的行为

促进健康的行为是指个体或群体表现出的在客观上促进或有利于健康的一组行为群。促进健康的行为又称为良好行为。目前根据个体心理及身体特征的大量观察研究，认为以下几种行为方式对健康有促进作用。

1. 积极的休息与睡眠　人们在从事各种活动后常会发生疲劳，休息有利于消除疲劳、恢复精力、促进身体的各个器官相互协调，保持正常功能。积极的休息就是变换活动或工作的方式，协调机体各个部位的活动及大脑皮质的兴奋与抑制过程，使身体或精神都得到休息。睡眠是生命活动过程中不可缺少的部分，是最彻底的休息。充分的睡眠能够消除机体的疲劳，增加机体对各种紧张刺激的耐受程度，提高对各种疾病的抵抗力。

2. 合理营养和平衡膳食　不断地从外界摄取食物，获得维持生命所需要的热量和营养素，是人类能够生存的必要条件。合理营养有利于人的身心健康。如果营养不良或营养过剩，均会损害人体健康，导致贫血、肥胖症、糖尿病等。平衡膳食是指全面达到合理营养供给量的膳食，包括总热量和热量来源（蛋白质、脂肪、碳水化合物）比例的平衡，以及各种营养素与生理需要的平衡。因此平衡膳食要根据年龄、性别、生理状况等作出相应的调整。

3. 积极的体育锻炼　随着现代社会科学技术的飞速发展，各种劳动生产与生活活动的机械化、自动化程度不断地提高，人们劳动强度逐渐降低，脑力活动增加，体力活动减少，体内物质代谢减缓，肥胖症、心脑血管疾病等所谓“运动缺乏症”逐渐增多，已成为直接威胁现代社会人群健康的主要杀手。积极参加体育锻炼，并持之以恒，是防病治病的重要手段。经常性适度的体育锻炼可以增强体质，这不仅可以预防肥胖症，还可提高心血管系统的功能、促进消化吸收能力、提高运动与神经系统功能，增强对刺激的耐受性。

## 二、危害健康的行为

危害健康的行为是指社会适应不良的行为，是一些偏离个人、他人及社会所期望的，有明显的危害健康的长期稳定的行为。研究发现，危害健康行为导致疾病、影响健康的现象日益突出。据资料统计，在现在疾病谱中约70%与不良行为有关。目前威胁人群健康的主要问题，如心脏病、脑卒中、传染病等都与生活方式、行为习惯密切相关。WHO指出大约在2015年，发达国家和发展中国家死亡原因大致相同的疾病，即生活行为方式疾病将成为人类的头号杀手。

危害健康的行为是在后天的生活过程中养成的行为，表现多种多样，常见的对健康危害较大的有吸烟、酗酒等。

### (一) 吸烟

吸烟（smoking）已成为当今世界最严重的社会问题之一。WHO估计，目前世界每年有50万人死于与吸烟有关的疾病，预计到2030年，每年死于与吸烟有关疾病的人数将增加到1000万。吸烟与健康已成为全球共同关注的公共卫生和个人卫生问题。

1. 香烟烟气中的有害成分　香烟烟雾中包含着3000余种已知的化学物质，主要有害成分包括烟焦油、尼古丁、一氧化碳、烟尘和潜在性致癌物等。这些有毒物质具有多种生物学损害作用，进入血液循环后，可引起各系统、组织、器官发生病变。如尼古丁引起肾上腺素分泌增加，使心血管系统需氧量增加，血压升高，脉搏加快，增加冠心病的危险；尼古丁也是香烟成瘾的主要因素。焦油、多环芳烃和砷、镍均是致癌物。

2. 吸烟对健康的危害　大量研究表明，吸烟已成为肿瘤和慢性病发病率及死亡率增高的主要危险因素。香烟烟雾中含有大量的致癌物和促癌物，长期吸入可导致肺癌、喉癌、咽癌、口腔癌等多种肿瘤的发病率增加，特别是肺癌。干热的烟雾长期刺激呼吸道引起阻塞性肺通气功能障碍，是造成慢性支气管炎和肺气肿的主要原因。吸烟还是冠心病、动脉粥样硬化的主要致病因素。青少年由于机体各组织、器官还未发育完善，吸烟将产生更加严重的后果。孕妇吸烟将会影响胎儿的健康，使死胎和自发性流产增多、早产和低体重儿增多。

吸烟使人的期望寿命缩短。吸烟不仅危害吸烟者本人的健康，由于散发的烟雾污染环境空气，造成不吸烟者的被动吸烟，危害不吸烟人群的健康。

### (二) 酗酒

酗酒（alcohol abuse）是指长期大量饮酒，令人产生身心依赖，不能自制，对个人健康或完成本职工作及社交方面产生不良影响的一种生活方式或行为。酗酒不仅损害身心健康，而且还会引发种种社会危害。

1. 酗酒对健康的危害　酒对人体的危害主要在于乙醇，乙醇含量越高，危害越大。乙醇可以直接对靶器官、靶组织产生毒性作用，如乙醇中毒性肝炎，也可引起代谢紊乱、内分泌改变，干扰营养素摄入、吸收和利用，降低机体对感染的抵抗力，并导致机体生理、生化功能异常。

酗酒可引起急性和慢性健康危害。急性危害主要有急性酒精中毒、车祸、犯罪、打架、家庭不和等。慢性危害主要有酒瘾综合征、脂肪肝、肝硬化、酒精性脑病、心血管疾病、神经精神疾病等。父母酗酒对后代健康有很大的危害。孕妇酗酒能引起不育、流产或影响胎儿的生长发育以及智力发育。

2. 酗酒引起的社会危害　酗酒危害人的健康、造成人的精神行为障碍而引发种种社会问题。酗酒是车祸、意外跌落、火灾、溺水等意外伤害的常见危险因素。酗酒与自杀、自伤、家庭不和、抢劫和强暴等社会问题密切相关。资料显示凶杀案、强暴事件及交通事故等均与饮酒过量有关，而这些事件衍生的包括医疗成本、受伤后生产力的耗损和家庭付出照料成本等社会成本，均对国家造成了沉重的经济负担。

（曾　明）

# 第七章　预防保健策略与措施

## 第一节　初级卫生保健

初级卫生保健是一种保障全体居民健康的基本预防的保健工作。早在 1978 年 9 月世界卫生组织和联合国儿童基金会在阿拉木图举行了国际初级卫生保健会议，明确提出初级卫生保健（primary health care）是实现 2000 年人人享有卫生保健的关键措施。1998 年 WHO 第 51 届世界卫生大会通过了“21 世纪人人享有卫生保健”（health for all in the 21st century）的目标。2008 年，WHO 世界卫生报告提出“初级卫生保健：过去重要，现在更重要”（primary health care：now more than ever），并建议各国政府通过广泛的、相互联系的四大政策方向，即全民保健、以人为本服务、有益公共政策以及务实领导力来指导卫生系统和卫生发展决策，这四大方向充分体现了初级卫生保健的核心原则。

### 一、初级卫生保健的概念与基本原则

初级卫生保障（primary health care，PHC）是指最贴近居民的基本卫生保健，它依靠切实可行、科学可靠而又能被居民广泛接受的技术和方法，通过个人、家庭和社会的充分参与而达到普及，其费用是国家政府和社区居民依靠自力更生和创新精神在各个发展阶段上有能力负担的卫生保健工作。初级卫生保健是国家卫生系统的中心职能和工作重点，是社会经济发展不可缺少的重要组成部分。初级卫生保健状况能反映国家及其居民的经济条件与社会发展的程度，良好的初级卫生保健服务能有效地防治疾病、康复防残、促进健康、延长寿命、提高生命质量。

初级卫生保健的基本原则：

1. 合理布局　即卫生资源的分配应保证人人享受卫生保健服务的机会均等，使投入的卫生资源得到最佳的利用。

2. 社区参与　即社区居民主动参与本地区有关卫生政策的制定与卫生保健活动。

3. 预防为主　初级卫生保健的重点应是预防疾病和促进健康，要以寻找控制和消除各种致病因素为工作核心。

4. 适宜技术　初级卫生保健措施中使用的技术和方法是科学可靠、容易广泛接受、费用能够承担、工作效果显著。

5. 通力合作　开展初级卫生服务工作涉及政府许多部门的工作，卫生部门以及与健康有关的教育、饮用水供给、食品与药品管理、医疗保险、生产安全、住房、交通、环境保护等部门应通力合作。

近年来，我国政府高度重视农村的初级卫生保健工作，2002 年 4 月卫生部等 7 个部委制定了《中国农村初级卫生保健发展纲要》，强调实施农村初级卫生保健是我国社会经济发展总体目标的组成部分，是各级政府的重要职责。提出通过深化改革，健全农村卫生服务体

系，完善服务功能，实行多种形式的农民医疗保障制度，解决农民基本医疗和预防保健问题，努力控制危害严重的传染病、地方病，使广大农村居民享受到与经济社会发展相适应的基本卫生保健服务，不断提高农民的健康水平和生活质量。到 2010 年，孕产妇死亡率、婴儿死亡率以 2000 年为基数分别下降了 1/4 和 1/5，平均期望寿命在 2000 年基础上增加 1～2 岁。

## 二、初级卫生保健的主要任务

在阿拉木图召开的国际初级卫生保健会议发表的“初级卫生保健报告”（即阿拉木图宣言），强调初级卫生保健应致力于解决影响居民健康的主要卫生问题。初级卫生保健工作的核心任务是“增进健康、预防疾病、即时治疗、康复防残”等 4 个方面，其具体工作任务可因不同的国家和居民团体有所不同，但至少应包括以下 8 个方面的内容。

1. 积极开展社区主要致病因素及其健康危害的预防控制方法的宣传教育，在居民中广泛普及卫生科学知识，提高居民参与社区卫生保健活动的自觉性。倡导居民良好的生活卫生习惯与行为，增强自我保健能力，保持心理和身体健康。

2. 改善食品供应，保证人人享有适当的营养，加强食品卫生监督，消除食品污染，提倡合理膳食，纠正不良的饮食习惯，预防营养性疾病与食物中毒。

3. 提供良好的生产、生活、学习与居住环境条件和安全饮用水，积极主动除虫灭鼠，消灭传播媒介，保持良好的环境卫生条件，并创造和谐的社会环境和人际关系。

4. 开展妇幼保健工作，做好优生、优育和计划生育工作，加强婚前与产前健康检查，创造良好的儿童成长环境。

5. 实施计划免疫接种，对常见传染病与突发性传染病的流行从传染源、传播途径、易感人群 3 个环节采取有效的公共卫生措施。

6. 积极开展地方病的预防控制工作，通过改善生活环境条件，消除地方病病因。

7. 妥善治疗常见病、多发病，确保环境安全，消除意外伤害隐患，建立社区的基本急救卫生服务设施，提高社区服务质量和技术水平。

8. 保证基本药物的供给。

另外，还要预防与控制非传染性疾病，促进精神卫生，加强劳动环境保护，改善工作条件，预防职业病的发生。

初级卫生保健对提高人类健康水平具有科学性，它从需要上来说，初级卫生保健对居民的健康是必不可少的；从受益的面来说，人人都可以获得，体现了健康是居民的一项基本人权；从技术上来说，科学、可靠，又能普遍接受；从费用上来说，成本低，收益大，投入的经费能产生最佳的健康效益，经费能够承担；从工作开展来看，社区人人可以参与。

初级卫生保健值得明确的几个问题：① 初级卫生保健将促使卫生事业（包括卫生系统内各个层次和机构）发生新的变革，使卫生资源的开发与利用都面向人人享有卫生保健的总目标；② 初级卫生保健的八项内容只是开展初级卫生保健的最低限度的基本活动，但决不仅限于这些活动；③ 初级卫生保健并非是低水平的卫生保健，旨在公平地分配和使用有限的卫生资源，把卫生资源的投入转向解决大多数人的基本卫生问题；④ 初级卫生保健的实施作为实现“人人享有卫生保健”的关键措施并不只限于农村，还包括城市；⑤ 初级卫生保健并非仅指个人和社区与卫生服务系统接触的第一级的医疗预防保健服务，而是包含从第一级接触开始的所有级别的医疗预防保健服务；⑥初级卫生保健强调最大限度地利用有限的卫生资源，为广大人民提供尽可能好的卫生保健服务，达到尽可能高的健康水平，即提高卫生成本投入的效果和效率；⑦初级卫生保健不仅适用于发展中国家，而且同样适用于发达国家。

### 三、21 世纪全球卫生保健目标

21 世纪人人享有卫生保健是“2000 年人人享有卫生保健”目标的继续和发展，它将为全世界人民在其整个一生中提供最基本的卫生保健服务。

21 世纪人人享有卫生保健的总目标是：使全体人民增加期望寿命和提高生活质量；在国家间和国家内部促进卫生水平；使全体人民获得可持续的卫生系统和卫生服务。

21 世纪前 20 年人人享有卫生保健有以下 10 项具体目标：

1. 提高卫生公平程度，减少儿童期发育不良　到 2005 年，将在国家内和国家间使用“卫生公平指数”作为促进和检测卫生公平的基础。最初将以测量儿童发育为基础来评价卫生公平。

2. 到 2020 年，将实现孕妇死亡率为 100/10 万，5 岁以下儿童死亡率 45‰，所有国家出生期望寿命均在 70 岁以上。

3. 扭转 5 大流行病的上升趋势　到 2020 年，全世界疾病负担将极大减轻，这将通过实施降低结核、HIV/艾滋病、疟疾、烟草相关疾病和暴力/损伤等引发的发病率和残疾上升的疾病控制规划得以实现。

4. 根除消灭某些疾病　麻疹到 2020 年将得到根除，淋巴丝虫病到 2020 年将被消灭，恰加斯病的传染到 2010 年将被阻断，麻风病到 2010 年实现消灭，沙眼到 2020 年将实现消灭。此外，维生素 A 和碘缺乏症将在 2020 年前实现消除。

5. 改造生存环境（水、环卫、食品、住房）　到 2020 年，所有国家将通过部门间行动在提供安全饮用水、良好环境卫生条件、数量充足与质量良好的食物和住房方面取得进展。

6. 促进健康　到 2020 年，所有国家将通过行政管理、经济、教育、组织和以社区为基础的综合规划，采纳有利健康的生活方式并积极管理和监测、减少有损健康的生活方式的战略。

7. 国家政策　到 2005 年，所有成员国将已经制定、实施和监测与人人享有卫生保健政策相一致的各项具体业务规范和运行机制。

8. 连续性　到 2010 年，全体人民将在其整个一生获得由基本公共卫生设施支持的综合、基本、优质卫生服务。

9. 信息监测　到 2010 年，建立适宜的全球和国家卫生信息、监测和警报系统。

10. 卫生政策与体制研究　到 2010 年，在全世界各区域和国家各级政府均要实施卫生政策和体制运作机制方面的研究。

## 第二节　疾病的三级预防策略

从广义上来说，疾病预防不仅仅是指预防疾病的发生，还应包括阻止或控制疾病的发展以及疾病治疗过程的康复防残，以最大限度地减少疾病造成的危害。因此，预防工作可以根据疾病自然史的3个不同阶段即发病前期、发病期、发病后期，分别采取一级预防、二级预防、三级预防的综合措施与对策来保护人类健康，这就是疾病的三级预防（three levels of prevention）或称为综合预防（comprehensive prevention）。疾病的三级预防的对策与措施见表7-1。

**表7-1 疾病的三级预防对策与措施**

| 预防级别类型 | 针对的疾病过程 | 预防对策 | 预防措施 |
|---|---|---|---|
| 一级预防 | 发病前期 | 病因预防 | 消除病因，增进健康 |
| 二级预防 | 发病期 | 临床前预感 | 早发现、早诊断、早治疗 |
| 三级预防 | 发病后期 | 临床预防 | 预防并发症，康复防残 |

## 一、一级预防

一级预防（primary prevention）又称病因预防，是指通过采取各种措施以消除或控制危害人类健康的生物、物理、化学、社会与心理等方面的致病因素，使人群免受致病因素的危害，并对人群进行卫生宣传教育，增强自我保健能力。一级预防主要包括以下基本内容：

1. 计划免疫（planning immunization） 是根据人群免疫状况与疫情监测分析，按照规定程序，在特定人群中有计划地进行疾病疫苗的预防接种。目的是提高易感人群的免疫水平，建立牢固的防御传染病的免疫屏障，控制或消灭针对性传染性疾病。计划免疫是一项投入少、效益大的公共卫生干预措施，也是控制传染病最有效的手段，其免疫程序包括儿童基础免疫程序和特殊人群或特殊地区人群免疫程序两种。经国务院批准，从2007年起扩大国家免疫规划疫苗的范围，由7种疾病的预防接种增加到15种，即在原有卡介苗、脊髓灰质炎疫苗、百日咳—白喉—破伤风联合疫苗、麻疹疫苗、乙肝疫苗5种国家免疫规划疫苗基础上，再将甲肝疫苗、流脑疫苗、乙脑疫苗、麻疹腮腺炎、风疹联合疫苗纳入国家免疫规划，对适龄儿童实行预防接种；并根据传染病流行趋势，在流行地区的重点人群中进行流行性出血热疫苗、炭疽疫苗和钩端螺旋体疫苗的接种。

2. 特殊预防（specific prevention） 是有目的地针对某种致病因素消毒某类可能危害居民健康的事件而采取的一种具有针对性的公共卫生措施。如进行饮用水的消毒处理，为居民提供安全用水以预防控制介水传染病的传播；加强食品安全监督可预防食物中毒；在健康相关产品投入市场以前对其进行安全性毒理学评价可预防许多化学品的危害；缺碘地区通过在食盐中加碘或提供含碘量高的食品来预防地方性甲状腺肿；对工业企业建设项目实施卫生审查可预防职业危害与公害病；海员中坏血病可通过服用维生素C来预防等。

3. 环境保护（environmental protection） 是通过采取行政的、法律的、经济的、科学技术等多方面的措施，保护人类生存的环境不受污染和破坏；并依据人类的意愿，优化和改善环境，使它更好地适合于人类劳动和生活以及自然界生物的生存，消除那些破坏环境并危及人类生存的不利因素而采取的各种行动的总称。疾病的发病因素主要包括环境因素和遗传因素。绝大多数疾病，环境因素在发病中起主要作用。因此，保护环境、防治环境污染、避免健康危险因素是一级预防的重要组成部分。当前，重点在防止人类生存环境（空气、水、土壤、食物）不受“工业三废”（即废水、废气、废渣）和“生活三废”（即粪便、污水、垃圾）以及农药与交通废气的污染。

4. 健康教育（health education） 是指让人们重视自己的健康，了解维护健康的卫生知识，促使人们自觉采纳有益于健康的行为和生活方式，以达到控制和消除致病危险因素所进行的宣传教育活动。许多疾病通过广泛的卫生知识宣传，能使人们了解疾病的危险因素，让人们自觉地养成良好的卫生习惯，避免或减少危险因素的接触，从而降低疾病的发病率。有些疾病如艾滋病，在目前尚无有效疫苗预防的情况下，健康教育是唯一行之有效的办法。吸烟是肺癌的危险因素，通过广泛宣传吸烟与健康的关系，让人们自觉养成不吸烟的良好习惯，这可以大大降低肺癌的发病率。美国疾病控制中心曾报告，美国男性公民如果不吸烟、不过度饮酒、注意保持更健康的饮食和有规律的运动，就可以平均增加期望寿命 10 年，而美国多年来用于提高临床医疗技术的投资，每年以数 10 亿美元计，却难以使美国成人平均每人增寿 1 年，因此可以看出，健康教育的成本效益巨大。可以这样认为，对于绝大多数的疾病，无论是传染病还是非传染病，通过健康教育，都可以获得良好的预防效果。健康教育的方式主要是通过传媒手段进行，如广播、电视、报纸、画报、宣传栏、互联网等，也可以通过科普知识讲座、开办热线咨询电话等进行。

5. 自我保健（self health care） 是指居民自己利用所掌握的卫生知识和保健方法，不依赖医务人员、完全靠自己和家庭成员的力量，对身体进行自我监测、观察、诊断、治疗、护理、预防和养生，并建立适合自己和家庭成员健康长寿的卫生保健方法。如注意合理营养和饮食卫生、纠正不良生活习惯与行为、加强体育锻炼、减少紧张情绪、适当参加社交活动与文化娱乐生活等，以增强生理体质，提高机体免疫力和社会心理适应能力，所以自我保健是在致病因素或机制尚不明确或疾病尚未出现之前尽可能地保持健康体魄与健康心理状态而采取的综合性措施，有人又称其为原始预防或源头预防。一些发达国家的经验已经表明，提倡自我保健，建立文明、健康、科学的生活方式能增进健康，对降低恶性肿瘤、心脑血管等慢性非传染性疾病的发病率具有重要的作用。

## 二、二级预防

二级预防（secondary prevention）又称临床前预防或称“三早”预防，即早发现、早诊断、早治疗，它是发病期所进行的防止疾病发展的主要措施。

由于许多慢性病病因不明，特别是许多慢性病具有多病因性，要靠一种具有特异性的病因预防措施来控制慢性病的发生是十分困难的。但慢性病的发生与发展时间较长，做到早发现、早诊断、早治疗来降低慢性病严重程度是可行的。例如，宫颈癌从原位癌发展到浸润癌可长达 10 余年之久，一般 5～8 年左右，宫颈癌诊断和治疗的时间越早，预后越好。冠心病患者的二级预防主要是控制其发展和防治并发症，同时要避免冠心病的发作诱因，如饱餐、大量饮酒、过度疲劳、精神紧张、情绪激动、突然的寒冷刺激等。冠心病患者应在医生指导下选用副作用小的扩张冠状动脉药物、β 受体阻滞剂，以防止冠心病的发作与发展。一旦有冠心病的急性发作，如严重的心绞痛，应严格卧床休息，立即服用扩张冠状动脉药物，最好进行就地治疗，待情况相对稳定后再送往医院，这样可以减少心肌梗死的发生。传染病的早发现、早诊断、早隔离、早治疗可以有效地防止和控制疾病向周围人群蔓延，而且可以通过早期治疗来防止病情加重。一些肿瘤可以通过自我检查早期发现，如通过乳房自检早期发现乳腺癌。早发现并早治疗各种癌前病变，如皮肤慢性溃疡、黏膜白斑、黑痣、腔管的息肉、宫颈糜烂、萎缩性胃炎等，也是第二级预防的重点内容。有些遗传性疾病的预防，除了通过遗传咨询，宣传禁止近亲结构等第一级预防措施外，还可以进行二级预防如产前检查染色体是否异常而做出早期诊断，早期发现畸形胎儿需终止妊娠以防止有遗传病患儿的出生。

要做到“三早”，可以通过群体健康普查、高危人群专项检查、筛查、定期健康检查等。此外，提高医务人员诊断水平和发展敏感的诊断技术都可以达到早发现、早诊断的目的。

### 三、三级预防

三级预防（tertiary prevention）又称临床预防，是在疾病的临床期为了防止疾病恶化、预防并发症、减少不良反应、阻止残疾、促进康复、延长寿命而采取的及时而合理的治疗措施。并对已丧失劳动能力或残疾者通过康复医疗和心理指导，促进其身心方面早日康复，使其恢复劳动和生活能力，使患者病而不残或残而不废，保存其创造经济价值和社会劳动价值的能力。例如，对小儿麻痹症后遗症可进行手术矫治、白内障手术复明、聋儿语言康复训练等康复工作都属于第三级预防的范畴。

虽然人类疾病的三级水平的预防缺一不可，但不同疾病在综合预防策略和措施上有不同的重点，一个疾病以哪一级水平的预防为主应视疾病的具体情况而定。一般来说，病因明确的疾病应以一级预防（病因预防）为主，如通过加强食品卫生监督管理与消除食品污染，能有效地控制食物中毒；又如通过控制传染源、切断传播途径和进行预防接种能够有效地预防传染性疾病。而对于那些病因尚不清楚的疾病如恶性肿瘤、心血管疾病等慢性非传染性疾病，则应主要实施二级预防（“三早”预防）为主。

每一类或每一种疾病都有自身的三级水平预防措施与对策内容。如职业病，第一级预防包括改革工艺措施，消除生产环境污染因素，新建、扩建、改建建设项目及技术改造或技术引进项目（即建设项目）的职业病危害因素预评价，改善劳动条件，加强职业安全与个人防护，实施职业健康教育宣传与卫生监督，使工作场所职业病危害因素的浓度或强度符合国家职业卫生标准；第二级预防包括对存在职业危害因素的工作场所进行职业健康监护，开展职业健康检查，早期发现与诊断职业病；第三级预防包括及时治疗职业病，促进康复，预防病残，保障职业病病人享受职业病待遇，对不适宜继续从事原工作的职业病病人，应当调离原岗位，并妥善安置。

## 第三节　卫生法与卫生监督

卫生法与卫生监督是公共卫生与预防医学的重要内容。卫生法律法规是实施卫生监督的法律依据，卫生监督是卫生法律法规的执行过程，二者在保护公民生命安全、预防疾病、增进健康等方面起着十分重要的作用。

### 一、卫生法

卫生法是由国家制定或认可，并由国家强制力保证实施的旨在调整和保护人体生命健康活动中形成的各种社会关系的法律规范的总称。从广义上，卫生法不仅包括由全国人民代表大会及其常务委员会所制定的各种卫生法律，而且还包括被授权的其他国家机关制定颁布的、从属于卫生法律的、在其所属范围内普遍有效的卫生法规、卫生规章、卫生技术规范等和其他法律中的有关卫生条款。卫生法是国家意志和公民权益在卫生领域中的具体体现。

《中华人民共和国宪法》中有许多保护公民生命健康的医药卫生方面的条款，如宪法中第21条规定“国家发展医疗卫生事业，发展现代医药和我国传统医药，鼓励和支持农村集体经济组织、国家企业、事业组织和街道组织设置的各种医疗卫生设施，开展群众性的卫生活动，保护人民健康”。这是一条高度概括的有关卫生保健事业的原则性法律条款，是我国制定卫生法律法规文件的重要依据。

随着我国社会主义法制建设的健全，卫生法不断完善。新中国成立以来，根据宪法和预防为主的卫生工作方针，我国制定和颁布了一系列卫生法律性文件。它涉及与人类健康密切相关的环境卫生、职业卫生、食品卫生、学校卫生、公共场所卫生、医药管理、海关检疫、计划生育、母婴保健、献血管理、医疗卫生与生产安全等各个卫生事务性的相关领域。

1. 卫生法律（health law）　是由全国人民代表大会及其常务委员会制定颁布的有关卫生方面的法律性文件。我国卫生法律较为完善，目前已有的卫生法律有《中华人民共和国食品安全法》（2009年2月）、《中华人民共和国职业病防治法》（2001年10月）、《中华人民共和国传染病防治法》（1989年2月颁布，2004年8月修订）等。此外，中华人民共和国劳动法、环境保护法、水污染防治法、大气污染防治法、环境噪声污染防治法、刑法、民法、婚姻法等法律中有关卫生保健的条款也是卫生法的重要内容。如《中华人民共和国劳动法》中第52条规定“用人单位必须建立、健全劳动安全卫生制度，严格执行国家劳动安全卫生规程和标准，对劳动者进行劳动安全卫生教育，防止劳动过程中的事故，减少职业危害”，这一条款对公民的劳动卫生安全作出了法律性的规定。

2. 卫生法规（health code）　是以宪法和卫生法律为依据，针对某一特定卫生事务工作由国务院制定或卫生部提出的法规草案经国务院批准由卫生部发布的法规性条例、办法、规定、实施细则等规范性文件，如《血吸虫病防治条例》、《突发公共卫生事件应急条例》、《艾滋病防治条例》等。另外，还有地方性卫生法规，即由省、自治区、直辖市及其省会城市或经国务院批准的城市，根据国家授权，或为贯彻执行国家法律，结合当地实际情况，由省级人民代表大会及其常务委员会制定和批准的有关医疗卫生方面的条例、办法、规定、实施细则等规范性文件，如《北京市精神卫生条例》、《北京市公共场所禁止吸烟范围若干规定》、《湖南省农村初级卫生保健条例》等。

3. 卫生规章（health regulation）　它是卫生法律和法规的补充，由卫生部或卫生部与其他部委联合或由各省、自治区、直辖市以及各省、自治区人民政府所在地和经国务院批准的较大城市的人民政府，根据卫生法律，制定发布的规范性文件。如《生活饮用水水质卫生规范》、《辐射损伤医学处理规范》、《化妆品卫生监督条例实施细则》等。

4. 卫生标准（health standard）　是为了保护人群健康，对人类环境及其介质（空气、水、食物、土壤等）中涉及人体健康有关的各种因素（物理、化学、生物）所规定的浓度或暴露时间的限制值即安全限值，它是卫生监督过程中评价人类生存环境质量与健康相关产品安全的法律依据。低于此种限制值，根据现有的知识，不会观察到任何直接和间接的健康损害作用。安全限值可以是最高允许浓度（MAC），也可以是每日容许摄入量（ADI）或可耐受摄入量（TI）等。卫生标准可由国家和地方两级政府制定颁布，国家卫生标准冠以GB（国标汉语拼音缩写）形式编号，它一旦被政府批准发布，就具有法律约束力。如《生活饮用水水质标准》（GB5749－85）、《大气环境质量标准》（GB3095－82）、《工业企业设计卫生标准》（GBZ1－2002）等。

5. 卫生技术操作规程（operation procedure for health technique） 是根据卫生法律法规、卫生规章或卫生标准的要求而制定出来的具有法律效应的标准性操作准则与规程。它包括职业病、传染病、地方病等疾病的诊断标准及处理原则，也包括有害因素检测、健康相关产品安全性评价的操作规范与程序等。卫生技术操作规范是卫生法律体系中的一个重要组成成分，是疾病防治与诊断、卫生监督监测与管理、市场产品安全性评价、卫生技术服务等工作的操作准则。如《医务人员手卫生规范》（WS/T313－2009）、《食品安全性毒理学评价程序》(GB15193.1－94)等。

6. 国际卫生条约（international health treaty） 是国家与国家之间、国家与国际组织之间签订的、相互认可的有关卫生方面的条约或协定。我国加入的国际卫生条约由全国人民代表大会常务委员会或由国务院按职权范围同外国或国际组织缔结的卫生条约或协定，除我国声明保留的条款外，对我国产生法律性约束力。如《国际卫生条例》、《精神药品公约》等。

## 二、卫生监督

卫生监督（health inspection）是政府卫生行政机关依据有关卫生法律法规的授权，对辖区内的企事业单位和个人涉及公共卫生与居民健康安全的各种行为或活动所实施的卫生行政执法行为。卫生监督是一种卫生执法过程，对违反卫生法律法规以及危害人体健康事件和行为应依法追究法律责任，并予以处罚。卫生监督是贯彻“预防为主”方针，提高居民健康水平的重要措施。目前承担我国卫生监督工作的机构是国家卫生部卫生监督局及地方各级卫生监督局（所或站）。我国的卫生监督内容主要有：食品卫生监督、公共场所卫生监督、化妆品卫生监督、学校卫生监督、职业卫生监督、传染病防治监督、国境卫生监督、医疗卫生服务监督以及药品安全监督等。若按卫生监督的性质可分为预防性卫生监督、经常性卫生监督与应急性卫生监督等。

1. 预防性卫生监督（preventive sanitary inspection） 是指国家授权卫生监督机构，按照卫生法律法规和卫生标准，从保护人类健康角度出发，对新、扩、改建的工矿企业、城乡规划、民用建筑、公用设施（包括公共交通、学校建筑、医疗卫生设施）、大型水利工程等的设计、施工、竣工各个环节所进行的卫生审查和监督活动。其目的是从“源头上”消除可能对公共卫生和人民群众健康造成损害的潜在隐患或风险。它是卫生行政部门实施卫生许可的重要工作，对不符合卫生要求的项目申请者不能给予卫生许可证。卫生审查的主要内容包括：建设用地选择、功能分区与布局、居住区卫生规划、环境保护措施、“三废”处理、居民健康影响以及职业危害因素控制等方面的审查。因此，卫生监督部门依法对建设工程项目进行预防性卫生监督，是贯彻预防为主方针最积极、最有效、最经济的预防措施。

2. 经常性卫生监督（regular sanitary inspection） 是指卫生监督机构依法对其管辖范围内的企事业单位、个人或社会组织在从事生产经营活动中遵守卫生法律法规和规章的情况所进行的定期或不定期的日常性监督活动。经常性卫生监督的主要内容有：①被监督者取得法定资格的情况，如卫生许可证、从业人员健康证、职业证书等；②自身卫生管理情况，如卫生制度的制定及运行情况；③生产经营过程的卫生状况，如环境卫生及操作卫生等；④卫生设施的配置、使用及维护情况；⑤原料的质量与储存情况；⑥产品的质量与包装情况；⑦纠正和查处违法行为等。通过经常性的卫生监督检查，查明卫生状况，如发现不符合卫生法律和卫生标准要求的情况，必须提出卫生监督意见或建议，督促其改正。对坚持不改或有严重违法行为的，卫生监督部门依法进行必要的行政制裁，对触犯刑律的，报告司法机关追究其刑事责任。

3. 应急性卫生监督（emergency sanitary inspection） 是对公共卫生突发事件如食物中毒、职业中毒、环境污染事故、传染病爆发流行、药物中毒等事件所进行的紧急性调查、处理、信息通报等活动。公共卫生突发事件发生单位和接受医疗的单位等都必须及时向卫生部门报告。卫生执法机关在接到报告后，应立即组织力量深入现场调查处理，尽快查清事故原因，并依据法律授权对现场采取紧急措施。如发生食物中毒事件，卫生监督机构迅速赶赴现场调查处理，并采取就地封存、销毁、停止销售或追回食物中毒可疑产品等预防控制措施，以防止食物中毒事件的扩大与蔓延。

## 三、疾病监测

疾病监测（surveillance of diseases）又称流行病学监测，是指疾病监测机构长期、连续、系统地收集、整理、分析疾病的动态分布、发展趋势和影响因素等资料，并将有关信息及时上报和反馈有关单位，以便及时采取干预措施与对策，以达到预防和控制疾病流行的目的。其中疾病的动态分布不仅指疾病的时间动态分布，也包括地域的动态分布；其影响因素包括影响疾病发生的自然因素和社会因素。该定义反映了疾病监测的3个基本特征：①只有长期、连续、系统地收集资料，才能发现疾病的分布规律和影响因素；②只有将原始资料加以整理、分析，才能转化为有价值的信息；③只有将信息及时上报卫生行政管理部门并反馈给有关单位，才能在疾病预防控制中发挥作用。1989年，中国预防医学科学院流行病研究所在世界银行贷款项目的支持下，根据随机抽样的原则组建了由145个疾病监测点组成的全国疾病监测系统。

### （一）疾病监测种类

不同的国家所规定的监测病种不同。目前我国疾病监测的疾病较多，根据疾病是否具有传染性，可分为传染病监测与非传染病监测。

1. 传染病监测 WHO将疟疾、流感、脊髓灰质炎、流行性斑疹伤寒和回归热列为国际监测的传染病，我国根据具体情况又增加了登革热，共有6种国际监测传染病。随着对外开放政策的实施，我国卫生部又把艾滋病列为国境检疫监测的传染病。2004年修订的《中华人民共和国传染病防治法》将法定报告的传染病分为甲、乙、丙三类共37种，实行分类管理。传染病主要监测内容包括：①收集人群基本情况，即人口构成、出生、死亡、生活习惯、经济状况、文化教育、居住条件和人群流动等情况；②调查分析传染病在人群、时间、区域的动态分布，包括传染病漏报调查和亚临床感染调查等；③监测人群对传染病的易感性；④调查监测传染病来源及传染病与宿主、昆虫媒介、传播途径的关系；⑤检测病原体的型别、致病强度及耐药情况；⑥评价防疫措施的效果；⑦开展病因学和流行规律的研究；⑧传染病流行预测等。

2. 非传染病监测 随着我国公共卫生能力建设的加强，目前已将疾病监测范围扩大到非传染性疾病。监测内容根据监测目的而异，包括出生缺陷、恶性肿瘤、心脑血管疾病、高血压、职业病、流产、食源性疾病等。我国部分地区已对恶性肿瘤、心脑血管病、出生缺陷等非传染病开展了监测。例如由北京心肺血管医疗研究中心牵头组织了我国16省市、19个监测区的多省市大协作，对心血管病发展趋势及其决定因素进行监测。又如天津市开展了以“肿瘤、冠心病、脑卒中、高血压”为重点的非传染性“四病”的监测防治研究等。

**（二）疾病监测步骤**

1. 收集资料　长期、连续、系统收集资料，包括出生与死亡登记资料；医院、诊所、化验室的发病报告资料；流行或爆发的报告资料；流行病学调查的资料；实验室调查资料（如血清学调查、病原体分离等资料）；个案调查资料；人群调查资料；动物宿主（如狂犬病、流行性出血热和鼠疫等人畜共患病）及媒介昆虫的分布资料；暴露地区或监测地区的人口资料；生物制品及药物应用的记录资料等。

2. 整理分析资料　对所获得的资料进行归类整理、核对、分析与评价，以确定疾病的自然史、变化趋势、流行过程、影响因素、薄弱环节及防治效果等。

3. 信息上报与反馈　将疾病监测分析获得的疫情信息和提出的建议，及时上报卫生行政有关部门，并通知有关责任单位与个人，以采取相应有效的预防措施，控制与阻止疾病的流行。

根据《中华人民共和国传染病防治法》（2004 年）第七条规定，各级疾病预防控制机构应承担传染病监测、预测、流行病学调查、疫情报告以及其他预防、控制工作。第二十一条规定，医疗机构必须严格执行国务院卫生行政部门规定的管理制度、操作规范，防止传染病的医源性感染和医院感染。医疗机构应当确定专门的部门或者人员，承担传染病疫情报告、本单位的传染病预防、控制以及责任区域内的传染病预防工作；承担医疗活动中与医院感染有关的危险因素监测、安全防护、消毒、隔离和医疗废物处置工作。

## 第四节　突发公共卫生事件应急反应

自从 2002 年 11 月我国发生传染性非典型肺炎（即严重急性呼吸道综合征，SARS）以来，为了有效预防、及时控制和消除突发公共卫生事件及其危害，指导和规范各类突发公共卫生事件的应急处理工作，最大程度地减少突发公共卫生事件对公众健康造成的危害，保障公众身心健康与生命安全，国务院及卫生部分别颁发了《突发公共卫生事件应急条例》（2003 年 5 月）、《国家突发公共卫生事件应急预案》和《国家突发公共事件医疗卫生救援应急预案》（2006 年 2 月）。这些文件对突发公共卫生事件的预防与应急准备、监测与预警、报告与信息发布、应急处理、法律责任等给各级人民政府、卫生行政部门、疾病预防控制中心、卫生监督机构、医疗卫生服务单位提出了明确的要求。突发公共卫生事件应急处理是预防保健措施的重要内容。

### 一、突发公共卫生事件定义

突发公共卫生事件（public health emergency）是指突然发生，造成或者可能造成社会公众健康严重损害的重大传染病疫情、群体性不明原因疾病、重大食物和职业中毒以及其他严重影响公众健康的事件。其中“重大传染病疫情”是指某种传染病在短时间内发生、波及范围广泛，出现大量的病人或死亡病例，其发病率远远超过常年发病率水平的情况；“群体性不明原因疾病”是指在短时间内，某个相对集中的区域内同时或者相继出现具有共同临床表现的病人，且病例不断增加，范围不断扩大，又暂时不能明确诊断的疾病。“重大食物和职业中毒”是指由于食品污染和职业危害的原因而造成的人数众多或者伤亡较重的中毒事件。

## 二、突发公共卫生事件特征

1. 事件突发性　突发公共卫生事件虽然存在着发生征兆和预警可能，但往往很难对其做出准确预测和及时识别，容易意外发生。首先由于其发生的时间、地点的不可预见性，如各种恐怖事件、自然灾害、意外事故、重大食物中毒等；其次，突发公共卫生事件的形成常常需要一个发展过程，开始可能危害程度和波及范围很小，难以预测其发展速度、趋势和结局。

2. 影响群体性　突发公共卫生事件一旦发生，其危害的对象不是少数个体，而是有较大的社会群体性或公共性。

3. 危害社会性　由于突发公共卫生事件涉及范围广，影响大，许多突发公共卫生事件涉及社会不同群体利益，其敏感性与连带性很强，处理不好易造成社会混乱，进而影响社会经济的发展与稳定。另外，重大的公共卫生事件还可对居民身心健康产生危害，在人们的心灵深处可能会长时间产生阴影。

4. 处理复杂性　许多公共卫生事件的发生既是一个公共卫生问题，同时也是一个社会问题，需要政府各有关部门共同努力，甚至需要动员全社会共同参与才能处理好。因此，突发公共卫生事件的处理涉及多系统与多部门，其政策性与综合性很强，必须在政府的统一领导与协调下，积极应对，才能将其危害降低到最低程度。

## 三、突发公共卫生事件分级

《国家突发公共卫生事件应急预案》根据事件发生的性质、危害程度、涉及范围等将突发公共卫生事件划分为特别重大（Ⅰ级）、重大（Ⅱ级）、较大（Ⅲ级）、一般（Ⅳ级）等4个级别的突发公共卫生事件，依次用红色、橙色、黄色和蓝色进行预警。具体公共卫生事件分级标准参见《国家突发公共卫生事件应急预案》。

## 四、突发公共卫生事件报告与通报

1. 突发公共卫生事件报告　根据《突发公共卫生事件应急条例》规定，发生或者可能发生传染病暴发、流行的；发生或者发现不明原因的群体性疾病的；发生传染病菌种、毒种丢失的；发生或者可能发生重大食物和职业中毒事件的，省、自治区、直辖市人民政府均应在接到报告1小时内，向国务院卫生行政主管部门报告。国务院卫生行政主管部门对可能造成重大社会影响的突发事件，应当立即向国务院报告。突发事件监测机构、医疗卫生机构和有关单位发现有本条例第十九条规定情形之一的，应当在2小时内向所在地县级人民政府卫生行政主管部门报告；接到报告的卫生行政主管部门应当在2小时内向本级人民政府报告，并同时向上级人民政府卫生行政主管部门和国务院卫生行政主管部门报告。县级人民政府应当在接到报告后2小时内向区的市级人民政府或者上一级人民政府报告；区的市级人民政府应当在接到报告后2小时内向省、自治区、直辖市人民政府报告。还规定，任何单位和个人对突发事件，不得隐瞒、缓报、谎报或者授意他人隐瞒、缓报、谎报。

2. 突发公共卫生事件通报　国务院卫生行政主管部门应当根据发生突发事件的情况，

及时向国务院有关部门和各省、自治区、直辖市人民政府卫生行政主管部门以及军队有关部门通报。突发事件发生地的省、自治区、直辖市人民政府卫生行政主管部门，应当及时向毗邻省、自治区、直辖市人民政府卫生行政主管部门通报。接到通报的省、自治区、直辖市人民政府卫生行政主管部门，必要时应当及时通知本行政区域内的医疗卫生机构。县级以上地方人民政府有关部门，已经发生或者发现可能引起突发事件的情形时，应当及时向同级人民政府卫生行政主管部门通报。

## 五、医疗卫生机构在突发公共卫生事件中的作用

医疗卫生机构在突发公共卫生事件中应采取以下应急反应：

1. 积极开展病人接诊、收治和转运工作，实行重症和普通病人分开管理，对疑似病人及时排除或确诊。

2. 主动协助疾控机构人员开展标本的采集、流行病学调查工作。

3. 做好医院内现场控制、消毒隔离、个人防护、医疗垃圾和污水无害化处理工作，防止院内交叉感染和污染危害。

4. 做好传染病和中毒病人的报告。对因突发公共卫生事件而引起身体伤害的病人，任何医疗机构不得拒绝接诊。

5. 对群体性不明原因疾病和新发传染病做好病例分析与总结，积累诊断治疗的经验。重大中毒事件，按照现场救援、病人转运、后续治疗相结合的原则进行处置等。

（钟才高）

# 第二篇　疾病预防与控制

## 第八章　地方病防制

### 第一节　地方病概述

地方病是危害人类健康的一类重要疾病。我国是地方病流行较为严重的国家，根据《2008年我国卫生事业发展统计公报》显示，截止2008年底，全国克山病病区县数327个，累计控制（消除）县257个，现症病人4.1万人；大骨节病病区县366个，累计控制（消除）县208个，现症病人71.5万人；碘缺乏病防治工作县（区）2787个，现症病人42.3万人。地方性氟中毒（饮水型）病区县数1135个，控制县数182个，氟斑牙病人2360.2万人，氟骨症病人140.1万人；地方性氟中毒（燃煤污染型）病区县数178个，控制县数24个，氟斑牙病人1616.3万人，氟骨症病人184.2万人。

#### 一、地方病定义

地方病（endemic disease），是指在特定区域内发生的地球化学性疾病和自然生物源性地方病的总称。其中，地球化学性疾病（geo-chemical disease），是指由于地质化学因素的特殊使某地区生活环境中的某种化学元素含量过高或过低而引发的一类区域性疾病，如碘缺乏病、地方性氟中毒、地方性砷中毒、克山病和大骨节病等。自然生物源性地方病（natural biological endemic disease）又称自然疫源性地方病，是指因为微生物和寄生虫引发的一类传染性的地方病，如鼠疫、布鲁杆菌病、乙型脑炎、森林脑炎、流行性出血热、钩端螺旋体病、血吸虫病、疟疾等。本章仅针对地方病中的地球化学性疾病进行论述。

#### 二、地方病的流行特征

我国是地方病流行严重的国家之一，虽然地方病分布广，病因不同，流行特征各有差异，但典型的地方病具有以下基本特征：

1. 发病地点区域性　地方病的发病具有明显的地方区域性，即这类疾病持续发生于某一地区，病区比较固定，长期生活在病区的居民或从外地进入病区的健康人群都有患病的可能，未发病的健康人在离开病区后不会再发病。

2. 致病病因明确性　发病地区有决定该地方病发生的致病因素与自然环境条件，疾病的发生与该地质中某种化学元素存在明显的联系，且发病率与环境中某种元素存在明显的浓度—反应关系，其致病机制可用现代医学理论解释。

3. 控制效果显著性　采取消除特定致病因素措施后，人群中地方病的发病率逐渐减少。

### 三、地方病防治工作的基本原则

2004 年 10 月，我国卫生部、发改委、财政部制定的《全国重点地方病防治规划（国办发［2004］75 号)》要求，到 2010 年，全国 95％以上的县（市）要实现消除碘缺乏病，地方性氟中毒、地方性砷中毒、大骨节病等重点地方病的发病水平要显著降低；并提出了地方病防治工作的基本原则。

1. 政府领导、齐抓共管　地方各级人民政府要将地方病防治工作纳入本地区国民经济和社会发展计划，加强领导、加大投入。各有关部门和单位要密切合作，加强协调，立足本部门和单位的职责，发挥各自优势，推动防治工作扎实有效、深入持久地开展。

2. 预防为主、科学防治　通过改造病区群众的生产生活环境，减少并努力消除各种致病因素；通过广泛深入地开展健康教育活动，让群众了解地方病的危害和防治知识，形成健康的生产生活方式，积极主动地参与防治工作。同时，加强地方病防治应用性科学研究，依靠科技进步，提高防治水平。

3. 突出重点、因地制宜　根据地方病的流行特点和分布情况以及病区自然、社会条件和经济发展水平，将对群众危害比较大、防治效果比较好的地方病作为防治重点，因地制宜地采取行之有效的综合防治措施。

4. 统筹规划、分步实施　进一步摸清地方病流行情况，根据经济发展水平，采取“先重病区后轻病区、先人群密度大病区后人群密度小病区”的做法，统筹考虑，分阶段安排和实施综合防治项目。

## 第二节　碘缺乏病

碘是人体必需的一种微量营养素，主要来源于食物和饮用水。机体吸收的碘主要用于合成甲状腺激素，当碘摄入不足时，甲状腺激素合成也会受到影响。碘由肾脏经尿排出，可通过测定尿碘排出量来估计碘的摄入量。碘的最低生理需要量为每人 75 μg/d，成人每人每天需碘量为 100～150 μg，WHO 推荐为 140 μg。碘缺乏病（iodine deficiency disorders，IDD）是因碘摄入量不足所导致机体以智力发育障碍为主要危害的一系列障碍，主要包括地方性甲状腺肿、地方性克汀病、亚临床型克汀病、智力障碍、生殖功能障碍等。

### 一、致病病因

人体碘 80％～90％由食物提供，10％～20％来自于饮用水，5％左右来自于空气。因此，食物和饮用水中缺碘，是导致 IDD 的主要原因。碘缺乏病实际上是由于甲状腺激素合成不足而导致的机体功能障碍和病理改变。甲状腺是机体储存碘的主要器官，但储存能力有限。甲状腺储存的碘达到饱和后，如果不再进食，储存的碘只能维持 2～3 个月，一旦缺碘，甲状腺很容易受累，对机体健康造成危害。一般碘的每日摄入量低于 40 μg 时往往出现碘缺乏病，而发病的程度与人体所处的发育时期、碘缺乏程度、持续时间等有密切关系。在胚胎期与出生后早期缺碘，可引起克汀病、单纯聋哑病、亚临床克汀病；而生长期缺碘，则引起甲状腺肿大、甲状腺功能低下、生殖衰退、性发育落后等。

环境碘缺乏是碘导致碘缺乏病（IDD）的重要原因，其根据是：

1. 碘缺乏病流行区环境中碘含量低　任何碘缺乏病流行的病区，其外界环境中的碘含量都不高。病区的空气、水、土壤、农作物等中的碘含量远远低于非病区。

2. 补碘能有效地控制碘缺乏病　对碘缺乏病区采用补碘的干预措施后，甲状腺肿很快得到控制，尿碘水平上升，甲状腺功能恢复，病区不再有新的克汀病发生。

3. 动物模拟试验能证实因果关系　动物试验发现，用低碘饲料喂养的 Wistar 大鼠 2～3 个月后出现甲状腺肿大、甲状腺碘含量下降、尿碘下降、仔代动物的学习能力下降等现象。动物缺碘出现与人类类似的病理改变，而补碘后则可完全预防。以上都说明碘摄入不足是碘缺乏病的基本病因。

## 二、流行特征

碘缺乏病分布广泛，危害人群众多，是全球性的重要公共卫生问题之一。据 2000 年 WHO 的统计，全世界仍有 130 个国家，22 亿人口受到 IDD 的威胁。目前碘缺乏病主要分布于亚洲、非洲、南美、东欧和大洋洲的大部分经济不发达国家。我国是亚洲碘缺乏病流行较为严重的国家之一。

1. 地区分布　空气、水、土壤及气候条件对于碘缺乏病的流行有重要的影响。碘缺乏病的发生有明显的地区性，主要分布在山区和内陆，平原和沿海也有散在发生。我国碘缺乏病区主要分布在东北的兴安岭、西北的秦岭、华北燕山山脉、西南云贵高原和华南等地区。这些地带的共同特点是：地形倾斜，洪水冲刷严重，有的地区降雨量集中，水土流失严重，外环境中碘含量极少。碘缺乏病的地区分布特征是：山区患病率高于平原，内地患病率高于沿海，农村患病率高于城市。

2. 人群分布　碘缺乏病在任何年龄均可发生。在青春期，身体对甲状腺素的需要量增大，一旦碘摄入量不能满足生理需要则很容易发病，因此发病年龄一般集中在青春期。女性发病高峰在 12～18 岁，男性多在 9～15 岁之间。成人的患病率女性高于男性。碘缺乏病流行越严重的地区发病年龄越早。由非病区迁入病区的居民更容易发病，发病期短至 3～6 个月，长至 3～4 年。

## 三、病区划分标准

我国制定的碘缺乏病（IDD）病区划分标准（GB16005－1995）考虑的内容包括：①尿碘含量中位数低于 100 μg/L；②水碘含量低于 10 μg/L；③病情以乡镇为单位，7～14 岁儿童甲状腺肿大率＞10％，8～10 岁儿童甲状腺肿大率＞5％（触诊法或 B 超法）。

根据流行强度的不同，可将病区划分为轻、中、重 3 种，划分标准见表 8－1。

**表 8-1 碘缺乏病病区划分标准（GB 16005-1995）**

| 病区 | 7～14 岁儿童甲状腺肿大率（%） | 8～10 岁儿童甲状腺肿大率（%） | 尿碘含量（μg/L） | 地方性克汀病 |
|---|---|---|---|---|
| 轻病区 | 10～29.9 | 5～19.9 | 50～100 | 无 |
| 中等病区 | 30～49.9 | 20～29.9 | 25～50 | 有或无 |
| 重病区 | ≥50 | ≥30 | ≤25 | 有 |

注：三项指标如不一致时，以 7～14 岁或 8～10 岁小学生甲状腺肿大率为主。

## 四、地方性甲状腺肿

地方性甲状腺肿（endemic goiter）是指居住在特定地理环境下的居民，长期通过饮水、食物摄入低于生理需要量的碘，从而引起的以甲状腺肿大为主要临床体征的一种地方性疾病。

### （一）发病机制

碘是合成甲状腺激素的主要原料。人体摄入的碘 90%都存在于甲状腺，当碘摄入不足或吸收障碍时，甲状腺激素合成发生障碍，可反馈性的刺激腺垂体分泌促甲状腺激素，促进上皮细胞生长，上皮和滤泡的增生最终使甲状腺体积逐渐增大，从而导致甲状腺组织代偿性增生肿大。甲状腺激素对促进机体生长发育、维持正常新陈代谢、影响蛋白质、糖和脂类的代谢、调节水和无机盐的平衡、维持神经系统和消化系统正常功能等均有重要的意义，是人体正常生理代谢中不可或缺的激素之一。

### （二）临床表现

初期表现为弥漫性甲状腺肿。甲状腺轻度肿大，一般无自觉症状，属于代偿性的生理肿大，甲状腺功能没有改变，如及时补碘，可完全恢复正常。若进一步发展，异常的甲状腺球蛋白失去正常甲状腺激素的作用，不易水解而堆积在腺体滤泡中，致使滤泡肿大，表现为胶质性甲状腺肿。当胶质不断蓄积，压迫滤泡上皮细胞，局部纤维化，使供血不足，细胞坏死，出现退行性改变而最终形成大小不等、软硬不一的结节，即为结节性甲状腺肿，是不可逆的器质性病变。约 60%的结节型甲状腺肿为多结节，此型多见于成人，特别是妇女和老年人。

中晚期患者可出现周围组织的压迫症状。肿大的甲状腺会压迫气管和食管造成患者呼吸困难和吞咽困难以及压迫喉返神经导致面颈部淤血。我国采取食盐加碘的措施之后，目前甲状腺严重肿大的现象很少发生，多数患者表现为甲状腺轻度肿大。

### （三）临床诊断

临床诊断应执行我国《地方性甲状腺肿诊断标准（WS 276-2007）》的有关规定。

1. 诊断标准　地方性甲状腺肿的诊断有两种方法即触诊法或 B 超法诊断，当二者诊断结果不一致时，以 B 超法的诊断结果为准。触诊法诊断地方性甲状腺肿标准为：①患者生活于缺碘地区（水碘<10 μg/L）；②甲状腺肿大超过受检者拇指末节且可以观察到；③排除甲状腺功能亢进、甲状腺炎和甲状腺癌等疾病，即可诊断为甲状腺肿。B 超法诊断地方性甲状腺肿标准为：生活在缺碘地区居民，若甲状腺容积超过相应年龄段的正常值，即可诊断为地方性甲状腺肿。B 超法诊断地方性甲状腺肿应按“B 超诊断甲状腺容积操作技术要规”

进行。

2. 临床分型　地方性甲状腺肿的分型标准为：① 弥漫型：甲状腺均匀增大，B超检查不出结节或手触诊摸不到结节；② 结节型：在甲状腺上可以摸到一个或多个结节；③ 混合型：在弥漫肿大的甲状腺上摸到一个或多个结节。

3. 分度标准　我国目前地方性甲状腺肿的分度标准有三度，当甲状腺大小介于两度之间难以判断时，可列入较低的一度内。0度：头颈部保持正常位置时，甲状腺看不见，不易摸得着。即使摸得着但不超过受检者拇指末节，其特点是“甲状腺看不见，不易摸得着”。Ⅰ度：头颈部保持正常位置时，甲状腺看不见，但容易摸得着，并超过受检者拇指末节，其特点是：“甲状腺看不见，容易摸得着”。若甲状腺不超过受检者拇指末节，但发现结节者也定为Ⅰ度。Ⅱ度：头颈部保持正常位置时，甲状腺清楚可见肿大，其大小超过受检者拇指末节，其特点是：“甲状腺看得见，摸得着”。

## 五、地方性克汀病

地方性克汀病（endemic cretinism）是指由于外环境缺碘，胚胎或胎儿时期碘摄入不足导致甲状腺激素合成不足而严重影响脑发育造成的一种疾病。出生后的婴幼儿甲状腺功能低下，可表现为智力发育迟钝、体格矮小、牙齿发育不全、神经运动功能障碍并伴有甲状腺肿。典型症状为呆、小、聋、哑、瘫。

### （一）发病机制

甲状腺激素对于神经生长因子的合成、神经系统和长骨的生长发育均有重要的促进作用，是胚胎期及婴幼儿时期中枢神经系统正常发育所必需的。大脑发育最主要的时期是从妊娠中期，至出生前后其发育达到高峰，并持续到出生后两岁。在这个时间段内，婴幼儿碘摄入量不足，甲状腺功能减退，中枢神经系统的发育分化出现障碍，造成脑发育落后，也会影响身体和骨骼的生长。最终表现是引起耳聋、语言障碍、智力障碍、长骨生长停滞、性发育落后及其他甲状腺功能低下等症状。即使过了这个时间段再补充甲状腺激素，脑发育障碍也不能纠正。

### （二）临床表现

1. 智力低下　智力低下是地方性克汀病的主要特点。精神发育迟滞，伴有不同程度的社会适应困难。轻者可以参加简单生产劳动，但运动障碍较明显。重者生活不能自理，甚至白痴。

2. 聋哑　听力和语言障碍十分突出。患者多为感觉神经性耳聋，同时伴有语言障碍。

3. 长骨发育障碍　甲状腺功能减退导致体格发育迟滞或落后。患者身材矮小；生长发育较同龄人落后；性发育落后；克汀面容，即头大、额短、眼距宽、鼻梁塌、唇厚、流涎、表情呆滞或傻笑等。

4. 神经运动障碍　由神经系统受损造成运动功能障碍。一般有下肢痉挛性瘫痪，肌张力增强，腱反射亢进、出现病理反射症等。

5. 甲状腺功能低下　皮肤干燥，粗糙，弹性差。精神行为改变，如精神萎靡，反应迟钝，嗜睡等。

6. 甲状腺肿　神经型克汀病患者多数有甲状腺肿。

### （三）临床诊断

临床诊断应执行我国《地方性克汀病与地方性亚临床克汀病诊断标准（WS 104－1999)》的有关规定。

1. 诊断标准　①必备条件：患者必须出生或居住在碘缺乏地区；有不同程度的精神发育迟滞，主要表现为不同程度的智力发育障碍（低下）；地方性亚临床克汀病的智商（IQ）为55～69，地方性克汀病的智商（IQ）为≤54以下；②辅助条件：有不同程度神经系统障碍，包括运动、听力、语言障碍；甲状腺功能障碍包括体格发育障碍、克汀病面容如傻笑傻相；临床甲状腺功能低下如黏液性水肿与毛发干粗、血清T3正常或代偿性增高或低下，T4低于正常等。

2. 临床分型　亚临床克汀病不分型。地方性克汀病可分为3类：①神经型，是最常见的类型，主要特点是智力低下和神经损伤综合征如听力、语言、运动神经障碍；②黏液性水肿型，以黏液型水肿为主要特点的甲状腺功能低下为主要表现，包括体格矮小、侏儒发育障碍、克汀病面容等；③混合型，兼具上述两类的主要特点。

3. 分度标准　亚临床克汀病不分度。地方性克汀病可根据智商（IQ）分为3度：轻度：IQ为40～54；中度：IQ为25～39；重度：IQ＜25。

## 六、防治措施

1. 碘化食盐补碘　将酸钾等碘化物加入食盐中补碘是预防碘缺乏病的首要措施。推行碘盐是全世界公认的简便、安全、经济、有效的补碘方法。过去我国只对病区供应碘盐，但是营养学研究证明，碘营养正常的人群每日增加150～200 μg的碘摄入不会影响健康。因此，自1995年起全国开始实行全民食盐加碘，以满足全国人民碘的生理需要量。

2. 碘化食用油补碘　将碘加入植物性食用油中补碘。

3. 口服碘片或肌肉注射补碘　此途径补碘长效、快速、副作用小，但投药复杂。在妇女妊娠期和哺乳期，婴幼儿、儿童和青少年的发育期对碘的需求量相对较大，应在坚持长期使用碘油的基础上，在医生指导下服用碘油丸或注射碘油。

4. 多吃含碘量高的食品　提倡多食用海带、海鱼、海虾和紫菜等含碘量高的食物。

5. 加强防治监测　碘缺乏病地区卫生监督部门应经常对碘盐含碘量、碘缺乏病发病动态、生活环境与食物中碘含量、患者尿碘含量等情况进行监测监督。

6. 及时治疗碘缺乏病　对碘缺乏病患者可食用口服或肌注碘油，除临床治疗外，应给予合适的食物疗法。

# 第三节　地方性氟中毒

氟是人类生命活动的必需微量元素之一。正常成人每日需氟量约为1.0～1.5 mg，氟的每日最大安全剂量为3～4 mg，超过6 mg/d即引起氟中毒。适量的氟是构成骨骼和牙齿的重要成分，有促进生长发育、增强生殖功能、促进神经系统的传导和刺激造血等作用。机体主要通过饮水和食物摄取，氟摄入量不足，尤其是婴幼儿易发生龋齿。但是，长期过量的氟摄入可引起氟中毒。地方性氟中毒（endemic fluorosis）是指由于特定地区外环境中氟元素过多，使当地居民通过饮水、食物和空气等途径长期摄入过量的氟而导致的一种以氟斑牙

（dental fluorosis）和氟骨症（skeletal fluorosis）为主要特征的慢性全身性疾病。

## 一、致病病因

地方性氟中毒具有地区性，与生活环境介质中的氟浓度密切相关。地方性氟中毒在世界各地均有发生。我国是地方性氟中毒发病范围最广、患病人数最多、病情最严重的国家之一。地方性氟中毒按氟的摄入来源可分为饮水型和燃煤污染型，我国以饮水型为主。

1. 饮水型氟污染　由于当地居民长期饮用高氟水而引起的氟中毒是最主要的病区类型，氟中毒患病率与饮水中氟含量呈明显正相关。饮水型氟中毒病区的地质多为富含氟的岩石层，其饮水中氟含量可达 2～5 mg/L，最高甚至可达 17 mg/L。而国家饮用水水质卫生标准为 1.0 mg/L。

2. 燃煤型氟污染　由于居民燃烧高氟煤取暖、做饭或烘烤食物等行为释放的气态氟化物，居民通过空气直接吸收或食用被氟污染的饮水或食物而引起氟中毒。燃煤型氟中毒患者主要是生活在寒冷地区的农民，在室内无烟囱燃烧高氟煤来取暖做饭，而使室内空气含氟过高。另一方面，这些地区常用煤火烘烤粮食、辣椒等粮食作物，使农作物含氟量增加，居民可通过吸入含氟空气和摄入过量含氟农作物而导致氟中毒。

3. 砖茶型氟污染　在我国西藏、青海、四川等习惯饮砖茶的少数民族地区，当地居民由于长期饮用高氟砖茶而引起氟中毒的病区称为饮砖茶型病区。世界的茶氟含量平均为 97 mg/kg，而我国砖茶的氟含量高于普通茶叶，可高达 493 mg/kg，病区内居民每日饮用砖茶摄入过量的氟。这种病区可能水氟含量通常在 0.5 mg/L，没有工业污染，粮食、蔬菜等食物的含氟量均在国家规定允许的剂量范围之内。

## 二、流行特征

一般来说，地方性氟中毒只有在暴露于高氟水、燃烧高氟煤或饮用高氟砖茶之后才可能发生，但总摄入量、年龄、性别、居住时间、个人敏感性和生长发育状况等多种因素都与该病的发生密切相关。

1. 年龄分布　氟斑牙发生在幼儿乳牙的几率很小，主要损伤是正在生长发育中的恒牙造釉细胞，使其钙化障碍，过量摄入氟对牙齿的影响可持续到 12 岁第二磨牙萌出时。因此，如果非病区居民在恒牙形成后再迁入高氟地区一般不患氟斑牙，只可能患氟骨症。氟骨症多发生在成年人，尤其是青壮年。随着年龄增加患病率增高，且病情更严重。

2. 性别分布　氟斑牙的发病没有明显的性别差异。女性由于生育、哺乳等特殊生理现象，氟骨症的患病率常高于男性，特别易发生骨质疏松和骨软化，而男性的患病多以骨质硬化为主。

3. 时间分布　氟斑牙是否发病与在病区居住的年限无关。而氟骨症与病区居住时间呈正相关，在病区居住年限越长，氟骨症患病率越高，病情越重。非病区居民迁入病区后，发病时间比一般病区居民更短，迁入重病区的非病区居民，1～2 年即可发病，且病情严重。

4. 区域分布　地方性氟中毒的发生主要与氟摄入量有关，因此，地方性氟中毒患者主要分布在高氟地区。但是，饮食营养因素可影响发病，由于一些营养物质如蛋白质、钙、硒、维生素和抗氧化物等都有拮抗氟毒性的作用。在经济发达的地区地方性氟中毒的患病率较低，病情较轻；而营养状况差，经济不发达的地区地方性氟中毒的患病率较高，病情较重。地方性氟中毒的发生虽表现出个体差异，但通常饮水中钙离子浓度低、硬度高、pH 值高、气温炎热而用水量大的地区，该病的患病率较高。

## 三、病区划分标准

地方性氟中毒的病区划分标准（GB17018－1997）规定了我国地方性氟中毒病区的确定标准和病区程度的划分依据。

1. 病区的确定标准　地方性氟中毒的病区划分标准包括：①当地出生成长的 8～12 岁的儿童氟斑牙患病率＞30％；②饮水型氟中毒病区，饮水含氟量＞1.0 mg/L；③燃煤污染性氟中毒病区，燃煤污染导致居民经空气和食物总摄氟量＞3.5 mg。

2. 病区的划分依据

（1）轻病区：①当地出生、成长的 8～12 岁的儿童氟斑牙患病率＞30％；②经 X 线检查证实无氟骨症或出现轻度氟骨症患者；③饮水含氟量＞1.0 mg/L 或总摄氟量＞3.5 mg。

（2）中等病区：①缺损型氟斑牙患病率＞20％；②经 X 线检查发现中度氟骨症患者，且重度氟骨症患者＜2％；③饮水含氟量＞2.0 mg/L 或总摄氟量＞5.0 mg。

（3）重病区：①缺损型氟斑牙患病率＞40％；②经 X 线检查发现重度氟骨症患者≥2％；③饮水含氟量＞4.0 mg/L 或总摄氟量＞7.0 mg。

## 四、发病机制

地方性氟中毒的发病机制尚不完全明了，但一般认为与机体摄入过量的氟后，破坏了机体内钙、磷的正常代谢、抑制多种酶的活性和损害细胞原生质有关。

1. 影响骨组织和钙、磷代谢　适量的氟有积极的生理作用，有助于骨的正常矿化，增强骨盐结晶的稳定性，促进成骨活动和维持正常骨量，增加骨的强度和硬度。过量的氟却对健康有损害作用。当过量的氟被骨组织吸收后，正常骨组织中的羟基磷灰石［$Ca_{10}(PO_4)_6(OH)_2$］中的羟基，被氟置换，形成氟磷灰石［$Ca_{10}(PO_4)_6F_2$］，如果氟离子浓度继续升高，可进一步取代氟磷灰石的磷酸根，最终形成难溶性氟化钙（$CaF_2$）。氟化钙主要沉积于骨、软骨、韧带、关节面、肌腱附着点等部位，导致骨质硬化、骨密度增加，骨膜、韧带及肌腱等部位也发生硬化。氟摄入过量会消耗大量的钙，使血钙水平降低，造成钙代谢紊乱，刺激甲状旁腺功能亢进，甲状旁腺激素分泌增多，促进破骨细胞活动，导致大量非钙化的骨盐组织，临床表现为骨质疏松、骨软化甚至骨骼变形。同时甲状旁腺激素分泌增多也会抑制肾小管对磷的重吸收，使磷排出量增多，进而导致磷代谢紊乱。此外，过量的氟离子可改变骨基质胶原的生化特性，导致异常胶原蛋白的形成。

氟斑牙是指在牙齿发育期，机体摄入过量的氟，大量的氟化钙沉积于牙组织中，致使牙釉质不能形成正常的棱晶结构，从而产生不规则的球形结构，引起牙釉质矿化不足、发育不全，基本病变为白垩、着色、缺损，易发生早期脱落。

2. 抑制多种酶的活性　氟可与某些酶结构中的金属离子形成复合物，或通过与带正电的赖氨酸和精氨酸基团、磷蛋白以及一些亲氟的不稳定成分相结合等多种方式，改变酶的结构，抑制酶的活性。体内需要钙、镁的酶，如细胞色素氧化酶和琥珀酸脱氢酶等，当氟与钙、镁离子结合后，这些酶的活性被抑制，进而导致三羧酸循环障碍、三磷酸腺苷（ATP）生产减少，能量代谢异常、骨组织细胞供能不足和骨骼营养不良。

3. 损伤其他系统功能　氟除了损伤骨骼和牙齿外，对神经系统、骨骼肌、肾脏、血管和内分泌腺等软组织也有广泛的损伤作用。可能与氟损伤细胞原生质和多系统的酶活性有关。近年来，氧化应激与氟中毒的关系也成为研究的热点问题之一。

## 五、临床表现与临床诊断

### （一）氟斑牙

1. 临床表现　氟斑牙是地方性氟中毒最早出现的症状，具体表现有：①牙釉面失去光泽，可见白垩样线条、斑点、斑块等，甚至可以布满整个牙面，一旦形成，永不消失；②牙釉面出现不同程度的颜色改变，浅黄、黄褐乃至深褐色，同时可见斑点、条纹、斑块甚至布满大部分釉面；③釉面缺损的程度不一，表现为细小的凹痕，从针尖大小到深层釉质较大面积的剥脱。病情轻者缺损仅限于釉质表层，严重者缺损可发生在所有牙面，以致破坏了整体牙形。氟斑牙是诊断氟中毒敏感、特异又简便易行的指标，常作为个体或群体氟中毒的诊断、治疗、预防和监测的重要指标之一。

2. 诊断标准 根据我国颁布的《氟斑牙临床诊断标准》（WS/T208－2001），氟斑牙可分为8度。

1度：釉质表面有白细条纹或点状，片状白垩病变，病变范围不超过牙面的四分之一（1/4）。

2度：釉质表面出现小斑点状，片状不透明白色区域不规则地分布于牙面，个别牙面可有条纹着色，病变范围不超过牙面的二分之一（1/2）。

3度：釉质面白垩病变呈片状，并出现较大面积浅黄色、黄色、黄褐着色，病变范围不超过牙面的四分之三（3/4）。

4度：白垩色区域和着色区域超过牙面的四分之三（3/4）。

5度：牙釉质在白垩和着色的基础上，釉质表面出现小的，散在的坑状，陷窝状缺损，但缺损面积不超过牙面的六分之一（1/6）。

6度：釉质表面除有散在的坑凹，陷窝缺损外，并有的坑凹、陷窝融合在一起呈大的斑、片状，乃至釉质剥脱，但其牙釉质缺损的范围不超过牙面的三分之一（1/3）。

7度：釉质表面出现较大面积的缺损融合或剥脱，但其缺损面积不超过牙面的二分之一（1/2）。或牙咬合面被磨损成光滑平面。

8度：釉质表面出现大面积的缺损，缺损面积超过二分之一（1/2）；牙咬合面磨损严重，使牙齿长度明显变短。

3. 诊断依据　出生后或幼年时期在高氟地区生活或长期摄氟过量者，牙釉质出现白垩，色素沉着，或伴有不同程度的缺损，排除其他非氟性原因引起的牙齿改变即可诊断为氟斑牙。

### （二）氟骨症

1. 临床表现　地方性氟骨症是指机体从周围的环境中摄入过量的氟而引起以骨骼组织病变为主的病症。其发病缓慢，除头痛、心悸、无力、腹胀等一般症状外，最常见的就是持续性、全身性的腰腿痛。多为酸痛，少数严重者有刺痛或刀割样痛，活动后可缓解，静止时加重。由于骨质和韧带广泛增生，锥孔缩小变窄，神经根出现压迫症状，如感觉异常、无力感、肌肉松弛等。随着病情发展，还可出现关节功能障碍和肢体变形。

2. 诊断标准　根据《地方性氟骨症临床分度诊断标准》（GB 16396－1996），地方性氟骨症可分为以下 3 度：

Ⅰ度（轻度）：X 线有氟骨症征象，临床上却无关节活动障碍或变形。

Ⅱ度（中度）：骨关节疼痛、僵硬、功能障碍、变形，但能参加家务劳动。

Ⅲ度（重度）：分 4 种情况即，3a 度：出现颈部屈曲僵直，和/或弯腰驼背，和/或脊柱侧弯等严重变形，失去劳动能力；3b 度：地方性氟骨症继发非骨相损害，如继发性甲状旁腺功能亢进，甲状腺功能低下，慢性肾功能不全等；3c 度：有神经或脊髓损伤，但生活尚能自理；3d 度：出现瘫痪。

3. 诊断依据　地方性氟骨症诊断依据：① 长期生活在高氟地区，有吸入氟含量过高的空气，饮用高氟水，食用被氟污染的食物的病史，总摄氟量超过国家卫生标准；② 临床表现有氟斑牙（成年后迁入病区者可无氟斑牙），同时伴有骨关节痛，肢体或躯干运动功能障碍者；③ 骨 X 线检查有骨增多、骨减少或骨转换以及韧带、肌腱、骨间膜骨化和关节退变继发骨质增生变形等 X 线征象；④ 实验室检测尿氟含量超过正常值。

## 六、防治措施

### （一）预防措施

地方性氟中毒是由于当地的自然地质环境或居民自身不良的生活习惯，机体摄入过量的氟所致。因此，应根据引起氟中毒的来源采取相应的预防措施以减少氟的摄入量。

1. 饮水型氟中毒预防措施　预防饮水型氟中毒最有效的措施是改换水源、降低水中氟化物的含量。改用低氟水源的具体方法有：① 打低氟深井水，一般干旱地区浅层地下水氟含量较高，而深层地下水氟含量较低，更适宜居民饮用；② 只能使用地表水时，可将病区附近含氟量较低的江、河、湖和泉水等地表水引入病区供居民饮用；③ 在缺水地区建设小型水库或水窖，蓄积天然降水。也可以用物理、化学方法进行饮水除氟，如电渗析、活性氧化铝吸附法、铝盐混凝沉淀法等，使饮水中的氟含量达到国家卫生标准。

2. 燃煤型氟中毒预防措施　在燃煤污染型病区预防地方性氟中毒的具体措施包括：① 改良炉灶，炉灶应有良好的炉体结构并安装排烟设施，将含氟烟尘排出室外；② 食物用自然条件烘干，防止被氟污染；③ 不用或少用高氟劣质煤，改用低氟煤或燃气，减少用煤量，或采用沼气能源、电能或太阳热等清洁能源，最大限度地降低空气中的氟含量。

3. 砖茶型氟中毒预防措施　鼓励砖茶加工企业研制低氟砖茶和设法降低砖茶中的氟含量，并在有饮用砖茶习惯的病区增加其他低氟茶种以代替含氟砖茶。加强防治饮茶型氟中毒的宣传教育，让广大群众都了解茶氟的来源、中毒过程、中毒的危害以及预防知识等。通过适度干预，鼓励群众饮用低氟茶，并通过现代的科技手段，降低砖茶的含氟量。

### （二）治疗措施

目前尚无地方性氟中毒的特效治疗方法。防治氟中毒根本措施在于预防，一旦形成氟骨症与氟斑牙便不能完全消除，只有采取对症治疗。治疗方法主要是减少氟的摄入量和吸收，加速机体氟的排出，拮抗氟的毒性，改善营养状况，增强机体抵抗力以及相应的对症支持治疗等。

## 第四节　地方性砷中毒

地方性砷中毒（endemic arseniasis）是指居住在特定地理环境下的居民，长期通过饮水、食物或空气摄入过量的无机砷而引起的以皮肤色素脱失、色素沉着和掌跖皮肤角化或癌变为特征的全身性慢性疾病，其发病有明显的区域性。

### 一、致病病因

地方性砷中毒有饮水型和燃煤型两个污染类型。地方性砷中毒在印度、孟加拉、泰国、智利、阿根廷、美国、加拿大等20多个国家均有发生，呈高度分散的灶状分布。我国地方性砷中毒类型多、分布广、流行严重。无机砷是国际癌症中心已确认的人类致癌物，可导致皮肤癌、肺癌、并伴有内脏癌高发现象。

1. 饮水型砷污染　饮水型砷中毒主要是通过饮用高砷水，直接从消化道吸收过量的砷引起中毒。WHO推荐的饮水砷浓度限值0.05 mg/L的人群约在5000万人以上。我国地方性饮水型砷污染发生的原因有二：① 由于地质因素居民居住区水环境中自然存在的砷含量很高；② 为预防地方性氟中毒，当地居民改打深井水引起的，这种井的井深多在20～30 m，正是富砷含水层，水砷含量一般为0.2～2.0 mg/L，超过国家标准（0.05 mg/L）数倍乃至数10倍，居民长期饮用这种高砷水而逐渐发病。病区主要聚集在新疆、内蒙古、山西、贵州、宁夏、吉林、河南、安徽、四川等地区。

2. 燃煤型砷污染　燃煤性砷中毒是由于敞灶燃烧高砷煤取暖、烹调以及烘烤食物，居民通过呼吸道或消化道摄入过量的砷引起发病。病区主要分布在云南、四川、贵州、重庆、湖北、陕西、湖南等省区。含砷煤炭燃烧时，室内空气平均浓度可达0.455 mg/$m^3$，烘烤的食物含砷量可达41.3～693.00 mg/kg，远远超过了国家标准。

### 二、流行特征

1. 人群分布　无论是饮水型还是燃煤污染性砷中毒，只有暴露于高砷饮用水或燃烧高砷煤者才可发病。在同一病区内，不饮用高砷水或不燃用高砷煤或燃用高砷煤但不敞灶的居民则不会发病。在饮水型病区，由于高砷水是呈点状或灶状散在分布，患者一般也呈点状散在分布。在燃煤污染型病区，表现为家庭聚集性，大部分受累家庭有2名或2名以上的患者，有时则全家发病。

在饮用高砷水的人群中，任何年龄均可受害。随着年龄增长，砷机体累积量增高，患病率有随年龄增长而升高的趋势。饮水型地方性砷中毒的性别差异各病区都有不同。性别上，男性患病率略高于女性，可能与男性劳动强度大，饮水和进食量大于女性有关。

2. 时间分布 地方性砷中毒的潜伏期较长，多表现为慢性中毒，潜伏期相当长，饮水型砷中毒患者皮肤改变潜伏期一般10年左右，皮肤癌潜伏期长至20年。该病的发生没有一定的周期性，而是呈持续上涨的趋势。随着病区人群暴露年限的不断增加，加上研究和调查技术的进步，该病的发病和检出人数正在逐年增长。我国地方性砷中毒病区居民开始暴露于高砷环境是在20世纪70年代末，已超过20年，因此未来10年是癌症发生的高峰期，也是中国地方性砷中毒防治的关键时期。

## 三、病区判断与病区划分标准

根据我国2007年7月发布的《地方性砷中毒病区判断和划分标准》（WS 277－2007）病区判断与划分标准如下：

1. 病区判断　同时满足以下3个条件才能判断地方性砷中毒病区，即：① 在居民生活的自然环境中，饮用水含砷量＞0.05 mg/L；或在以煤为生活燃料的地区，居民敞灶燃煤的含砷量＞40 mg/kg；② 暴露人群中出现临床诊断的慢性砷中毒患者（见WS/T 211－2001规定的诊断标准）；③ 排除其他砷污染所致的砷中毒。

2. 病区划分　地方性砷中毒的病区划分是以自然村（屯）为单位进行划分，饮水或燃煤含砷量与患病率不符时，以患病率划分轻、中、重病区。

（1）饮水型地方性砷中毒病区划分标准：其划分为4区，即：① 潜在病区：饮水砷含量≥0.05 mg/L；或者只有可疑病人。② 轻病区：饮水砷含量＞0.10 mg/L；或者患病率＜10％；③ 中病区：饮水砷含量＞0.30 mg/L；或者患病率在10％～30％之间；④ 重病区：饮水砷含量＞0.50 mg/L；或者患病率≥30％，出现重度病人（见WS/T 211－2001）。

（2）燃煤污染型地方砷中毒病区划分标准：其划分为4区，即：① 潜在病区：燃煤砷含量≥40.0 mg/kg；或者只有可疑病人；② 轻病区：燃煤砷含量＞100.0 mg/kg；或者患病率＜10％；③ 中病区：燃煤砷含量＞200.0 mg/kg；或者患病率在10％～30％之间；④ 重病区：燃煤砷含量＞400.0 mg/kg；或者患病率≥30％，出现重度病人（见WS/T 211－2001）。

## 四、发病机制

地方性砷中毒是一种慢性全身性疾病，除引起皮肤损伤，特别是掌跖角化外，慢性砷中毒还可导致神经、智力发育异常及其他脏器的损伤。无机砷被机体吸收入血后，主要与血红蛋白中的珠蛋白结合，随血液分布到全身各组织和器官，可沉积于肝、肾、骨、肌肉、皮肤、指甲和毛发中。

砷中毒机制尚未完全阐明，一般认为：① 五价砷化物在体内转变为三价砷后，三价砷化物极易与巯基结合，从而引起含巯基的酶、辅酶和蛋白质生物活性及功能改变，导致相应的代谢功能障碍；② 无机砷化物代谢的中间产物三价甲基砷酸，有很强的细胞毒性，抑制机体内某些氧化还原酶的活性，诱发机体高氧化的应激状态，导致组织细胞氧化损伤；③ 砷进入血液循环后，可直接损害毛细血管，引起通透性改变。砷的损害作用还包括导致基因突变和染色体畸变；引起信号转导、细胞周期调控与基因表达改变；甚至诱导细胞凋亡等。

## 五、临床表现

地方性砷中毒临床表现主要有皮肤病变，同时伴有神经、消化、血管等多系统、多脏器的损害。

1. 皮肤病变　地方性砷中毒的主要临床表现有：① 皮肤色素沉着或出现脱色斑点，呈弥漫性棕褐色或灰褐色斑点，可逐渐融合成大斑点，其病变部位以躯干为主，在腹、腰更明显，四肢逐渐减轻；② 皮肤过度角化，主要表现在掌跖角化，可发展至躯干、四肢皮肤，甚至可出现赘生物；③ 致皮肤癌，角化皮肤破溃，经久不愈，最后癌变等。

2. 周围神经炎　早期表现为蚁走感，进而发展到四肢末梢感觉障碍，主要表现手脚麻木、手套、袜套样感觉等。病情严重者可伴有头疼、头晕、记忆力减退、视力或听力下降等。

3. 其他系统影响　地方性砷中毒消化系统症状有食欲减退、恶心、腹痛、腹泻、消化不良等，部分病人还可发展为肝纤维化和肝硬化；血液系统症状表现为红细胞和白细胞减少，由于红细胞破坏过多、血红蛋白合成减少，多数慢性砷中毒的患者有不同程度的贫血症状，也可能是因为砷损伤肝脏后，铁、维生素 $B_{12}$、叶酸等造血物质的吸收、运输和代谢受到影响；另外，可能还有心脑血管系统、雄性生殖系统和肾脏等组织损伤症状。近年也有饮水型砷中毒病区居民肺癌、肾癌、膀胱癌、肝癌等疾病高发的流行病学报道。

## 六、诊断标准

根据我国 2001 年发布的《地方性砷中毒诊断标准》（WS/T211－2001），诊断指标与皮肤病变分级标准如下。

1. 诊断指标　诊断地方性砷中毒有 2 类诊断指标，即：① 基本指标：生活在地方性砷中毒病区的居民，有过量的砷暴露史，出现以下基本指标之一可诊断为地方性砷中毒。即掌跖部位皮肤有其他原因难以解释的过度角化或身体非暴露部位皮肤有其他原因难以解释的色素沉着和色素脱失斑；② 参考指标：其他原因难以解释的周围神经损害（肢端末梢神经感觉或运动功能障碍以及肌萎缩）；尿砷或发砷含量明显高于当地非病区正常值。

2. 皮肤病变分级　各种皮肤病变分级如下：

（1）掌跖部位皮肤角化分级：Ⅰ级：掌跖部肉眼仔细检查可见，和/或可触及多个散在的米粒大小的皮肤结节状角化物；Ⅱ级：掌跖部皮肤有较多或较大的明显的丘疹样角化物；Ⅲ级：掌跖部皮肤有广泛的斑块状，条索状等不同状态角化物；或者在掌跖部、手足背部有多个较大的疣状物，甚至表面有皲裂、溃疡和出血。

（2）皮肤色素沉着分级：Ⅰ级：以躯干非暴露部位为主的皮肤颜色稍变深或有对称性散在的颜色较深的棕色点状色素沉着；Ⅱ级：以躯干非暴露部位为主的皮肤呈灰色或有较多的深浅不同的棕褐色点状色素沉着；Ⅲ级：以躯干非暴露部位为主的皮肤呈灰黑色或有广泛密集的棕褐色斑点状色素沉着，或有较多的深棕黑色、黑色直径在 1 cm 左右色素沉着斑块。

（3）皮肤色素缺失分级：Ⅰ级：以躯干非暴露部位为主的对称性皮肤散在的或针尖大小的色素脱失点；Ⅱ级：以躯干非暴露部位为主的较多皮肤点状色素脱失斑；Ⅲ级：以躯干非暴露部位为主的广泛的密集皮肤色素脱失斑。

（4）鲍文氏病与皮肤癌：掌跖角化物出现糜烂、溃疡、疼痛；躯体角化物或色素斑黑变，表面毛糙、糜烂、溃疡、疼痛，以及周围皮肤红晕，并经活体组织病理检查确诊。

3. 临床分度　地方性砷中毒临床分为 4 度，即：① 可疑：皮肤仅有Ⅰ级色素脱失斑，或仅在掌跖部皮肤有 1～2 个米粒大小结节状角化物者；在燃煤污染型病区有明显视物不清、味觉减退、食欲差等表现者；② 轻度：掌跖部皮肤有Ⅰ级角化，或躯干皮肤Ⅰ级色素沉着和Ⅰ级色素脱失斑同时存在；在可疑对象中，如有周围神经损害者，或尿砷、发砷含量明显高于当地非病区正常值者亦可列为轻度；③ 中度：掌跖部皮肤角化、躯干皮肤色素沉着和色素脱失中有一项为Ⅱ级者为中度；④ 重度：掌跖部皮肤角化、躯干皮肤色素沉着和色素脱失中有一项为Ⅲ级者为重度。对于鲍恩病和皮肤癌，经活体组织病理检查确诊者。

## 七、防治措施

1. 预防措施　地方性砷中毒主要是由于当地居民长期暴露于高砷环境中，因此，改水改灶，使环境中砷含量符合国家卫生标准和改变生活习惯是预防地方性砷中毒的根本措施。

（1）饮水型地方性砷中毒预防：最有效预防措施就是废弃高砷水源，寻找新的低砷水源或采用物理或化学的方法降低水砷含量，使其符合国家生活饮用水卫生标准。在经济条件较好的地区，可以采用集中改水，分户供给自来水的方式，而在经济条件不好的地区，可以通过物理、化学方法除砷。在高砷水中投加明矾、活性氧化铝、硫酸亚铁、硅酸等混凝剂和助凝剂，也可以加入一些吸附材料如活性炭和骨炭等，以增加饮水除砷的效果。

（2）燃煤污染型地方性砷中毒预防：首先应从源头上控制，限制开采高砷煤矿，减少环境的砷化物排放量，降低人群的暴露水平。在暂时找不到低砷煤源的病区，要进行改炉改灶，将煤烟排出室外，避免居室和食物遭受砷污染。同时加强宣传教育，让居民意识到砷的严重危害性，让他们自觉改用低砷煤，改良敞开式燃烧炉灶，修建烟囱以加强室内通风换气，同时应把粮食、蔬菜等食物储藏室和厨房分开，改变烧煤用以烘烤食物的习惯，以防止含砷煤烟污染食品。

2. 治疗措施　目前没有特效的治疗地方性砷中毒的药物和方法，主要是对症支持治疗：①鼓励居民日常膳食多摄入蛋奶鱼肉以补充优质蛋白，注意矿物质、维生素等营养素摄入，提高机体免疫力；②采用巯基络合剂进行驱砷治疗，用5%二巯丙醇油膏涂抹皮肤，缓解慢性砷中毒造成的皮肤损害。对于经久不愈的皮肤溃疡或短期内迅速增大的赘状物，应及时做病理学检查，以便早期诊断、早期治疗皮肤癌变；③选用三磷酸腺苷、辅酶A、辅酶$Q_{10}$、维生素$B_1$、$B_{12}$等制剂，以减轻砷对神经系统的损害；④采用二巯基丙磺酸钠，每天肌肉注射0.125～0.25 g，3～5天为1个疗程，根据尿砷浓度的变化决定用药期限。

（钟才高）

# 第九章　职业病防制

## 第一节　概　述

### 一、职业性病损

职业性病损（occupational health damage）是指劳动者从事职业活动过程中，由于生产环境中的有害因素以及不良的生产工艺过程或不良劳动状态所引起的健康损害，包括职业病、工伤与工作有关的疾病。

**（一）职业病**

职业病（occupational disease）指企业、事业单位和个体经济组织的劳动者在职业活动中，因接触粉尘、有毒化学物质、有害物理刺激等职业病危害因素后所引起的机体功能性或器质性病理改变，并出现相应临床症状与体征的一类疾病。职业病有广义职业病与法定职业病之分，而后者特指国家政府立法明文规定的职业病。根据我国政府规定，确诊为法定职业病后，必须向有关主管部门报告，职业病患者可依法享受国家规定的劳保待遇和有关补偿。职业病的发生取决于下列 3 个因素。

1. 职业性有害因素的性质　有害因素的理化性质是决定健康损害性质与强度的重要因素，如职业者机体吸入硅酸盐粉尘所致的硅酸盐尘肺，同时其损害肺组织的严重程度又与该粉尘颗粒的直径大小有关。一般来说，职业性有害物理因素如噪声、振动等仅接触时对健康产生损害作用，脱离接触后不会在人体内残留，而职业性有害化学因素如铅、铬等重金属等则在脱离接触后，仍持续对机体产生有害影响。

2. 职业者暴露有害因素的条件　职业健康损害也取决于职业者暴露有害因素的水平或强度、接触方式、暴露时间与频率等因素。因此，在诊断职业病时，需估计有害因素作用的浓度或强度。根据我国公布的《工作场所有害因素职业接触限值》（GBZ 2.2－2007），可估计职业环境中有害因素对劳动者有无损害作用。在无法估计接触量时可用接触时间粗略估计作用强度，故认真调查某种职业有害因素的接触时间及接触方式对职业病诊断具有重要的价值。

3. 劳动者对职业有害因素的易感性　劳动者自身的身心健康状况与职业病的发生紧密相关。由于机体的自身调节功能，在人体停止接触某些有害因素后，被扰乱的生理功能有可能逐步恢复，如摄入体内的毒物经过人体内一系列解毒和排毒过程后，可被转化成低毒或无毒物质排出体外。由于个体体质的差异，某些劳动者先天性缺乏某种代谢酶或体内代谢酶存在多态性变异，因此对某些毒物的损害作用高度易感。肝肾功能不全的劳动者，有可能因解毒排毒功能低下而对某些职业有害因素的作用特别敏感，故易导致职业性损害。因此，对劳动者进行严格的就业前和定期的健康检查，有助于及时发现就业禁忌证，消除健康隐患，保护劳动者健康。

### （二）工伤

工伤（occupational injury）是指劳动者在从事职业活动或生产劳动过程中所遭受的意外性伤害，亦称为职业性伤害或工作伤害。工伤常发生于劳动者违反操作规程或缺乏安全操作技能、或劳动者缺乏必要的卫生防护措施，或劳动场所生产设备失修等情况。它与劳动组织与管理、生产设备质量与维护、卫生防护措施完善程度以及劳动者个人安全意识等因素有着密切关系。工伤最具有可预防性，因此，工伤的预防工作需职业卫生管理机构、劳动保护部门、用人单位、劳动者共同协作，以求防患于未然。

### （三）工作有关疾病

工作有关疾病（work-related disease）是指职业性有害因素能使机体的抵抗力降低，导致劳动者潜在的疾病显露或原有疾病加重，从而表现为职业接触人群中某些常见疾病的发病率增高或劳动者病情加重，这类疾病称为工作有关疾病。如接触游离二氧化硅粉尘的职业人群中，肺结核的发病率高于一般人群，其原因是游离二氧化硅粉尘损害肺组织，使肺组织对结核杆菌的抵抗力降低，而促使肺结核的发生，这种由于游离二氧化硅粉尘的接触诱发的肺结核是一种工作有关疾病。这种肺结核的直接病因是结核杆菌，而游离二氧化硅粉尘只是肺结核的诱发因素或促进因素。

根据世界卫生组织（WHO）的定义，工作有关疾病是指一组与职业有关而与职业病不同，影响广大职业人群身心健康的非特异性疾病。工作有关疾病，职业性有害因素不是该病的直接致病因素，而是该种疾病的诱发因素或促进因素。在调离有毒职业岗位或改善劳动条件后，该病可以缓解或停止发展。而职业病是指某一特异职业性有害因素所致的疾病，患者必须具备职业性接触史，且临床表现、实验室检测结果须达到该职业病的诊断标准。因此工作有关疾病，不属于我国规定的职业病范围。

## 二、职业病特点

由职业性有害因素所致的职业病具有以下 4 个特点：

1. 病因特异性　职业病患者必须具有相应职业史或接触史，这是诊断职业病的最重要的前提条件，在停止接触特定有害因素后病情可以控制或消除。

2. 病因可检测性　在职业病患者的劳动环境中能检测到特定的职业性有害因素。职业病的危害程度一般存在剂量－反应（效应）关系。

3. 发病聚集性　经过一定暴露时间出现职业病的多个职业者通常出现在同一职业性有害因素的接触环境中。但是，因职业者健康状况不同或对有害因素影响的敏感性差异，职业病出现的潜伏期存在差异或病情严重程度不同。

4. 疾病可预防性　控制和消除职业性有害因素与采取适当的卫生防护措施可以预防职业病的发生，及早脱离有害因素接触，可以减缓或阻碍职业病病情的进一步发展。

## 三、职业病诊断依据

### （一）职业病构成条件

构成《中华人民共和国职业病防治法》中所规定的职业病，必须具备 4 个条件。

1. 患病主体是企业、事业单位或个体经济组织的劳动者。

2. 必须是在从事职业活动过程中产生的。

3. 必须是因接触粉尘、放射性物质和其他有毒、有害物质等职业病有害因素所引起的。

4. 必须是国家公布的职业病分类和目录中所列的职业病。

以上 4 个条件缺一不可。

**（二）法定职业病范围**

根据我国卫生部、劳动保障部于 2002 年 4 月 18 日颁发的《职业病名单》，我国法定职业病分 10 类共 115 种，包括：

1. 尘肺　有矽肺、煤工尘肺、石墨尘肺、碳墨尘肺、石棉肺等 13 种。

2. 职业性放射性疾病　有外照射急性放射病、外照射亚急性放射病、外照射慢性放射病、内照射放射病、放射性皮肤疾病等 11 种。

3. 职业中毒　有铅及其化合物中毒（不包括四乙基铅）、汞及其化合物中毒、锰及其化合物中毒、镉及其化合物中毒、铍病等 56 种。

4. 物理因素职业病　有中暑、减压病、高原病、航空病、手臂振动病等 5 种。

5. 生物因素所致职业病　有炭疽、森林脑炎、布氏杆菌病等 3 种。

6. 职业性皮肤病　有接触性皮炎、光敏性皮炎、电光性皮炎、黑变病、痤疮等 8 种。

7. 职业性眼病　有化学性眼部灼伤、电光性眼炎、职业性白内障（含辐射性白内障、三硝基甲苯白内障）等 3 种。

8. 职业性耳鼻喉口腔疾病　有噪声聋、铬鼻病、牙酸蚀病等 3 种。

9. 职业性肿瘤　有石棉所致肺癌、间皮瘤、联苯胺所致膀胱癌、苯所致白血病、氯甲醚所致肺癌、砷所致肺癌、皮肤癌等 8 种。

10. 其他职业病　有金属烟热、职业性哮喘、职业性变态反应性肺泡炎、棉尘病、煤矿井下工人滑囊炎等 5 种。

**（三）职业病诊断依据**

职业病诊断是对某种职业病的本质、病情程度及其与职业性危害因素有无因果关系所做出的判断结论。职业病必须依据职业史或职业病危害接触史、职业卫生现场调查资料、临床表现和医学辅助检查的结果等，进行综合辩证分析和逻辑推理，排除其他疾病可能，方可做出诊断。进行职业病诊断时，不应使用模糊词汇作诊断用语。如："考虑为某职业病"、"某疾病由某种职业性危害因素引起的可能性大"、"某疾病与某职业性危害因素有关"等，均不具有职业病诊断的效力。我国就部分职业病制定了国家《职业病诊断标准》，现已公布实施。根据《中华人民共和国职业病防治法》规定，凡承担职业病诊断的医疗卫生机构在进行职业病诊断时，应当组织 3 名以上取得职业病诊断资格的执业医师集体诊断。在没有证据否定职业病危害因素与病人临床表现之间的必然联系时，在排除其他致病因素后，应当诊断为职业病。

1. 职业接触史　包括职业性有害因素的接触工种性质、时间、频率与强度、生产工艺、操作方法、卫生防护措施以及既往工作经历（含再就业史或职业转换史）和兼职史等，诊断者应详细询问和了解上述信息后，才能正确判断患者暴露于职业性有害因素的机会和程度。职业史是职业病医学诊断的重要前提。

2. 职业卫生现场调查　职业病诊断者应深入作业现场，了解患者所在工作岗位的生产工艺、劳动过程、职业性有害因素的来源及强度、卫生防护措施情况以及同一工种其他劳动者的发病情况，从而判断职业病患者是否因该生产环境有害因素而引起职业病。职业卫生现场调查是诊断职业病的重要参考依据。

3. 临床表现　职业病的临床表现复杂多样，同一病因可导致不同的临床表现，相似症状或体征也可由不同职业性有害因素甚至非职业因素引起，因此，在临床资料收集与分析时需全面考虑各种可能性，若没有证据否定职业病危害因素与病人临床表现之间的必然联系时，在排除其他致病因素后，应当诊断为职业病。

4. 实验室辅助检查结果　实验室检查主要包括接触指标和效应指标。接触指标指生物材料中职业性有害因素及其代谢产物，如血铅、发铅、尿汞、尿镉、尿酚、尿甲基马尿酸等。效应指标包含两类：①反映毒作用的特异性指标：如有机磷农药中毒患者可检测血液胆碱酯酶活性；②反映机体组织器官损害的一般指标：如血常规、尿常规、肝肾功能指标等。

只有全面、综合分析利用上述诊断依据才有可能得出正确的诊断结论。对暂时不能给予明确诊断的病例，应及时给予对症治疗，并实施动态观察，再做出正确的诊断。

## 四、职业病预防对策

据卫生部统计，近年来我国平均每年报告新发职业病人 15 000 多例，截至 2006 年，我国累计报告各类职业病 676 562 例。职业病发病率居高不下，累积病例庞大，且今后若干年还呈持续上升趋势，再加上我国职业健康监护覆盖水平严重不足，实际病例将远远高于报道数字，故加强我国职业病防治工作，任重而道远。

### （一）三级预防原则

职业病防治工作应坚持预防为主、防治结合的方针，实行分类管理、综合治理。职业病的预防对策应重点在病因预防（即一级预防），用人单位应当为劳动者创造符合国家职业卫生标准和卫生要求的工作环境和条件，并采取措施保障劳动者获得职业安全与职业卫生保护。同时，用人单位还应当建立、健全职业病防治责任制，加强对职业病防治的管理，提高职业病防治水平，对本单位产生的职业病危害应承担责任。在实际工作中，应遵循“三级预防”原则，对职业病进行预防控制，从而最大限度地保护职业人群的健康。产生职业病危害的用人单位，应按照《中华人民共和国职业病防治法》重点搞好一级预防工作，给职业者提供的工作场所应当符合下列职业卫生要求：

1. 职业病危害因素的强度或浓度应符合国家职业卫生标准。
2. 有与职业病危害防护相适应的卫生设施。
3. 生产布局合理，符合有害与无害作业分开的原则。
4. 有配套的更衣间、洗浴间、休息室等辅助设施。
5. 生产设备或劳动工具、用具等设施符合促进劳动者身心健康的要求。
6. 满足法律、行政法规和国务院卫生行政部门关于保护劳动者健康的其他要求。

### （二）职业病患者护理原则

作为一名专业护理人员，在职业病防治中将担负起职业病人康复护理的主要工作，职业病的护理是临床预防的重要组成部分。国家规定，凡职业病患者，在治疗和休息期间均按劳动保险条例的有关规定给予劳动保护待遇，因职业病自身的诸多特点，如工伤性质、群体性，加上部分职业病病程长、病情迁延不愈的特征，以及职业病在诊断程序和医治待遇上与普通疾病的差异，常导致职业病患者的心理活动不同于一般病人，上述因素直接造成职业病患者难以治疗和护理的状况。研究表明，护理人员热情、耐心的态度和正确的行为，直接影响着病人的感受及对病情的理解和认识，对改变患者的心理状态和行为，以及减轻由此引起的各种躯体症状，对帮助病人建立有利于康复和治疗的最佳心理状态、促进其疾病康复具有十分重要的意义。

正确实施护理干预，原则如下：

1. 以人为本的服务　全面理解病人，热情关心病人，做到正确护理。在护理职业病病人前，医护人员应向医生了解病人所患何种职业病、是否已经明确诊断、目前职业病病人的生命体征如何、需要何种医学处理等。在明确了病人的具体临床情况后，护理人员应根据医生的医嘱进行处理，及时把处理情况、病情的观察结果反映给医生。

2. 创造良好的医疗环境　团结友善的医患关系和病友关系，以及良好的就医环境，不仅有利于治疗和护理工作的开展，也有利于缓解病人的紧张情绪，直接促进患者的早日康复，能够收到事半功倍的功效。护理人员在工作中要注意工作方法，对病人应该有礼貌，尊重病人；要善于激发病人战胜疾病的潜能，充分发挥职业病患者的主动性；对待病人一视同仁，绝不能厚此薄彼；耐心地倾听患者的述说，使他们获得被认识、被尊重的感觉。

3. 及时提供治疗信息　护理人员应该主动向患者介绍有关医院的规章制度，帮助他们熟悉医院环境，了解和掌握各种生活设施的使用方法；了解有关自己病情的诊断和治疗方案，并及时向患者通报疾病的进展和预后等情况，让患者正确认识和对待自己的病情，做到心中有数；提醒患者饮食起居等生活方面需要注意的事项，如宣传吸烟、饮酒给治疗康复工作带来的不利影响；耐心指导患者配合治疗，不断增强患者对医院的信任，以及对医护人员的信赖。

4. 适当的心理干预　护理人员应多与病人沟通，帮助患者尽快适应角色的转换，要留心观察病人的情绪变化，建立诚实守信的良好护患关系；要热情宣传职业病防治知识，根据职业病防治法的有关规定，向患者详细解释国家相关政策，协调患者和用人单位之间的关系；重视心理卫生的宣传教育工作，强化“医、护、患”三者共同合作的治疗新模式。

5. 要因人施护　护理人员应针对不同年龄、不同性别、不同疾病以及不同病程的职业病患者，在护理方面及生活安排上要因人而异，有针对性地进行身心护理和治疗。努力帮助患者早日适应环境，恢复心理平衡状态，增强机体的抗病能力。

总之，医护人员要以职业病患者的需要为出发点，从病人的具体情况着手，有针对性地制订切实可行的护理方案，努力做到护理措施个体化，对症下药，因人施护，优化护理环境，并严格遵守护理操作规程。唯有如此，才能取得良好的护理和治疗效果，帮助患者早日脱离病痛，重返工作岗位。

## 第二节　职业中毒

### 一、职业中毒概述

#### （一）基本概念

1. 生产性毒物（productive toxicant）　指在生产过程中产生的或在劳动过程中使用的存在于工作场所中可对劳动者机体健康产生有害影响的化学物质，亦称职业性毒物。生产性毒物来源于工业生产的原料、辅助材料、中间产物、半成品、成品、副产品或废弃物，它们主要通过呼吸道、皮肤进入机体，在体内经过生物转化作用，以原形或代谢物形式对劳动者机体造成损害。

2. 职业中毒（occupational poisoning） 劳动者在职业活动中，人体通过各种途径接触生产性毒物（或工作场所毒物）所引起的组织器官或系统功能性和/或器质性疾病。如劳动者在原料开采、提炼、产品加工处理、生产、包装、运输等过程中都可能引起职业中毒，在操作环节中由于操作失误或安全事故等情况也可能接触这类毒物而导致职业中毒。

### （二）职业中毒的临床类型

职业中毒的临床类型受生产性毒物的毒性和浓度、患者接触时间与频率、患者的健康状况等因素的影响，根据职业中毒发生的时间，职业中毒可分为以下 3 类：

1. 急性职业中毒（acute occupational poisoning） 指劳动者在职业活动中，短时间内吸收大剂量毒物所引起的中毒，一般指接触毒物数小时内发病。在正常生产情况下，急性中毒少见，往往发生在生产过程出现意外时，如氯气泄露造成的急性中毒。

2. 慢性职业中毒（chronic occupational poisoning） 指劳动者在职业活动中，长时间吸收较小剂量毒物所引起的中毒，一般指接触毒物 3 个月以上时间发病。这主要由于毒物在体内的蓄积或毒物使机体系统器官功能逐渐损害所致，如慢性汞中毒。

3. 亚急性职业中毒（subacute occupational poisoning） 一般指劳动者在职业活动中，接触毒物数天至 3 个月而引起机体功能和/或器质性损害所致的中毒。介于急性和慢性职业中毒之间，通常为在较短时间内有较大剂量毒物进入人体所致，如亚急性铅中毒。

此外，还有迟发性中毒临床类型，即脱离接触毒物一段时间后，才呈现中毒临床表现。在职业性接触毒物时，有时毒物或代谢产物在体内的浓度虽超标但暂无临床表现，处于亚临床状态，称为中毒的观察对象。职业中毒的临床表现复杂，常表现为全身多系统、多器官损害，因此，充分掌握职业中毒的临床特点，对于职业中毒的诊断与治疗具有十分重要的意义。

### （三）职业中毒的诊断与治疗原则

职业中毒的诊断要以职业病诊断的一般原则为前提，在临床资料收集与分析时要多方面综合考虑，不仅要排除其他职业性有害因素所致的类似疾病，还要考虑职业病与非职业病的鉴别诊断。在诊断时要特别重视职业接触史与实验室的检查结果，通常，急性职业中毒较易正确诊断，慢性中毒较难确诊，特别是劳动者存在多次转岗，或接触多种职业性有害因素时诊断更为复杂。总而言之，具有职业接触史、充足的临床证据和现场职业环境监测与实验室检测结果，才可做出正确的诊断。

职业病的治疗，主要有病因治疗、对症治疗和支持疗法 3 种类型。其中病因治疗的目的是针对病因，尽快消除毒物在体内的残留，或减少致病物质在体内的危害或干扰毒物致病机制；对症治疗的目的是减轻中毒症状和缓解病情；支持治疗是为了改善患者身心状况以维持正常生理功能与心理状态。具体方法如现场急救手段、医疗急救手段、解毒排毒、对症治疗、支持疗法及康复护理方法将在本节第二部分的职业中毒中详细介绍。

### （四）职业中毒的预防

职业中毒的预防必须采取综合治理措施，以求从根本上控制、消除有害因素或者尽可能地减少劳动者与有害因素的接触机会，以保护劳动者的健康。积极推广“三级预防”原则，对预防控制职业性中毒有着重要的意义。在实际工作中常以控制毒物来源、降低毒物浓度、注意个体防护、积极进行卫生知识宣传、严格生产环境和健康检测以及加强安全卫生管理等方法为主要手段。

## 二、常见的职业中毒

常见职业中毒类型主要有金属与类金属、刺激性气体、窒息性气体、有机溶剂、苯的氨基和硝基化合物、高分子化合物以及农药中毒等几大类，其中铅、汞、一氧化碳、苯中毒最为常见。

### （一）铅（lead，Pb）

铅为灰白色重金属，可形成多种氧化物及盐类，在工业上应用广泛，与汞、砷、镉、锰、铍、铬、镍、锌、铊、锡、锑等同属于金属与类金属这一大类。

1. 职业接触　劳动者接触铅的主要途径为含铅矿石的开采、冶炼以及熔铅作业以及铅制品的加工生产过程。因为在生产过程中，铅及其化合物主要以粉尘、烟和蒸汽形式存在，故呼吸道成为主要吸入途径，其次为消化道，四乙基铅则可通过皮肤和黏膜吸收。

2. 毒作用机制　铅中毒机制在某些方面尚有待继续研究。目前已知铅作用于全身各系统和器官，主要可累及循环系统、神经系统、消化系统及泌尿系统。铅对骨髓中幼稚红细胞有较强毒作用，使点彩细胞增加；可通过与细胞内蛋白质巯基结合干扰多种细胞酶活性，还可使红细胞表面特性发生改变，如脆性增加导致溶血。研究证明，卟啉代谢紊乱是铅中毒重要和较早的变化之一。铅对神经系统的抑制除其直接毒作用外，还可通过抑制 γ-氨基丁酸（GABA）干扰神经系统功能使中毒者出现意识、行为及神经效应改变；还可通过对脑内儿茶酚胺代谢产生影响，最终导致中毒性脑病和周围神经病；铅中毒典型症状腹绞痛则是由于铅抑制肠壁碱性磷酸酶和 ATP 酶活性导致肠壁和小动脉平滑肌痉挛，肠道缺血所致。铅通过影响肾小管上皮线粒体功能，抑制 ATP 酶活性，引起肾小管功能障碍，降低肾小管重吸收功能。另外，血铅也可通过胎盘进入胎儿体内影响子代。

3. 临床表现与诊断　铅的职业性急性中毒比较少见，但劳动者在生产环境中接触大量铅烟时可出现急性中毒。职业性铅中毒多为慢性中毒，早期一般有乏力、关节肌肉酸痛、胃肠道症状等。随着病情进展，患者可出现类神经症、周围神经病、中毒性脑病、胃肠道症状加重、腹绞痛、贫血、牙齿铅线、近曲小管损伤引起的 Fanconi 综合征、男性精子数下降、存活力减弱以及女性月经失调、不孕不育等。职业性慢性铅中毒诊断参见《职业性慢性铅中毒诊断标准（GBZ37－2002）》。

4. 处理原则　铅中毒治疗方法有：① 驱铅疗法：常用金属络合剂，3～4 日为一疗程，根据病情治疗 3～5 个疗程，疗程间隔 3～4 日。首选依地酸二钠钙（$CaNa_2$-EDTA），每日 1.0 g，静脉注射或加于 25%葡萄糖液静脉滴注。也可用二巯基丁二酸钠（NA-DMS）每日 1.0 g，加生理盐水或 5%葡萄糖液配成 5%～10%浓度静脉注射。二巯基丁二酸胶囊（DMSA）副作用较小，可口服，每日 3 次，每次 0.5 g；② 对症治疗：对类神经征者可给予镇静剂，静脉注射葡萄糖酸钙或皮下注射阿托品可治疗腹绞痛。

5. 康复护理　可在驱铅阶段辅以能量合剂、复方氨基酸等支持疗法，以保护肝、肾、脑等重要器官；治疗过程中严密观察病情变化及用药后的疗效，及时向病人解释用药后的反应；警惕中毒性脑病的发生；指导病人定期做尿铅检查；如发生腹绞痛，可遵医嘱给 10%葡萄糖酸钙 10 ml 静脉推注或阿托品 0.5～1.0 mg，并可进行腹部热敷＋针灸治疗；指导病人用稀醋酸溶液与生理盐水配合漱口；向病人宣传合理膳食；正确进行心理护理，使病人从中得到精神鼓励，放下思想包袱，树立战胜疾病的信心。

6. 预防措施　预防铅中毒关键在于控制生产环境中的铅浓度，具体措施有：

（1）改进生产工艺：用无毒或低毒物代替铅，如印刷用锌代替铅制板，制油漆用钛白代替铅白等；改革工艺，使生产过程机械化、自动化、密闭化，减少手工操作，如用机械化浇铸代替手工，熔铅炉使用感应电加热炉控制温度，安装吸尘排气罩，回收净化铅尘等。确保车间空气中铅的浓度符合国家规定的《工作场所有害因素职业接触限值（GBZ2.1－2007）》时间加权容许浓度（PC-TWA）：铅尘 0.05 $mg/m^3$，铅烟 0.03 $mg/m^3$。

（2）加强个人防护：铅作业的工人应穿工作服、带过滤式防烟尘口罩，严禁在劳动过程中进食，饭前应洗手，下班应淋浴，坚持湿式清扫。定期监测生产环境空气中铅的浓度，并定期检修设备。定期进行健康检查。患有神经系统、贫血、高血压、肝、肾疾病的人不宜从事铅作业，怀孕及哺乳期的妇女应暂时调离铅作业。

**（二）汞（mercury，Hg）**

汞俗称水银，为银白色液态金属，常温下即能蒸发，加热时氧化为氧化汞。汞不溶于水，易溶于硝酸与热浓硫酸。

1. 职业接触　汞及其化合物应用很广，许多行业都有接触汞及其化合物的机会。如含汞矿石的开采及冶炼，可接触到汞蒸气；用金属汞制造各种温度计、流量计、压力计等，可污染皮肤。另外，口腔科用银汞合金补牙，化学工业用汞作阴极电解食盐，制药工业用汞制造升汞与甘汞，军工生产中用雷汞制造雷管以及含汞化合物的生产与应用等职业活动都可接触汞。因此，汞的职业接触面非常广泛。金属汞主要以蒸汽形式经呼吸道进入人体，金属汞、汞盐及有机汞化合物则易经过消化道与皮肤吸收。

2. 毒作用机制　汞中毒的机制尚有待进一步研究。目前已知汞可以二价汞离子（$Hg^{2+}$）的形式与人体内蛋白质巯基（—SH）结合从而干扰细胞代谢过程中所需酶的活性；汞与体内蛋白结合后还可使半抗原成为抗原，引起变态反应，引发肾病综合征，或者由高浓度汞直接引起肾小球免疫损伤。汞及其化合物在体内经循环系统集中于肝脏，随后转移至肾脏并分布于肾皮质。肝肾组织中的金属硫蛋白（metallothionein）对汞的解毒与蓄积有一定的作用。汞还可以通过血脑屏障进入脑组织并在脑中长期蓄积，也可以通过胎盘进入胎儿体内影响胎儿发育。

3. 临床表现与诊断　汞的密闭空间作业或意外事故可造成急性汞中毒，尿汞增加，临床表现为发热、头晕、头疼、震颤等全身症状，并可出现口腔牙龈炎或胃肠炎，或出现急性支气管炎症状，有咳嗽、呼吸困难，进一步则可发生化学性间质性肺炎，出现气促、肺水肿等，还可出现蛋白尿为特征的肾损伤，严重急性汞中毒可以出现急性肾衰竭或中毒性脑病。慢性汞中毒主要表现为神经衰弱综合征，如头昏、头痛、健忘等现象，并有手指震颤或有舌、眼睑震颤，口腔炎等临床表现，实验室检查肾损伤可见低分子蛋白质排出量与尿汞增加。进一步发展可出现性格情绪改变如易兴奋等，上肢粗大震颤，肾脏功能损害更加明显，严重者可出现慢性汞中毒性脑病。职业性汞中毒的诊断及分级标准参见《职业性汞中毒诊断标准》（GBZ89－2007）。

4. 处理原则　急性汞中毒时应使患者迅速脱离现场，脱去污染衣服，静卧，保暖，皮肤被汞污染应立即用清水冲洗。观察对象视情况处理，轻度中毒者治愈后可回原岗位，中度及重度中毒者治愈后不宜从事汞作业。急慢性汞中毒的治疗原则有：①驱汞治疗：其药物有二巯基丙磺酸钠和二巯基丁二酸钠。急性中毒可用二巯基丙磺酸钠125～250 mg肌注，间隔4～6小时1次，2天后125 mg，疗程视病情而定；慢性中毒可用二巯基丙磺酸钠125～250mg肌注，每日1次，连续3天间隔4天为1个疗程，共治疗3～4个疗程；②对症治疗：与内科相同，根据临床症状进行对症处理。

5. 康复护理　驱汞治疗时注意肌肉深部注射，要求速度缓慢，减轻病人疼痛，并及时向病人解释治疗的副作用；患者有口腔炎时注意提醒饭后生理盐水清洗口腔，口腔溃烂者可用1%龙胆紫涂抹，并提醒患者注意饮食；汞中毒病人多汗，应密切注意有无虚脱和电解质紊乱，若病人全身皮肤瘙痒，应按医嘱给予止痒药物，并叮嘱病人不要搔抓，减少和避免继发性感染及并发症的发生等。心理护理方面做到耐心说明驱汞治疗的目的和效果，使家属及患者消除紧张情绪，树立战胜疾病的信心，使病人积极配合治疗与护理。

6. 预防措施　预防汞中毒应采用综合性预防措施，具体措施包括：

（1）改进生产工艺，降低汞的污染：用无毒或低毒原料代替汞，如用电子仪表代替汞仪表，用酒精温度计代替金属汞温度计，冶炼或灌注汞时应设有排气罩或密闭装置以免汞蒸汽逸出。降低作业场所空气中汞蒸汽的浓度。确保车间空气中汞的浓度符合国家规定的《工作场所有害因素职业接触限值》（GBZ2.1－2007）：汞-金属汞（蒸汽）时间加权容许浓度（PC-TWA）0.02 $mg/m^3$，短时间接触容许浓度（PC-STEL）为0.04 $mg/m^3$。

（2）加强通风排气，消除环境汞污染：汞作业车间应采取降温措施，以减少汞的蒸发。汞作业环境的墙壁、地面、工作台和工作服要经常清洗，及时清除和回收流散残留在桌面、地面、墙壁上的汞，除去吸附在表面的汞滴以及污染较严重的地面，可用碘熏蒸除汞，但要注意碘的腐蚀作用。含汞废气、废水、废渣必须处理后再排放。车间、地面、墙壁、天花板、工作台面，宜用光滑、不吸汞的材料，建造物表面可涂过氯乙烯漆，以减少汞蒸气渗透和吸附，且便于清洗。地面及工作台要有一定的倾斜度，在低的一侧设立汞吸收槽，定期收集。定期检测汞作业环境空气中汞的浓度。

（3）注意个人防护，加强健康监护：汞作业人员应每年体检一次，及时发现汞吸收和早期汞中毒的患者，以便及早治疗。落实卫生保健措施，工作人员应穿工作服、戴防毒口罩或活性炭口罩，严禁在车间内进食、饮水和吸烟。要做好就业前的健康检查，患有口腔疾病、明显肝肾器质性疾病、精神病、严重神经衰弱者，均不宜从事汞作业。发现可疑中毒者及妊娠、哺乳期妇女，应暂时调离汞作业环境。

**（三）一氧化碳（carbon monoxide，CO）**

一氧化碳是一种无色、无味、无臭、无刺激性的窒息性气体（asphyxiating gases），在生产环境中较易引起职业者中毒。

1. 职业接触　含碳物质不完全燃烧或以CO为生产原料的生产环境空气中常存在CO，故冶金工业、机械制造工业、化工工业、燃气制取、采矿爆破等生产过程均可发生一氧化碳中毒。一氧化碳经呼吸道进入人体后透过肺泡迅速进入血液，绝大部分以原形随呼气排出。

2. 毒作用机制　CO可以由呼吸道迅速吸收，入血后可与血红蛋白（Hb）分子发生紧密而可逆的结合，形成无携氧能力的HbCO，更由于其对Hb的亲和力比$O_2$大300倍左右，而HbCO的解离速度仅为$HbO_2$的1/3600，故少量CO即可严重影响$HbO_2$的生成，导致组织缺氧。此外，约有10%～15%的CO可与血管外血红素蛋白结合，影响氧从毛细血管向细胞线粒体弥散，并可与线粒体细胞色素 $a_3$ 等结合阻断电子传递链，导致细胞内窒息。空气中 CO 浓度及接触时间、氧分压及吸入者每分钟的肺通气量可对 CO 所致组织缺氧程度造成影响。

3. 临床表现与诊断

（1）急性中毒：病情分级与循环中 COHb 浓度有关，一般分为 3 级。

① 轻度中毒：血液 COHb 10%～20%。以脑缺氧反应为主要表现，患者口唇黏膜呈樱桃红色，可有剧烈的头痛、头晕、心悸、恶心、呕吐、四肢无力等；在意识方面，可表现出一过性嗜睡、意识模糊甚至谵妄状态等，脱离中毒环境，吸入新鲜空气或氧疗后，症状很快消失。

② 中度中毒：血液 COHb 30%～40%。上述轻度中毒症状加重，口唇、指甲、皮肤黏膜呈樱桃红色并出现面色潮红，患者可有一过性或较长时间的轻度意识障碍，生命体征可有改变。经高压氧治疗后可恢复，一般无并发症发生。

③ 重度中毒：血液 COHb＞50%。病人多呈深度昏迷，各种反射消失。中枢神经系统可表现为大脑局灶性损害、锥体系和锥体外系损害，常有脑水肿、惊厥、肺水肿、呼吸衰竭、上消化道出血、休克、心肌损害及心律失常，皮肤红肿和水疱。受压部位的肌肉坏死，可发生横纹肌溶解症，导致急性肾小管坏死和肾衰竭。重度中毒者死亡率高，幸存者多有不同程度的后遗症。

（2）急性一氧化碳中毒迟发性脑病：有些急性中毒患者在意识障碍恢复后，约 2～60 天的“假愈期”后出现迟发性脑病，临床可出现精神意识障碍、锥体外系神经障碍、锥体系神经损害、大脑皮质局灶性功能障碍以及周围神经炎如视神经、听神经及周围神经病变等。出现任何表现之一均可诊断。

（3）慢性影响与后遗症：CO 能否引起慢性中毒尚有争论，急性中毒后遗症的严重程度常与昏迷时间的长短有关，其表现有神经衰弱、震颤麻痹、智力障碍等。

急性 CO 中毒的诊断及分级标准参见《职业性急性一氧化碳中毒诊断标准》（GBZ23-2002）。

4. 处理原则　迅速将患者移离中毒现场至空气新鲜的环境中，松开衣领，注意保暖；密切观察患者的意识状态，轻度中毒者，给予氧气吸入及对症治疗，中度及重度中毒者积极给予常压口罩吸氧治疗，有条件时可给予高压氧治疗，重度中毒者视病情给予消除脑水肿、促进脑血液循环，维持呼吸循环功能及控制痉挛等对症及支持治疗；加强护理、积极防治并发症及预防迟发性脑病，对迟发性脑病者，可给予高压氧、血管扩张剂、糖皮质激素或抗帕金森氏病药物和其他对症与支持治疗。轻度中毒经治愈后可从事原工作，中度中毒者经治疗恢复后，视情况可从事原工作，重度中毒及出现迟发脑病者应调离一氧化碳作业。因重度中毒或迟发脑病治疗半年仍遗留恢复不全的器质性神经损害时，应永远调离接触一氧化碳及其他神经毒物的作业。视病情安排治疗和休息。

5. 康复护理　患者经抢救苏醒后应绝对卧床休息，观察 2 周，有条件者应给予纯氧或高压氧；应密切观察患者病情，注意其神经系统的表现及皮肤、肢体受压部位的损害情况；可给予昏迷并高热和抽搐者头部降温为主的冬眠疗法，同时注意保暖，防止自伤和坠伤；要准确记录补液量与尿液排出量以及补液速度，防止脑水肿、肺水肿及水、电解质紊乱等并发症发生；注意心理护理，及时向患者及家属介绍病情及治疗方案，使患者及家属配合治疗。

6. 预防措施

（1）应加强预防一氧化碳中毒的卫生宣传教育，普及自救、互救知识。组织劳动者认真学习安全生产制度和操作规程。

（2）有条件的单位可安装一氧化碳报警器。

（3）凡是可能存在一氧化碳的场所，都应加强自然通风和机械通风。

（4）经常对生产设备进行维护和检修，防止CO泄漏。抢修设备故障时，应佩戴特制的防毒面具，两人同时工作，以便监护和互助。

（5）严格执行职业卫生标准的规定，控制生产环境空气中CO浓度。确保车间空气中CO的浓度符合国家规定的《工作场所有害因素职业接触限值》（GBZ2.1－2007）：时间加权容许浓度（PC-TWA）20.0 $mg/m^3$，短时间接触容许浓度（PC-STEL）30.0 $mg/m^3$（非高原地区）。

**（四）苯（benzene）**

苯常温下为带特殊芳香味的无色透明的易燃液体，极易挥发，属于有机溶剂类。苯难溶于水，但易溶于酒精、乙醚、丙酮、氯仿等有机溶剂。苯与氧化剂接触反应激烈。

1. 职业接触　苯的制造工业如焦炉气、石油裂化等过程可接触苯。另外，苯在工农业生产中被广泛应用于有机化学合成原料，如农药、合成橡胶、染料、油漆等；常作为溶剂、萃取剂和稀释剂用于生药的浸制、提取过程以及制鞋、喷漆作业等生产过程均可接触苯。苯以蒸气形式从呼吸道进入人体后，主要分布在含类脂质较多的组织和器官中，之后约50%以原形由呼吸道排出，10%以原形储存于体内，40%被肝脏等器官代谢，代谢产物（如苯酚、氢醌等）随尿排出。

2. 毒作用机制　苯代谢产物可能表现为骨髓毒性以及致白血病作用，目前认为其机制主要有：干扰细胞因子对骨髓造血干细胞生长分化的调节作用，生成氢醌与纺锤体纤维蛋白共价结合抑制细胞增殖，其代谢物可与DNA结合形成加合物以及产生活性氧损伤DNA诱发急性髓性白血病以及癌基因的激活。

3. 临床表现与诊断　急性苯中毒主要表现为中枢神经系统的麻醉作用，患者可出现头晕、头痛、恶心、呕吐、兴奋、步态蹒跚等酒醉样状态，严重者可出现神志模糊、抽搐甚至呼吸、心跳停止。实验室检查可见尿酚和血苯增高。慢性苯中毒除头晕、头痛、乏力、失眠、记忆力减退等神经系统症状外，还可损害造血系统，如白细胞与血小板减少，表现为出血倾向。其中轻度中毒患者白细胞计数大多低于 $4.0\times10^9/L$ 或中性粒细胞低于 $2.0\times10^9/L$，血小板计数大多低于 $60\times10^9/L$；中度中毒患者白细胞计数低于 $3.0\times10^9/L$ 或中性粒细胞低于 $1.5\times10^9/L$，血小板计数低于 $40\times10^9/L$；重度中毒可出现全血细胞减少症、再生障碍性贫血、骨髓增生异常综合征或白血病等。

苯中毒诊断及分级标准参见《职业性苯中毒诊断标准》（GBZ68－2008）。

4. 处理原则　观察对象如有职业禁忌证者，应调离苯作业；急性苯中毒者应迅速脱离现场，移至新鲜空气环境中，立即脱去被苯污染的衣服，用肥皂水清洗被污染的皮肤，注意保暖，急性中毒期卧床休息。可用葡萄糖醛酸治疗，忌用肾上腺素，急性苯中毒轻度者病情恢复后视情况可安排适当工作，重度者原则上应调离原工作岗位。慢性中毒因无特效药治疗以对症治疗为主，患者一经诊断应调离苯作业及其他有毒物质岗位，根据病情合理安排工作或休息。

5. 康复护理　患者应绝对卧床休息，护理人员应密切注意病人病情，防止外伤及出血；如需输血应严格执行输血操作常规，注意患者状态，发现异常及时处理；应控制感染，做好病房的消毒隔离，注意药物副作用并及时向患者解释药物副作用；做好心理护理，给予患者心理安慰，帮助其树立治病养病的信心。

6. 预防措施　苯是人类致癌物，应予以严格管理，做到原始级预防。具体措施有：

（1）改进生产工艺，加强通风排毒：以无毒或低毒物质代替苯；生产过程密闭化、自动化和程序化；安装局部抽风排毒设备，定期检修。确保车间空气中苯的浓度符合国家规定的《工作场所有害因素职业接触限值》（GBZ2.1－2007）：时间加权容许浓度（PC-TWA）6.0 $mg/m^3$，短时间接触容许浓度（PC-STEL）10.0 $mg/m^3$。

（2）重视健康监护，加强卫生保健：严格执行苯作业的就业前健康检查，凡有神经系统、血液系统以及肝肾疾病的患者不得参加苯作业。血象指标低于或接近正常值下限者，各种血液病，严重全身性皮肤病，月经过多或功能性子宫出血者不宜从事苯作业。对苯作业现场应进行定期劳动卫生学调查，检测空气中苯的浓度。注意个人防护，佩戴防苯口罩，定期健康检查。女工怀孕期及哺乳期必须调离苯作业。

## 第三节　尘　肺

### 一、尘肺病概述

#### （一）生产性粉尘分类

生产性粉尘（productive dust）是指生产活动中产生的、能较长时间悬浮于车间空气中的固体微粒，其颗粒直径一般多为 0.1～10 μm。它是损害劳动者健康的重要职业性有害因素之一，可引起包括尘肺病在内的多种职业性疾患。

生产性粉尘几乎可来源于所有的工农业生产行业，按粉尘的性质，可以分为以下类型：

1. 无机粉尘（inorganic dust）包括石英、石棉、滑石、煤等矿物性粉尘；铅、锰、铁、铍、锡、锌等金属及其化合物粉尘；金刚砂、水泥、玻璃纤维等人工无机粉尘。

2. 有机粉尘（organic dust）包括皮毛、丝、骨、角质粉尘等动物性粉尘；棉、麻、谷物、甘蔗、烟草、木、茶粉尘等植物性粉尘；合成树脂、橡胶、人造有机纤维粉尘等人工有机粉尘。

3. 混合性粉尘（mixed dust）两种以上粉尘混合存在时一般称为混合性粉尘。

#### （二）生产性粉尘的理化特性及其卫生学意义

生产性粉尘的理化特性包含粉尘的化学成分、分散度、硬度、溶解度、荷电性以及爆炸特性等，其理化特性、接触浓度与接触时间可共同决定粉尘对人体的危害性质和程度。

#### （三）生产性粉尘对健康的影响

生产性粉尘对劳动者机体健康可引起不同的损害作用，主要有：

1. 呼吸系统疾病

（1）尘肺：劳动者在生产过程中长期吸入不同种类的粉尘可导致不同类型的尘肺。

（2）粉尘沉着症：锡、钡、铁、锑尘等生产性粉尘沉积于肺组织可引起一般异物反应，并继发轻微纤维性增生，劳动者脱离粉尘作业后，病变不进展，X 线胸片可见阴影消退。

（3）有机粉尘所致呼吸系统疾患：棉、亚麻、大麻等粉尘吸入后可引起棉尘症（byssinosis）；被真菌、细菌或血清蛋白等污染的有机粉尘吸入后可引起职业性变态反应性肺泡炎（occupational allergic alveolitis）；被细菌内毒素污染的有机粉尘吸入后可引起有机粉尘毒性综合征（organic dust toxic syndrome）；聚氯乙烯、人造纤维粉尘吸入后可引起非特异性慢性阻塞性肺病（chronic obstructive pulmonary disease，COPD）。

（4）粉尘性支气管炎、肺炎、哮喘性鼻炎、支气管哮喘等。

（5）呼吸系统肿瘤。

2. 局部作用　粉尘对呼吸道黏膜产生刺激作用可引起鼻炎、咽炎、气管炎等，体表皮肤长期接触还可引起粉刺、毛囊炎、脓皮病等。

3. 中毒作用　铅、砷、锰等粉尘吸入后可很快在呼吸道黏膜溶解、吸收，导致中毒。

**（四）尘肺病的诊断**

尘肺病的诊断依据是我国目前现行的《尘肺病诊断标准》（GBZ70－2009）。

1. 诊断原则　根据可靠的生产性粉尘接触史，以技术质量合格的X射线后前位胸片表现作为主要依据，结合现场职业卫生学调查资料，参考临床表现和实验室检查结果，排除其他肺部类似疾病后，对照尘肺病诊断标准，胸片阴影总体密度至少达到Ⅰ级，分布范围至少达到2个肺区，方可作出尘肺病的诊断。

2. 尘肺诊断标准　尘肺X射线胸片表现分期依据为我国《尘肺病诊断标准》（GBZ70－2009）。

（1）尘肺观察对象：粉尘作业人员健康检查发现X射线胸片有不能确定的尘肺样影像学改变，其性质和程度需要在一定期限内进行动态观察者。

（2）一期尘肺（Ⅰ）：有总体密集度1级的小阴影，分布范围至少达到2个肺区。

（3）二期尘肺（Ⅱ）：有总体密集度2级的小阴影，分布范围超过4个肺区；或有总体密集度3级的小阴影，分布范围达到4个肺区。

（4）三期尘肺（Ⅲ）：有以下3种表现之一者：①有大阴影出现，其长径不小于20mm，短径不小于10mm；②有总体密集度3级的小阴影，分布范围超过4个肺区并有小阴影聚集；③有总体密集度3级的小阴影，分布范围超过4个肺区并有大阴影。

3. 尘肺致残程度分级

根据《职工工伤与职业病致残等级》（GB/T16180－2006）规定，尘肺可导致不同程度的残疾。

（1）尘肺Ⅲ期伴肺功能重度损伤及/或重度低氧血症［$PO_2$＜5.3 kPa（40mmHg）］可定为一级致残；

（2）具备下列3种情况之一者可定为二级致残：①尘肺Ⅲ期伴肺功能中度损伤及/或中度低氧血症；②尘肺Ⅱ期伴肺功能重度损伤及/或重度低氧血症；③尘肺Ⅲ期伴活动性肺结核。

（3）具备下列3种情况之一者可定为三级致残：①尘肺Ⅲ期；②尘肺Ⅱ期伴肺功能中度损伤及（或）中度低氧血症；③尘肺Ⅱ期合并活动性肺结核。

（4）具备下列3种情况之一者可定为四级致残：①尘肺Ⅱ期；②尘肺Ⅰ期伴肺功能中度损伤或中度低氧血症；③尘肺Ⅰ期伴活动性肺结核。

（5）尘肺Ⅰ期伴肺功能中度损伤及（或）中度低氧血症可定为五级致残。

（6）尘肺Ⅰ期伴肺功能轻度损伤及（或）轻度低氧血症可定为六级致残。

（7）尘肺Ⅰ期，肺功能正常可定为七级致残。

**（五）尘肺病的处理原则与康复护理原则**

1. 处理原则　目前尘肺的基本处理原则是：尘肺一经诊断，应及时调离粉尘作业，并根据病情需要进行综合治疗，积极预防和治疗肺结核及其他并发症，对症治疗减轻临床症状，延缓病情进展，延长寿命，提高生活质量等。对需要进行劳动能力鉴定的尘肺病患者按照《职工工伤与职业病致残等级》（GB/T16180－2006）的有关规定进行职业致残等级鉴定。

2. 康复护理原则

（1）护理人员应与病人建立良好的护患关系，并帮助病人建立良好的人际关系，同时，还应加强职业病法规及卫生保健宣传教育，达到良好的心理护理效果。

（2）正确做好排痰、氧疗的护理，对实行支气管肺泡灌洗术的病人实行针对性护理。

（3）对发生并发症的患者，应严密观察病情，协助医生做好治疗，病人呼吸困难期间应尽量在床旁陪伴，减少病人的焦虑感。

（4）病人用药后，应密切观察药物疗效及有无严重不良反应，发现问题及时采取相应措施。

（5）病人病情得到控制出院前，应对其做好科学细致的出院指导，其内容包括病人的体质锻炼、合理摄食、改变不良的生活习惯、预防感冒以及保持和谐的生活环境等。

**（六）粉尘危害的预防控制措施**

尘肺是我国最主要的职业病，我国形势比较严峻，它不但严重威胁患者的生命和健康，还给国民经济造成巨大的损失，必须采取强有力和效果明显的措施。

1. 法律措施

（1）立法和执法：新中国成立以来，我国颁布了一系列旨在防止粉尘危害、保护工人健康的法令和条例，其中2002年5月1日开始实施的《中华人民共和国职业病防治法》充分体现了预防为主和防治结合的基本方针，明确分清用人单位、劳动者和政府行政管理部门在职业病防治中各应承担的责任，对从宏观到微观控制粉尘危害、防治尘肺提供了明确的法律依据。

（2）粉尘最高容许浓度：2007年4月12日卫生部颁布的中华人民共和国职业卫生标准《工作场所有害因素职业接触限值》（GBZ2.1－2007）中规定的“工作场所空气中允许浓度”，不同种类粉尘的时间加权平均允许浓度（PC-TWA）不同，如游离$SiO_2$含量在10%～50%之间的粉尘，总尘PC-TWA为1.0mg/$m^3$，呼吸性吸入尘PC-TWA为0.7mg/$m^3$；云母粉尘PC-TWA为2.0mg/$m^3$，呼吸性吸入尘PC-TWA为1.5mg/$m^3$。

2. 技术措施

（1）改革工艺流程、革新生产设备：是消除粉尘危害的主要途径，如采用遥控操纵、计算机操作、隔室监控等措施以避免工人接触粉尘；采用风力运输、负压吸尘等技术减少粉尘外逸。

（2）湿式作业：是经济实用的防尘、降尘措施，如采用湿式碾磨石英、耐火原料，煤层高压注水等措施，在很大程度上可防止粉尘飞扬，降低作业场所粉尘浓度。

（3）密闭抽风除尘：采用密闭尘源和局部抽风结合，防止粉尘外逸，可用于不能湿式作业的场所。

3. 卫生保健措施

（1）就业前体检：严格进行接尘作业就业前检查，有活动性肺结核、严重慢性呼吸道疾病、严重影响肺功能的胸部疾病、严重心血管系统疾病者不能从事接尘作业。

（2）定期健康检查：对接触粉尘的劳动者须定期进行健康检查，及时发现可疑尘肺，对“尘肺观察对象”密切观察病情变化，发现患有不宜从事粉尘作业者应及时调离。

（3）个人防护和个人卫生：要求劳动者佩戴防尘口罩或用品作为辅助防护措施；注意个人卫生，不将粉尘污染工作服带回家；同时注意锻炼，注意营养，提高机体防病能力。

## 二、常见的尘肺

尘肺（pneumoconiosis）是一类在生产活动过程中由于长期吸入生产性粉尘并在肺内潴留而引起的以肺组织弥漫性纤维化为主要特征的全身性疾病。尘肺病在我国以煤炭业最为严重，其他行业依次为有色金属、机械、建材、轻工等部门。尘肺不但威胁患者的生命健康与家庭幸福，还给国民经济造成巨大损失。

根据多年的临床观察、X线胸片检查结果、尸检和实验室检测资料，我国按病因将尘肺分为：①矽肺（silicosis）：长期吸入含游离二氧化硅的粉尘所致；②硅酸盐肺（silicatosis）：长期吸入含结合型二氧化硅的粉尘（如水泥、石棉、滑石粉等）所致；③炭尘肺（carbon pneumoconiosis）：长期吸入煤、炭黑、石墨、活性炭等粉尘所致；④混合型尘肺（mixed dust pneumoconiosis）：长期吸入含游离二氧化硅粉尘和其他粉尘（如煤矽尘、铁矽尘等）所致；⑤金属尘肺（metallic pneumoconiosis）：长期吸入某些致纤维化的金属粉尘（如铁、铝尘）所致。

### （一）矽肺

矽肺（silicosis）是劳动者在生产过程中由于长期吸入含游离二氧化硅粉尘所引起的以肺部弥漫性纤维化为主要表现的全身性疾病。我国矽肺病例约占尘肺总病例的50%左右，是尘肺中危害最严重的一种。

矽肺发病进程大多较为缓慢，一般在接触较低浓度游离二氧化硅粉尘者约15～20年后发病，但发病后即使脱离粉尘作业，病情仍可继续恶化。少数患者在接触高浓度高游离二氧化硅粉尘后1～2年即可发病，称为“速发型矽肺”（acute silicosis），还有些粉尘接触者脱离粉尘作业时X胸片虽不能诊断为矽肺，但脱离粉尘作业若干年后被诊断为矽肺，这类矽肺被称为“晚发型矽肺”（delayed silicosis）。

1. 职业接触机会　硅在自然界分布广泛，在采矿、开山采石、挖掘隧道以及从事凿岩爆破等作业的劳动者接触游离二氧化硅粉尘的机会较多。轧石、粉碎、制造玻璃、搪瓷和耐火材料时的拌料，铸造业中的碾砂、拌砂、造型、砌炉、喷砂和清砂等工种，也均可接触游离二氧化硅粉尘（俗称矽尘）。通常将劳动者接触含有10%以上游离二氧化硅的粉尘作业被称为矽尘作业。

2. 影响因素　矽尘发病与粉尘中游离二氧化硅含量、二氧化硅类型、粉尘浓度、分散度、接尘工龄、卫生防护措施及接触者个体因素等有关。劳动者的个体因素如年龄、卫生习惯、健康状况、生理状态等对矽肺的发生也有一定作用，如肺结核患者易罹患矽肺。劳动者肺内游离二氧化硅粉尘蓄积量越大，矽肺的发生发展越快，病变程度越严重。

3. 发病机制　矽肺发病机制复杂，目前仍未完全阐明，近年来，矽肺纤维化发病的分子机制研究有一定进展，结合各种学说，简要归纳如下：

（1）肺泡Ⅰ型上皮细胞在矽尘的作用下，变性肿胀，崩解脱落，肺泡Ⅱ型上皮细胞不能及时修补时，肺泡基底膜受损，暴露间质，激活成纤维细胞增生。

（2）矽尘进入肺泡后，激活肺巨噬细胞，巨噬细胞吞噬矽尘颗粒，激活肺泡巨噬细胞膜上酶的活性，同时粉尘表面的催化活性致使肺泡组织形成过多的活性氧，导致细胞膜上脂类过氧化反应增强，细胞活化并产生大量炎性因子和致纤维化因子，这些因子参与刺激成纤维细胞的增生或网织纤维及胶原纤维的合成。

（3）巨噬细胞功能受损后，激活淋巴细胞，启动免疫系统，形成抗原抗体复合物，沉淀在网状纤维上，生成胶原蛋白，形成矽结节透明样物质。

4. 临床表现与诊断

（1）临床表现

① 症状：一般在早期可无症状或症状不明显，随着肺部纤维化病变的发展，症状明显。矽尘吸入刺激呼吸道可引起反射性咳嗽，咳嗽的程度和痰量的多少与呼吸道感染密切相关，而与矽肺病变程度并不一致。少数患者可有痰血，若有反复大咯血，应考虑合并肺结核或支气管扩张。早期病例常感前胸中上部与呼吸体位及劳动无关的针刺样疼痛，常在气候多变时发生。胸闷和气急的程度与病变范围及性质有关，病变广泛且进展快，则气急明显，并进行性加重。患者亦可伴有头昏、乏力、失眠、心悸、胃纳不佳等症状。

② 体征：早期无明显体征，偶可闻干性啰音，合并感染时可闻湿性啰音，并发肺气肿时，可出现叩诊过清音，呼吸音减低等，进一步发展可出现肺实变体征以及心肺功能不全体征，如心悸、发绀、呼吸困难、水肿等。

③ X 线胸片：X 线胸片改变表现为 X 射线通过病变组织和正常组织对 X 线吸收率的变化，呈现发“白”的圆形或不规则形小阴影，可作为矽肺诊断依据。胸片上其他影像如肺门变化、肺气肿、肺纹理和胸膜变化对矽肺诊断也有参考价值。

④ 肺功能变化：矽肺早期可出现肺功能损害，由于肺脏的代偿，临床检查多属正常。随着病变进展，肺组织纤维化加重，肺弹性下降，可出现肺活量及肺总量降低；伴肺气肿和慢性炎症发生时，时间肺活量降低，最大通气量减少，因此矽肺患者以混合性通气功能障碍的肺功能损伤多见。若肺泡大量损害、毛细血管壁增厚，可出现弥散功能障碍。

⑤ 并发症：矽肺常见的并发症有肺结核、肺及支气管感染、自发性气胸、肺心病等。并发症的出现常加剧病情进展，甚至导致死亡。矽肺合并肺结核是患者死亡最常见的原因。

（2）诊断

① 诊断原则和方法：根据可靠的游离二氧化硅粉尘接触史、现场劳动卫生学调查资料，以技术质量合格的高仟伏 X 线后前位胸片表现作为主要依据，根据国家尘肺 X 线诊断标准，参考受检者的动态系列胸片及尘肺流行病学调查结果，结合临床表现和实验室检查，排除其他肺部类似疾病后，可作出矽肺的诊断和分期。

对于少数生前有较长时间接尘职业史，未被诊断为尘肺者，根据本人遗愿或死后家属提出申请，进行尸体解剖进行判断。根据详细可靠的职业史，由具有尘肺病理诊断权的病理专业人员按照《尘肺病理诊断标准》（GBZ25 - 2002）作出病理诊断报告，参考患者历次 X 线胸片、病情既往史、病例摘要或死亡志及现场劳动卫生学资料，可作为享受职业病待遇的依据。

② 矽肺病诊断标准：矽肺 X 射线胸片表现分期依据为我国现行的《尘肺病诊断标准》

(GBZ70－2009)。

5. 处理原则　矽肺目前尚无根治办法，现有的治疗药物主要以减轻症状、延缓病情进展为主，大容量肺泡灌洗术是目前矽肺治疗的一种探索性方法，可在一定程度上缓解患者的临床症状，延长矽肺病的进展。矽肺病人应根据病情需要综合治疗，注意增强营养，生活规律化，坚持体育锻炼，积极对症治疗和预防并发症，以期减轻病人的病痛，提高病人的生活质量。

6. 预防措施　按粉尘危害的预防控制措施执行。

### （二）煤工尘肺

煤工尘肺（coal worker pneumoconiosis，CWP）指劳动者在生产过程中长期吸入煤粉尘所引起的一类尘肺。由于煤矿生产工种工序繁多，不同工种工人可分别接触煤尘、煤矽尘和矽尘三类粉尘，均可引起肺的弥漫性纤维化，统称为煤工尘肺。

1. 接触途径　煤球制造工、选煤厂选煤工、车站和码头煤炭装卸工均有机会接触煤尘或煤矽混合尘。

2. 影响因素　煤工尘肺的发病与煤矿开采方式、煤炭种类等因素有关，如露天煤矿工人尘肺发病率较低，井下开采发病率较高，无烟煤、烟煤、褐煤致病能力依次降低。

3. 临床表现与诊断

（1）症状、体征和肺功能改变：患者早期一般无明显症状，病情发展到大块纤维化形成或合并支气管、肺部感染时可出现呼吸系统症状与体征，如气短、胸痛、胸闷、咳嗽、咳痰等，体力活动增强时症状更为明显。煤工尘肺患者由于广泛肺组织纤维化，造成呼吸道变小，特别是出现肺气肿时，肺功能测试可见通气功能、弥散功能和毛细血管气体交换功能减退或障碍等。

（2）X线胸片影像：煤工尘肺无论是煤矽肺还是煤肺，X线胸片上主要表现为圆形或不规则形小阴影和大阴影，还有肺纹理和肺门阴影的异常改变，但多缺乏特异性。煤工尘肺肺气肿有弥漫性、局限性或泡性，其中泡性肺气肿表现为成堆小泡状阴影，直径1～5 mm，即所谓“白圈黑点”，晚期可见到肺大泡。

煤工尘肺诊断标准及分期依据为我国现行的《尘肺病诊断标准》(GBZ70－2009)。

4. 处理原则、护理原则及预防措施　同尘肺。

### （三）有机粉尘所致的肺部疾患

有机粉尘（organic dusts）是指在生产环境空气中漂浮存在的来源于植物、动物和微生物的颗粒和微滴。有机粉尘主要引起呼吸系统疾病，如急慢性呼吸系统炎症、慢性阻塞性肺病、支气管哮喘、变态反应性肺泡炎、棉尘病、有机粉尘毒性综合征等。还可引起混合性尘肺与肿瘤等。

有机粉尘来源于工农业生产及其废弃物的处理过程。如谷物、小麦、豆类、棉花、烟叶、甘蔗等农作物的收割、运输与加工。家禽家畜饲养、木材砍伐和加工、造纸、皮毛的采集与加工、有机垃圾的处理等。有机粉尘分动物性有机粉尘、植物性有机粉尘与人工合成有机粉尘等。

以下以棉尘肺为例简要介绍有机粉尘对健康的危害。

棉尘病（byssinosis）是由于长期接触棉、麻等植物性粉尘引起的、具有特征性的胸部紧束感和/或胸闷、气短等症状，并有急性通气功能下降的呼吸道阻塞性疾病。长期反复发作可导致慢性通气功能损害，亦称棉屑沉着病。在棉制品原料采集、收购与加工生产过程中出现的一种有机粉尘所致的肺部疾患。

1. 发病机制　其发病机制可能存在以下3种假说：①组胺释放：早期研究表明棉尘暴露引起的支气管收缩是由于组胺释放所致；②免疫学说：有人认为棉尘中的某些化学成分可能具有抗原作用，刺激机体产生特异性抗体所致。曾有人研究证实了这种特异性抗体的存在，它可能是缩合鞣酸；③内毒素激发炎症反应：研究认为，棉尘受革兰阴性细菌及其内毒素污染，内毒素激发的炎症反应是棉尘肺发病的基础。内毒素可激活肺巨噬细胞使之产生生物活性物质，引起中性粒细胞聚集和一系列生物学反应，从而引起肺部急性或慢性炎症反应。

2. 临床表现　棉尘肺的特征性症状是胸部紧束感，如胸部发紧、憋气、胸部压迫感、胸部发凉等，发病时可伴有轻度干咳。这种症状可能持续多年无变化。继续接触棉尘，患者可突然发现症状加重，且症状可持续存在而不消失，病人逐渐出现呼吸困难。体格检查早期患者多无肺部阳性体征，晚期患者肺部可有啰音、呼吸音减弱及肺气肿体征等，合并有慢性支气管炎及吸烟者症状明显加重。

3. 诊断原则及分级标准　根据长期接触棉、麻等植物性粉尘的职业史，具有特征性呼吸系统症状和急性或慢性肺通气功能损害，结合现场劳动卫生情况调查，排除吸烟等其他原因引起的阻塞性呼吸系统疾病，方可诊断。

棉尘病按照我国颁布的《棉尘病诊断标准》（GBZ56－2000）诊断分级：

（1）观察对象：偶尔有胸部紧束感和/或胸闷、气短等特征性呼吸系统症状，出现第一秒用力肺活量FEV1.0下降，但工作班后与班前比较下降幅度不超过10%。

（2）棉尘病Ⅰ级：经常出现工作第1天或工作周内几天均发生胸部紧束感和/或胸闷、气短等特征性的呼吸系统症状。FEV1.0班后与班前比较下降10%以上。

（3）棉尘病Ⅱ级：呼吸系统症状持续加重，并伴有慢性通气功能损害，FEV1.0或用力肺活量FVC小于预计值的80%。

4. 处理原则　观察对象应定期作健康检查，以观察病情变化。棉尘病Ⅰ级患者应进行对症治疗，必要时调离粉尘作业。棉尘病Ⅱ级患者应调离接触棉、麻等植物性粉尘的工作，并进行对症治疗。棉尘病按阻塞性呼吸系统疾病治疗原则，以对症治疗为主。

5. 护理原则及预防措施　见尘肺。按阻塞性呼吸系统疾病治疗原则，以对症治疗为主。

## 第四节　物理因素职业病

### 一、物理因素职业病的概述

#### （一）生产环境中常见的物理因素

在劳动环境中，可存在损害劳动者健康的不利物理性因素，如高气温、高气湿、强气流、低气压等气象因素；噪声与振动；超高频辐射、高频电磁场、工频电场、激光辐射、微波辐射、紫外辐射等。

#### （二）生产性物理因素危害的特点

生产性物理因素具有如下特点：

1. 劳动场所常见物理因素除激光外多数在自然界中存在，对劳动者机体健康造成损害的作用强度主要是超过生物机体所承受的程度。

2. 各种物理因素都具有接触性影响，生物机体脱离接触时，其物理因素作用于机体中断，一般无残留作用。

3. 作业场所中的物理因素的来源可明确判断，其接触强度可用仪器测量。

4. 作业场所空间中物理因素的强度多不均匀，一般以物理因素发生源为核心向四周发散，即存在接触方向性。在进行现场评价时应注意这一特点，采取防护措施时也可利用这一原理。

5. 自然界存在的物理因素对人体的损害效应常表现为在某一强度范围内对人体无害，只有高于或低于这一范围时就会产生不良影响，且影响的部位与表现形式可完全不同，如高温可引起中暑，而低温则可引起冻伤。

**（三）物理因素危害的预防对策**

物理因素危害的预防对策主要有：①采用无或能尽量降低有害物理因素发生的先进生产设备；②消除与控制物理因素，降低物理因素作用于劳动者机体的强度；③对接触物理因素的劳动者实施有效的卫生防护措施。根据物理因素危害的特点，在对作业场所进行劳动卫生学调查时要对相关参数进行全面测量以综合考虑物理因素的危害程度，同时，针对物理因素采取预防措施，设法将这些因素控制在劳动者机体生理承受的范围内。若作业场所的物理因素超出正常范围并且对人体健康构成危害，采取相应的技术措施和增强个人防护却难以达到要求者，则需通过缩短接触时间的方法以尽可能的保护劳动者健康。

## 二、常见物理因素职业病

**（一）职业性中暑**

1. 高温接触作业　在生产劳动过程中，工作地点平均湿球黑球温度（wet bulb globe temperature，WBGT）指数≥25℃的作业为高温作业（heat stress work）。高温作业环境的热源主要来自生产性热源，如锅炉、焙烧炉等强热辐射源，夏季室外强烈太阳辐射所致高温也可造成生产车间劳动环境的高温，按气象条件的特点可将高温作业分为3种类型：

（1）高温、强热辐射作业：如冶金工业的炼焦、炼钢、炼铁等车间；陶瓷、玻璃、砖瓦等工厂的炉窑车间等。这些劳动场所气温高、热辐射强度大、相对湿度低，形成干热环境。

（2）高温、高湿作业：如印染、缫丝、造纸等工业车间气温达35℃以上，相对湿度常达95%以上。这些工作场所热辐射强度不大，但高温、高湿，易形成湿热环境。

（3）夏季露天作业：夏季从事农田劳动、建筑、搬运、野营训练等露天作业，受到太阳的直接辐射作用和地面及周围物体二次辐射源的附加热作用。其气象特点是热辐射强度虽然较高温车间低，但作用时间长，故易形成高温和热辐射的联合作业环境。

2. 中暑的定义及分类　高温作业可导致多种急慢性热致疾病。职业性中暑（occupational heatstroke）是在高温作业环境下，由于热平衡和/或水盐代谢紊乱而引起的以中枢神经系统和/或心血管系统障碍为主要表现的急性疾病。根据发病机制，职业性中暑可分为热射病、热痉挛和热衰竭。临床治疗中，中暑可以单一类型发生，也可以多种类型同时出现，我国职业病名单统称为中暑。

3. 发病机制及临床表现

（1）热射病：热射病主要是由于人体在高温环境中散热途径障碍，体温调节机制失衡，体温增高所致。临床表现为突然发病，体温可高达40℃以上，初期可大量出汗，之后出现“无汗”，并伴有干热和意识障碍、嗜睡、昏迷、抽搐等中枢神经系统症状，抢救不及时的患者可死于呼吸衰竭和循环衰竭。

（2）热痉挛：由于机体大量出汗，体内钠、钾离子大量丢失所致。主要症状以肌肉痉挛为主，伴有收缩疼痛。以四肢肌肉和腹肌等经常活动的肌肉多主，其中腓肠肌最为突出，痉挛常呈对称性。患者体温多为正常，神志清醒。

（3）热衰竭：人体在高温、高湿环境下皮肤血流增加，但不伴有内脏血管收缩或血容量相应增加，由于机体代偿不足而引起脑部暂时性供血不足而产生晕厥。一般起病迅速，先有头昏、头痛、心悸、恶心、呕吐、出汗、皮肤湿冷、面色苍白、血压短暂下降，继之发生晕厥。患者体温不高或稍高，通常休息片刻即可清醒，一般无循环衰竭症状。

4. 诊断原则及分级标准　根据我国颁布的《职业性中暑诊断标准》（GBZ41－2002），职业性中暑的诊断原则应根据高温作业人员的职业史（主要指劳动时生产环境的气象条件）及体温升高、肌痉挛或晕厥等主要临床表现，排除其他类似疾病，即可诊断为职业性中暑。其中暑的分级标准如下：

（1）中暑先兆（观察对象）：在高温作业场所劳动一定时间后，出现头昏、头痛、口渴、多汗、全身疲乏、心悸、注意力不集中、动作不协调等症状，体温正常或略有升高。

（2）轻症中暑：除中暑先兆的症状加重外，出现面色潮红、大量出汗、脉搏快速等表现，体温升高至38.5℃以上。

（3）重症中暑：出现热射病、热痉挛或热衰竭之一者即可诊断，也可出现混合型，可诊断为重症中暑。

5. 处理原则

中暑先兆：应暂时脱离高温作业现场，并予以密切医学观察。

轻症中暑：迅速脱离高温现场，到通风阴凉处休息；可给予含盐清凉饮料及对症处理。

重症中暑：迅速予以物理降温和（或）药物降温；纠正水与电解质紊乱；对症治疗。

中暑患者如能及时处理，一般可较快恢复健康，不必调离原作业。劳动者因体弱不宜从事高温作业或有其他高温就业禁忌证者，应调换工作或工种。对不同类型重症中暑临床处理如下：①热射病：迅速物理降温或药物降温，维持患者良好的呼吸循环功能，必要时纠正水、电解质平衡紊乱；②热痉挛：及时口服含盐清凉饮料，必要时给予葡萄糖生理盐水静脉滴注及相应的对症支持治疗；③热衰竭：使患者平卧安静，移至通风阴凉处，口服含盐清凉饮料，对症处理。一般不给予葡萄糖静脉滴注以避免增加心脏负荷。

6. 康复护理　重度中暑病人，病死率较高，经积极抢救和护理，可以收到良好的疗效。中暑病人的护理主要应注意以下几个方面。

（1）正确采取降温措施：可采用控制室温、用亚低温治疗仪降低体表温度、通过灌肠降低体内温度以及配合使用氯丙嗪等药物控制患者体温。

（2）呼吸系统监护：应保持患者呼吸道通畅，合理氧疗，密切观察病人的呼吸频率、节律及是否出现口唇、指甲发绀等缺氧症状。呼吸困难者应行呼吸机辅助通气。促进排痰，及时清除病人口鼻及气道分泌物，积极预防肺部感染。

（3）循环系统监护：行床旁心电监护，严密监测病人心率及心律、呼吸、血压以及中心静脉压的变化，并详细作好护理记录。迅速建立有效的静脉通路，根据血流动力学变化和尿量情况调节输液量及补液速度。遵医嘱采取对症治疗措施，积极预防并发症。

（4）仔细观察病人的意识状态、精神状态、语言表达、面部表情等，如有异常应及时报告医师；尽快做好留置导尿，留取尿标本并及时送检，观察记录每小时尿量、尿色，并严密监测 24 h 出入液量；注意摄食营养等。

（5）加强基础护理：重症中暑病人应按高热、昏迷病人护理常规进行，做好口腔护理、会阴护理、皮肤护理、导管护理，预防肺部、泌尿道感染及压疮等并发症的发生。

（6）重视心理护理：积极维护病人的最佳心理状态，是取得良好治疗效果的必备条件。同时应争取病人家属的支持，可每天安排时间指导家属在床边鼓励安慰病人，使病人始终感到家庭给予的温暖，增强其战胜疾病的信心。

7. 预防措施　严格按照高温作业卫生标准，采取一系列综合防暑降温措施，如改革生产工艺过程尽量减少致热源，加强高温作业环境机械通风或自然通风，积极采取隔热措施，加强个人卫生保健和个人防护。

我国已制定出综合性的高温作业卫生标准《工作场所有害因素职业接触限值（第 2 部分：物理因素）》（GBZ2. 2－2007）（表 9－1）。对于室外通风设计温度≥30℃的地区，表中规定的平均湿球黑球温度（WBGT）限值相应增加 1℃。

**表 9－1　不同体力劳动强度工作场所平均湿球黑球温度（WBGT）限值（℃）**

| 接触时间率[1] | 体力劳动强度级别[2] | | | |
|---|---|---|---|---|
| | Ⅰ | Ⅱ | Ⅲ | Ⅳ |
| 100% | 30 | 28 | 26 | 25 |
| 75% | 31 | 29 | 28 | 26 |
| 50% | 32 | 30 | 29 | 28 |
| 25% | 33 | 32 | 31 | 30 |

注：[1] 接触时间率是指劳动者在一个工作日内实际接触高温作业的累计时间与 8 小时的比率；[2] 体力劳动强度级别参见《工作场所有害因素职业接触限值》（GBZ2. 2－2007）。

### （二）职业性噪声聋

噪声（noise）是一种人们不需要的，可以使人产生厌烦情绪，并损害机体身心健康的声音。在生产过程中产生的噪声称为生产性噪声。职业性噪声聋（occupational noise－induced deafness）是指劳动者在工作场所中，由于长期接触噪声而发生的一种渐进性、感音性听觉损害，是法定职业病之一。

1. 接触作业　噪声作业是指劳动者在工作场所 8 小时等效接触噪声强度≥85 dB（A）的作业。其职业性噪声可来源于以下 3 种类型：

（1）机械性噪声：来源于机械的撞击、摩擦和转动，如冲压、打磨过程中发出的声音等。

（2）流体动力性噪声：气体压力或体积的突然变化或流体流动所产生，如空气压缩或汽笛发出的声音等。

（3）电磁性噪声：如变压器所发出的嗡嗡声等。

2. 发病机制　噪声对人体的损害是全身性的，首先损害听觉器官，也会损害神经系统、心血管系统及其他器官的功能。听觉器官的损伤一般经历由暂时性听阈位移到永久性听阈位移过程。暂时性听阈位移（temporary threshold shift，TTS）指人或动物接触噪声作用后引起听阈变化，离开噪声环境后经过一段时间听力可恢复到原来的水平。当人体短时间暴露于强烈噪声环境中，听觉器官敏感性下降，听阈可提高 10～15 dB，但离开噪声环境 1 分钟内即可得到恢复，这种现象称为听觉适应（auditory adaptation）。当人体较长时间停留在强烈噪声环境中，引起听力明显下降，离开噪声环境后听阈提高超过 15～20 dB，在数小时甚至数 10 小时后听力才能得以恢复，称为听觉疲劳（auditory fatigue）。在实际工作中，如果前一次接触引起的听力变化未能完全恢复又再次接触，噪声造成的内耳损伤不断累积可使听觉疲劳逐渐加重，听力不能恢复，可变为永久性听阈位移（permanent threshold shift，PTS）。

永久性听阈位移的病理变化具有不可逆性，根据听力损伤的程度，分为听力缺失、听力损伤和噪声性耳聋（noise-induced deafness）。

3. 诊断标准及分级　根据确切的职业噪声接触史，有自觉的听力损失或耳鸣症状，纯音测听为感音性聋，结合历年职业健康检查资料和现场职业卫生学调查，排除其他原因所致听觉损害，可诊断为职业性噪声聋。

（1）观察对象：双耳高频（3000 Hz；4000 Hz；6000 Hz）平均听阈≥40 dB（HL）。

（2）职业性噪声聋分级：连续噪声作业工龄 3 年以上者，纯音测听为感音神经性聋，听力损失呈高频下降型，根据较好耳语频（500 Hz、1000 Hz、2000 Hz）平均听阈做出诊断分级：①轻度噪声聋：26～40 dB（HL）；②中度噪声聋：41～55 dB（HL）；③重度噪声聋≥56dB（HL）。

4. 处理原则　除同时患有耳鸣者外，观察对象不需要调离噪声工作场所。轻度、中度、重度噪声聋患者均应调离噪声工作场所，需要进行劳动能力鉴定者按国家颁布的GB/T16180处理。重度噪声聋患者应佩戴助听器。对噪声损害敏感者［即上岗前体检听力正常，在噪声环境下作业 1 年，高频段 3000 Hz，4000 Hz，6000 Hz 任一频率，任一耳听阈达到 65 dB（HL）］，应调离噪声工作场所。

职业性噪声聋目前仍无真正有效的疗法，只能早发现、早治疗。早期如有 4000 Hz 听力下降而无自觉症状者，休息数日或数周常可自行恢复，可配合使用耳蜗血管扩张药、ATP、维生素 $B_1$ 等辅助治疗。晚期患者需使用助听器。

5. 预防措施

（1）控制噪声源：根据生产工艺情况采用技术控制或消除噪声源，从源头上解决噪声危害。如采用无声或低声生产设备代替产生强噪声设备、将噪声源尽可能移至离车间较远的地方，利用科学技术手段减少机器部件的撞击和摩擦等。

（2）控制噪声的传播：应用吸声和消声技术设备，阻断噪声的传播。如采用吸声材料装饰车间内表面、在工作场所内悬挂吸声体、设立隔声室和隔声罩等，以消除噪声的传播，减低作用于劳动者的噪声强度。

（3）执行噪声职业卫生要求：严格执行我国颁布的《工作场所有害因素职业接触限值（第 2 部分：物理因素）》（GBZ 2.2－2007）有关噪声的职业接触限值要求，即每周工作 5 天，每天工作 8 小时，稳态噪声限值为 85 dB（A）。非稳态噪声等效声级的限值为 85 dB（A）。每周工作 5 天，每天工作时间不等于 8 小时，需计算 8 小时等效声级，限值为 85 dB（A）。每周工作不是 5 天，需计算 40 小时等效声级，限值为 85 dB（A）。

（4）加强健康监护：严格就业前健康检查，凡是有听觉器官疾患、中枢神经系统、心血管系统器质性疾患或自主神经功能失调者，均不宜参加噪声作业。并定期对接触噪声的工人进行健康检查，以便早期发现听力损伤，采取及时有效的防护措施。

（5）健康教育及个体防护：加强职业健康教育，合理安排噪声作业工人休息，使其听觉疲劳得以恢复。需要在高噪声条件下工作者，应正确佩戴个人防护用品以保护听力。

### （三）职业性手臂振动病

职业性手臂振动病（occupational hand-arm vibration disease）是长期从事手传振动作业而引起的以手部末梢循环和/或手臂神经功能障碍为主的疾病，并能引起手臂骨关节-肌肉的损伤。其典型表现为振动性白指。

1. 接触作业　手臂振动病在某些工种分布相当广泛，凿岩工、油锯工、砂轮磨光工、混凝土捣固工、水泥制管工等都是多发工种。

2. 发病机制　手臂振动病的发病机制目前尚不是否明确，研究认为可能与以下因素有关。

（1）手部长期接触振动或握持工具设备，局部组织压力增大，内皮细胞受损，内皮细胞收缩因子释放增加，导致局部血管收缩，同时，内皮细胞产生的松弛因子释放减少，血管舒张反应性降低、抗血小板凝聚功能降低导致局部血管阻塞过程加剧。

（2）振动刺激通过躯体感觉—交感神经反射增强手指血管运动神经元兴奋性增强，血管平滑肌细胞对去甲肾上腺素的反应增强。另外，振动还可损伤存在于血管平滑肌中的肾上腺素能受体，进而导致血管舒张功能减退。

（3）动静脉吻合中的β-肾上腺素损伤血管舒张机制，进而使血管对寒冷的扩张反应降低。振动性白指患者血清中具有血管收缩作用的内皮素含量明显增高。另外寒冷刺激可以诱发白指的发生。

3. 临床表现　职业性手臂振动病的早期临床表现多为手部症状和类神经症。手部症状以手麻、手胀、手僵、手痛等较为普遍。类神经症常表现为头痛、头昏、乏力、失眠、记忆力减退等，也可出现自主神经功能紊乱表现。体格检查可见皮温降低、振动觉、痛觉阈值升高，前臂感觉和运动神经传导速度减慢及远端潜伏时间延长，肌电图检查发现神经源性损害。

振动性白指是诊断本病的重要依据。常见于食指、中指和无名指的远端指节。发作时患指出现麻、胀、痛，由灰白变苍白，由远端向近端发展，界限分明，持续数分钟至数10分钟，再逐渐由苍白恢复正常。

4. 诊断原则与分级　具有长期从事手传振动作业的职业史，出现手臂振动病的主要症状和体征，结合末梢循环功能、周围神经功能检查，参考作业环境的劳动卫生学调查资料，进行综合分析，并排除其他病因所致的类似疾病，方可诊断。

职业性手臂振动病按我国颁布的《职业性手臂振动病诊断标准》（GBZ7－2002）进行诊断分级。

（1）观察对象：具有长期从事手传振动作业的职业史，出现手麻、手胀、手痛、手掌多汗、手臂无力和关节疼痛等症状，并具有下列表现之一者：① 手部冷水复温试验的复温时间延长或复温率降低；② 指端振动觉和手指痛觉减退。

（2）轻度手臂振动病：具有下列表现之一者：① 白指发作累及手指的指尖部位，未超出远端指节的范围，遇冷时偶尔发作；② 手部痛觉、振动觉明显减退或手指关节肿胀、变形，经神经—肌电图检查出现神经传导速度减慢或远端潜伏时延长。

（3）中度手臂振动病：具有下列表现之一者：① 白指发作累及手指的远端指节和中间指节（偶见近端指节），常在冬季发作；② 手部肌肉轻度萎缩，神经—肌电图检查出现神经源性损害。

（4）重度手臂振动病：具有下列表现之一者：① 白指发作累及多数手指的所有指节，甚至累及全手，经常发作，严重者可出现指端坏疽；② 手部肌肉明显萎缩或出现“鹰爪样”手部畸形，严重影响手部功能。

5. 处理原则　观察对象一般不需要调离振动作业，但应每年复查一次，密切观察病情变化。轻度手臂振动病调离接触手传振动的作业，进行适当治疗，并根据情况安排其他工作。中度手臂振动病和重度手臂振动病必须调离振动作业，积极进行治疗。需进行劳动能力鉴定者可参照《职工工伤与职业病致残程度鉴定》（GB/T16180）有关条文处理。

根据病情进行综合性治疗。应用扩张血管及营养神经的药物治疗，中医药治疗并可结合采用物理疗法、运动疗法等。必要时进行外科治疗。

6. 预防措施

（1）控制振动源：改革工艺过程和生产技术，减轻或消除振动源，是预防振动职业危害的根本措施。如采用减振材料降低作业平台等大型设备的振动，采用液压、焊接等工艺代替风动工具铆接工艺等。

（2）减少作业时间和振动强度：适当限制接触振动的强度和时间，可有效地保护作业者的健康，是预防振动危害的重要措施。

（3）改善作业环境，加强个人防护：应加强作业过程或作业环境中的防寒、加强保暖措施，控制作业环境中的噪声、毒物和气湿等。做到合理配备和使用个人防护用品，如防振手套、减振坐椅等，以减轻振动的危害。

（4）加强健康监护和卫生保健：应依法对振动作业工人进行就业前体检和定期体检，争取早发现、早治疗。定期监测振动工具的振动强度，科学安排工作时间。加强健康管理和宣传教育，提高劳动者的保健意识。

（钟才高）

# 第十章　食源性疾病的防制

食源性疾病（foodborne disease）源于传统的食物中毒，但随着科学研究手段现代化水平的提高，人们对疾病的认识不断深化，其范畴也在不断扩大，食源性疾病不仅包括传统的食物中毒，还包括营养性疾病、食物过敏症以及食物中有毒有害物质引起的慢性危害等。本章将从常见营养性疾病及常见食物中毒两个方面进行介绍。

## 第一节　营养性疾病

营养性疾病（nutrition-related diseases）是指因摄入营养素过多或过少，或不平衡引起机体营养过剩或营养缺乏以及营养代谢异常而引起的一类疾病。机体每日对某种营养素可耐受最高摄入量或因缺乏某种营养素可引起相应的缺乏病参见第三章，这一节主要介绍与营养密切相关的疾病，如肥胖、心血管病、糖尿病、痛风、骨质疏松症、癌症等。

营养性疾病的防制可以从膳食指导和营养健康教育两个方面进行。膳食指导是根据患者的病情，给予其恰当的营养素，借以增强机体抵抗力，促进组织修复，减轻器官负担。营养健康教育是以患者及其家属为对象，通过有计划、有组织的社会和教育活动，使其具有一定的营养知识，了解膳食和健康的关系，自觉采用合理的膳食结构。

### 一、肥胖

肥胖（obesity）是指人体脂肪的过量储存，表现为脂肪细胞增多和/或细胞体积增大，即全身脂肪组织块增大，与其他组织失去正常比例的一种状态。成年女性身体中脂肪组织的正常含量为20%～25%，>30%为肥胖；成年男性身体中脂肪组织的正常含量为15%～20%，>25%为肥胖。肥胖常表现为体重超过了身高标准体重值的20%以上，也即超重。近年来广泛采用体质指数（body mass index，BMI）来判断肥胖，BMI 18.5～23 为正常；≥24 为超重；≥28 为肥胖。

肥胖是一种营养过剩的慢性疾病。大量的研究表明，肥胖与糖尿病、高血压、高脂血症、高尿酸血症、缺血性心脑疾患、癌症、变形性关节炎、月经异常、妊娠和分娩异常等很多疾病有明显的关系，而且肥胖可以增加死亡的危险性。

肥胖按发生原因可分为遗传性肥胖、继发性肥胖和单纯性肥胖（simple obesity）3 大类，由单纯营养过剩所造成的全身性脂肪过量积累，也可称为膳食性肥胖。

#### （一）营养相关因素

环境因素在肥胖发生发展上起着非常重要的作用，而且大多数情况下是遗传因素与环境因素共同作用的结果。

1. 能量　碳水化合物、脂肪和蛋白质三大产热营养素，无论哪一类长期摄入过多，都可能引起肥胖的发生。由于交通的发达和方便快捷，人们的活动量明显减少，人们坐着的时间比活动的时间明显增多，劳动强度大大下降，缺乏体育锻炼等，都导致能量消耗的减少。

2. 蛋白质　肥胖患者在控制饮食的过程中，往往要限制膳食能量的摄入，这样不仅会促使体内储备的脂肪的消耗增加，还可能造成机体组织蛋白的丢失。为维持正常的氮平衡，必须保证膳食中有足够量的优质蛋白质，如瘦肉、鱼类、禽类和奶类食品。但是在严格限制膳食能量摄入的情况下，蛋白质的摄入量也不宜过高，以免引起肝肾功能的损害。

3. 维生素、微量元素　同样，在控制肥胖患者饮食的过程中，有可能会引起某些维生素和微量元素的缺乏，另外肥胖患者又往往伴随有高脂血症、冠心病等并发症，因此应考虑患者的具体病情，有针对性地补充所需的维生素和微量元素，如B族维生素、铁、锌等。

**（二）膳食防制**

1. 膳食指导　长期控制能量摄入和增加能量消耗，这是现阶段肥胖的基础治疗缺一不可的两个支柱。饮食治疗是最根本、最安全的减肥方法。

（1）控制总能量摄入量：限制每天的食物摄入量和摄入食物的种类，以便减少摄入的能量。减少能量必须以保证人体能从事正常的活动为原则，一般成人每天摄入能量控制在4184 kJ（1000 kcal）左右，最低不应低于3347 kJ（800 kcal）。一日三餐食物总摄入量应控制在500 g以内。除控制总能量摄入量外，还应控制三大产热营养素的生热比，即蛋白质占总能量的25%，脂肪占总能量的10%，糖类占总能量的65%。

（2）适当选择食物：多吃瘦肉、禽肉、奶、水果、蔬菜和谷类食物；少吃肥肉、油炸食品、方便面等油脂含量高的食物；不喝鸡汤、肉汤、排骨汤等表面漂浮的一层脂肪；避免吃含脂肪高的坚果如瓜子、花生、核桃等；尤其要注意控制饱和脂肪酸和胆固醇的摄入。对富含碳水化合物的食品，如精制糖、巧克力、冰淇淋、甜点等，也应限制。为防止饥饿感，可吃纤维含量高的食物，或市场上出售的纤维食品。食盐能引起口渴和刺激食欲，不利于肥胖症治疗，食盐以3～6 g/d为宜。

（3）合理的饮食习惯和烹调方法：为了达到减肥目的，还应改掉不良的饮食习惯，如暴饮暴食、吃零食、偏食等。进食时应细嚼慢咽，集中精神在进食上，不看电视及书报之类。注意午餐后不要马上午睡，晚餐安排在睡前2～3小时。宜采用蒸、煮、氽等烹调方法，忌用油煎、油炸的方法。煎炸食物含脂肪较多，并刺激食欲，不利于减肥。

2. 营养健康教育

（1）强调肥胖的早期预防：具有婴儿、儿童、少年期肥胖史的患者，其脂肪细胞、脂肪组织已大量增生，长期所形成的生活、饮食习惯在短期内难于彻底改变，亦较成年期肥胖者难以控制饮食，效果也较差。因此，应当对患者及其家属宣传肥胖对人体健康的危害，教育、指导其合理膳食，改掉不良的饮食习惯和生活习惯。保持能量平衡，是预防肥胖的关键。肥胖应从婴幼儿开始及早预防。

（2）促进日常健康膳食：应加强与肥胖者的思想沟通，了解和尊重肥胖者的饮食习惯，在控制饮食的前提下，尽量使食品丰富多样化，注意饭菜的色、香、味，满足患者的食欲，以达到治疗的目的。由于肥胖与长期的能量摄入过多有关，因此，长期控制饮食，持之以恒地致力于改变原有的生活、饮食习惯，控制能量摄入和增加能量消耗，彻底纠正能量代谢的正平衡。切不可急于求成，一时性的节食和间歇性的锻炼，则百害而无一利。尤其是对于那些有精神顾虑的肥胖者，首先要有针对性地做好思想疏导工作，然后才有可能落实有关治疗的措施，并取得疗效。当体脂接近或已恢复到正常水平的时候，应及时告诫肥胖者，继续掌握好膳食能量的摄入和日常能量消耗的平衡，切勿使能量摄入过多的情况再度发生。

（3）鼓励参加体育运动：运动可以提高新陈代谢，减少饥饿的感觉；促进甲状腺素的生理反应和降低胰岛素的分泌，使脂肪合成减少，体脂分解增加。可适当采取一些强度低的运动方式，如散步、慢跑、打太极拳、跳绳、爬楼梯、做操等。

## 二、心血管疾病

心血管疾病（cardiovascular diseases，CVD）是直接危害人类健康的严重疾病。在我国城乡居民中心血管疾病死亡率不断上升，已成为造成死亡的主要原因之一。本病种类繁多，病因复杂。其中有些疾病，如动脉粥样硬化、冠心病和高血压等与膳食结构不合理、营养素不平衡关系密切，合理的膳食已成为防治这些疾病的重要措施之一。

### （一）冠状动脉粥样硬化性心脏病

动脉粥样硬化（atherosclerosis；As）指发生在弹性型动脉（如主动脉）以及肌肉型动脉（如冠状动脉）壁内膜及内膜下，因脂质（主要是胆固醇和胆固醇酯）沉着并伴有中层平滑肌细胞向内膜移行、增殖，形成纤维脂质斑块或粥样病灶。由于冠状动脉粥样硬化使管腔狭窄或阻塞导致心肌缺血、缺氧而引起的心脏病称为冠状动脉粥样硬化性心脏病，即冠心病（coronary heart disease；CHD）。

1. 营养相关因素

（1）脂肪：脂肪对血胆固醇含量的影响，主要取决于脂肪酸碳链的长短及不饱和的程度。<10 个碳原子和>18 个碳原子的饱和脂肪酸几乎不升高血胆固醇；而月桂酸（$C_{12:0}$）、豆蔻酸（$C_{14:0}$）和棕榈酸（$C_{16:0}$）具有升高血胆固醇的作用。这些饱和脂肪酸升高胆固醇的机制可能与抑制低密度脂蛋白受体（low density lipoprotein receptor，LDL－R）活性，从而干扰 LDL 从血液中的清除有关。膳食中的 ω－6 脂肪酸主要是亚油酸、花生四烯酸和 γ－亚麻酸，主要存在于植物油中。单不饱和脂肪酸也有降低血胆固醇和 LDL 的作用。膳食中的 n－3 脂肪酸主要有 EPA 和 DHA，α－亚麻酸均具有降低血液胆固醇和甘油三酯的作用。反式脂肪酸能降低 HDL-C，升高 LDL-C，从而增加冠心病发生的危险性。

（2）胆固醇：膳食胆固醇对血液胆固醇含量的影响小于膳食中的饱和脂肪酸，这是因为机体除从食物中摄取一定数量的胆固醇，大部分在肝内源性合成（占 60%～70%）。当摄入增多时，不仅肠道的吸收率下降，而且可反馈抑制肝羟甲戊二酰辅酶 A 还原酶的活性，减少体内胆固醇的合成，从而使体内的胆固醇得以维持在一个动态平衡的状态中。但人体胆固醇的反馈调节不完善，当胆固醇摄入太多时，仍可使血中胆固醇含量升高。值得注意的是，个体间对膳食胆固醇摄入量的反应差异较大，一些人对膳食胆固醇十分敏感，而另一些人则相反。

（3）碳水化合物及总能量：碳水化合物对血脂的影响与其种类和数量有关。简单的碳水化合物如蔗糖、果糖等可使血清甘油三酯含量增高，特别是肥胖或已有甘油三酯增高的个体更为明显。动物实验和人体观察表明，当蛋白质缺乏时，摄入过量的碳水化合物极易在肝中转化为甘油三酯而堆积起来，以至形成脂肪肝。中老年人胰岛功能对超负荷碳水化合物摄入的血糖调节能力较差，有可能会导致糖耐量降低或糖尿病。大多数水溶性的膳食纤维可降低血胆固醇水平，减少动脉粥样硬化。膳食纤维在防治动脉粥样硬化和冠心病方面的有益作用，可能与其吸附胆固醇，阻碍胆固醇吸收和增加胆酸的排泄，减少胆固醇的合成，以及相对减少食物能量摄入，缩短食物通过肠道时间等有关。

总能量的摄入过多可引起肥胖。肥胖患者的脂肪细胞对胰岛素的反应缺乏敏感性，因而使葡萄糖的吸收和利用受到限制（胰岛素抵抗）；而为了维持葡萄糖在体内的稳态，胰腺必须分泌更多的胰岛素，造成了高胰岛素血症，后者将促使肝更快地合成内源甘油三酯，形成高甘油三酯血症。

（4）蛋白质：蛋白质与脂质代谢和动脉粥样硬化的关系，尚未完全阐明。报道指出，食用植物蛋白多的地区，冠心病的发病率较食用动物蛋白多的地区显著地低。动物蛋白中氨基酸的种类比较齐全、比例合适，但蛋氨酸含量较高。蛋氨酸在机体内可通过酶的作用脱去甲基而形成同型半胱氨酸，同型半胱氨酸堆积易诱发冠心病。动物试验表明，用大豆蛋白完全代替动物蛋白可使血胆固醇含量显著降低。研究发现，牛磺酸能减少氧自由基的产生，使还原型谷胱甘肽增加，保护细胞膜的稳定性，同时还具有降低血胆固醇和肝胆固醇的作用。

（5）维生素：维生素与脂代谢和动脉粥样硬化有一定的关系。人群观察性研究和动物干预实验已证实，维生素 E 有预防动脉粥样硬化和冠心病的作用，但在人群干预研究中其是否具有抗动脉粥样硬化作用并不清楚。维生素 C 也是一种重要的抗氧化剂；维生素 C 在维持血管壁的完整及脂代谢中起着重要的作用，参与胆固醇代谢形成胆酸的羟化反应，使血液胆固醇水平降低，还可加快冠状动脉血流量。摄入烟酸（3 g/d）能扩张末梢血管，防止血栓形成，还能降低血中胆固醇和甘油三酯的水平。维生素 $B_6$ 与构成动脉壁的基质酸性黏多糖的代谢以及脂蛋白脂酶的活力有关。亚油酸需在维生素 $B_6$ 存在的条件下转变为花生四烯酸，后者为前列腺素合成的重要前体。当食物中缺乏维生素 $B_6$ 时，可诱发动脉粥样硬化。维生素 $B_{12}$、泛酸、硫胺素、维生素 A 和胡萝卜素等在抑制体内脂质过氧化、降血脂等方面都具有一定作用。

（6）矿物质：碘被认为有减少胆固醇在动脉壁沉着的作用。钙在肠道中与脂肪酸结合，阻止其吸收而使血脂水平下降。硒对心肌有保护作用，钒有利于脂质代谢。钠和镉被认为与高血压的发病有关，因而也可间接地影响动脉粥样硬化。而锌则具有对抗镉的作用。近年来的实验研究还发现，过量的铁可引起心肌损伤、心律失常和心力衰竭等。

（7）其他特殊的食物成分：香菇、木耳具有显著降胆固醇作用，木耳还具有抗凝血作用，因而对防治动脉粥样硬化是有好处的。洋葱、大蒜可使血胆固醇和血纤维蛋白原下降，凝血时间延长，血纤维蛋白溶解酶活力增高，主动脉脂类沉着减少。海带及某些海藻（如褐藻），除含碘、镁等有益的微量元素外，还含有昆布氨酸、褐藻淀粉和昆布多糖等，具有明显降血脂和抗凝血作用。茶叶中除含多种维生素和微量元素外，还含有茶多酚、皂苷等物质。流行病学及动物实验证明茶叶具有降低血胆固醇和甘油三酯、抑制血小板凝集、降血压和抗血栓形成的作用。故适当饮茶似有好处，但浓茶并不提倡，尤其对失眠及伴有心律失常的患者更应避免。乙醇对脂代谢的影响比较复杂。有报道认为适量饮用葡萄酒特别是红葡萄酒，可使 HDL 含量显著增高，提示其在冠心病预防方面可能有好处。但大量饮酒可使血中游离脂肪酸含量增高，因而引起肝合成更多的内源性甘油三酯和 LDL。

2. 膳食防制

（1）膳食指导：营养治疗是动脉粥样硬化综合治疗中的重要方面之一，根据患者的病情，合理调整饮食将有助于疾病的稳定与康复。① 控制总能量，保持理想体重；② 限制饱和脂肪和胆固醇的摄入：膳食中脂肪的摄入应控制在总能量的 20%～25%，且以植物脂肪为主，饱和脂肪的摄入应少于总能量的 10%。胆固醇的摄入量每天应少于 300 mg；③ 保证充足的膳食纤维的摄入；④ 提高植物性蛋白质的摄入，植物蛋白应占总蛋白质摄入量的70％左右；⑤ 供给充足的维生素和微量元素；⑥ 饮食宜清淡、少盐；⑦ 适当多吃保护性食物，少饮酒。

（2）营养健康教育：① 做好饮食指导：指导患者饮食宜清淡、易消化、低盐、低脂、低胆固醇，少饮酒。为使患者树立科学、正确的饮食观点，应进行全面的营养知识介绍与细致的指导，使患者认识到合理饮食是预防和治疗动脉粥样硬化的重要手段之一，从而配合治疗。避免过于简单的指导，长期过度减少能量与动物性食品而导致的虚弱无力、贫血、营养不良等合并症。饮食指导的具体内容、要求、时间安排及形式应在听取患者的意见后制订，使饮食指导的内容适合病人的实际情况和要求，从而提高治疗效果。还应及时了解患者的饮食习惯，以便适当调整饮食；② 纠正不良的生活习惯：避免暴饮暴食，以防增加血流速度，加重心脏负担，诱发心绞痛或心肌梗死。保持稳定的情绪、良好的心态、乐观的精神有利于病情的稳定和康复。要做到工作有序，劳逸结合，睡眠充足，避免过度劳累。主动参加适量的体育锻炼，保持适宜体重。

**（二）高血压**

高血压（hypertension）是一种常见的以体循环动脉血压增高为主的临床综合征，常伴有心、脑、肾、视网膜功能性或器质性改变。经不同日期两次测量核实：收缩压达到或超过140 mm Hg（1 mm Hg＝0.133 kPa），或舒张压达到或超过 90 mm Hg，即可诊断为高血压。高血压可分为原发性和继发性两类。病因未完全阐明的高血压称为原发性高血压，约占高血压总数的 90％，其余由某些疾病引起的血压升高称为继发性高血压。

1. 营养相关因素

（1）钠和钾：研究资料表明，高血压的发病率与居民膳食中钠盐的摄入量呈显著正相关。动物实验也证实，血压升高程度与食盐摄入量成正比。有研究表明，每天食盐摄入量从10 g 减少至 5 g，血压可下降 10/5 mm Hg。钠盐摄入过多，可引起体内水分潴留，心排出量增加，组织过分灌注，而且可能通过下丘脑使交感神经活动增强，以至造成外周血管阻力增加和血压升高。与钠升高血压的作用相反，钾能阻止过量摄入食盐引起的血压升高。高钾低钠膳食对轻型高血压具有降压作用，其机制可能与钾能激活钠泵，促进钠的排出，以及减弱交感神经活动有关。

（2）钙和镁：膳食中钙摄入不足可使血压升高，而增加钙的摄入量可使血压降低。一般认为膳食中每日钙的摄入量少于 600 mg 就有可能导致血压升高。镁对高血压患者具有扩张外周血管的作用，能使大多数患者的心排出量增加；镁缺乏时血管紧张肽和血管收缩因子增加，引起血管收缩、外周阻力增加。临床上给予镁盐制剂可使血压下降。

（3）脂肪酸：研究表明，增加多不饱和脂肪酸的摄入和减少饱和脂肪酸的摄入都有利于降低血压。多不饱和脂肪酸的降压机制，可能在于其衍生的类二十烷酸能调节体内的水盐代谢和血管舒缩，从而影响血压的变化。实验研究表明，富含 n－3 不饱和脂肪酸的鱼油可抑制血浆肾素活性，从而降低血压。

（4）蛋白质：目前认为，膳食蛋白质中含硫氨基酸如蛋氨酸、半胱氨酸含量较高时，高血压和脑卒中的发病率较低。牛磺酸是含硫氨基酸的代谢产物，有研究发现它对自发性高血压大鼠和高血压患者均有降压作用。也有研究提示色氨酸和酪氨酸具有调节血压的作用。

2. 膳食防制

（1）膳食指导：原发性高血压的营养防治原则是：限制膳食中的钠盐、增加钾的摄入、保持良好的脂肪酸比例、增加钾、镁、钙和优质蛋白质的摄入和限制饮酒。一般居民食盐摄入量不超过 6 g/d，轻度高血压患者应低于 5 g/d，中、重度高血压患者应低于 3 g/d。除食盐外，还应考虑其他钠的来源，包括盐腌食品及食物本身含有的钠盐。含钾高的食物如新鲜绿色叶菜、豆类和根茎类、香蕉、杏、梅等。各种豆类和蔬菜是膳食中镁的良好来源。富含钙的食品如牛奶、豆类。鱼类蛋白富含蛋氨酸和牛磺酸，可降低高血压及脑卒中的发生率。大豆蛋白虽无降压作用，但也能防止脑卒中的发生，这可能与氨基酸组成有关。高血压患者若过量饮酒，会增加脑卒中、心力衰竭的危险。高血压患者最好不要饮酒。茶叶有一定的利尿和降压作用，可适当饮用。

（2）营养健康教育：① 做好饮食指导：反复宣教控制饮食对防治高血压的意义，教会患者控制饮食的方法及各种营养素的进食量，使患者出院后形成习惯，长期坚持。膳食宜低能量、低盐、低脂、低胆固醇、清淡、易消化。少吃肥肉、猪油、动物内脏、油炸食品、蛋黄，多吃新鲜水果、蔬菜、鱼类、豆制品。要密切观察患者的进食情况，鼓励患者按规定进食；② 养成良好的生活习惯：向患者解释适当休息和活动对疾病康复的重要性，鼓励患者养成生活规律、按时作息，建立一种适合自己身体情况的生活习惯。有的患者平时饮食口味较重，突然改为清淡低盐、低脂饮食，会感到不合口味，出现厌食，甚至恶心、呕吐，此时要灵活调配食物的色、香、味，创造良好的进餐条件，保持环境清洁整齐，空气新鲜，温湿度适宜，在进餐时可播放轻音乐，使患者心情舒畅，增进食欲，帮助消化；③ 避免酪胺反应的发生：在高血压的治疗过程中，还必须注意酪胺反应。使用单胺氧化酶抑制剂如苯环丙胺、苯乙肼，或具有阻断单胺氧化酶作用的抗肿瘤药甲基苄肼等药物治疗时，不宜进食含酪胺、多巴胺高的食物，如奶酪、啤酒、葡萄酒、香肠、腌鱼、茄子、蚕豆、蘑菇、香蕉、葡萄干等。因为酪胺未经脱氨就进入血液循环，能促使节后交感神经末梢释放去甲肾上腺素，出现头痛、恶心、脸色苍白、高血压危象，甚至危及生命。

## 三、糖尿病

糖尿病（diabetes mellitus，DM）是由于胰岛素相对或绝对缺乏以及不同程度的胰岛素抵抗，引起碳水化合物、脂肪及蛋白质的代谢紊乱，以持续高血糖为其基本生化特征的一种综合病症。其临床表现有糖耐量减低、高血糖、尿糖和多尿、多饮、多食、消瘦乏力（三多一少）等症状，常伴有动脉粥样硬化性心脏病及脑血管疾患、糖尿病性肾病、眼部病变及神经系统病变等多种并发症；严重病例可发生酮症酸中毒，高渗性昏迷，乳酸酸中毒以致威胁生命。

糖尿病可分为 1 型糖尿病、2 型糖尿病、妊娠期糖尿病和其他类型糖尿病。1 型糖尿病即胰岛素依赖型糖尿病，约占糖尿病病人总数的 10%，常发生于儿童和青少年；但也可发生于任何年龄，甚至 80～90 岁时也可患病；患者胰岛 β 细胞破坏引起胰岛素绝对缺乏。2 型糖尿病即非胰岛素依赖型糖尿病，患者以胰岛素抵抗为主伴胰岛素相对性缺乏或胰岛素分泌受损为主伴胰岛素抵抗；约占糖尿病病人总数的 90%，发病年龄多数在 35 岁以后。妊娠期糖尿病是指妊娠妇女原来未发现糖尿病，在妊娠期，通常在妊娠中期或后期才发现的糖尿病，大部分患者分娩后可恢复正常，但成为此后发生糖尿病的高危人群。若及早治疗，使病情控制，患者寿命可明显延长，而且能从事正常工作。膳食治疗是治疗糖尿病的基本措施。

无论是轻型的还是重型的，无论是用胰岛素治疗的还是用口服药治疗，都必须通过饮食控制以减轻胰岛β细胞的负担，改善症状。对于年长、肥胖而无症状或少症状的轻型病例，尤其是血浆胰岛素空腹时及餐后偏高者常常以营养治疗作为首要措施。对于重型病例，除药物治疗外，更宜严格控制饮食以防病情波动。

**（一）营养相关因素**

1. 碳水化合物　血糖的增高主要取决于总能量的摄入。近年来实验资料表明，在合理控制能量的基础上给予高碳水化合物饮食（占总能量的60%左右），不仅能改善葡萄糖耐量，而且也不增加胰岛素的需要量。在选用碳水化合物时，血糖指数（glycemic index，GI）是一项重要的参考指标，GI是含50 g碳水化合物的食物和相当量的葡萄糖或白面包在一定时间内（一般为2小时）体内血糖应答水平百分比值，餐后血糖应答值一般用血糖应答曲线下面积来表示。一般情况下，低GI的食物对血糖升高的反应小，可有效控制餐后胰岛素和血糖异常，有利于血糖浓度保持稳定。可溶性纤维能延缓碳水化合物在胃肠道的吸收，降低空腹血糖和餐后血糖，改善糖耐量，增强胰岛素受体的敏感性，并可降低血胆固醇。

2. 脂肪　为防止或延缓血管并发症的发生，必须减少饮食中脂肪的摄入量。饮食中脂肪所供能量应减到占总能量的25%以下，按每kg体重计算应低于1 g。并限制饱和脂肪酸的摄入，一般不超过总能量的10%，或低于脂肪总摄入量的1/3，P/S比值达到1.5～2.5。胆固醇与心血管病关系密切，一般主张每日摄入量应低于300 mg，合并高脂血症者应低于200 mg。

3. 蛋白质　糖尿病患者蛋白质消耗量大，应保证摄入足量的蛋白质，成年人一般为1 g/（kg·d）。当病情控制不好时，患者体内糖异生增强，蛋白质分解代谢增强，易出现负氮平衡，故参考摄入量需适当增加，按1.2～1.5 g/（kg·d）计算。目前主张蛋白质所供能量占总能量的15%～20%，其中动物蛋白质占1/3～1/2。

4. 维生素　糖尿病患者尿量较多，糖异生作用强烈，B族维生素消耗增多。B族维生素是碳水化合物和蛋白质等代谢过程中许多酶的辅酶，缺乏时可加重糖尿病的代谢紊乱。补充维生素C可防止因缺乏而引起的微血管病变，新鲜蔬菜是供给维生素C很好的来源。另外，充足的β-胡萝卜素、维生素E和维生素C等可清除糖尿病患者体内因葡萄糖和糖基化蛋白自动氧化产生的大量自由基。

5. 矿物质　微量元素与人体胰岛功能有密切关系。三价铬是葡萄糖耐量因子（GTF）的组成成分，胰岛素的辅助因子。膳食补充三价铬都对糖尿病有积极的预防和辅助治疗作用。锂能够促进胰岛素的合成与分泌，改善外周组织对胰岛素的敏感性。锌不但能协助葡萄糖在细胞膜上转运，还参与胰岛素的合成，每1分子胰岛素含有2个锌原子，并与胰岛素活性有关。补锌能加速老年糖尿病患者下肢溃疡的愈合。糖尿病患者常继发骨质疏松和钙、磷的大量丢失，因此应及时补充适量的维生素D和钙、磷。酮症酸中毒时要注意钠、钾、镁的补充以纠正电解质的紊乱。目前认为补充镁是防止糖尿病患者发生视网膜病变的有效措施。

6. 乙醇　乙醇除提供能量以外，不含其他营养素，饮酒后容易出现低血糖，乙醇可抑制肝内葡萄糖释放入血，对用胰岛素、降糖药治疗的糖尿病患者更容易发生低血糖。因此，糖尿病患者最好不要饮酒，尤其是同时伴有肥胖、高血压、高血脂和冠心病者。如欲饮酒，须在血糖控制良好的状态下少量饮用低浓度酒，如啤酒、葡萄酒等，并避免空腹饮酒。

### （二）膳食防制

1. 膳食指导　糖尿病饮食治疗的总原则是因人而异，合理的饮食结构、合理的餐次分配和持之以恒。糖尿病患者食谱的编制可分为3种方法：营养成分计算法、食品交换法和统一菜肴法。

（1）营养成分计算法：①根据患者的年龄、劳动强度、肥胖程度等计算能量参考摄入量（参见表10-1）；②确定三大产能营养素的参考摄入量：先确定各营养素的供给比例，然后即可根据1日总能量算出实际参考摄入量。碳水化合物、脂肪、蛋白质的供能比一般为60%、20%～25%和15%～20%，但还需结合患者的病情、饮食习惯等予以调整。例如消瘦患者脂肪的供热比应取上限值，而肥胖患者则应适当减少；③确定用餐次数和每餐食物的比例：糖尿病患者1日至少进食3餐，而且要定时定量。1型糖尿病病情稳定者，可安排4餐：早餐：中餐：晚餐：加餐=2∶2∶2∶1；1型糖尿病病情不稳定者，可安排6餐：早餐：加餐：中餐：加餐：晚餐：加餐=2∶1∶2∶1∶3∶1。2型糖尿病病情稳定者，可安排3餐，早、中、晚三餐能量比例可各占1/3或1/5、2/5、2/5；④制定1日食谱：根据上述结果，查《食物成分表》，制定具体的食谱。

（2）食品交换法：①根据能量需要确定各类食物的交换份数；②根据餐次分配比例确定1日每餐各类食物交换份数；③根据等值食品交换表制定食谱。

（3）统一菜肴法：由于糖尿病患者的饮食包括主食和菜肴部分，统一菜肴法是将每位患者的菜肴部分统一配制，然后用患者所需的总能量减去菜肴中所含的能量，所剩余的能量部分由主食（谷类）来提供。因此，营养室只需按每位患者的具体病情配给相应的谷类食物即可。此法有利于统一安排，简化工作。

**表10-1　糖尿病患者每日能量供给标准（成人）**

| 劳动强度 | 消瘦（kcal） | 正常（kcal） | 肥胖（kcal） |
|---|---|---|---|
| 卧床休息 | 20～25 | 15～20 | 15 |
| 轻体力劳动 | 35 | 25～30 | 20～25 |
| 中等体力劳动 | 40 | 35 | 30 |
| 重体力劳动 | 40～45 | 40 | 35 |

注：1日能量参考摄入量（kJ）＝理想体重（kg）×能量供给标准（kcal/kg）

理想体重（kg）＝身高（cm）－105

（4）糖尿病合并妊娠的膳食指导：以能量和营养素的摄入量既满足母体和胎儿生长发育的需要，同时严格监测孕妇的血糖和体重为饮食治疗原则。孕妇体重不宜增长过快，最好在妊娠期体重增长不超过9～10 kg。妊娠期前4个月的营养素参考摄入量与正常人同，后5个月比正常需要每日增加能量300 kcal，增加蛋白质25 g，并注意钙、磷、铁和多种维生素的补充。对有浮肿倾向者和高血压者要限制钠盐供给低盐饮食。对肥胖患者应适宜采用低能量饮食降低体重，以免影响胎儿的发育。

（5）儿童糖尿病的膳食指导：儿童糖尿病指15岁以下的患儿，绝大多数为1型糖尿病，其食物种类的选择及餐次的安排应以提供足够的营养为主，不能过分限制能量，避免血糖波动，维持血脂正常。供给充足的能量和各种营养素，以维持正常的生长发育和正常活动的能力。4岁以下患儿的能量参考摄入量可按50 kcal/（kg·d）计算，4～10岁按45～50 kcal/（kg·d），

10～15 岁按 35～40 kcal/（kg·d）供给食物。蛋白质按 2～3 g/（kg·d）计算。注意补充足够的维生素和矿物质。饮食中脂肪量不宜过高，尤其是动物性脂肪。蛋白质、脂肪和碳水化合物占总能量的比值分别为 15%～20%、30%～35%和 50%。强调饮食定时定量，除 3 次正餐外，另给加餐 2～3 次以防止血糖过度波动。

（6）低血糖反应：低血糖反应是指血糖＜2.8 mmol/L。患者低血糖反应多发生于注射胰岛素后或未及时进食而引起，重者昏迷，甚至死亡。临床症状：早期反应是心慌、手抖、出汗、头晕、烦躁、焦虑、饥饿难忍、全身无力。患者神志清、反应轻者可用蔗糖或红糖 25～50 g（儿童 10～15 g）温开水冲服；稍重者再给馒头 25 g 或水果 1～2 个，10 分钟后反应即可消失。患者神志不清，反应重者，可将蔗糖、红糖或葡萄糖放在患者口颊或牙齿之间，使之溶化咽下，或将糖调成糊浆，缓慢喂食。对昏迷者尽量避免喂食，以防食物吸入，引起肺炎。凡服糖 10 分钟后未醒者，需送医院急救。若因注射长效胰岛素而引起的低血糖反应，除喂食蔗糖、红糖外，尚应加些牛奶、鸡蛋或馒头等吸收较慢的食物，避免反复出现的低血糖反应。

2. 营养健康教育

（1）加强营养宣传教育：做好健康教育是防治糖尿病的关键。可采用群体与个体相结合的方式，利用录像、幻灯、图片、食品模具、因特网等手段开展糖尿病讲座、糖尿病咨询，使患者全面了解糖尿病的保健知识，尤其是糖尿病的饮食治疗。针对部分患者对饮食治疗不够重视，不接受饮食治疗，甚至认为自己年纪大，应该讲享受不讲长寿；或者误认为糖尿病什么都不能吃，每天只吃素食等给予积极指导。特别是老年人、女性和文化程度较低的患者，对饮食疗法的依从性较差，应加强这类患者及其家属的营养健康教育工作，强调食疗对控制糖尿病的重要性，以取得主动配合。鼓励患者与家人共同进餐，有利于形成食疗的习惯，也有助于减轻患者的思想负担。

（2）做好饮食指导：糖尿病患者饮食应以低糖、高蛋白、丰富的维生素、适量的脂肪为原则。教会患者根据标准体重、能量标准来计算饮食中蛋白质、脂肪和糖类的适宜摄入量。合理安排饮食结构。为了防止低血糖反应，应教育糖尿病患者随身携带糖果、饼干等食品以应急需，并学会随着体力活动的增减而适当调整饮食的方法，这对注射胰岛素的患者尤为重要。

（3）适当运动：提倡科学、合理、适当运动，以饭后散步、慢跑、打拳为宜，循序渐进，以运动时或运动后不感到劳累为原则。

## 四、痛风

痛风（gout）是与遗传有关的嘌呤代谢紊乱导致尿酸生成过多或尿酸排泄减少所引起的一组疾病。临床特点为反复发作的急性关节炎及某些慢性表现，如痛风结石、关节强直或畸形、肾实质损害、尿路结石及高尿酸血症等，高尿酸血症是痛风症的重要特征。根据引起尿酸增高的原因，痛风可分为原发性和继发性两大类。原发性痛风除少数由于参与嘌呤代谢的某些酶缺陷引起外，大多数病因尚未明确，属遗传性疾病，患者常伴有高脂血症、肥胖、原发性高血压、糖尿病和动脉粥样硬化等。继发性痛风常由慢性肾脏病、血液病、内分泌疾病、药物、高嘌呤食物等多种因素引起。

人体尿酸有两个来源。外源性占 20%，来自富含嘌呤或核蛋白食物在体内的消化吸收分解；内源性占80%，是由嘌呤类核苷酸代谢分解而产生。尿酸是人体嘌呤分解代谢的终产物。在生理条件下，尿酸以游离尿酸与尿酸钠盐两种形式存在。尿酸及其钠盐溶解度有限，当体内原发性或继发性原因使尿酸产生增加，超过其溶解度时，就呈高尿酸血症。此时，尿酸盐便沉淀析出。沉积于软组织，特别是关节部位时，引起痛风症。在关节腔中就会引起一种非炎性反应，称为痛风性关节炎。由于尿酸盐结晶不断沉积，最终导致关节畸形。在泌尿系统中，尿酸过多会形成结石。尿液碱化可使尿酸溶解度大大提高，有利尿酸的排泄，从而可预防尿酸结石的沉积。

**（一）营养相关因素**

1. 碳水化合物代谢　痛风症患者约有半数伴有超重或肥胖。因此，痛风患者每日总能量的摄入应低于正常人的10%～20%，以控制和减轻体重。但糖类有减少体内脂肪分解氧化而产生过多酮体的作用，故不宜对糖类限制过度。果糖类有增强尿酸生成的作用，应减少其摄入量。

2. 脂肪代谢　痛风症患者合并高脂血症的约有70%。高脂肪摄入既不利高脂血症的治疗，又可能导致体重继续增加，导致脂肪代谢紊乱。在体内脂肪分解产生的酮体，能与尿酸排泄相竞争。酮体过多时，会导致尿酸排泄减少，能诱发急性痛风发作。

3. 蛋白质代谢　食物的嘌呤多与蛋白质共存，高蛋白质饮食不但使嘌呤摄入增多，而且可促进内源性嘌呤的合成和核酸的分解。

4. 维生素代谢　B族维生素和维生素C可促进组织内沉积的尿酸盐溶解，有利于缓解痛风。

**（二）膳食防制**

1. 患者膳食指导　痛风患者营养护理的目的是，限制外源性嘌呤的摄入，减少尿酸的来源，同时促进体内尿酸的排泄。因此，其膳食指导的基本原则是，低嘌呤饮食、低能量摄入、低脂饮食、低盐和高水分供给。通过膳食疗法，结合药物和其他治疗，来控制急性痛风的发作，纠正高尿酸血症，防止并发症和痛风复发。

（1）限制嘌呤饮食：患者应长期控制嘌呤摄入。在急性期应严格限制嘌呤量，每日在150 mg以下（只相当正常膳食嘌呤摄入量的15%～25%），可选择嘌呤含量低的食物（<25 mg/100 g）。在缓解期，可根据病情限量选用嘌呤含量中等的食物（25～150 mg/100 g）。对痛风患者应禁用嘌呤含量高的食物（>150 mg/100 g）。含嘌呤高的食物主要有：瘦肉、动物内脏、小虾、牡蛎、斑鸡和鹅等。含嘌呤中等的食物主要有，鱼类、贝壳类、干豆类、菠菜和蘑菇等。含嘌呤低的食物主要有，谷类、乳类、蛋类、蔬菜和水果等。

（2）限制总能量摄入：痛风患者多有超重或肥胖，每日能量的摄入量标准应尽量达到或稍低于理想体重，或按正常供能计算后减去10%～15%。尤其要限制蛋白质和脂肪的摄入。

（3）低蛋白、低脂肪、适当糖类饮食：限制蛋白质的摄入实际上是减少嘌呤的摄入。选用嘌呤含量低的蛋白质食物，尽量不用肉、鱼、禽类等，如一定要用，可经煮沸弃汤后食用少量。出现痛风性肾病时，因尿蛋白丢失，体内蛋白质减少，应给予适当补充。但有氮质血症和肾功能不全时应严格控制蛋白质的摄入。脂肪可减少尿酸的排泄，应适量控制。每日脂肪的摄入要限制在40～50 g以内。糖类有抗生酮作用和增加尿酸排泄的功能，故应是能量的主要来源，占总能量的55%～65%。

（4）充足的维生素、矿物质和低盐的饮食：各种维生素，尤其是B族维生素和维生素

C，应足量供给。多供给富含矿物质的蔬菜和水果，有利于尿酸的溶解与排泄。因为痛风患者易伴有高血压、高脂血症和肾病，所以应限制钠盐摄入。

（5）多饮水、忌饮酒和限制刺激性食物：患者宜多饮水，每日保持在 2000～3000 ml，以维持一定的尿量，促进尿酸的排泄，防止结石的形成。饮酒后可导致体内乳酸的增加，后者能与尿酸呈竞争性排泄，使尿酸排泄减少，血尿酸增高，诱发痛风急性发作。因此，痛风患者应忌饮酒。此外，强烈的香料和调味品，也不宜饮用，茶、可可和咖啡可适量食用。

2. 营养健康教育　向患者及家属讲解痛风营养护理的重要性，介绍“四低一高”膳食治疗原则，即坚持低嘌呤饮食、低能量摄入、低脂饮食、低盐和高水分供给。仔细介绍含嘌呤量高低不同的食物，以便正确选用低嘌呤食物。忌饮酒和刺激性食物，防止诱发痛风急性发作。养成积极运动的习惯，保持理想体重。在饮食治疗下，密切观察病情，必要时配合药物治疗。

## 五、骨质疏松症

骨质疏松症（osteoporosis；OP ）是以骨量减少和骨组织微观结构破坏为特征，致使骨的脆性及骨折危险性增加的全身性骨骼疾病。随着年龄增长，本病发病率及其引起的骨折发生率，都明显增加，是老年人的一种常见病。根据病因，骨质疏松症可分为 3 种类型：① 原发性骨质疏松症，是随年龄增长而出现的骨骼生理性退行性病变；② 继发性骨质疏松症，是由其他疾病如内分泌疾病、血液病和长期卧床等引起的骨质疏松；③ 特发性骨质疏松症，是遗传性疾病，常有遗传家族史，多见于 8～14 岁青少年。

发生骨质疏松症的主要原因是缺钙。老年人容易发生骨质疏松症是因为：① 老年人对钙、蛋白质和维生素摄入吸收降低，而磷摄入过多；② 老年人的肾功能下降，合成有生理活性的 1，25 -二羟维生素 $D_3$减少；③ 老年人活动减少，对钙的利用减少并使钙从骨骼中的丢失量增多；④ 老年人性激素缺乏或其他内分泌失调。

骨质疏松症的主要临床表现是骨痛，尤其以腰背部最为常见，其次为膝关节、肩背部、手指、前臂和上臂等。这主要是由于骨吸收增加、骨质破坏所引起。易并发骨折、生长停止或身高下降。骨折最常见的是椎体骨折，危害最大的是髋部骨折。因为骨质疏松症造成的骨折，严重影响老年人的生活质量，甚至引起残废或致死，所以骨质疏松症的预防比治疗更为重要。

### （一）营养相关因素

钙、磷以及组成骨有机质部分的蛋白质缺乏是造成骨质疏松症的主要原因，而钙磷代谢又主要受维生素 D 的影响。所以，与骨质疏松症相关的营养问题主要涉及钙、磷、蛋白质和维生素 D 的代谢。

1. 钙代谢　钙是骨的主要成分，机体总钙量的 99％存在于骨质和牙齿中，成人全身总钙量为 700～1400 g。每日正常人钙需要量为 400～1000 mg，儿童需钙 200 mg，孕妇需钙 1500 mg，老年人需钙 1000～1500 mg。钙的摄入状况与年龄相关。食物中钙的吸收率儿童约为 40％，成人低些，老年人更低。这是老年人易于缺钙而发生骨质疏松症的原因之一。在体内调节钙代谢的因素主要包括维生素 D、甲状旁腺素、降钙素和雌激素等。进入老年后，性激素水平下降和内分泌的失调，导致钙代谢紊乱，从而容易产生骨质疏松症，特别是绝经后的老年妇女，其雌激素、卵巢激素、甲状旁腺素和降钙素的含量，都比中青年妇女大大减少，所以老年妇女骨质疏松症发生率比老年男性高得多。

2. 磷代谢　磷是组成骨盐的重要成分，机体总磷量的 85%～95%存在于骨和牙齿中，成人全身总磷量约为 400～800 g。每日正常人最低磷需要量为 880 mg。一般饮食中含磷丰富，所以体内不易出现缺乏。老年人血磷浓度常受饮食、代谢等因素影响而波动，但血钙与血磷的浓度（以 mg 计）积，常保持在相对恒定的范围内。

3. 维生素代谢　人类可从食物中摄取维生素 D，但体内维生素 D 的主在来源还是通过紫外线照射，使皮肤内 7-脱氢胆固醇转变为维生素 $D_3$。后者在肝、肾先后羟化成有活性的 1，25-$(OH)_2$维生素 $D_3$。1，25-$(OH)_2$维生素 $D_3$能促进小肠钙的吸收，减少肾钙磷排泄，有利于钙化。由于老年人维生素摄入减少、户外活动不多日照减少、肾功能减退使 1，25-$(OH)_2$维生素 $D_3$转化降低等原因，致使体内维生素 D 量不足，难以发挥对钙磷代谢的调节作用，引起骨组织缺钙产生骨质疏松症。维生素 A 和 C 参与骨胶原和黏多糖的合成，后两者是骨基质的成分，对骨钙化有利。维生素 K 参与是谷氨酸残基 γ-羧化酶的辅酶，参与多种凝血因子和活性蛋白质的谷氨酸残基的羧化。骨质疏松的患者尤其是髋骨骨折者，血维生素 K 含量低。缺乏维生素 K 能导致血骨钙结合蛋白（BGP）减少，BGP 羧化程度降低，以及 BGP 结合到羟磷灰石上的能力减弱。老年人维生素摄入不足，影响了骨基质的合成，也影响了钙化，这是产生骨质疏松症的原因之一。

4. 蛋白质代谢　蛋白质是组成骨基质的原料，骨基质是骨钙化的场所。尽管缺钙是骨质疏松产生的主要原因，但蛋白质合成失常，骨的基质不能形成，以致骨盐无法沉积而导致骨质生成不足，也是引起骨疏松症的重要因素。老年人体内蛋白质合成降低，分解代谢往往大于合成代谢，较易发生负氮平衡，骨基质蛋白质代谢也会发生相应的变化。

5. 激素代谢　一般情况下，随着年龄的增长进入老年后，甲状旁腺激素分泌增高，降钙素分泌降低，雌激素分泌降低，维生素 D（可视为一种激素）也生成不足。这些变化的综合结果，就使老年人的溶骨作用活跃，强于成骨作用，表现为溶骨作用为主。此时，骨中的钙磷被溶蚀，不断向血中转移，最后从尿中排出，造成骨质中钙磷的大量丢失。

**（二）膳食防制**

骨质疏松症营养护理的目的是在合理能量和蛋白质供给的基础上，通过补充钙、磷和维生素 D 等，来有效地防止骨质疏松症的发生和发展。

1. 患者膳食指导

（1）保证钙的充分摄入：每日要保证 800～1000 mg 钙的供应。绝经期的妇女和老年人，每日钙的摄入标准更高，达 1000～1500 mg。乳及乳制品含钙量多且吸收率高，是优先选用的食品，对于伴有高脂血症的患者可选用脱脂奶。必要时可适量补充钙制剂，但总钙量摄入量不得每日超过 2000 mg，这是钙可耐受的最高摄入量。过量摄入会增加肾结石等危险性。

（2）适量磷的摄入：膳食磷的适宜供给量是每日 700 mg。合适的膳食钙磷比例，有利于钙的利用和减慢骨钙的丢失。但磷的摄入不能过高，过量可能诱发和加重骨质疏松症。磷的可耐受最高摄入量是每日 3000 mg。

（3）充足维生素的供给：适当的户外活动增加日照，可增强体内维生素 D 的合成，增加钙的吸收和利用。同时，可以增大富含维生素 D 的膳食。维生素 A、维生素 C 和维生素 K 等对预防骨质疏松症有一定的作用，老年人可适量地补充一些复合维生素制剂。

（4）适量蛋白质的供给：蛋白质能促进钙的吸收和储存，但过量也促进钙的排泄，故应适量供给。可选用乳及乳制品、蛋类、动物骨等作为食物蛋白质的来源。这些食物中所含的胶原蛋白和弹性蛋白，都是合成骨基质的重要原料。

2. 营养健康教育　向患者及家属讲解骨质疏松症的预防比治疗更重要的道理，介绍预防的办法：①坚持合理平衡的膳食。老年人宜食用富含钙和维生素D的食物，如奶、奶制品、小虾皮、海带、豆类及其制品、鸡蛋等。摄入适量的蛋白质。少用含草酸的菠菜、冬笋、茭白以及含磷高的动物内脏、肝脏等食物；②养成积极运动的习惯；③适当的户外活动，以避免光照不足。

# 第二节　食物中毒

## 一、食物中毒的概念

食物中毒（food poisoning）指食用了被有毒有害物质污染的食品或者食用了含有毒有害物质的食品后出现的急性、亚急性疾病。食物中毒既不包括因暴饮暴食而引起的急性胃肠炎、食源性肠道传染病（如伤寒、痢疾）和寄生虫病（如旋毛虫、囊虫病），也不包括一次大量或长期少量摄入某些有毒有害物质而引起的以慢性毒害为主要特征的疾病（如致癌、致畸、致突变），以及食物过敏。按病原分为细菌性食物中毒、真菌及其毒素食物中毒、有毒动植物中毒及化学性食物中毒。食物中毒发病的共同特点：①爆发性：潜伏期短，来势急剧、短时间内可能有多数人同时突然患病，发病曲线呈突然上升又很快下降趋势；②食源性：病人具有同一食物史，流行波及发病范围与污染食物供应范围相一致，停止食用该食物后发病很快停止；③相似性：病人以恶心、呕吐、腹痛、腹泻等胃肠道症状为主；④非传染性：人与人之间无直接传染。

## 二、常见的食物中毒及其预防

### （一）细菌性食物中毒

细菌性食物中毒（bacterial food poisoning）是由于食用被致病性细菌污染并大量繁殖或其产生的毒素污染的食品而引起的食物中毒。我国目前发生的细菌性食物中毒多以沙门菌、变形杆菌和金黄色葡萄球菌肠毒素食物中毒为主，其次为副溶血性弧菌、蜡样芽胞杆菌食物中毒。发病的原因来自下面3个环节：①致病菌污染食品；②食品的储存方式不当，导致致病菌大量生长繁殖或产生毒素；③烹调加工不当。细菌性食物中毒的临床表现以急性胃肠炎为主，主要表现为恶心、呕吐、腹痛、腹泻等。根据病原和发病机制不同，可分为感染型、毒素型和混合型食物中毒。对于细菌性食物中毒的诊断，主要根据发病的流行病学调查资料、病人的临床表现及实验室检查资料来进行。细菌性食物中毒的治疗常采用催吐、洗胃、导泻的方法迅速排出毒物，同时对症治疗患者出现的腹痛、腹泻，以纠正酸中毒和电解质紊乱。除症状较重者，通常不需应用抗菌药物。预防细菌性食物中毒的发生必须阻断导致疾病发生的3个环节；食品卫生部门和监督部门应加强食品卫生质量的检查和监督管理，同时需建立快速可靠的病原菌检测技术，为大范围食物中毒爆发的快速诊断和处理提供相关资料，防止更大范围的传播和流行。

1. 沙门菌食物中毒　沙门菌（salmonella）为有鞭毛、能运动，需氧或兼性厌氧的革兰阴性杆菌。不耐热，55℃ 1 h、60℃ 15～30 min 和 100℃数分钟即被杀死。沙门菌不分解蛋白质，污染食物后无感官性状改变；亦能产生肠毒素。引起中毒的食品主要为动物性食品，特别是畜肉类及其制品，其次为禽肉、蛋类、乳类及其制品。沙门菌食物中毒大多数是沙门菌活菌对肠黏膜的侵袭导致的感染型中毒；亦有其活菌和内毒素共同作用胃肠道导致的混合型中毒。按其临床特点分为胃肠炎型、类霍乱型、类伤寒型、类感冒型、败血症型，以胃肠炎型最为常见。潜伏期一般为 4～48 h，临床表现为头痛、恶心、食欲不振，后出现呕吐、腹痛、腹泻。腹泻一日可达数次至 10 余次，主要为水样便，少数带有黏液或血。体温升高，可达 38～40℃。轻者 3～4 天症状消失，重者可出现神经系统症状、少尿、无尿、呼吸困难等症状，如不及时抢救可导致死亡。

2. 变形杆菌食物中毒　变形杆菌（Proteus bacilli）为有鞭毛，能运动，需氧或兼性厌氧的革兰阴性腐败菌。不耐热，加热 55℃持续 1 小时即可将其杀灭。引起食物中毒的普通变形杆菌主要为普通变形杆菌、奇异变形杆菌和摩根菌。变形杆菌不分解蛋白质，污染食物后无感官性状改变；引起中毒的食品主要是动物性食品，特别是熟肉以及内脏的熟制品。变形杆菌食物中毒主要是大量活菌侵入肠道引起的感染型中毒。潜伏期一般为 10～16 h，临床主要表现为恶心、呕吐、头痛、乏力、阵发性剧烈腹痛，腹泻多为水样便并常伴有黏液，恶臭，一日数次。体温一般在 37.8～40℃。病程较短，为 1～3 d，多数在 24 h 内恢复，一般预后良好。

3. 葡萄球菌肠毒素食物中毒　葡萄球菌（staphylococcus）为革兰阳性兼性厌氧菌，50%以上金黄色葡萄球菌可产生肠毒素，多数肠毒素在 100℃加热 30 分钟仍保持部分活性。引起食物中毒的肠毒素是一组对热稳定的低分子量可溶性蛋白质。摄入含金黄色葡萄球菌活菌而无肠毒素的食物不会引起中毒，摄入达到中毒剂量的肠毒素才会中毒。食物被葡萄球菌污染后，肠毒素的形成与温度、食品受污染的程度、食品的种类及性状密切相关。食物中葡萄球菌污染越严重，繁殖越快，亦越易产生肠毒素；37℃的范围内，温度越高，产生肠毒素所需要的时间越短；蛋白质丰富，含水分较多，同时含一定淀粉或含油脂较多的食物，受葡萄球菌污染后更易形成肠毒素。潜伏期一般为 2～5 h。临床主要表现为恶心、剧烈呕吐，呕吐物可含有胆汁、血液和黏液；腹痛，腹泻。呕吐、腹泻严重者有脱水表现。体温正常或低热，病程 1～2 d，一般预后良好。

4. 副溶血性弧菌食物中毒　副溶血性弧菌（Vibrio parahemolyticus）是一种有鞭毛，能运动的革兰阴性嗜盐弧菌。主要存在于近岸海水、海底沉积物和鱼、贝类等海产品中。不耐热，56℃加热 5 min，或 90℃加热 1 min，或 1%食醋中经 5 min 即可死亡。主要中毒食品为海产品（鱼、虾、蟹、贝等及其制品），其次为盐渍食品。副溶血性弧菌能使人或家兔的红细胞发生溶血，在血琼脂培养基上出现 β 溶血带，这种现象称为“神奈川现象”，亦称“神奈川试验”阳性。神奈川试验阳性菌感染人能力强。感染人体后 12 h 内出现食物中毒症状。潜伏期为 2～40 h。腹痛、腹泻、呕吐、发热为本病的 4 大临床特点。重症患者可出现脱水、意识障碍、血压下降等，病程 3～4 d，恢复期较短，预后良好。

5. 蜡样芽胞杆菌食物中毒　蜡样芽胞杆菌（Bacillus cereus）是一种有鞭毛，无荚膜，需氧或兼性厌氧的革兰阳性芽孢杆菌。蜡样芽胞杆菌产生的肠毒素有耐热性肠毒素（100℃，30 min 不能被破坏，常在米饭中形成）和不耐热肠毒素（能在各种食物中形成）两种。蜡样芽胞杆菌食物中毒，在临床上一般可分为呕吐型和腹泻型两类。呕吐型中毒多见于过剩米饭和油炒饭，由耐热性肠毒素为致病因素；潜伏期短，一般为2～3 h；中毒症状为呕吐，腹痉挛，一般经过8～10 h治愈。腹泻型中毒由各种食品中不耐热肠毒素引起，潜伏期一般为6～14 h；中毒症状为腹泻，腹痉挛；病程24～36 h。两型均少见体温升高，预后良好。

6. 肉毒梭菌毒素食物中毒　肉毒梭菌（Clostridium botulinum）为厌氧、产孢子革兰阳性杆菌。肉毒梭菌产生的外毒素简称肉毒毒素（creatoxin），是一种强烈的神经毒素。食品中的肉毒梭菌主要来源于带菌的土壤、尘埃及粪便。肉毒毒素产生于肉毒梭菌胞浆中，当细菌死亡自溶后，以神经毒素和非毒性成分结合的复合形式释放出来。引起中毒的食物我国以家庭自制植物性发酵品多见，如臭豆腐、豆豉、豆酱、面酱等，因罐头瓶装食品、腊肉、酱菜、凉拌菜等引起的中毒也有报道。肉毒毒素对消化酶、酸和低温稳定，在正常的胃液中24 h不能将其破坏。肉毒毒素经消化道吸收进入血液后，主要作用于中枢神经系统的脑神经核、神经肌肉的连接部和自主神经末梢，抑制乙酰胆碱的释放，导致肌肉麻痹和神经功能障碍。临床主要表现为运动神经麻痹，对称性脑神经受损症状。早期表现为头晕、头痛、步态不稳，以后逐渐出现视物模糊、眼睑下垂、瞳孔散大。重症患者则首先表现为对光反射迟钝，逐渐发展为语言不清、吞咽困难、声音嘶哑等，严重时出现呼吸困难，常因呼吸衰竭而死亡。病死率为30%～70%。通过催吐、洗胃及对症治疗，同时尽早注射多价肉毒抗毒素血清，可于4～10 d恢复健康，一般无后遗症。

**（二）真菌及其毒素食物中毒**

真菌在谷物或其他食品中生长繁殖，产生有毒的代谢产物，因食用此类食物而引起人或动物食物中毒。常见的有赤霉病麦和霉变甘蔗中毒。

1. 赤霉病麦中毒　麦类、玉米等谷物被镰刀菌侵袭而引起的赤霉病。其引起食物中毒的有毒成分为赤霉病麦毒素。该毒素对热稳定，一般烹调方法不能去除。中毒多发生于麦收后食用受病害的新麦，也有因误食库存的赤霉病麦或霉变玉米而引起中毒。摄入的数量越多，发病率越高，病情也越严重。中毒潜伏期一般为10～30 min，也可达2～4 h。主要症状有恶心、呕吐、腹痛、腹泻、头昏、头痛、嗜睡、流涎、乏力，少数患者有发热、畏寒等。症状一般在1天左右自行消失，缓慢者可持续1周左右，预后良好。个别重病例出现呼吸、脉搏、体温及血压波动，四肢酸软，步态不稳，形似醉酒，故有地方称“醉谷病”。一般患者无需治疗而自愈，对呕吐严重者应补液。预防此类食物中毒的关键在于防止麦类、玉米等谷物受到霉菌的侵袭和产毒。

2. 霉变甘蔗中毒　霉变甘蔗中毒是指食用了保存不当而霉变的甘蔗引起的食物中毒。其引起中毒的有毒成分为蔗节菱孢霉产生的毒素3-硝基丙酸，为一种强烈的嗜神经毒素，主要损害中枢神经系统。潜伏期短，最短仅十几分钟。症状开始表现为消化道功能紊乱，恶心、呕吐、腹痛、腹泻、黑便，随后出现头昏、头痛、复视等；重者可出现阵发性抽搐，抽搐时四肢强直，屈曲内旋，手呈鸡爪状，眼球向上，偏侧凝视，瞳孔散大，继而进入昏迷状态。患者可死于呼吸衰竭，幸存者则留下严重的神经系统后遗症，导致终生残疾。发生中毒后应尽快洗胃、灌肠以排除毒物，并对症治疗。由于目前对霉变甘蔗中毒尚无特殊治疗，故应加强宣传教育，教育群众不买、不卖、不吃霉变甘蔗。

**（三）有毒动植物中毒**

有毒动植物中毒是指将天然含有有毒成分的动物或动物的某一部分当做食品；或食用在一定条件下，产生了大量的有毒成分的可食的动物性食品；或将天然含有有毒成分的植物或其加工制品当做食品；或在加工过程中未能破坏或除去有毒成分的植物当做食品；以及在一定条件下，产生了大量的有毒成分的可食的植物性食品等引起的中毒。

1. 河豚中毒　河豚（globefish）是一种海洋性鱼类，品种多达百种。每年春季（2～5月）河豚鱼的生殖产卵期可由海洋上游到江河产卵，我国沿海各地及长江下游均有出产。引起中毒的河豚毒素（spheroidine）是一种非蛋白质神经毒素，可分为河豚素、河豚酸、河豚肝脏毒素、河豚卵巢毒素，以河豚卵巢毒素毒性最强。河豚毒素为无色针状结晶，微溶于水，易溶于稀醋酸，对热稳定，一般烹调加工温度不能破坏；日晒、盐腌亦不被破坏。河豚中毒的特点为发病急速而剧烈，潜伏期一般为10 min～3 h。河豚毒素主要作用于神经系统，阻碍神经传导，使神经末梢和中枢神经发生麻痹；对延髓直接作用而抑制呼吸。河豚中毒目前尚无特效解毒药。主要采取催吐、洗胃和导泻及对症治疗。因河豚中毒主要由误食，或未将毒素除尽而中毒，故需通过卫生宣传，说明河豚鱼的形态特点及其毒性，禁止出售和食用河豚。某些河豚鱼种，新鲜时去除有毒部位，将肌肉反复冲洗后加工成罐头或盐干制品。这种加工去毒，应在专门单位进行，经鉴定合格后方可食用，切勿自行处理。

2. 鱼类引起的组胺中毒　鱼类引起的组胺（histamine）中毒是因食用含有较多组胺的某些鱼类而引起的与过敏体质有关的过敏性食物中毒。组胺是组氨酸的分解产物，新鲜的鱼中组胺含量很低，当鱼存放腐败时（不新鲜），由组织蛋白酶将组氨酸释放出来，然后再由鱼体带有的细菌如组胺无色杆菌或摩根菌产生的组氨酸脱羧酶，将组氨酸脱去羧基形成大量的组胺。中毒后的临床表现特点是：发病快、症状轻、恢复快、预后好。患者在食用鱼数分钟至数小时后，面部、胸部及全身皮肤出现潮红、刺痛、灼热感、眼结膜充血、全身不适，并伴有头痛、头晕、胸闷、心跳过速、呼吸加快、血压下降。有时可出现荨麻疹或哮喘等症状，一般体温正常，大多在1～2天内恢复健康。治疗可给予抗组胺药物及对症治疗。主要防止鱼类腐败变质。避免食用不新鲜或腐败变质的鱼类食品。

3. 麻痹性贝类中毒　麻痹性贝类中毒（paralytic shellfish poisoning）是因食用某些含有毒素的海洋贝类而引起的中毒。贝类所含毒素与海洋中的藻类有关。当贝类摄取了有毒的海洋浮游生物（如双鞭甲藻）后，其毒素即进入贝体内，毒素含量随对毒藻摄取量而增减。发生食物中毒的潜伏期短，数分钟即出现恶心、呕吐、头痛、头晕，口、舌及四肢末端刺痛和麻痹等症状。严重者可因呼吸系统麻痹而导致死亡。目前尚无有效的解毒剂，有效的抢救措施为催吐、洗胃、导泻及对症治疗。对贝类进行预防性监测和制定最高允许含量是防止其发生食物中毒的主要措施。

4. 毒蕈中毒　蕈类（mushroom）属称蘑菇，属于真菌植物。毒蕈（toxic mushroom）是指食用后引起中毒的蕈类，我国约有80余种，其中含有剧毒可致死的有10多种。一般根据毒蕈所含有毒成分和中毒的临床表现，大致将毒蕈中毒分为四型：① 胃肠型：有毒成分可能为类树脂物质、苯酚、类甲酚、胍啶或蘑菇酸等，含有此类毒素的毒蕈很多，主要为黑伞蕈属和乳菇属的某些蕈种。其作用主要是刺激胃肠道，中毒的潜伏期为30 min～6 h，临床表现为剧烈恶心、呕吐、阵发性腹痛。经适当的对症处理，中毒者即可迅速康复；② 神经精神型：此型中毒的毒蕈含有引起精神症状的毒素主要有毒蝇碱、蜡子树酸及其衍生物、光盖伞素及脱磷酸光盖伞素和幻觉原4大类。中毒的潜伏期一般为1～6 h，临床主要表现为副交感神经兴奋症状，如流涎、流泪、大量出汗、瞳孔缩小、脉缓等；可伴有恶心呕吐、腹泻，重病患者出现谵妄、精神错乱、幻视、幻听、狂笑、动作不稳、手舞足蹈等；③ 溶血型：此型中毒由鹿花蕈（又称马鞍蕈）引起。有毒成分为鹿花蕈素，属甲基联胺化合物，有强烈的溶血作用。潜伏期多数为 6～12 h，临床表现以恶心、呕吐、腹泻等胃肠道症状为主，发病 3～4 d 后出现溶血性黄疸、肝脾肿大，少数病人出现血红蛋白尿。病程一般为 2～6 d，死亡率低；④ 肝肾损害型：引起此型中毒的有毒成分主要为毒肽类、毒伞肽类和鳞柄白肽类。按其病情发展可分为潜伏期、胃肠炎期、假愈期、内脏损害期、精神症状期和恢复期 6 期。此型中毒可损害肝、肾、心脏和神经系统，以对肝脏损害最大，可导致中毒性肝炎。如无积极治疗，死亡率极高。

5. 含氰苷类食物中毒　引起中毒的食物主要有苦杏仁、桃仁、李子仁、枇杷仁、樱桃仁和木薯。果仁中的有毒成分为氰苷，是一种含有氰基（—CN）的苷类，可在酶和酸的作用下释放出氢氰酸。木薯含有的氰苷，称亚麻苦苷。对含氰苷类食物进行咀嚼、消化过程中被食物本身所含的分解氰苷的酶水解，释放出氢氰酸而导致中毒。当释放出的氢氰酸被胃肠黏膜吸收入血后，氰离子即与细胞色素氧化酶中的铁结合，致使呼吸酶失去活性，氧不能被组织细胞利用，导致组织缺氧而陷于窒息状态。氢氰酸亦可直接损害延髓的呼吸中枢和血管运动中枢。中毒潜伏期一般为 0.5～5 h，因木薯中的亚麻苦苷不能在酸性的胃中水解，而需在小肠中进行水解，所以中毒潜伏期稍长。中毒的主要症状为缺氧表现，前驱症状有口中苦涩、流涎、恶心、呕吐、全身乏力、头晕、头痛，有时出现腹泻、腹痛、上腹部烧灼感。随着组织细胞缺氧加重，病人出现不同程度的呼吸困难，呼吸不规则。严重者呼吸急促、微弱，四肢冰冷，昏迷，几小时或更短时间内因窒息而死亡。应立即进行催吐、洗胃、导泻、尽快使用特效解毒剂和对症治疗。特效解毒剂为亚硝酸异戊酯、亚硝酸钠（高铁血红蛋白生成剂）及硫代硫酸钠（供硫剂）。应加强宣传教育，合理加工，勿食苦杏仁等果仁。

**（四）化学性食物中毒**

化学性食物中毒是指食用了被有毒有害的化学物质污染的食品，或误为食品、食品添加剂、营养强化剂的有毒有害的化学物质，或添加了非食品级的、伪造的或禁止使用的食品添加剂、营养强化剂的食品，以及超量使用食品添加剂的食品或营养素发生化学变化的食品（如油脂酸败）等引起的食物中毒。

1. 亚硝酸盐中毒　亚硝酸盐中毒可因：① 将亚硝酸盐当作食盐食用而出现的意外事故；② 食用亚硝酸盐添加过量的肉类制品而引起的中毒；③ 食用含有大量硝酸盐、亚硝酸盐的蔬菜引起的中毒；④ 饮用含硝酸盐较多的净水引起的中毒。亚硝酸盐进入机体后，可使血中低铁血红蛋白氧化成高铁血红蛋白，从而失去输送氧的功能，致使组织缺氧。亚硝酸盐中毒发病急，潜伏期一般 1～3 h，短者仅 10 min，长者可达 20 h。主要表现为口唇、舌尖、指尖以及全身皮肤青紫缺氧，亦称“肠源性青紫”。中毒者有头晕、头痛、乏力、胸闷、心悸、气短等自觉症状，严重者可发生休克、嗜睡或烦躁不安、惊厥、大小便失禁、昏迷等，还可因呼吸衰竭而死亡。轻症中毒一般不需要治疗，重症中毒的急救措施包括催吐、洗胃、导泻、及时采用口服或注射特效解毒剂美蓝（又称亚甲蓝）以及其他的对症治疗。

2. 有机磷农药中毒　有机磷农药（organophosphorus pesticide）是目前应用最广泛的杀虫剂。根据其毒性强弱分为高毒、中毒、低毒 3 类。可因食入、吸入或经皮肤吸收而中毒。有机磷进入人体后，以其磷酰基与酶的活性部分紧密结合，形成磷酰化胆碱酯酶而丧失分解乙酰胆碱的能力，致使体内乙酰胆碱大量蓄积，并抑制仅有的乙酰胆碱酯酶活力。可表现一系列症状和体征：① 某些副交感神经和某些交感神经节后纤维的胆碱能毒蕈碱受体兴奋，则出现平滑肌收缩、腺体分泌增加、瞳孔收缩、恶心、呕吐、腹痛、腹泻等毒蕈碱样症状；②运动神经和肌肉连接点胆碱能烟碱型受体兴奋，引起节后神经元和骨骼肌神经终极产生先兴奋、后抑制等烟碱样症状；③中枢神经系统细胞触突间胆碱能受体兴奋，引起功能失调，开始有头痛、头晕、烦躁不安、谵语等兴奋症状，严重时出现言语障碍、昏迷和呼吸中枢麻痹；④在循环系统方面，既可出现心率减慢、血压下降等毒蕈碱样症状，又可有血压上升和心率加快等烟碱样症状。

有机磷农药中毒的急救与治疗：

(1) 清除毒物，防止继续吸收：首先使病人脱离中毒现场，尽快除去被毒物污染的衣、被、鞋、袜，用肥皂水或2%～5%碳酸氢钠溶液彻底清洗皮肤（敌百虫中毒时，用清水或1%食盐水清洗），特别要注意头发、指甲等处附藏的毒物。眼睛如受污染，用1%碳酸氢钠溶液或生理盐水冲洗，以后滴入1%阿托品溶液1滴。对口服中毒者若神志尚清，立即引吐，酌情选用1%碳酸氢钠溶液或1∶5000高锰酸钾溶液洗胃。敌百虫中毒时，忌用碳酸氢钠等碱性溶液洗胃，因可使之变成比它毒性大10倍的敌敌畏。对硫磷、内吸磷、甲拌磷、马拉硫磷、乐果、杀螟松、亚胺硫磷、倍硫磷、稻瘟净等硫代膦酸酯类忌用高锰酸钾溶液等氧化剂洗胃，因硫代膦酸酯被氧化后可增加毒性。洗胃后用硫酸钠导泻，禁用油脂性泻剂。食入时间较久者，可作高位洗肠。

(2) 积极采取对症治疗：保持呼吸道通畅，消除口腔分泌物，必要时给氧。发生痉挛时，立即以针灸治疗，或用短效的镇静剂，忌用吗啡和其他呼吸抑制剂以及茶碱、氨茶碱、琥珀酰胆碱、利血平、新斯的明、毒扁豆碱和吩噻嗪类安定剂。呼吸衰竭者除注射呼吸兴奋剂和人工呼吸外，必要时作气管插管正压给氧。及时处理脑水肿和肺水肿，注意保护肝、肾功能。在静脉滴注解毒剂同时适量输液，以补充水分和电解质的丢失，但须注意输液的量、速度和成分。在有肺水肿和脑水肿的征兆时，输液更应谨慎。在抢救过程中还须注意营养、保暖、排尿、预防感染等问题。

(3) 解毒药物的应用：在清除毒物及对症治疗同时，必须应用解毒药物。常用特效解毒药物有两类：①胆碱能神经抑制剂，如阿托品及山莨菪碱等，能拮抗乙酰胆碱的毒蕈碱样作用，提高机体对乙酰胆碱的耐受性；②胆碱酯酶复能剂，如解磷定（PAM）、氯磷定（PAM-Cl）、双复磷（PMO4）等能夺取已与胆碱酯酶结合的有机磷的磷酰基，恢复胆碱酯酶分解乙酰胆碱的能力，又可与进入体内的有机磷直接结合，对解除烟碱样作用和促使病人苏醒有明显效果。

## 三、食物中毒调查处理原则

食物中毒是发生频率较高的突发公共卫生事件之一，它不仅会给中毒患者带来身体危害，还会造成严重的社会影响。发生食物中毒或者对疑似食物中毒事故的单位和接收食物中毒或者对疑似食物中毒病人进行治疗的单位应当及时向所在地人民政府卫生行政部门报告。卫生行政部门接到报告应及时派人进行调查和应急处理，以尽快查清中毒原因，取得处理中毒案件所必需的证据，采取相应的应急处理措施，防止中毒事件的扩大。

### （一）医疗机构对食物中毒事件的现场处理

1. 尽快查明食物中毒发生的原因　在急救病人的同时，应争取时间立即进行现场调查，包括：①确定食物中毒的人数；②查明中毒食品；③确定食物中毒的致病因素；④查明中毒的原因。

2. 提出和采取控制食物中毒的措施。

3. 收集对违法者实施处罚的证据。

4. 提出预防类似事件再次发生的措施和建议。

5. 积累食物中毒资料，为制定食品卫生政策措施提供依据。

**（二）食物中毒诊断标准**

食物中毒诊断标准主要以流行病学调查资料及病人的潜伏期和中毒的特有表现为依据，实验室诊断是为了确定中毒的病因而进行的。

1. 细菌性和真菌性食物中毒诊断标准总则　食入细菌性或真菌性中毒食品引起的食物中毒，即为细菌性食物中毒或真菌性食物中毒，其诊断标准总则主要依据包括：①流行病学调查资料；②病人的潜伏期和特有的中毒表现；③实验室诊断资料和对中毒食品或与中毒食品有关的物品或病人的标本进行检验的资料。

2. 动物性和植物性食物中毒诊断标准总则　食入动物性或植物性中毒食品引起的食物中毒，即为动物性或植物性食物中毒，其诊断标准总则主要依据包括：①流行病学调查资料；②病人的潜伏期和特有的中毒表现；③形态学鉴定资料；④必要时应有实验室诊断资料和对中毒食品进行检验的资料；⑤有条件时，可有简易动物毒性试验或急性毒性试验资料。

3. 化学性食物中毒诊断标准总则　食入化学性中毒食品引起的食物中毒，即为化学性食物中毒，其诊断标准总则主要依据包括：①流行病学调查资料；②病人的潜伏期和特有的中毒表现；③如需要时，可有病人的临床检验或辅助、特殊检查的资料；④实验室诊断资料，对中毒食品或与中毒食品有关的物品或病人的标本进行检验的资料。

4. 致病物质不明的食物中毒诊断标准总则　食入可疑中毒食品后引起的食物中毒，由于取不到样品或取到的样品已经无法查出致病物质或者在学术上中毒物质尚不明确的食物中毒，其诊断标准总则主要依据包括：①流行病学调查资料；②病人的潜伏期和特有的中毒表现；③必要时由3名副主任医师以上的食品卫生专家进行评定的资料。

**（三）食物中毒处理总则**

1. 及时报告当地食品卫生监督检验所。

2. 对病人采取紧急处理　①停止食用中毒食品；②采集病人标本，以备送检；③急救处理主要包括催吐、洗胃、清肠；④对症治疗；⑤特殊治疗。

3. 对中毒食品控制处理　①保护现场，封存中毒食品或疑似中毒食品；②采集剩余可疑中毒食品，以备送检；③追回已售出的中毒食品或疑似中毒食品；④对中毒食品进行无害化处理或销毁。

4. 对中毒场所的消毒处理　根据不同的中毒食品采取相应的消毒处理。

（胡敏予）

# 第十一章　传染病防制

## 第一节　概　述

### 一、传染病的基本概念

传染病（infectious diseases）是指由特异病原体或其毒性产物所引起的一类疾病。病原体或其毒性产物通过感染的人、动物或储存宿主直接或间接地传染给易感宿主。传染病流行病学（infectious disease epidemiology）是研究传染病在人群中发生、流行过程及影响流行过程的因素，并制定预防、控制和消灭传染病的对策与措施的科学。传染病流行病学是现代流行病学的一个重要组成部分。

随着公共卫生措施的实施和居民生活卫生条件的改善，传染病的发病率和死亡率在逐渐下降，但值得严重关注的是，近几十年来全球发现了近 40 种新传染病，如艾滋病、SARS、甲型 H1N1 流感等，正对人群健康与生命安全构成着重大威胁。因此，医学生应该用传染病流行病学的理论与方法去研究新、旧传染病的流行过程和流行规律，以及预防控制它们的策略和措施，为传染病的预防控制作出新的贡献。

### 二、传染病流行过程的基本环节

传染病的流行过程是指传染病在人群中发生和传播的过程。其发生必须具备传染源、传播途径和易感人群 3 个基本环节。这 3 个环节相互依赖、相互联系，缺少其中任何一个环节，传染病的流行都不会发生。此外，流行过程常常会受到自然因素和社会因素的影响。

**（一）传染源**

传染源（source of infection）是指体内有病原体生长、繁殖并能排出病原体的人或动物。包括传染病病人、病原携带者和受感染的动物。

1. 病人（case）　病人是重要的传染源。因为病人体内存在大量病原体，而且某些症状又有利于病原体的排出，使易感者增加受感染的机会。有些无病原携带状态的传染病，如麻疹、水痘等，病人是唯一的传染源。

病人的病程一般分为 3 个阶段：潜伏期、临床症状期和恢复期。由于病人在各期是否排出病原体及排出病原体的数量和频率各不相同，因此各期病人作为传染源的意义也不同。

（1）潜伏期（incubation period）　指病原体侵入机体至最早出现临床症状的这段间隔时间。不同的传染病其潜伏期长短不同，主要与进入机体的病原体的数量、毒力、繁殖能力及机体免疫力等因素有关。通常所说的潜伏期是指常见潜伏期，即平均潜伏期。

潜伏期的流行病学意义及用途：① 根据潜伏期的长短判断病人受感染的时间，以此追踪传染源，确定传播途径；② 根据潜伏期的长短确定接触者的留验、检疫或医学观察期限。一般传染病以常见潜伏期加 1～2 天，危害严重的传染病按最长潜伏期予以留验或检疫；

③根据潜伏期的长短确定接触者免疫接种的时间；④根据潜伏期可评价预防措施效果；⑤潜伏期的长短可影响疾病的流行特征。潜伏期短的传染病来势猛，病例成簇出现，常形成爆发；潜伏期长的传染病流行持续时间较长。

（2）临床症状期（clinical stage） 指传染病病人出现特异性临床症状和体征的时期。该时期的病人具有重要的流行病学意义，因为此期病人体内病原体数量多，且又有许多利于病原体排出的症状，因而此期病人的传染性最强，作为传染源的意义也最大。

（3）恢复期（convalescent period）指病人的临床症状已消失、机体的损害处于逐渐恢复的时期。不同传染病的恢复期有不同的流行病学意义。

2. 病原携带者（carrier） 是指没有任何临床表现但能排出病原体的人。病原携带者可按其携带病原种类的不同分为带菌者、带病毒者和带虫者3类；又可按其携带状态和临床分期的不同分为以下3类。

（1）潜伏期病原携带者（incubatory carrier）：指在潜伏期内携带病原体并可向体外排出病原体的人。只有少数传染病如白喉、麻疹、流脑、伤寒、痢疾、霍乱、甲型肝炎等存在这种携带者。这类携带者多在潜伏期末即可排出病原体。因此，当这类传染病流行时如能及时发现并加以控制，对防止疫情扩散具有重要意义。

（2）恢复期病原携带者（convalescent carrier）：指临床表现消失后仍继续携带和排出病原体的人，如伤寒、痢疾、霍乱、乙型肝炎等的病原携带者。通常将临床表现消失后3个月内仍能排出病原体的人称为暂时性病原携带者，超过3个月者称为慢性病原携带者。慢性病原携带者多具有间歇性排出病原体的现象，因此，一般认为至少应连续检查3次均为阴性时，才能确定病原携带状态已消除。

（3）健康病原携带者（healthy carrier）：指整个感染过程中均无明显临床表现而排出病原体的人。这种携带者通常只能通过实验室检查方可证实。一般健康病原携带者排出病原体的量较少，时间较短，因而认为其作为传染源的流行病学意义不大。但某些传染病如流脑、乙脑、乙肝等，健康病原携带者为数众多，则是非常重要的传染源。

3. 受感染的动物 人类罹患以动物为主要传染源的疾病统称为动物性传染病（zoonosis），又称人畜共患病（anthropozoonosis）。这类传染病绝大多数能在家畜、家禽或野生动物中自然传播，在一定条件下可以传给人，如狂犬病、钩端螺旋体病、血吸虫病、鼠疫、森林脑炎等。

动物作为传染源的意义大小，主要取决于人与受感染动物接触的机会和密切程度、动物传染源的种类和密度、环境中传播该疾病的条件等。此外，还与人们的卫生知识水平和生活习惯等因素有关。

**（二）传播途径**

传播途径（route of transmission）是指病原体从传染源体内排出后，侵入新的易感宿主前，在外界环境中所经历的全部过程。传染病可通过一种或多种途径传播，常见的传播途径如下。

1. 经空气传播（air-borne infection） 这是呼吸道传染病的主要传播方式，包括经飞沫、飞沫核和尘埃3种方式。

（1）经飞沫传播：呼吸系统传染病的病原体存在于呼吸道黏膜表面的黏液中或呼吸道黏膜纤毛上皮细胞的碎片里，当病人呼气、咳嗽、打喷嚏时经口鼻排入外环境。体积较大的飞沫迅速降落到地面，小的飞沫可在空气中悬浮较短的时间，局限于传染源周围，因此受飞沫传播的对象仅限于传染源周围的密切接触者。对外环境抵抗力较弱的病原体如脑膜炎球菌、流感病毒、百日咳杆菌等常以此方式传播。

（2）经飞沫核传播：飞沫核是飞沫在空气中失去水分后由剩下的蛋白质和病原体所组成的核。飞沫核可以气溶胶的形式漂流到远处，在空气中存留较长时，结核杆菌等耐干燥的病原体可以此方式传播。

（3）经尘埃传播：病人排出较大含有病原体的飞沫或带有大量分泌液的痰落在地面上，干燥后形成尘埃，随着人们的活动，使尘埃重新飞扬悬浮于空气中，易感者吸入后即可感染。对外界抵抗力较强的病原体如结核杆菌、炭疽杆菌芽胞可通过尘埃传播。

经空气传播传染病的流行特征为：①传播途径易实现，传播广泛，发病率高；②冬、春季高发；③儿童、少年多见；④无有效免疫条件下，人群发病呈周期性；⑤受居住条件和人口密度的影响。

2. 经水传播（water-borne infection）　经水传播的传染病包括许多肠道传染病和某些寄生虫病。传播方式包括经饮水传播和经疫水传播两种。

（1）经饮水传播：由于一些地方的供水系统及饮用水质量得不到卫生保障，使饮用水源有可能通过各种方式遭受污染，如：地面的粪便、污水、污物等污染水源；自来水管网破损污水渗入污染饮水等。经饮水传播的疾病常呈爆发，其流行特征为：①病例分布与供水范围一致，且有饮用同一水源的经历；②各种特征的人群均可发病；③在水源经常被污染处，病例终年不断；④停用污染水源或采取消毒、净化措施后，爆发或流行即可平息。

（2）经疫水传播：是指通过接触含有病原体的疫水所引起的传播，病原体经过皮肤、黏膜侵入机体。常见的经疫水传播的传染病有钩端螺旋体病、血吸虫病等。其传播的可能性大小主要取决于人体与疫水接触面积的大小、次数多少和时间长短等。经疫水传播传染病的流行特征为：①病人均有疫水接触史；②发病有季节性、地区性和职业性；③大量易感者进入疫区与疫水接触后可发生爆发或流行；④加强个人防护和疫水处理，可控制疾病发生。

3. 经食物传播（food-borne infection）　当食物本身含有病原体或受到病原体的污染时可引起传染病传播。经食物传播的传染病多见于消化道传染病和某些寄生虫病，个别呼吸系统传染病（结核病、白喉）及少数人兽共患病（炭疽病、布鲁杆菌病）也可经此途径传播。食物传播的作用与病原体的特性、食物的性质、污染的程度、食用方式及人们的生活习惯等因素有关。

4. 经接触传播（contact infection）　经接触传播依据其接触方式的不同，通常分为直接接触传播和间接接触传播两种。

（1）直接接触传播：指在没有外界因素参与下，易感者与传染源直接接触而导致的传播，如性病、狂犬病等。直接接触一般以散发为特点。

（2）间接接触传播：指易感者接触了被病原体污染的物品所造成的传播。多由于接触了被污染的日常生活用品，如毛巾、餐具、门把手等而造成传播，故通常又将这种传播方式称为日常生活接触传播。许多肠道传染病、体表传染病及某些人兽共患病均可经此途径传播。传染病经间接接触传播一般呈散发，很少造成流行，无明显的季节性，卫生习惯不良及卫生条件较差地区发病较多。

5. 经节肢动物传播（arthropod-borne infection）　指通过苍蝇、蚊子、虱子、跳蚤、蜱及螨等节肢动物作为媒介所造成的传播，所以又可称为虫媒传播。包括机械性传播和生物性传播两种方式。

（1）机械性传播：指媒介生物与病原体之间没有生物学依存关系，媒介生物对病原体仅起机械携带作用。如苍蝇、蟑螂可以携带病原体，造成食物污染而传播疾病。

（2）生物性传播：指当病原体进入节肢动物体内后，需在相应器官经过发育、繁殖后，才能感染易感者。这种传播方式具有生物学的特异性，其特点是一种病原体只能通过一定种属的媒介节肢动物进行传播，如疟原虫只有通过在按蚊体内进行有性生殖，然后才能感染易感者。病原体在节肢动物体内完成其生活周期的某个阶段后才具有传染性，这段时间称为外潜伏期。

经节肢动物传播传染病的流行特征有：① 地区性：病例分布与节肢动物分布一致；② 季节性：发病率高低与节肢动物活动季节一致；③ 职业、年龄分布：特殊职业人群发病多，如森林脑炎多见于伐木工人；老疫区儿童多发，新疫区发病无年龄差异；④ 一般无人传人现象。

6. 经土壤传播（soil-borne infection）　指易感者接触被病原体污染的土壤所引起的传播。该途径主要是传播一些肠道寄生虫病（蛔虫、钩虫等）及能在土壤中形成芽胞的细菌（炭疽、破伤风等）。经土壤传播疾病的意义大小主要取决于病原体在土壤中存活的时间、易感者与土壤的接触机会及个人的卫生习惯和劳动条件等因素。

7. 医源性传播（iatrogenic infection）　指在医疗、预防工作中，由于未能严格执行规章制度和操作规程，人为地造成某些传染病的传播。一般可将这种传播归纳为两种类型：其一是易感者在接受检查、诊疗或预防措施时由污染的医疗器械导致的疾病传播；其二是由于输血或所使用的生物制品和药物遭受污染而引起的传播，如输血时感染乙肝、丙肝、艾滋病等。

上述 7 种传播途径均是病原体在外环境中借助于传播因素而实现人与人之间相互传播的，故可将其统称为水平传播（horizontal transmission）。

8. 垂直传播（vertical transmission）　指病原体通过母体传给子代的传播，又称母婴传播。一般包括下列几种方式。

（1）经胎盘传播：受感染的孕妇经胎盘血液将病原体传给胎儿引起的宫内感染。风疹、乙肝、梅毒、艾滋病等均可经胎盘传播引起胎儿先天性感染。

（2）上行性传播：病原体经孕妇阴道通过宫颈口到达绒毛膜或胎盘引起胎儿宫内感染，如单纯疱疹病毒、白色念珠菌等。

（3）分娩传播：胎儿在分娩时可被严重感染的孕妇产道所感染，如淋球菌、疱疹病毒等可通过该方式传播。

### （三）易感人群

易感人群是指有可能发生传染病感染的人群。人群作为一个整体对传染病的易感程度称为人群易感性（herd susceptibility）。人群易感性的高低取决于该人群中易感者所占的比例。与之相反的是人群免疫性（herd immunity），是以人群中免疫人口占全部人口的比例来衡量。当人群免疫性增加时，可使传染病的发病率大大降低。这是因为具有免疫力的人除本身不发病外，还能对易感者起到屏障保护作用，这种现象称为“免疫屏障”。

1. 使人群易感性升高的主要因素

（1）新生儿增加：出生 6 个月后的婴儿，其来源于母体的抗体逐渐消失，而自身获得的免疫尚未形成，缺乏特异性免疫，因而对许多传染病易感。

（2）易感人口迁入：长期居住在流行区的居民，多通过患病或隐性感染而获得免疫力。如一旦有大量非流行区居民进入流行区时，则可使流行区人群的易感性升高。

（3）免疫人口免疫力的自然消退：除少数传染病外，一般传染病当人群的病后免疫或人工免疫水平随着时间的推移而逐渐降低时，人群的易感性升高。

（4）免疫人口死亡：免疫人口的死亡可相对地使人群易感性升高。

2. 使人群易感性降低的主要因素

（1）计划免疫：按免疫程序有计划地对易感儿童或其他易感人员进行预防接种，使之获得特异性免疫力，是降低人群易感性的最主要措施。

（2）传染病流行：一次传染病流行后，会有相当数量的易感者因发病或隐性感染而获得特异性免疫力，从而使人群的易感性降低。但这种免疫力因病种不同而持续时间不同，有的传染病持续时间较短，有的可持续终身。

## 三、传染病的预防措施

### （一）传染病报告

传染病报告是监测、控制和消除传染病的重要措施之一。《中华人民共和国传染病防治法》规定，法定报告传染病分为甲、乙、丙三类共 37 种。医护人员和检疫人员、疾病预防控制人员、乡村医生、个体开业医生均为责任疫情报告人。责任疫情报告人在执行职务的过程中发现有法定传染病病人、疑似病人或病原携带者，必须按传染病防治法的规定进行疫情报告，履行法律规定的义务。各级各类医疗卫生机构和疾病预防控制机构均为责任报告单位。依照有关法规对责任疫情报告人工作进行监督管理。乡（镇、地段）级以上的责任报告单位必须建立疫情管理组织，指定专职疫情管理人员，负责本单位或所辖区域内的疫情报告工作。县（市、区）级以上责任报告单位必须实现计算机网络直报，乡（镇、地段）级责任报告单位应创造条件实现计算机或采集器的网络直报。责任报告人在首次诊断传染病病人后，应立即填写传染病报告卡。传染病报告卡由录卡单位保留 3 年。

责任报告单位对甲类传染病、传染性非典型肺炎和乙类传染病中艾滋病、肺炭疽、脊髓灰质炎的病人、病原携带者或疑似病人，城镇应于 2 小时内、农村应于 6 小时内通过传染病疫情监测信息系统进行报告。对其他乙类传染病病人、疑似病人和伤寒副伤寒、痢疾、梅毒、淋病、乙型肝炎、白喉、疟疾的病原携带者，城镇应于 6 小时内、农村应于 12 小时内通过传染病疫情监测信息系统进行报告。对丙类传染病和其他传染病，应当在 24 小时内通过传染病疫情监测信息系统进行报告。有关单位发现突发公共卫生事件时，应当在 2 小时内向所在地县级人民政府卫生行政部门报告。接到报告的卫生行政部门应当在 2 小时内向本级人民政府报告，并同时通过突发公共卫生事件信息报告管理系统向卫生部报告。卫生部对可能造成重大社会影响的突发公共卫生事件，应当立即向国务院报告。

### （二）隔离传染源

只有迅速有效地控制和管理传染源，才能防止传染病在人群中的传播蔓延。一经诊断为传染病或可疑传染病的病人，应立即按照法定传染病的类型实行分级管理，做到早发现、早诊断、早报告、早隔离和早治疗。凡与传染源有接触并有受感染的可能者都必须接受检疫，接受应急接种、药物预防、医学观察、隔离或留验等不同措施。同时应做好病原携带者的登记、管理和随访工作直到病原体连续检测 2～3 次为阴性结果，并且病原携带者不得从事餐饮服务、托幼机构等有可能会影响人群健康的职业。

**（三）切断传播途径**

不同传染病的传播途径不同，消除和杀灭病原体的措施也各不相同。例如，肠道传染病主要通过粪便污染环境而传播，因此对病人排泄物、被污染的物品、垃圾和周围环境的消毒处理是最重要的措施。消毒处理方法可分为两类：一类是在没有发现明确传染源时，对可能受到病原微生物污染的场所和物品实行的预防性消毒；另一类是针对现有或曾经有传染源存在的场所，为杀灭传染源排出的病原体进行的疫源地消毒。另外，使用杀虫剂杀灭外环境中传递病原体的有害昆虫，特别是媒介节肢动物，可以有效地防制虫媒传染病的传播。

**（四）保护易感人群**

在传染病流行前，根据疫情监测和人群免疫状况分析，按照规定的免疫程序，有计划、有组织地进行疫苗的预防接种，以提高人群的免疫水平，降低人群对传染病的易感性。我国计划免疫工作的主要内容是，7 周岁和 7 周岁以下的儿童进行卡介苗、脊髓灰质炎三价糖丸疫苗，百白破混合疫苗、麻疹疫苗和乙型肝炎疫苗的基础免疫及之后适当的加强免疫，使儿童获得对结核病、脊髓灰质炎、百日咳、白喉、破伤风、麻疹和乙型肝炎的免疫。根据《中国儿童发展纲要》，我国正逐步将新的疫苗接种纳入计划免疫管理。

在传染病流行过程中，通过药物预防和一些个人防护措施可以保护易感人群免受病原体的侵袭和感染。如疟疾流行时给易感者以抗疟药，甲型 H1N1 流感流行时戴口罩，虫媒传染病流行时使用防护蚊帐等。

## 第二节　常见传染病

### 一、流行性感冒

流行性感冒（influenza）简称流感，是由流感病毒引起的急性呼吸道，主要通过空气飞沫传播。流感病毒有甲、乙、丙三个型，其中甲型所引起的流感流行最为广泛和严重，乙型常引起爆发，丙型则多引起小儿散发病例。在我国虽将该病归属于法定丙类传染病，但一旦流行，传播快、波及面广，对人民健康及劳动生产力有很大的影响，而且对年老体弱多病者及婴幼儿的威胁较大。

**（一）病原学**

1. 基本结构　流感病毒为正黏液病毒，一般呈球形，直径 80～120 nm。流感病毒颗粒由 3 层结构组成。外层为两种表面抗原，即血凝素（hemagglutinin，HA）抗原和神经氨酸酶（neuraminidase，NA）抗原。HA 和 NA 均易发生变异。中间层为基质蛋白（M1）形成的厚实的球形蛋白壳，其功能是维持病毒颗粒的外形及保护内层物资。内层为核衣壳，由病毒基因组与核蛋白（nucleoprotein，NP）组成，病毒基因组 RNA 的组成特定，是流感病毒易于发生变异及不同毒株间易于发生基因重组的原因。NP 和 M1 是决定流感病毒型别的主要型特异性抗原。

2. 分类与命名　流感病毒根据其 NP 和 M1 的抗原性与基因特性的不同，可分为甲

(A)、乙（B)、丙（C）三型。甲型抗原变异性最强，乙型变异性较弱，丙型较稳定。

甲型流感病毒根据 HA 和 NA 的抗原结构与基因特性不同又可分为若干亚型。乙型和丙型流感病毒无 HA 和 NA 亚型的分类。

1980 年 WHO 规定流感病毒新的分类与命名方法。甲型流感病毒命名内容与顺序为：型别/宿主/分离地点/毒株编号/分离年代（HA 和 NA 亚型）；乙型和丙型：型别/宿主/分离地点/毒株编号/分离年代。宿主如果是人则省略不写，其他宿主必须注明。

3. 变异性　流感流行不断发生主要是由于流感病毒的 HA 和 NA 的抗原性很容易发生变异，其中甲型流感病毒最容易发生抗原变异，常引起世界大流行。2009 年 3 月从墨西哥开始流行的甲型 H1N1 流感就与甲型流感病毒的变异有关。乙型变异性较弱，可引起中、小型流行或局部爆发。丙型较稳定，一般引起婴幼儿与成人散发病例。

（1）变异种类

①抗原漂移：抗原漂移（antigenic drift）是指流感病毒亚型内部发生的小幅度变异，属于量变。不过，抗原漂移发生的频率较高，且有逐渐累积效应，当达到一定程度后可形成新的流行株，引起流感局部的中、小型流行或局部爆发。

②抗原转换：抗原转换（antigenic shift）是指流感病毒的大幅度变异，属于质变，通常产生新的强毒株引起世界大流行。所幸其发生频率较低，变异过程也很缓慢。

（2）变异机制

①基因突变（gene mutation）：流感病毒抗原在其传播过程中自然发生的突变称为基因突变，是抗原漂移的原因。

②基因重组（gene reassortment）：两种不同亚型的人流感病毒之间或人流感病毒与动物流感病毒之间的基因片段发生重组从而形成新亚型毒株，是流感病毒抗原转换的重要原因。2009 年 3 月墨西哥甲型流感病毒 A/H1N1 是一种集中了猪流感病毒、人流感病毒和禽流感病毒特征的混合病毒，是基因重组的结果。

**（二）流行特征**

1. 全球流行概况　20 世纪全球发生了 4 次大流行。2009 年 3 月从墨西哥、美国等地开始爆发新型甲型流感疫情，1 个月内蔓延至 20 多个国家，形成世界大流行，病毒类型为甲型 H1N1。

全球流感流行特点为：①世界大流行时，传播速度快，发病率高；②20 世纪出现的 4 次新亚型，后 3 次均起源于中国，其原因不明，待进一步探讨；③以往，新的亚型出现后，旧的亚型即不再在人群中流行。但自新甲 1 型出现以来，甲 3 型始终没有消失，直至目前，中国及全球仍处于该两型毒株并存的局面，其发展趋势如何，需继续跟踪；④甲 1 型的变异复杂，尤其是人流感病毒与动物流感病毒的基因易发生重组，导致大流行，如 2009 年 3 月从墨西哥、美国等地首发的甲型 H1N1 流感。

2. 中国流行概况　中国自 1952 年以来相继出现了甲 2 型、甲 3 型和新甲 1 型 3 个亚型，共发生各种规模的流感流行 17 次，其流行特征与病毒变异情况与全球相似。

中国 50 余年来流感流行的特点有：①甲型流行为主，乙型较少，丙型从未发生流行，仅见某些散发病例；②新亚型出现后，则流行范围广、发病率高；③亚型内部变异产生的新变种也可全球传播，但前者传播速度慢、流行规模小；④自 1997 年新甲 1 型再现后，新甲 1 型和甲 3 型在人群中共存；⑤流行规模北方重于南方，且北方有明显的冬春季节高峰，主要感染人群为青少年和婴幼儿；⑥甲型病毒的活力在逐渐减弱，而乙型病毒的活力在增强。

3. 流行分布

(1) 时间分布

①季节性：在温带和寒温带地区，流感流行一般发生在冬春季；在热带和亚热带地区则更多在夏季流行。大流行时季节性不明显。

②周期性：1977年以前，甲型流感流行具有较明显的周期性，一般3～4年一次小流行，10～15年一次大流行，但1977年后这种周期性变得不明显。乙、丙型的周期性不明显。

③长期变异：流感的长期变异主要表现在抗原转变，其结果往往导致世界大流行。如当前流行的禽流感、墨西哥A（H1N1）流感都和流感病毒的变异有关。

④爆发：由于流感的传播途径容易实现且传染性较强，因此极易发生爆发。

(2) 人群分布：流感的人群分布特征主要受人群免疫水平和接触机会这两个因素影响。流感发病率在男女性别间无差异。在年龄分布上，以往6～15岁最高，但2009年的墨西哥流感以青壮年为主。从职业看，服务业、学生、工人的发病率较高，一般居民与农民的发病率较低。老年人尤其患有慢性病者感染流感后往往病情较重，甚至死亡。

(3) 地区分布：流感在全球各地均有发生，但各地之间的发病率存在较大差异。地区分布差异的原因主要与病毒抗原变异、人群密度、传染源数量、人群交往频度、人群免疫水平及防制措施等有关。但通常是先城市后农村、先平原后山区，沿交通线传播。

**(三) 防制措施**

目前全球尚缺乏控制流感流行的有效措施，其流行仍是一个世界性问题。当前重点的防制措施是加强疫情监测和疫苗接种。

1. 疫情监测　我国十分重视流感疫情监测工作，目前已在全国建立了完备的流感监测网络系统，开展监测工作，为流感的预防控制提供了科学的决策信息。同时我国是全球流感监测的重要哨点，与WHO开展流感监测合作，每年分4次向WHO流感协作中心提供一定数量的流感毒株，用于流感疫苗株的推荐。

(1) 流感监测目的：①掌握我国流感流行现状及动态变化情况；②掌握我国流感每年的流行株及其构成，了解其抗原性和基因特性的变异情况，及早发现变异株，为流感流行、尤其大流行的预测预报提供依据；③掌握我国流感代表株与WHO年度推荐的疫苗株的抗原相关性，为我国每年公布流感代表株、推荐疫苗组分及制定免疫策略提供依据；④掌握人间及动物间流感疫情动态，防止动物间流感向人间传播。

(2) 流感监测内容：①疫情监测：流感疫情的早期发现是及时采取防制措施的基础。我国要求流感爆发疫情在“突发公共卫生事件报告管理信息系统”中进行报告。世界各国的流感疫情都要求按时上报WHO，WHO根据流行情况及时发布疫情通报；②病原学监测：流感的病原学监测是流感预测与防制的重要措施。目前，WHO设立了4个国家流感协作中心。我国的国家流感中心和遍布全国的监测系统的重要工作就是分离鉴定病毒、抗原变异分析和人群免疫状况调查。目前，病原学监测的检测方法除了常规方法外，以病毒核酸和蛋白质分析技术为主的分子生物学方法对监测流感病毒的变异和起源有重要的作用。

2. 疫苗接种　目前公认预防流感的最有效方法是对高危人群接种流感疫苗。但由于流感病毒的免疫具有株的特异性且流感毒株的变异较快，疫苗制备的速度赶不上病毒株变异的速度，因此，疫苗的预防效果不很理想，一般只能降低发病率，不能控制流行。

我国制定了《流感疫苗使用策略》，详细内容参见该标准。

3. 爆发、流行的防制

（1）预防策略：①采取加强疫情监测与免疫预防为主的综合性防制措施；②加强全国流感监测网络建设与管理，提高工作质量；③切实做好流感监测的核心工作；④制定国家流感疫苗免疫指导方案，做好高危人群、重点人群的免疫工作。

（2）控制措施

①管理传染源：各类医疗机构应警惕流感流行，切实做到“五早”。可疑流感流行的信号为医院门诊连续 3 天发热病人增加，或连续发现症状典型的流感病人，或家庭有 2 例以上病人的户数增加。确诊流感需分离病毒阳性或病人双份血清抗体，测定恢复期抗体较急性期增高 4 倍或以上。病人确诊后，尽快向疾病控制部门报告，同时尽快采取隔离措施。病人在隔离期间应卧床休息，病人的用品应进行消毒，症状消失后可解除隔离。大流行时加强出入境检疫工作。

②切断传播途径：在流感流行时，应加强环境消毒，减少公众聚集活动，避免接触呼吸道病人。房间内要加强通风换气，也可用醋酸熏蒸。隔离流感病人的病房禁止探视，封闭性单位禁止人员出入。咳嗽或打喷嚏时用纸巾遮住口鼻，然后将纸巾丢进垃圾桶。如已患病应留在家中并减少与其他人接触，避免感染他人。尽量避免触摸自己的眼、鼻或嘴，因为病毒可以通过这些途径传播。避免接触生猪、活禽等动物。

③保护易感人群：发生流感爆发、流行时，对于未曾接种流感疫苗的人群，尤其是可能患流感并发症的高危人群，可采用灭活疫苗接种或服用金刚烷胺等预防方法，但须注意金刚烷胺仅对防治甲型流感有效。勤洗手，不用手揉摸眼睛、鼻、嘴。猪、禽等动物食品彻底烹调熟后食用。多吃富含维生素 C 的蔬菜、水果和适度的高热量高蛋白食物，少食辛辣食物，多饮开水。一般人群最好戴外科口罩，且要每天更换。口罩如有破损或弄污，应立即更换。更换下来的口罩放入胶袋或纸袋内包好，再放入有盖的垃圾桶内弃之。

## 二、结核病

结核病（tuberculosis）是一种由结核杆菌引起的以呼吸道传播为主的慢性传染病。结核病危害人类健康已有数千年的历史。但自从链霉素、异烟肼、利福平、吡嗪酰胺等高效抗结核药物问世后，结核病的有效治疗才得以实现，并使化疗方案从单种药物的长期治疗发展为多种药物的联合短程治疗。目前，包括我国在内的全球大多数结核病高负担国家已采用 WHO 倡导的短程督导化疗方案（directly observed treatment short-course，DOTS），使全球结核病控制工作取得了明显的成效。

### （一）病原学

结核病的病原体为结核杆菌，属于放线菌目、分枝杆菌科、分枝杆菌属，主要包括结核分枝杆菌、牛型分枝杆菌、非洲型分枝杆菌和田鼠型分枝杆菌 4 类。以结核分枝杆菌对人的致病力和感染率最高，约占 90%。

结核杆菌典型的形态为直线微弯曲的细长杆菌，痰标本中结核杆菌往往呈 T、V、Y 型或丝状、球状、棒状等多种形态。结核杆菌革兰氏染色阳性，用齐—尼染色法染色呈红色，不被盐酸、酒精等脱色剂所脱色，故称抗酸杆菌，借此能将痰液等标本内的结核杆菌与其他细菌相区别。

**（二）流行概况**

1. 全球结核病流行概况　自20世纪50年代以来，由于广泛采用结核病化疗方案及卡介苗预防方案，使全球结核病流行状况得到了较好的控制。但是，20世纪80年代后，全球结核病疫情出现回升，尤其在不发达国家和发展中国家重新肆虐。对此，WHO于1993年向全世界发出了“全球结核病紧急状态”宣言，呼吁各国全面推行现代结核病控制策略。WHO估计目前全球每年新发结核病人约800万。WHO把印度、中国等22个国家列为全球结核病高负担、高危险性国家，全球80%的结核病例和80%的新发病例都集中在这些国家，是全球结核病控制的重点。

当前，HIV感染者是结核病的一个新的高发人群。随着全球艾滋病流行的加剧，由HIV引起的结核病发病与死亡人数也随之增多，HIV感染者最主要的死因为结核病。

2. 中国结核病流行概况　解放初期，我国城市结核病患病率为3500/10万，农村为1500/10万，我国结核病死亡率高达200/10万，为居民的主要死因之一。随后，通过卡介苗免疫接种和结核病化疗，使结核病患病率和死亡率快速下降。但由于我国人口多且增长快，导致我国结核病病例数量较大，成为结核病高负担国家，而且疫情下降缓慢，控制难度大，仍为我国重要的公共卫生问题。据估计，目前全国有6亿人感染结核杆菌。有活动性肺结核病人450万，其中涂阳病人150万。每年因结核病死亡13万，占传染病总死亡人数的50%。

我国农村结核病人占全国结核病总人数的80%，农村结核病患病率和死亡率分别为城市的2倍和3倍。我国各民族的结核病患病率有一定差异，以维吾尔族为最高。我国结核病病例以15～54岁为主，男女性别比约为2∶1，15岁以下男女结核病患病率相近，15岁以后男女之间患病率差异随年龄增加而逐渐扩大，在35岁时出现一个汇合点，之后，男性上升较快，至75岁时达最高峰；而女性上升速度慢于男性，至80岁时达最高峰。

**（三）防制措施**

结核病是一种可预、可治的疾病。WHO呼吁各国政府制订和推行国家结核病控制规划（National Tuberculosis Contral Program，NTP），特别强调控制措施的核心是推行现代结核病控制策略（DOTS策略），用以控制传染源。

1. 现代结核病控制策略　为在全球有效控制结核病的流行，WHO要求各国政府积极推行NTP，并强调NTP的核心是实行现代结核病控制策略即DOTS策略。最新的结核病控制策略内容如下。

（1）追求高质量的DOTS扩展和提升：政府增加资金投入；采用质量保证的细菌学方法发现病人；进行督导下的、采取病人支持措施的标准化治疗；有效地药物供应和管理系统；监控和评价系统。

（2）应对结核/艾滋病毒，耐多药结核和其他挑战：开展结核病和艾滋病防治合作活动；预防和控制耐多药结核病；关注监狱、难民和其他高危人群和特殊场所。

（3）加强卫生系统的工作：卫生系统要积极参与到政策制定、管理、服务提供和信息系统的工作中；分享包括肺部健康实用措施在内的改革经验；采纳其他领域的改革经验。

（4）联合所有的卫生服务提供者：公立—公立、公立—私立合作措施；共同遵守结核病关怀的国际标准。

（5）动员结核病人和社区的力量：鼓动、沟通和社会动员；加强社区在结核病关怀方面的参与力度；支持病人开展结核病关怀。

（6）促进科学研究：新诊断、治疗方法、药物和疫苗的研发等。

2. 发现病例　发现病例是指发现结核病传染源即痰涂片阳性肺结核病人。痰中排菌的肺结核病人属传染性肺结核，是结核病的传染源，为首要控制对象。

（1）痰结核菌检查：为病原学诊断方法，是确诊肺结核、发现传染源的主要方法。两次痰标本涂片镜检抗酸杆菌阳性或分离培养分枝杆菌阳性即可确诊。

（2）X线检查：为结核病影像学诊断方法，是重要的结核病筛检方法。但传染性结核病人的诊断依据仍然是痰结核菌检查。

3. 病例管理　病例管理是指对结核病传染源进行规范化的病例报告、转诊、登记、随访和归口管理，是我国治疗结核病人、控制结核病传播的重要措施。按我国《传染病防治法》规定，肺结核为乙类传染病，各级医疗单位要专人负责，及时、准确、完整地报告肺结核疫情。同时要做好病例和疑似病例的转诊与因症推荐工作。归口管理是指在各级医疗卫生机构发现的病例要转诊至结核病防治机构，进行进一步检查，确定DOTS方案。

4. 切断传播途径

（1）防止病人排痰：对痰菌阳性的传染性肺结核病人应加强结核病防治知识的健康教育，教育病人不能对着人咳嗽或打喷嚏，咳嗽时要用手帕、口罩等掩盖口鼻。病人不能随地吐痰，痰液可用焚烧、煮沸、化学药品进行灭菌处理。

（2）杀灭空气中的结核菌：良好的通风是减少空气中结核菌的最有效的方法之一，室内每小时通风6次即可减少99%的飞沫核。日光和紫外线照射对空气中结核菌具有高效杀灭作用。

5. 保护易感者　实施隔离制度、加强病房探视管理、防止院内感染。医务人员、家属及其他易感者与病人面对面接触时可戴特制的滤菌口罩。注重防止新生儿、婴儿与结核病人接触，即使已接种卡介苗者也不例外。对已接触者（特别是儿童），应进行检查，包括结核菌素试验及胸部X线检查，针对不同的情况，采用卡介苗接种、预防性治疗、随访等相应的防治措施。

6. 卡介苗接种　卡介苗的接种对象为新生儿和婴儿。由于结核没有母传被动免疫，所以应尽早对新生儿接种，最迟不超过1岁。保护期一般为5～10年。但新生儿及婴儿接种卡介苗后仍须注意与肺结核患者的隔离。

## 三、乙型肝炎

乙型肝炎（hepatitis B，HB，简称乙肝）是由乙肝病毒（hepatitis B virus，HBV）引起的、以肝脏炎性病变为主的传染病。在目前所确认的5型肝炎中，乙肝的危害最严重。目前我国乙肝病毒表面抗原（HBsAg）的携带率为10%，即有1.3亿人长期携带HBV，有慢性乙肝病人约2000万，疫情形势十分严峻，是我国目前最严重的公共卫生问题之一，被列为重大防制疾病。

### （一）病原学

1. 形态结构　HBV属于嗜肝DNA病毒科正肝DNA病毒属。病毒在显微镜下观察有3

种不同形态的颗粒：大球形颗粒（Dane's 颗粒）、小球形颗粒和管型颗粒。

2. 抵抗力　HBV 在外环境中抵抗力强。在日用品表面停留 1 周也不会丧失感染性。常用的消毒酒精不能灭活。煮沸 30 分钟才可灭活。戊二醛、过氧乙酸、高锰酸钾等可灭活。

3. 抗原抗体系统　HBV 有 3 大抗原抗体系统。

（1）HBsAg：该抗原于感染 HBV 后 4～7 周出现，先于转氨酶异常和症状的出现，是最早出现的血清学标志之一。它是 HBV 感染的基本标志，它的出现表示机体有 HBV 感染。但 HBsAg 阴性不能完全排除感染。

（2）抗- HBs：是 HBsAg 刺激机体产生的特异性中和抗体，是保护性抗体，表示机体已产生免疫力。

（3）HBcAg：外周血中无该抗原，故不能直接从血清中测出。

（4）抗- HBc：是 HBcAg 刺激机体产生的非中和抗体，无保护作用，呈阳性表示 HBV 复制活跃。它有抗- HBcIgM 和抗- HBcIgG 两种，前者出现早，是急性或近期感染的标志，一般持续 6 个月后逐渐消失，如持续阳性则是慢性化的标志。后者出现晚，但可以持续终身，是既往感染的标志。

（5）HBeAg：它与 HBsAg 平行出现，但较 HBsAg 消失早。它的阳性表示 HBV 复制活跃、传染性强、预后差。

（6）抗- HBe：多在 HBeAg 消失后出现，表示 HBV 复制减少或停止，传染性减弱或消失，病情开始恢复。

**（二）流行过程**

1. 传染源　乙肝病人和 HBsAg 携带者是主要传染源。传染性强弱与乙肝病毒载量有关，血液传染性最强，精液、阴道分泌物和唾液次之。

（1）病人：潜伏期为 50～150 天，平均 60～90 天。潜伏期长短取决于 HBV 的感染量、感染途径和机体状况等。病人的潜伏期、急性期和慢性活动期均有传染性，无黄疸型比黄疸型作为传染源的意义更大。

（2）HBsAg 携带者：是指 HBsAg 阳性、无临床表现、肝功能正常、经半年随访无变化者。与乙肝病人相比，HBsAg 携带者人数多、分布广、隐蔽性强、活动自由，是乙肝最主要的传染源。我国有约 40％的携带者是由垂直传播引起，因此 HBsAg 阳性孕妇，尤其 HBsAg 和 HBeAg 双阳性孕妇是更重要的传染源。

2. 传播途径　乙肝主要传播途径有经血传播、垂直传播、性传播和日常生活接触传播 4 种。

（1）经血传播：常见的传播方式有：经输血或血制品传播；经医疗器械或医疗物品传播；静脉注射吸毒、共用注射器传播；针灸、纹身、共用剃刀传播等。

（2）垂直传播：母亲通过 3 种方式将其携带的 HBV 传给胎儿或婴儿：①妊娠传播；②分娩传播；③产后传播。新生儿感染 HBV 后极易成为慢性携带者且预后不良，危害严重，因此垂直传播意义较大，尤其在乙肝高发区意义更大。

（3）性传播：HBV 可通过异性或同性性行为传播。该途径已成为发达国家乙肝传播的重要途径。

（4）日常生活接触传播：日常生活接触也可传播乙肝，易感者通过直接或间接接触带有 HBV 的血液或分泌物，HBV 经破损的皮肤或黏膜进入体内。

3. 人群易感性　人类对 HBV 普遍易感，但易感性随年龄增大而降低。乙肝的感染主要见于暴露机会大的高危人群，主要包括 HBV 感染孕妇所生的新生儿、血透病人、静脉注射吸毒者、性乱人群、医务人员等。接种乙肝疫苗是提高人群免疫力、降低人群易感性的主要措施。

**（三）流行特征**

1. 地区分布　乙肝在全球范围内流行，WHO 估计全球约 20 亿人感染 HBV，其中 3.5 亿为慢性携带者，每年约有 100 万人死于 HBV 相关疾病。

WHO 按人群 HBsAg 携带率将全球划分为高、中、低 3 类流行区，携带率分别为≥8%、2%～7%和<2%。世界人口的 3/4 生活在高流行区。非洲、亚洲和南美部分地区为高、中流行区，西欧、北欧、北美、澳洲和日本为低、中流行区。

中国属于高流行区，人群 HBsAg 携带率平均约为 10%，但全国分布有一定差异，农村高于城市，东部和南方高于北方。

2. 时间分布　乙肝发病无明显的季节性。乙肝疫苗的广泛接种已对全球流行特征产生了一定影响，接种人群发病率明显下降，但我国报告发病率近年仍有所上升。

3. 人群分布

（1）年龄：HBV 感染在高流行区以青少年和 30～40 岁者为主，中流行区以成人为主，低流行区以 20～30 岁者为主。

（2）性别：HBsAg 携带率和乙肝发病率均为男性高于女性。

（3）职业：职业分布的差异主要与暴露机会有关。暴露机会大的高危人群如医务人员、托幼机构儿童、静脉吸毒者、性乱者等的 HBsAg 携带率高于一般人群。

（4）种族、民族：不同种族、民族 HBsAg 携带率有差异。我国有 60%的少数民族 HBsAg 携带率高于全国平均水平，最高为壮族、藏族，最低为维吾尔族、撒拉族。

（5）家庭聚集性：HBV 感染有明显的家庭聚集性，在高流行区尤为明显。该现象与垂直传播和接触传播有关，与遗传因素可能有关。

**（四）防制对策与措施**

1. 健康教育　各地应制定乙肝健康教育规划，坚持全民健康教育和重点人群健康教育相结合，使乙肝健康教育科学化、规范化和经常化。增强群众乙肝防治意识，提高群众乙肝防治知识水平和基本技能。

2. 管理传染源

（1）乙肝病人：对确诊的乙肝病人应及时报告并采取隔离、治疗、消毒等措施。病人如为饮食行业人员和保育员应暂停工作，痊愈后半年内无明显临床表现、肝功能正常且乙肝传染性标志阴性者，方可恢复工作。慢性病人应调离饮食和保育工作。

（2）HBsAg 携带者：HBsAg 携带者除不能献血外，可照常工作和学习，任何单位和个人不得歧视。但应注意个人卫生、经期卫生和行业卫生，所用的剃须刀、修面用具、牙刷、盥洗用品等应单独使用。

（3）献血员的筛选：献血员每次献血前必须检测血清转氨酶（ALT）和 HBsAg（ELISA 法），两项中任一项阳性均不得献血。

3. 切断传播途径

（1）阻断经血传播：主要措施有：加强采供血机构和血液制品生产单位监督管理；加强医疗器械和医疗废物消毒管理工作；各级医疗卫生单位，应严格实行一人一针一管，预防院内感染；预防经静脉注射吸毒传播。

（2）阻断垂直传播：提倡孕妇产前检查 HBsAg；分娩时避免损伤胎儿；产后及时对新生儿免疫预防；母亲产后抚育婴儿过程中，防止因哺乳和密切接触传播，可用人工喂养代替母乳喂养。

（3）阻断性传播：提倡婚前检查 HBsAg，对 HBsAg 阳性者的配偶接种乙肝疫苗；正确使用安全套，提倡安全性行为，禁止性乱。

（4）控制家庭内传播：对有乙肝病人或 HBsAg 阳性者家庭中的其他成员接种乙肝疫苗；提倡家庭中乙肝病人和 HBsAg 阳性者进行家庭隔离，碗筷、盥洗用品等专用；倡导良好的卫生习惯，如实行公筷制等。

4. 保护易感人群　包括应用乙肝疫苗进行主动免疫和应用乙肝免疫球蛋白进行被动免疫，主动免疫是主要措施。

（1）新生儿乙肝疫苗计划免疫：做好产前检查，特别是 HBsAg 阳性并伴有 HBeAg 阳性的母亲所生的婴儿，用乙肝疫苗联合乙肝高效价免疫球蛋白注射，以阻断垂直传播。

（2）其他人群：一般来讲，新生儿和高危人群是乙肝疫苗接种的首选对象，但在高流行区应扩大到一般人群。我国属乙肝高流行区，因此，除儿童外，对高危人群也应加强乙肝疫苗接种，如对 HBsAg 阳性的配偶及其他暴露于 HBV 的高危人群也应进行乙肝疫苗接种。

## 四、艾滋病

艾滋病也称获得性免疫缺陷综合征（acquired immunodeficiency syndrome，AIDS），是由人类免疫缺陷病毒（human immunodeficiency virus，HIV）感染引起的以 T 淋巴细胞免疫功能缺陷为主的一种免疫缺陷传染病。

### （一）病原学

HIV 为 RNA 病毒，属于反转录病毒科、慢病毒属。HIV 是带有包膜的球形颗粒，系双层结构。

HIV 根据血清学特性和核酸序列测定分为 HIV－1 和 HIV－2 两型病毒，均起源于非洲，但它们在全球的流行分布特征不同。目前广泛流行于全球的是 HIV－1 型，HIV－2 型过去仅在非洲局部地区流行，但目前已在全球包括我国在内的许多国家和地区出现。

HIV 在外界的抵抗力较弱，加热、漂白粉、戊二醛、甲醛、氯胺、酒精等均可杀灭。

### （二）AIDS 分期及流行病学意义

目前临床上将人体从感染 HIV 到发生 AIDS 的过程分为急性感染期、无症状感染期和 AIDS 期 3 期，以血清 HIV 抗体检测作为 HIV 感染指标。

1. 急性感染期　人体从感染 HIV 后 2～6 周出现发热、皮疹、乏力、淋巴结肿大等急性症状持续约 2 周自行消退。此时感染者血清中不能检测出 HIV 抗体，故称为“窗口期”。但此时感染者体内已有 HIV 存在并且有传染性，是 AIDS 传染源之一。窗口期一般持续 2 周～3 个月，所以若此时检测 HIV 抗体为阴性，则需待 2 周～3 个月后复检 1 次才能证实是否感染。

2. 无症状感染期　亦称潜伏期或 HIV 感染者、HIV 携带者。此期的感染者仅血清 HIV 抗体阳性而无任何临床表现，也无功能异常，但有传染性。潜伏期的长短与流行地区、人种、感染剂量、感染方式、个体状况、年龄等因素有关。我国成人潜伏期一般为 7～8 年。

儿童和老人短于成人。经输血感染的潜伏期短于经性接触感染。由于潜伏期漫长且人数最多，因此 HIV 携带者是 AIDS 最常见、最重要的传染源。

3. AIDS 期　潜伏期结束后机体开始出现相关临床表现，直至发展为典型的 AIDS，此时也称 AIDS 患者或病人。此期很少超过 2 年，患者最终由于严重的免疫缺陷、免疫功能全面崩溃导致各种机会性感染或多种恶性肿瘤而死亡。患者也是 AIDS 的重要传染源。

**（三）流行概况**

1. 国外流行概况　自 1981 年全球首例 AIDS 在美国被发现以来，AIDS 目前已在全球 5 大洲 200 多个国家广泛流行，但地区分布不同，变化趋势各异。撒哈拉以南的非洲仍是目前 HIV 感染最严重地区，全球约 65％的 HIV 携带者和 70％的 AIDS 死亡发生在该地区。加勒比海地区也较严重，目前 HIV 感染率全球第二。东欧和中亚地区是目前 HIV 感染增长最快的地区。亚洲及太平洋地区 HIV 感染率较低，但由于该地区人口多，HIV 感染人数较多，且呈不断上升的趋势。印度是亚洲 HIV 感染人数最多的国家。北美、欧洲地区呈下降趋势。

2. 国内流行概况　我国 AIDS 流行过程分为输入散发期（1985—1988 年）、局部流行期（1989—1994）和广泛流行期（1995—）3 个阶段。目前，我国 AIDS 疫情处于总体低流行、特定人群和局部地区高流行的态势，主要特点为：① AIDS 疫情上升速度有所减缓；② 性传播已成为主要传播途径；③ AIDS 疫情的地区分布差异大；④ AIDS 流行因素广泛存在。虽然我国目前尚处于 AIDS 低流行期，但由于我国人口多，感染者绝对数很大，而且感染率呈上升趋势，因此，我国 AIDS 防治形势不容乐观。

**（四）流行过程**

1. 传染源　感染 HIV 的人是 AIDS 唯一的传染源，包括 HIV 携带者和 AIDS 患者。

2. 传播途径　HIV 主要存在于感染者的血液、精液、阴道分泌物、乳汁等体液中，易感者主要是通过血液途径即通过输血或皮肤、黏膜破损后接触到上述体液而感染。具体而言，AIDS 有 3 种传播途径。

（1）性传播：是全球最常见的传播途径。我国过去不是以性传播为主，但目前已成为主要的传播途径。

（2）经血传播：这是我国以往传播 AIDS 的主要途径。常见的传播方式有：经输血或血制品；经医疗器械或医疗物品；静脉注射吸毒、共用注射器；皮肤或黏膜破损后接触含 HIV 的体液；器官或组织移植；针灸、纹身、共用剃刀等。其中以静脉吸毒传播最常见。

（3）垂直传播：这是婴儿和儿童感染 HIV 的主要途径。该途径包括妊娠传播、分娩传播和母乳喂养传播 3 种方式，传播几率约 30％～40％。

3. 易感人群　人类对 HIV 普遍易感。20～40 岁处于性活跃期，是主要感染人群。男性同性恋者、静脉吸毒者、血友病人、采供血人员、性乱人群、医务人员等为 AIDS 高危人群。

**（五）防制对策与措施**

1. 防制策略　我国高度重视 AIDS 防制工作，成立了国家性病 AIDS 预防控制中心，制定了一系列 AIDS 防治的法律法规，指导和管理全国 AIDS 防治工作。当前我国 AIDS 防制策略主要包括：

（1）预防为主、防治结合。

（2）政府领导，部门各负其责、全社会共同参与。

（3）加强法制管理：我国自 20 世纪 80 年代至今，制订了一系列防制 AIDS 的法律法规，对 AIDS 防制起到了重大作用。如《中国遏制与防治艾滋病行动计划 2006—2010》、《艾滋病防治条例》等。

（4）加强健康教育：各级政府和有关部门应组织开展 AIDS 防治以及关怀和不歧视 AIDS 病毒感染者、AIDS 病人及其家属的宣传教育，提倡健康文明的生活方式，营造良好的 AIDS 防治的社会环境。

（5）加强行为干预和关怀救助工作。

（6）加强监测工作。

2. 防制措施

（1）管理传染源

① HIV 携带者：对携带者的措施主要包括：Ⓐ 提供心理咨询和医学指导并鼓励信心；Ⓑ 定期随访，掌握病情动态；Ⓒ 加强健康教育；Ⓓ 给予关怀救助；Ⓔ 积极治疗，高效抗病毒疗法（HAART）可大大延长感染者的生存期。

② AIDS 病人：HAART 可延长病人寿命。我国推行的“四免一关怀”政策，对 AIDS 的预防和治疗具有十分重大的意义。

（2）切断传播途径

① 控制性传播：主要措施有：Ⓐ 树立健康的性观念、性道德和性文明；Ⓑ 禁止卖淫嫖娼；Ⓒ 反对性自由、性乱行为；Ⓓ 推广使用安全套。

② 控制血液传播：主要措施为：Ⓐ 加强献血管理；Ⓑ 保证血液及血制品安全；Ⓒ 加强医疗器械、医疗物品、医疗废物的消毒管理；Ⓓ 加强医务人员的防护，防止院内感染；Ⓔ 加强禁毒工作；Ⓕ 推广美沙酮替代和清洁针具交换，以控制吸毒传播；Ⓖ 加强洗浴按摩、美容美发、旅店、泳池等公共场所的卫生管理。

③ 控制垂直传播：加强对妇女防艾宣传教育；加强对妇女 HIV 抗体检测；劝阻感染妇女妊娠；对已感染的妊娠者做好咨询并规劝其尽早终止妊娠；对已感染并坚持妊娠者及时给予药物治疗可以降低胎儿感染率；施行剖宫产分娩可以降低分娩传播风险；新生儿以人工喂养代替母乳喂养；给新生儿及时服药也可降低感染率。

（3）保护易感人群

① 健康教育：加强全民健康教育，普及 AIDS 防治知识，提高自我保护意识和自我保健技能，改变不良行为。

② 疫苗预防：由于 HIV 的易变性和其破坏免疫细胞的特殊性，目前国内外尚未研制出有效的疫苗。

（4）监测：AIDS 监测的目的是为了及时掌握流行动态，了解传播过程，研究影响因素，考核防治效果，为制定防制措施提供依据。AIDS 监测系统包括病例报告系统、血清学监测系统、行为学监测系统和耐药监测系统。我国于 1995 年开始建立全国 HIV 哨点监测网，至今已有数百个国家级和省级监测点，正在发挥 AIDS 防制的重要作用。

（刘桃成）

# 第十二章 慢性非传染性疾病防制

## 第一节 概 述

### 一、慢性非传染性疾病的概念

慢性非传染性疾病（non-communicable diseases，NCD）简称“慢性病”或“慢病”，是对一组起病时间长、病因复杂、一旦发病即病情迁延不愈的非传染性疾病的概括性总称。常见的慢性病有心脑血管疾病、糖尿病、肿瘤、慢性呼吸系统疾病、精神疾病、口腔疾病等，它们的共同特点有：是常见病、多发病；发病隐匿、潜伏期长；多种因素共同致病，一果多因，生活方式是主要原因；多种因素相互关联，一因多果；增长速度快，发病呈年轻化趋势。

慢性病都有许多共同的危险因素，以吸烟、饮酒、不健康饮食和静坐生活方式等4种危险因素最为常见。诸多危险因素之间及与慢性病之间的关系十分复杂，慢性病病因研究是包括流行病研究在内的医学研究的重要课题。

### 二、流行特征

慢性病已成为全球几乎所有国家最主要的死因。WHO估计，2005年全球总死亡人数为5800万，其中死于慢性病者约3500万，占60%，是死于传染病、孕产期和围生期疾病及营养缺乏病总和的2倍。

在我国，随着社会经济发展所引起的人们生活方式的改变和人口老龄化的加剧，慢性病已成为危害健康、导致死亡的首要原因。全国疾病监测资料显示，1991—2000年我国慢性病死亡占总死亡的比例呈持续上升趋势，由1991年的73.8%上升到80.9%，每年死亡人数将近600万，城市和农村慢性病死亡比例分别高达85.3%和79.5%，因病致残、因病致贫，给个人、家庭和社会造成了沉重的医疗和经济负担，已成为我国重要的公共卫生问题。

### 三、预防控制对策

慢性病的发生、发展过程一般为：正常人→高危人群→疾病→并发症，从任何一个阶段实施预防干预都能产生明显的效果，干预越早，效果越好。慢性病预防控制的对策主要包括下列几个方面：

1. 强调在社区和家庭水平上控制慢性病最常见的4种危险因素，并进行生命全程预防。

2. 三级预防并重，采取以健康教育和健康促进为主要手段的综合措施，对各种慢性病进行共同防治。

3. 全人群预防策略和高危人群预防策略并重。

4. 改革创新慢性病保健服务模式，鼓励病人共同参与，支持病人自我管理，加强病人定期随访，加强广泛合作等。

5. 开展社区综合防治，促进社区慢性病防治的行动。

6. 建立综合性社区行为干预项目，以行为改变理论和生态健康促进模式为指导，以政策和环境改变为主要策略。

## 第二节　心脑血管疾病

### 一、概述

心脑血管疾病是包括心脏和血管疾病、肺循环疾病和脑血管疾病的一组循环系统疾病。其中，危害大的为高血压、脑卒中、冠心病、肺心病、风心病。目前，肺心病和风心病在发达国家已很少见，在我国，其发病率和死亡率逐年下降，主要发生在农村，总体危害逐渐减弱。而高血压、脑卒中和冠心病发病率和死亡率在发达国家虽缓慢下降，但仍维持较高水平；在发展中国家呈上升趋势，在我国上升速度较快。总之，从全球看，高血压、脑卒中和冠心病对健康的危害日益严重，是当前威胁人类健康和生命的“头号杀手”。目前我国每年死于心脑血管疾病的人数300万，同时有大量患者残疾，失去劳动和生活能力，成为巨大的社会负担，每年医疗费达1300亿元，占医疗总费用的1/5。

已有研究表明，心脑血管疾病是遗传因素与环境因素长期相互作用而形成的慢性疾病。它们常见的危险因素包括不良的生活方式、疾病因素、社会心理因素和遗传因素。其中，不良生活方式有吸烟、饮酒、高盐高脂饮食、缺乏运动；疾病因素有高脂血症、超重和肥胖、糖尿病；社会心理因素有A型性格、精神紧张、急躁易怒等。目前我国人群对这些危险因素的暴露水平不断增加，导致发病持续上升，因此，心脑血管疾病防制任务十分艰巨。

### 二、流行特征

#### （一）高血压的分布

1. 地区分布　高血压（hypertension）患病率发达国家高于发展中国家。我国为高发国家且各地差异较大，北部、西部高，东部、南方低，城市高于农村，但农村上升速度快。

2. 时间分布　许多发达国家通过积极预防，患病率呈明显下降趋势。我国近50年来患病率持续上升，目前已约20%，患病人数1.6亿以上。

3. 人群分布

（1）年龄、性别：高血压患病率随年龄增长而增加，但近年来有年轻化趋势。40岁以前男高于女，60岁以后女高于男。

（2）种族、民族：美国黑人高于白人。我国彝族、哈尼族、京族最低，朝鲜族、哈萨克族、蒙古族最高。

（3）职业：脑力劳动者高于体力劳动者。我国调查显示，机关企事业干部最高，农林业劳动者和服务类人员最低。

（4）文化程度：我国调查显示出一个有趣现象，文盲和大学以上最高，其他文化程度的患病率介于二者之间。

**（二）脑卒中的分布**

1. 地区分布　脑卒中（stroke）的发病率发展中国家高于发达国家，寒冷地区高于温暖地区，高原地区高于平原地区。我国为高发国，总趋势为北方高于南方。

2. 时间分布　发达国家已呈下降趋势，发展中国家持续上升，中国呈上升趋势。

3. 人群分布

（1）年龄：发病率和死亡率均随年龄增长而上升，40 岁开始发病，60 岁后急剧增加。

（2）性别：发病率和死亡率均为男性高于女性。

（3）种族、民族及职业分布特点和高血压分布相同。

**（三）冠心病的分布**

1. 地区分布　冠心病（coronary heart disease，CHD）发达国家高发，发达国家高于发展中国家。我国为低发国，但近年来呈明显上升趋势。我国地区差异明显，总体为北方高于南方。

2. 时间分布　全球总体看，冠心病发病率和死亡率呈上升趋势。虽然发达国家已呈下降趋势，但仍为成人最主要的死因。发展中国家呈上升趋势，我国亦呈上升趋势。

3. 人群分布

（1）年龄：冠心病患病率 40 岁后开始增加，以后每增加 10 岁，患病率递增 1 倍。

（2）性别：发病率和死亡率均为男性高于女性。

（3）种族、民族：黄种人低于白种人。我国蒙古族、维吾尔族较高，而南方某些少数民族较低。

（4）职业：脑力劳动者、精神紧张作业者较高，体力劳动者较低。

## 三、预防措施

心脑血管疾病总的预防策略是以社区为基础、三级预防相结合、采用健康促进手段、开展综合防治。预防措施是针对不同目标人群采取三级预防措施。

**（一）第一级预防**

心脑血管疾病的第一级预防是指控制其危险因素而从根本上防止或减少疾病的发生。要求是采取综合性的社区卫生防治措施，针对心脑血管疾病危险因素开展健康教育和健康促进，提出适当的干预办法，改善卫生条件，倡导良好的行为生活方式。目标是降低危险因素水平，减少或防止心脑血管疾病的发生。

1. 健康教育　利用社区资源建立心脑血管疾病健康教育体系，采用健康教育和健康促进手段，普及群众心脑血管疾病防治知识，干预危险因素，倡导良好行为生活方式。

2. 合理膳食　合理膳食是预防心脑血管疾病的重要措施，实施原则有：①限制总热量的摄入；②限制脂肪摄入；③限制胆固醇摄入；④限制食盐摄入；⑤合理供给蛋白质；⑥摄入充足维生素；⑦摄入充足微量元素；⑧摄入适当的纤维素。

3. 禁烟限酒　吸烟可引起微血管收缩，诱发心绞痛、心肌梗死和猝死。应采取有效措施逐步创建无烟社区，如大力开展健康教育宣传吸烟的危害，禁止青少年吸烟，限制中老年人吸烟等。提倡节制饮酒，饮酒过多能加重动脉粥样硬化。

4. 适量运动　运动对健康的作用十分重要，主要有：减肥、降低血压、增强心肺功能、提高免疫力、调节代谢内分泌功能、预防动脉粥样硬化、降低心脑血管疾病发病率和死亡率。每人可根据身体状况、居住、工作、兴趣以及经济、环境条件等选择适宜的运动方式，养成经常运动的习惯。

5. 控制体重　防止肥胖最有效的措施是合理膳食与适量运动相结合。饮食应限制热能摄入、限制脂肪摄入、定时进餐、节制零食、粗细粮搭配等。

6. 心理平衡　社会心理因素如A型性格、紧张、急躁易怒、敌对情绪等可使血中激素水平增高、血管痉挛、神经内分泌功能紊乱，对心脑血管系统危害较大。因此，应该积极开展心理咨询和指导，帮助人们树立正确的人生观，正确面对各种压力，学会控制情绪、心理平衡的方法。

**（二）第二级预防**

第二级预防是指对已患病者采取“三级预防”，即早发现、早诊断、早治疗，防止或减少心脑血管病的发展或急性复发及并发症的发生。主要方法和措施有：加强人群健康教育，增强群众自我发现、早期发现、主动发现就诊的意识和能力；提高社区医务人员诊治水平和指导群众自我保健的意识与责任，进行科学规范诊治，严格掌握适应证和控制并发症，防止疾病进一步发展或复发；对患者进行流感疫苗接种；加强心理咨询、心理指导，采取疏导、支持、安慰、鼓励等措施，引导患者以积极的态度和良好的情绪对待疾病，树立战胜疾病的勇气和信心；合理运动也有助于减缓疾病的进展。

**（三）第三级预防**

第三级预防是指对心脑血管病的后期患者进行康复治疗、防止病情恶化、预防发生并发症和伤残、延长寿命。建立健全康复组织和伤残服务体系，提供功能性和心理康复指导及合理的康复治疗，加强社会支持，使患者尽量恢复生活和劳动能力，提高生活质量和期望寿命。

# 第三节　糖尿病

## 一、概述

糖尿病（diabetes mellitus，DM）是由于胰岛素分泌不足或（和）胰岛素抵抗（insulin resistance，IR）引起的以高血糖为主要特点的全身性代谢紊乱病。它是继心脑血管病和肿瘤之后又一严重危害人类健康的慢性非传染病，全球发病呈上升趋势，也是全球重大公共卫生问题。

临床上将糖尿病分为1型糖尿病、2型糖尿病、妊娠糖尿病和其他特殊类型糖尿病4种类型，其中2型占90%以上，是预防的重点。本节仅介绍2型糖尿病的防制。

2型糖尿病是由于遗传和环境因素长期相互作用而致，95%是由遗传、环境、行为等对多种危险因素共同参与或相互作用而引起的多因子病。它的发病危险因素主要包括：遗传因素、高能高脂饮食、肥胖、体力活动不足、糖耐量受损（impaired glucose tolerance，IGT）、早期营养不良、长期精神紧张等。遗传因素是糖尿病发生的潜在因素，具有遗传易感性的个体在诸多环境因素的作用下，即易发生2型糖尿病。肥胖是最重要的危险因素。

## 二、流行特征

**（一）地区分布**

发达国家2型糖尿病患病率居高不下，北美和西太平洋区最高，成年人约1/3～1/2人群患有 2 型糖尿病。发达国家明显高于发展中国家。我国地区分布有差异，但除城市大于农村外无其他规律性。

**（二）时间分布**

近几十年来，全球 2 型糖尿病呈持续增长趋势，发展中国家上升速度快于发达国家，我国的增速十分惊人。导致患病率升高的主要原因是人口老龄化、肥胖及生活方式的改变，此外，诊治水平提高、保健水平提高、死亡率下降等也是影响因素。

**（三）人群分布**

1. 年龄　患病率随年龄增长而上升，40 岁后增速加快。近年来有年轻化趋势，我国亦然。

2. 性别　欧美国家女性患病率高于男性，日本、韩国男性高于女性，我国男女基本相等。不同国家性别差异主要与环境和行为有关，而与种族因素无关。

3. 职业　脑力劳动者的患病率高于体力劳动者。我国的个体商业、服务人员和干部的糖尿病发病增长较快。

4. 民族　糖尿病有家庭聚集性。

5. 社会经济地位　在发达国家，2 型糖尿病患病率贫穷阶层高于富裕阶层，可能与文化卫生知识和医疗保健水平有关。在发展中国家，富裕者高于贫困者，可能与饮食因素、活动少等有关。

## 三、预防措施

针对不同的目标人群，采取“三级预防”措施。

**（一）第一级预防**

第一级预防是针对一般人群控制危险因素，达到减少糖尿病发病、降低发病率的目的。主要措施如下：

1. 健康教育和健康促进　提高人们对糖尿病危害的认识，普及糖尿病防治知识与技能，加强自我保健和自我管理。

2. 合理膳食　控制总热量摄入，合理分配碳水化合物、脂肪和蛋白质的比例，限制脂肪摄入量，多吃蔬菜水果及纤维素，戒烟、限酒、限盐。

3. 增加体力活动　体力活动除减肥作用外，还可增加胰岛素敏感性，改善代谢功能，是预防糖尿病的有效措施。注意运动量要循序渐进，运动方式可多种多样。

4. 减肥　限制热能摄入和加强体育锻炼及体力劳动是减肥的关键。

5. 减轻精神紧张　长期精神紧张的工作和生活可影响内分泌和代谢功能，增加患糖尿病的风险。

**（二）第二级预防**

主要是针对糖尿病高危人群进行筛检，早发现、早诊断和早治疗，预防糖尿病并发症的发生和进展。

筛检方法包括空腹血糖检测和口服葡萄糖耐量试验，前者更简便、快速、价廉，是最常用的人群筛检方法。筛检既要查出隐性病人也要查出 IGT。对查出的早期病人和 IGT 均应进行积极治疗、控制血糖、预防并发症的发生。治疗包括心理治疗、饮食治疗、药物治疗及健康教育和行为指导等。

**（三）第三级预防**

对尚未发生并发症的患者进行规范化的治疗和管理，如药物治疗、饮食治疗、体育锻炼，控制血糖、血糖自我监测，预防并发症的发生，提高生活质量。

对已发生并发症的患者对症治疗、防止病情恶化和伤残、加强康复，降低病死率，延长寿命。

（刘桃成）

# 第十三章　医源性疾病防制

## 第一节　概　述

医源性疾病（iatrogenic disease）是指在诊断、治疗及预防疾病等过程中，由于医护人员因各种言行措施不当或管理不善等原因而造成不利于患者身心健康的一类疾病。出现医源性疾病的环节和涉及面较广，可发生在防治疾病的任何环节中，如医院管理不善引起的交叉感染、用药不当引起的药源性疾病、医护人员实施手术操作失误导致的病后残疾等。

### 一、医源性疾病的特点

1. 病因和病情的复杂性　在疾病的诊疗或预防等各个环节都可能发生医源性疾病，且不同时代，由于医护人员的诊治、护理、预防疾病的方法和所采取的手段不同，所发生的医源性疾病也有区别，因而医源性疾病的病因十分复杂。随着现代医学的发展，新的诊疗技术不断应用，导致医源性疾病增加，使其病因更为复杂。医护人员的医疗水平和医德修养对医源性疾病的发生起着主导作用；现代诊疗技术和方法是治病的手段，诊疗技术选用的合理性及损害性为医源性疾病的发生提供了可能的条件；患者的心理素质及精神状态可能是医源性疾病的重要影响因素。在现代社会里，社会因素对医源性疾病的影响作用也日益明显。如虚假广告，医药犯罪等，使假药劣药导致的药源性医源性疾病的发生率明显增加。

由于医源性疾病病因的复杂性，使得该类疾病的病情也十分复杂，其临床特点与致病因素密切相关。用药错误既可引起急性毒性反应或过敏反应发生，也可能产生慢性的或潜在性的严重影响，如致突、致癌、致畸作用等。诊疗错误导致的医源性疾病后果严重，病死率高，如手术失误导致病人很快死亡。

2. 病种的多样性　在防治疾病过程的任何环节中，可由多种因素引起医源性疾病的发生，因此其疾病类型也多种多样。常见的有：在诊断疾病过程中，由漏、误诊导致的诊断性医源性疾病；在防治疾病过程中受感染引起的感染性医源性疾病；在手术诊疗过程中引起的意外、事故、并发症和后遗症等手术性医源性疾病；在防治疾病时使用药物不当而产生的药源性医源性疾病；此外还有输血性医源性疾病、防病性医源性疾病、精神性医源性疾病等。

3. 致病对象广泛　医源性损害的对象不仅仅只限于病人，医护人员在医疗服务过程中本身易受到各种职业因素的危害，例如，在职业接触中自身感染肝炎、肺结核等，接触有害的化学物质，受到放射性照射等。因此在防治疾病过程中，不仅要注意保护患者，医护人员及其他相关人员的保护也应该受到同样的重视

### 二、医源性疾病的危害

医源性问题由来已久，可发生于临床工作几乎所有的环节，且不能因医学的发展而完全消除。医源性疾病不仅危害患者和整个人群的健康，也给社会带来不良的影响，直接造成家

庭、集体、国家的经济损失。

**（一）对患者的危害**

1. 对患者健康的危害　医源性疾病对患者个体健康的危害程度，因其身体状况和病情的差异而不同。轻者病情加重致康复延缓或引发新的疾病，重者则致伤致残甚至危及生命。一般来说，医源性疾病对患者健康的危害，远比原患疾病严重。有的病人原有疾病虽已治愈，但诱发的医源性疾病却需要终身治疗，如甲状腺手术时误切了甲状旁腺，导致终身需要补钙。

2. 增加患者家庭经济负担　患病个体自身要经受病痛折磨，并影响其生活、学习或工作外，还需要花钱去诊治医源性疾病，增加其经济负担，也加重其家庭的经济负担，特别对那些贫困家庭来说更是雪上加霜，加重病人的心理负担。

**（二）社会危害**

1. 造成社会公害和不良影响　医源性疾病还给社会带来不良影响或造成公害事件。20世纪60年代初发生的反应停（Thalidomide）事件，使德国、英国、日本等28个国家中出生了12000多个短肢畸形儿，这是震惊世界的最大的药物性医源性公害事件。因此医源性疾病的危害不单纯是患者的个人问题，而且也是一个严重的社会问题。

2. 导致国家和集体的经济损失　医源性疾病发生后，病人为了维护自身利益，轻则要求医院经济赔偿，重则要求院方承担刑事责任，故常是导致医疗纠纷明显增加的主要原因。这些医疗纠纷会严重影响医院的声誉并造成经济损失。

## 三、医源性疾病的预防对策

任何医源性疾病的发生、都会给病人造成不同程度的损害，对其健康和生命造成威胁，而且这种威胁并不会随着医学的发展而完全消除。但从目前医学发展水平来看，多数医源性疾病是可以防止的，或经努力可以减少其发生。

1. 卫生部门要重视医源性疾病，加强和完善其管理体系　各级卫生行政部门和医疗管理部门应重视对医源性疾病危害的认识和研究，建立对医源性疾病的管理机制，健全完善有关法规、制度和措施，以监督和管理各级医疗卫生机构预防医源性疾病的工作。各级医疗卫生部门和防治机构，应以国家的卫生法规为准绳，制定各种管理和预防医源性疾病的规章制度和操作规程，使广大医护人员做到有章必循，违章必究，从而保证诊疗工作的顺利完成，防止医源性疾病的发生。

2. 加强医德教育，提高医疗服务水平　医护人员的医德修养和医疗水平是医源性疾病发生的决定因素之一。加强职业道德教育，提高医德修养，严格规范医疗行为，使医护人员树立良好的医疗作风和工作态度，是避免或减少医源性疾病发生的重要措施。

由于医护人员业务技术不精导致用药不当、手术失误、护理不周等是产生医源性疾病的常见原因。尤其是现代医学的发展突飞猛进，新理论、新技术不断出现，因此，医护人员的诊疗水平和护理技术需要不断地更新，才能有助于诊疗效果的提高，也有助于预防医源性疾病的发生。

3. 加强宣传教育，提高患者自我防护意识　现代医学的研究表明，人体的健康与疾病不仅与他们的遗传素质、各种理化因素以及生物因素作用有关，而且也与他们的人格特征、情绪状态、心理活动、社会文化背景等因素有关。由于病人自身文化素质低，缺乏卫生知识，轻信广告，迷信巫医、鬼神，不能正确认识和对待疾病，也是引起医源性疾病的部分原因。因此，加强对患者及其他群众的卫生科普知识的宣传教育，提高他们对医源性疾病的认识水平，对预防医源性疾病也是非常重要的。

## 第二节　常见的医源性疾病

### 一、药源性医源性疾病

#### （一）概念

药源性医源性疾病（drug iatrogenic disease）是指在临床诊治疾病过程中，由于医护人员用药不当所产生有害作用超过有益作用而引发的一类疾病，简称药源性疾病。值得指出的是，如果在正常用药的情况下出现的副作用不属于药源性疾病。

#### （二）药源性疾病发生的原因

导致药源性疾病发生的原因很多，亦很复杂，归纳起来主要有：

1. 药物因素　药物本身是导致药源性疾病的主要原因。药物生产过程中（如原料不纯、工艺技术、人为因素）混入的某种有毒有害物质，使药品成为假药劣药，是导致药源性疾病发生的重要原因。另外药物在储存过程中因外界条件的变化引起药物本身降解变质，产生有毒降解产物；药物固有的毒性未被人们所认识，在应用中逐渐发现；药物过期失效、污染、混淆等，也是导致药源性疾病的常见因素。

2. 机体因素　患者个体对药物的反应性，受其自身多方面因素的影响，如遗传因素、性别、年龄、体重及机体健康状况等。如极少数具有过敏体质或特异体质的病人，在服用常用量或低于常用量药物时发生的过敏反应。特殊生理时期如妊娠期、哺乳期或儿童发育期用药不当也是导致药源性疾病发生的重要原因。

3. 用药合理性和诊疗技术水平　很多情况下临床医生对剂量使用不合理，对药物使用指征（给药途径、疗程、适应证、禁忌证、配伍禁忌等）掌握不严，在用药过程中观察不够严密，或忽视个体化用药与盲目用药，以及对药物的有害作用了解不够或根本没有了解，因而造成了许多药源性疾病的发生。此外，由于临床医生诊疗技术水平不高，诊断错误、选用药物不当造成治疗不当；或相关诊疗技术人员及设备不到位，缺乏血药浓度监测及用药追踪随访，使药源性疾病不能及时发现。

4. 医务人员的职业道德　在我国药物滥用是药源性疾病发生的重要原因，其中部分医务人员的不良医德是造成药物滥用的主要因素。有的医生为了追求一己私利，不考虑病人的健康和利益，不顾滥用药品的危害，给病人开大处方、贵处方，滥用新药和进口药品等。此外由于医务人员工作责任心不强，在疾病的诊疗过程中，不遵守医疗技术操作规程，而造成的药源性事故时有发生。

患者自身的一些行为因素，如不如实反映用药史、不遵医嘱服药、轻信药品广告，擅自用药等也是导致药源性疾病的原因。

#### （三）药源性疾病的种类

1. 毒性反应　绝大多数毒性反应为药物用量过大或用药时间过长所致。药物毒性反应可发生在机体任何系统、器官和组织，但大多数药物有其作用的靶器官或靶部位。如氯霉素、合霉素可抑制造血系统引起的粒细胞减少、贫血等；链霉素致中毒性神经性耳聋；磺胺、卡那霉素、庆大霉素等可毒害肾脏，引起蛋白尿、血尿及肾功能减退等。

2. 过敏反应　过敏反应与所用药物剂量或给药方法等无关，仅见于少数对某种药物过度敏感的人。对于一般人，即使给予中毒剂量也不发生过敏反应。过敏反应需及时处理并可预防，若处理不当，可导致严重危害。临床常见的药物过敏反应有过敏性休克、血液病样反应、固定型药疹、剥脱性皮炎型药疹等。

3. 特异质反应　通常指在某些具有先天性异常的个体对某些药物产生的与常人不同的反应。如红细胞内缺乏葡萄糖-6-磷酸脱氢酶的特异质病人，服用抗疟疾药伯氨喹后，由于不能迅速补充NADPH而发生溶血，并因不能将高铁血红蛋白还原为血红蛋白，而引起高铁血红蛋白症。发生原因主要由于基因多态性，而与免疫过敏反应无关。

4. 药物依赖性　又称药物的成瘾性。由于较长期使用某些药物，导致不能停用，一旦停用，即出现精神上与生理上的痛苦和不适，称为戒断症状。表现为失眠、焦虑、易怒、烦躁不安、机能亢进、出汗、头剧痛等。作用于中枢神经系统的药物，如吗啡，巴比妥类药及罂粟壳等，是引起药物依赖性的主要药物。

5. 致突、致癌、致畸作用　诱发癌症除遗传因素外，还有环境因素。环境因素中最主要的是化学物质，包括药物在内。致突变作用是许多致癌药物的主要作用机制，已知能致癌的药物包括己烯雌酚、氮芥、环磷酰胺、溶肉瘤素、非那西汀、液体石蜡和氯霉素等。某些药物如反应停、雄激素、抗叶酸药（氨基蝶呤）等有致畸作用。

6. 二重感染　二重感染为长期或大量应用广谱抗生素或清热解毒的中草药，破坏了机体内正常菌群的生态平衡，使体内的不敏感细菌或霉菌或外来细菌乘虚繁殖起来，引起新的感染。

发生二重感染的患者一般多为老人、婴儿、身体衰弱者、病重者及腹部手术后患者，其致病菌主要为霉菌、金黄色葡萄糖球菌和革兰阴性杆菌。常发生在采用激素或抗代谢药（如抗肿瘤药）的20天以内。常见临床表现有：消化道的口腔感染、鹅口疮、伪膜性结肠炎、肺炎、尿路感染和败血症等。因这类病原菌对常用抗菌药多有耐药性，而此时机体的抵抗力又大大降低，因此二重感染较难控制，死亡率很高。

**（四）药源性疾病的危害**

药物对人体健康是把双刃剑，既是治疗疾病的重要工具之一，也是主要的致病因素之一。大量临床观察和研究资料证实，许多药物能够诱发疾病或引起中毒，损害人体的各个脏器和系统，引起100多种药源性疾病和/或综合征，以及致突变、癌变和致畸作用，甚至死亡。药源性疾病现已成为一类危害人体健康的主要疾病之一。据统计，全世界每年死亡的患者中约有1/3是药源性损害所致。在美国，药源性疾病是位于心脏病、癌症、肺病、中风之后，是第5位导致死亡的疾病。在我国药源性疾病的死亡人数是主要传染病死亡人数的10倍，且有逐年增长的趋势。药源性疾病已对人类健康构成威胁，已成为一个全球性公害问题。

**（五）药源性疾病的防制**

1. 充分认识药源性疾病的危害性　要防制药源性疾病，首先要加强医护人员对药源性疾病的重视，充分认识到药物不单是治疗的一种手段，也是致病的因素。同时要大力普及药源性疾病的有关知识，提高人民群众防范药源性疾病的能力。

2. 做好科学合理用药　临床上不合理用药是造成药源性疾病发生的主要因素。只要做好科学合理用药，大部分药源性疾病是可以避免的。提高医护人员医术水平，树立良好的医德医风，严格执行用药的规章制度，遵守技术操作规程，做到合理用药，确保用药安全有效，是防止药源性疾病的重要措施。

3. 加强药源性疾病的监督　对药源性疾病进行监督的主要目的，是保证病人使用药物安全有效的同时，为健康、优质、幸福的人类社会创造条件。目前对药源性疾病的监督还没有统一的标准和要求。综合有关资料，大致可从下列 3 个方面对药源性疾病进行监督：① 新药研制过程的安全性毒理学评价：根据国务院公布的《中华人民共和国药品管理法实施条例》(2002 年 9 月 15 日起施行)，任何一种新药在作为商品投入市场前均应经过新药审批。新药审批的重要内容就是进行药物的安全性毒理学评价，即对药物的一般毒性（急性毒性和长期毒性）和特殊毒性（致突、致癌、致畸作用）进行评价，评定其安全性及危险度风险；② 病人用药的安全监护：医护人员在用药过程中要严密观察药物的疗效和不良反应，发现异常应及时查找原因并予以恰当的处理及报告；③ 新药上市后的安全性监督：通过新药上市后的安全性监督，可以发现原先没有预料到的新的不良反应，是防制药源性疾病的重要手段。

## 二、感染性医源性疾病

### （一）概念

感染性医源性疾病（infectious iatrogenic disease），简称医源性感染，是指医院内引起的一切感染性疾病。WHO 指出，因医疗、护理工作而被感染所引起的任何临床显示症状的微生物性疾病，不管受害对象为住院病人，陪护人员或医护人员，凡在医院期间出现症状，均视为医源性感染。医源性感染的对象除住院病人外，医护人员、陪护者和探视者也可获得医源性感染，但以住院病人作为主要分析判断的对象。

### （二）医源性感染的特点

由于医院环境和人群的特殊性，医源性感染除具有感染性疾病的一般特征外，还具有以下主要特点。① 病原学上，医源性感染流行的菌株多为耐药菌株和条件致病菌，难以治疗；② 易感人群抵抗力低，病死率高。医院内住院病人，由于所患原发性疾病以及接受各种诊疗措施等，使之成为医源性感染的易感人群。婴幼儿患者由于体内免疫功能尚未成熟，老年患者的生理防御功能衰退，抵抗力和免疫力低，发生感染的危险性大，且后果往往比较严重。患某些疾病的人，医源性感染易感性增高，例如恶性肿瘤、粒细胞缺乏症、免疫缺陷综合征、严重烧伤和某些皮肤病、严重营养不良、昏迷、糖尿病、支气管肺部疾病、尿毒症、肝硬化等。医护人员在诊疗过程中，经常直接接触或近距离接触病人及其污染的物品，也成为医源性感染的易感人群；③ 医院外环境污染较为严重、病原体来源广泛，易于发生交叉感染。医院是病人聚集的场所，医院环境最容易被病原微生物污染，从而为疾病的传播提供外部条件，促进医源性感染的发生。医院内各种病原体又可大量存留于现症患者、潜伏期患者及带菌者的体内或体表，传染源可以是病人、医护人员、陪护人员或探视者，他们之间可引起复杂的交叉感染。引起医源性感染的病原体，主要有细菌、真菌、病毒或寄生虫，其中细菌占 90%以上，致病力强、传染性大的是金黄色葡萄球菌、沙门氏菌与肝炎病毒等。

### （三）医源性感染的种类

医源性感染按其病原体来源分类，可分为下列两大类。

1. 外源性感染（exogenous nosocomial infection）也称为交叉感染（cross infection）是指在防治疾病过程中获得而引起的微生物感染。病原体来自病人身体以外，如其他病人、外环境等。这种感染包括从病人到病人、从病人到医护人员、或从医护人员到病人，或病人家属作为带菌者传给病人的直接感染；或通过污染物品对人体的间接感染，例如尿布、被单、床架、床头柜、擦桌布、病历卡、门把手、拖把、食具、玩具等。医院内的环境感染（即通过医院内污染的空气、接触到被污染过的物品或制剂等所致的感染），也属于外源性感染。

2. 内源性感染（endogenous infection） 指来自病人自身的感染，病人本身是病原体携带者，由于全身抵抗力低下而引起自身感染。病原体来自病人自身的体内或体表，大多数为在人体寄居的正常菌群，在正常情况下对人体无感染力，并不致病；在一定条件下如长期使用免疫抑制剂或激素导致全身抵抗力低下、长期使用抗生素引起菌群失调或二重感染、侵入性诊疗技术使病原体寄居部位发生改变时，病原体与机体之间的平衡被打破而成为条件致病菌，造成各种内源性感染。

**（四）医源性感染传播途径**

各种来源的病原体可以经一条或几条传播途径，直接或间接进入机体，造成医源性感染发生。

1. 接触传播（contact infection） 是医源性感染最为常见的传播方式，即医院内病原微生物在人与人之间的接触传播，常在感染源周围发生。

（1）直接接触传播 即感染源的病原体不经外界传播途径而直接传染给接触者，如皮肤、黏膜的表面发生接触，如握手、接吻等。医院内病人之间，病人与医护人员相接触时，一般通过手的触摸引起感染。

（2）间接接触传播 在通过接触病人或其污染性物品后，医护人员可通过手的接触再将传播病原体给其他医护人员和病人。因此，勤洗手及搞好手的消毒，是切断接触感染传播的最为简便有效的措施。

2. 空气传播（airborne infection） 是与病人近距离接触时，微生物病原体在飞沫或尘埃中直接传给他人引起感染的传播方式。如结核杆菌、流感病毒、水痘病毒、白喉杆菌等通过空气传播可引起医院内感染。有的呼吸道病毒，如流感病毒，尽管对外界抵抗力不强，但经空气传播危险性大。轻度咳嗽时飞沫可传播2～3米远。一些存活力强的微生物可在飞沫核或尘埃中存在较长时间并传播到较远距离，如结核杆菌。

3. 共同媒介传播 医院内的医疗器械、药物及各种制剂以及生活用水和食物等，是全院或某一专科的病人共用或常用的，一旦被病原微生物污染，且消毒后又达不到消毒效果，可导致医源性感染的暴发。

4. 生物媒介传播 在医院的特殊环境里，若缺乏杀虫、灭鼠、消毒措施或措施执行不力时，一些病媒昆虫和动物可传播感染性疾病。

**（五）常见的医源性感染**

1. 肺部感染 据统计，在我国医源性感染中以肺部感染发生率最高，约占医源性感染的23.3%～42%。肺部感染主要经空气传播。判断肺部感染的主要依据为临床表现和X线透视或照片。肺部感染常发生在一些严重影响机体防御系统的慢性疾病如癌、白血病、慢性阻塞性肺炎，或行气管切开术、安置气管导管等病人中。肺部感染对处于危重状态、免疫抑制状态及免疫力衰弱等病人的威胁性大，病死率可达30%～50%。

2. 尿路感染　据统计尿路感染的发生率约占医源性感染的20.8%～31.7%，其中66%～86%尿路感染的发生与导尿管的使用有关。判断尿路感染的依据是：病人在入院时没有尿路感染的症状，在其住院24小时后出现症状（发热、排尿困难等），尿培养有细菌生长，或虽无症状，但尿标本中的白细胞在10个/ml以上，细菌多于$10^5$/ml。

3. 伤口感染　据统计伤口感染发生率在医源性感染中约占25%。伤口感染包括外科手术及外伤性事件中的伤口感染。判断伤口感染主要看伤口及附近组织有无炎性反应或出现脓液，更确切的方法是做细菌培养。

4. 病毒性肝炎　病毒性肝炎可分为甲、乙、丙、丁、戊5种类型。甲型肝炎和戊型肝炎的传染源是病人和无症状感染者，排出带有病毒的粪便，未经消毒处理，污染了水源或食物，人们误食了未煮沸的水或未煮熟的食物而被传染，即粪—口传染。乙型、丙型、丁型肝炎的传染源是病人和病毒携带者，病毒存在于血液及各种体液中，传染性血液可透过皮肤、黏膜的微小损害而感染，还可通过母婴垂直传播，或通过输注血液制品而传染。病毒性肝炎不仅在健康人中可以传播，在住院病人中更易传染。

5. 皮肤及其他部位感染　病人在住院期间发生皮肤或皮下组织化脓、各种皮炎、褥疮感染、菌血症、静脉导管及针头穿刺部位感染、子宫内膜感染、腹内感染等。

住院病人中凡有气管插管、多次手术或延长手术时间、留置导尿、应用化疗、放疗、免疫抑制剂者，以及老年病人，均应视为预防医源性感染的重点对象。

**（六）医源性感染的防制**

1. 加强对医源性感染的管理和监控　加强管理是预防医源性感染的关键，对其感染实行监督和控制是医院管理的重要任务。我国相关法规规定，医院应建立医源性感染管理委员会或管理小组，有条件的应建立医源性感染管理科，执行医源性感染的监控。其主要的任务和职责是：① 根据《急性传染病管理条例》、《消毒管理办法》以及其他防止医源性感染的有关规定，制定医院控制感染规划、各项卫生学标准及管理制度；② 负责院内感染发病情况的监测，及时发现问题提出对策；考评管理效果，研究改进措施；③ 负责对新建设施进行卫生学标准的审定；④ 负责感染管理有关人员的业务培训，提供有关技术咨询；⑤ 负责按规定向卫生主管部门填报院内感染发病情况监测表。发生暴发流行时，应立即报告。

2. 建立健全医院各项规章制度　如严格的隔离消毒制度、无菌操作规程、家属探望制度、病区清扫制度、污物处理制度、高危病区（如手术室、新生儿室、术后监护室）严格消毒制度、合理使用抗生素及限制性使用抗生素制度等。消毒隔离制度的严格执行，包括及时隔离传染源，保护性隔离易感人群以防止交叉感染和自身感染等。对医院公共场所、生活物品、医疗器械和制剂，病人污物等均应严格按规定进行消毒处理。

3. 医院合理布局　在医院建筑设计上要考虑合理布局，起到防止交叉感染，同时兼顾方便病人就诊和治疗的目的，并妥善处理各种废弃物，以免污染环境。详见第五章。

4. 加强医护人员管理，提高医护人员素质　对医护人员应定期进行医源性感染防治知识的培训，以加强其对医源性感染的认识，并监督有关各项制度执行和落实情况。加强对医护人员感染的监护，以切实保护医护人员的健康。

（曾　明）

# 第十四章　社会病防制

## 第一节　概　述

### 一、社会病概念

社会病（social diseases）是指由社会因素起主导作用，并与现代生活方式和行为密切相关的疾病或社会病理现象。这类疾病一般须采用社会性预防措施才能加以控制，如自杀、吸毒、性病、精神异常、青少年妊娠等。

在现代社会，人类疾病谱与死因谱已发生了根本性变化。社会病严重地威胁着人类健康和生命安全。自20世纪20年代起，急性传染病的死亡率曲线与慢性病、社会病的死亡率曲线已发生了“交叉”，即急性传染病的发病率与死亡率随年代的增加而降低，而社会病与慢性病的发病率与死亡率随年代的增加而增加，已上升为人类的主要死因。社会体制、经济、教育、法律、生活方式与行为、卫生服务等诸多社会因素，与社会病的发生、流行与控制密切相关。

### 二、社会病流行特征

与传染病不同，社会病的产生与流行是多种因素综合作用的结果，并具有“因果交叉”现象，即表现为多因多果的流行模式。社会病的流行模式主要有以下特征。

1. 社会阶层性　在阶级社会中，客观存在着不同的社会阶层。社会病的发生类型、发病率或死亡率在不同社会阶层明显不同。在美国，白人的自杀率为非白人的2倍，可能是由于白人的经济水平和社会地位普遍高于非白人，而具有这种优越感的人群中，当其生存价值观与现实生活发生冲突时容易导致自杀。

2. 职业相关性　许多社会病具有职业性分布。据我国性病检测调查结果，性病人群中主要为服务业人员、个体户及流动人口等。

3. 经济依赖性　经济水平对社会病的流行起着主要作用。随社会经济水平的提高，降低了某社会病主要致病因素的作用强度，使该社会病发生率降低。如发达国家机动车车祸发生率＜15‰，发展中国家机动车辆发生率＞30‰。

4. 社会习俗性　在东亚、拉丁美洲、非洲、地中海的一些国家，由于风俗习惯盛行早婚。

5. 生活行为性　许多社会病与生活行为密切相关。美国调查表明，不同社会问题与饮酒有关的比例分别为：交通事故约占29%～59%，工伤事故约占40%～47%，强奸者中约占50%，自杀者中约占45%。

6. 区域分布性　自杀具有明显的区域分布，发达国家城市高于农村，我国则农村（29.5/10万）明显高于城市（11.2/10万）。

## 三、社会病防制原则

### （一）社会诊断

社会诊断（social diagnosis）是对具有社会病的个人、家庭或群体的社会情况（因素）进行调查研究，找出问题并进行分析的过程。必须对个案及其所处的社会环境深入调查，了解社会因素的作用，才能作出正确的社会诊断，从而提出有效的社会预防与治疗方案（社会处方）。

社会病的诊断包括临床个案诊断和社会诊断，两者既有区别又有联系。临床个案诊断是针对个体身心健康状况进行判断，并实施相应的治疗方案，根据疗效进行复验过程。社会诊断是对个体所处的整个人群身心健康状况的判定，需要收集人群健康状况、社会经济水平、卫生政策与服务体系等多方面的情况，并进行调查分析才能加以确定。临床个案诊断尽管有时并不十分困难，如判断自杀，系指自愿的、自己动手的、让自己死亡的行为。但要区别是自杀还是他杀，并非易事。若要进一步明晰自杀的社会病因及筛查人群中的高危个体，则更为复杂，这就是作出社会诊断的问题。这些问题的解决需要从多方面进行调查研究。

### （二）社会处方

社会处方（social prescription）指从社会学角度，为预防与治疗社会病提出的改善社会卫生状况，保护人群健康的社会对策与措施。主要任务不仅是简单地给予患社会病个体一些治疗处方，更重要的是从增进健康的战略高度，通过社会调查研究，找出存在的卫生问题和社会病因，探索采取保护人群健康的社会性对策与措施，以预防和控制社会病的发生、发展与流行，促进整体人群健康。社会处方的要点是：

1. 改善生存环境质量　良好的自然环境，如无环境污染、居住条件舒适，是人们获得健康生活的必备条件。优质的社会环境，如政治稳定、经济发展、人际关系融洽可使人精神愉快，身心健康；反之可使人精神紧张诱发社会病或某些疾病。因此增强环境保护意识，营造和谐、安宁、良好的社会环境，创造美好舒适的自然环境和社会环境，是防治社会病的重要措施。

2. 提高个人综合素质　人群的生活方式和行为与社会病密切相关，而人的综合素质对其生活方式与行为有很大的影响。WHO 指出，人的健康和寿命 60%取决于个人因素，其中个人心理素质、生活方式与行为是主要因素。

（1）培养良好心态，积极应对紧张：学业压力、职业压力、婚姻不协调、经济问题、家庭关系问题等是日常生活中常面临的紧张压力。培养良好的心态，采取积极的应对方式，这是对紧张刺激的一种积极反应，会产生良好的预期效果。

（2）纠正不良的生活方式：不良的生活方式与行为，主要有吸烟、吸毒、酗酒、不洁性行为等。吸烟是引起多种疾病与早死的最大而又可避免的原因。在不良嗜好中，大量饮酒和吸毒使众多人丧失健康，早死、患病、致残或犯罪。要解决这些问题，必须从社会和经济政策上采取切实有效的控制措施，加强对大众的健康教育，建立文明健康的生活方式。

（3）合理营养和优化膳食：饮食既是人们生活的基本需要，也是造成多种疾病和致癌的重要因素。不良的饮食结构及饮食习惯，如摄入过多高盐、高脂肪食物、暴饮暴食、饮食不规律等造成的营养过剩或营养不良，是导致心脏病、高血压、糖尿病、肥胖症、龋齿以及多种癌症的危险因素。合理安排膳食，少摄取高热量高脂肪饮食，少吃盐、多食鱼、禽、豆、水果与蔬菜，普及饮食卫生与营养知识，提高人群的自我保健意识，对防止癌症、心血管疾病等有着重要的意义。

（4）适当的体育锻炼：生命在于运动，健康在于锻炼。运动能促进身心健康，使之精力充沛、睡眠改善、肌肉有弹性、自信心更强、忧虑和抑郁减少，从而增强体质，防病治病。长期坚持适当的锻炼，不仅可以使人们健康长寿，且有助于养成健康的生活习惯与生活方式。

## 第二节　常见的社会病

### 一、自杀

自杀（suicide）是因社会心理冲突而产生的一种有目的、有计划的蓄意中止自己生命的自我毁灭性行为。自杀现象同人类社会并存，是严重威胁人类生命与健康的社会病理行为之一，是一种典型的社会病。自杀是当代人类主要死亡原因之一，已成为社会广泛关注的公共卫生问题。

#### （一）自杀流行特征

1. 地区分布　由于地理环境、民族风俗习惯、生产生活方式、文化素质等不同，不同国家或同一个国家不同地区之间自杀率不同，呈现出一定的区域的分布特点，表现为高发区与低发区，城市与农村分布不同。北欧和东欧是自杀的高发区，如匈牙利自杀率较高（45.90/10万）；有些国家自杀率则较低，如澳大利亚（13.02/10万）、美国（12.20/10万）、英国（8.30/10万）。发达国家自杀率城市高于农村，而我国则农村（29.5/10万）明显高于城市（11.2/10万）。

2. 性别差异　大部分国家自杀率男高于女。但我国已遂男女自杀率女性（19.6/10万）明显高于男性（14.7/10万），且各年龄组男女存在差异，如15～24岁年轻组女性高于男性，65岁以上老年组男性高于女性。

3. 年龄分布　大多数国家自杀率与年龄呈明显正相关，即随着年龄的增长而增长。综合我国统计资料，自杀率呈现双高峰现象，15～24岁是第一高发年龄段，65岁以上为第二个高发年龄段。

4. 职业分布　不同职业人群自杀率有所不同。在西方国家社会地位高、资本家、商人自杀率远高于社会地位低的工人和农民。我国自杀高危人群是学生、待业者、家庭主妇和农民。

5. 文化水平差异　不同文化程度的自杀率明显不同。文盲及小学文化程度者最高（11.4/10万），初中水平次之（8.6/10万），高中（5.0/10万）和大学水平最低（4.5/10万）。自杀率随着社会文化和经济状况的变化而变化。

#### （二）自杀影响因素

1. 家族遗传因素　流行病学和遗传学调查发现有自杀家族史者是自杀的高危人群，自杀行为具有家庭聚集性和遗传性。对116名有自杀行为的青少年家族调查发现，共有16名母亲及6名父亲曾有自杀行为，表明有自杀家族史的青少年具有更大的自杀倾向性。

2. 疾病　疾病是引起自杀的重要原因。许多研究表明，精神病或精神异常是导致自杀的重要原因。患恶性肿瘤、慢性病的晚期患者常对治疗失去信心，或者因病痛不能忍受也易自杀，这在老年患者中尤为突出。

3. 生理心理因素　在激发事件或不良环境刺激下，如失恋、丧偶、离婚、人际关系紧张，经济窘迫等情况下，应激反应强烈，特别是心理防御机制不完善者易出现情绪障碍而自杀。如老年人各种生理功能衰退，特别是神经行为功能衰退，适应能力减退，引发心理问题，使其情绪易波动，老年人又常遇到丧偶、丧子、“空巢”、疾病痛苦等生活事件，容易采用过激行为——自杀，来逃避生活的现实矛盾。

4. 社会因素　①社会稳定性和经济状况：国内外研究结果显示，战争、饥荒、瘟疫、灾害、萧条、投机市场、政治迫害、经济困难等均可导致自杀率上升。主要是这些因素引起社会动乱、价值观念剧变、文化不稳定等，剥夺了对个人重要的社会支持，削弱人的生存能力和意志，使人产生严重自卑、孤僻、绝望，进而自杀；②家庭环境：家庭的稳定和谐还是不稳定和谐，往往是自杀的导火线。家庭关系的变化可招致自杀事件的发生。如婚外性关系、离婚、非法同居等，都可能成为自杀的致病因子；③教育制度：学校环境对青少年的影响很大。学校片面追求升学率、导致学生课程太多，学习负担过重，加上重智轻德、重知识轻能力、重生理轻心理的教育，都是导致青少年自杀增加的重要原因；④自杀感染性：亦即自杀的心理感染。主要是指大众传播媒介对自杀事件的详尽报道，而使社会上自杀或企图自杀者增加。研究表明，自杀的模仿性现象及潜意识引导确实存在，并对自杀的时间、方式方法有重要影响。

### （三）自杀的预防对策

自杀行为可以从病因、发病、康复方面进行预防和制止，这是一项社会系统工程，主要对策有：

1. 社会性健康教育　①预防自杀的宣传工作。各级有关部门应大力宣传社会稳定、经济发展和家庭和谐的重要性，教育人们树立正确的人生观和婚姻观，了解自杀对个人，家庭和社会带来的危害，这是降低社会自杀率的重要防范对策；②加强心理卫生与健康教育，积极开展心理咨询与心理疏导，防患于未然，可以有效地预防自杀。

2. 高危人群筛查　采用一些心理测试量表，来筛查人群中有自杀意念、情绪障碍和心理障碍者，以及有绝望感者（丧偶、失恋、离婚者等），作为自杀的高危人群，对其重点加以防范，采取诸如心理咨询、心理疏导以及加强心理卫生指导等方法，避免进一步发生自杀行为。

3. 建立自杀干预机构　危机干预中心设立电话、书信、面谈、探访、专题讲座、科普宣传等服务形式，对自杀高危人群所发生的自杀危机，及时发现，并进行干预，包括改变高危环境，转变其注意力，使之得到解脱，重建适应判断，恢复或维持健康的精神状态等。

## 二、吸毒

吸毒（drug abuse）是指出于非医疗目的，通过注射、口服、鼻吸或其他途径将毒品摄入人体的行为。毒品指鸦片、海洛因、吗啡、大麻、可卡因以及国家规定管制的其他能够使人形成瘾癖的麻醉药品和精神药品。非医疗需要而非法使用这些成瘾药物，既严重危害个体的身心健康，也带来许多严重的家庭和社会问题。

**（一）吸毒流行特征**

1. 世界性蔓延　吸毒是流行于全球的现代社会病，其流行之广、危害之大，超过其他任何社会病。联合国估计，全世界约有 2 亿多人吸食大麻，吸毒成瘾者已超过 5000 万人，遍及五大洲。近年来，我国的吸毒人数呈上升的趋势，其中 80%以上的吸毒者是青少年。吸毒已成为社会痼疾在全世界蔓延，人类为此背上了沉重的社会包袱。

2. 经济及文化水平分布　社会学调查发现，吸毒者经济状况分布呈"U"字形，高收入或低收入者相对较高，中等收入者较低；吸毒者文化程度较低，以初中和初中以下为主，说明受教育较少的人群接受社会规范较少，不能充分认识毒品的危害。

3. 职业分布　相当一部分吸毒者无固定或从事个体职业。调查表明，下岗、无业、个体户、司机等人群吸毒率比公务员、教师、农民、工人等有固定职业的人群高 11 倍。

4. 年龄分布　吸毒者平均年龄偏轻，近年来开始吸毒的年龄还有逐渐提前的趋势。当前国际毒潮泛滥，国内毒情蔓延发展，危害日益严重。一些涉世未深的青少年已经成为毒品的牺牲品。

5. 性别差异　大多数调查发现，男性吸毒高于女性。分析认为，男性社会活动较多，比女性更富于冒险精神和追求刺激，经济收入及自主权比女性高。

6. 婚姻状况　以未婚、同居等无稳定婚姻关系者吸毒频率较高，即使吸毒者已经结婚，离婚率也较高。

**（二）吸毒的影响因素**

1. 社会因素　全球范围的毒品非法交易，是造成吸毒国际性流行的深刻的社会根源。毒品的高额利润促使毒贩们铤而走险，只要世界上存在毒品生产的土壤和贩毒现象，就会有吸毒泛滥。一些负面生活事件影响是引发部分人特别是青少年吸毒的不良社会因素。这些事件包括家庭主要成员死亡或患重病、离婚、配偶有外遇、失恋、家庭成员不和、事业受挫或不安心本职工作等。

2. 人生观成因　人生观是指导人生活的重要因素。吸毒者对人生的追求是享乐主义和个人主义，试图通过毒品的自我陶醉，尽情享乐，仅凭感官上的快乐就能使其幸福和满足。精神不健康是吸毒成瘾的社会心理基础。

3. 心理因素　对于吸毒者特别是占其大部分的青少年吸毒者来说，引发他们吸毒可能有如下心理因素和心理动机：① 好奇心驱使及认识不足：青少年正处在发育的阶段，他们喜欢追求刺激，同时在认识上有一定的片面性和局限性、辨别是非能力较差、常常是在浅薄、幼稚的认识支配下，开始沾染吸毒行为。在吸毒后，即使对毒品的危害有一定了解，但已经抵挡不住毒品的诱惑；② 从众及自我显示心理：青少年容易模仿和从众，争强好胜，而且把吸毒看作是一种"高贵的"气派来自我显示；③ 娱乐和消遣心理：把吸食毒品当作吸烟、喝酒一样，满足消遣和享乐的需要；④ 摆脱烦恼忧愁的心理：有些青少年碰到挫折时，处于焦虑不安的心境，为了消除内心的烦恼和忧愁，就从吸毒行为中去寻求暂时的解脱。

4. 自感效应的巨大魔力　毒品的吸食会给人带来一种快乐感，内心产生一种特殊的情绪体验。吸食毒品后，最初几分钟内，会处于一种轻松、愉快的幻觉精神状态，甚至有"飘飘欲仙"之感，可引起"自感效应"和成瘾，从精神亢奋状态到极为严重的抑郁沮丧，使人达到"超脱尘世、隔绝现实"的境界。这种感受和体验进而会牢牢地吸引着吸毒者，使其无法摆脱而继续追求这种需要。这就是吸毒者对毒品的心理依赖性。

**(三)吸毒的健康危害**

1. 生理依赖性(戒断反应) 毒品作用于人体,使人体产生适应性改变,形成在药物作用下的新的平衡状态,一旦停掉药物,生理功能就会发生紊乱,出现一系列严重反应,称为戒断反应,使人感到非常痛苦。吸毒者为了避免戒断反应,就必须定时用药,并且不断加大剂量,使其须臾离不开毒品。这是长期吸毒造成的一种严重和具有潜在致命危险的身心损害,通常在突然终止用药或减少用药剂量后发生。戒断反应也是吸毒者戒毒难的重要原因。

2. 精神依赖性(精神障碍与变态) 毒品进入人体后作用于人的神经系统,使吸毒者出现一种渴求用药的强烈欲望,驱使吸毒者不顾一切地寻求和使用毒品。一旦出现精神依赖后,最突出的精神障碍是幻觉和思维障碍。他们的行为特点是围绕毒品转,甚至为吸毒而丧失人性。

3. 对身体的毒性作用:毒性作用是指因用药剂量过大或用药时间过长引起的对身体的一种有害作用,常伴有机体的功能失调和组织病理变化。吸毒后中毒主要特征有:嗜睡、感觉迟钝、运动失调、幻觉、妄想、定向障碍等。由于多数毒品的食欲抑制作用而致营养不良和体重下降。吸毒过量可使人致死,吸毒死亡率高出一般人群的15倍。

4. 传染性疾病 静脉注射毒品给滥用者带来感染性合并症,最常见的有化脓性感染和乙型肝炎,及令人担忧的艾滋病。此外,还损害免疫系统,使吸毒者易感染各种疾病。

5. 对生殖系统和子代的损害作用 吸毒可损坏生殖系统,男性表现为性功能降低、阳痿、射精困难等,女性表现为闭经、停止排卵、性欲缺乏、不孕等。

吸毒不但损害机体本身,而且影响下一代健康。孕妇血中游离型毒品浓度增加,可使胎儿中毒或直接抑制胎儿的呼吸中枢造成死胎。妇女在妊娠期间滥用海洛因等毒品,则毒品可以经胎盘进入胎体,从而引起遗传基因的突变造成畸胎。

**(四)吸毒的家庭和社会危害**

1. 吸毒对家庭的危害 吸毒者在自我毁灭的同时,也破坏了自己的家庭,使家庭陷入经济破产、亲属离散、甚至家破人亡的困难境地。

2. 吸毒对社会的危害 ①传播传染性疾病:吸毒导致乙型肝炎、丙型肝炎、性病的传播等,其中最严重的是艾滋病的感染和传播;②危害青少年的心理健康:吸毒青少年常表现为精神萎靡、心理变态等身心疾病,导致道德堕落,甚至放弃学业,自毁前途。当无钱购买毒品时,就会不择手段地去偷、去抢、去卖淫,他们极易铤而走险,导致不良行为和犯罪行为的发生,危害家庭和社会;③危害社会安定:国内外的毒贩为了保证他们的毒品贩运,常使用武力。毒品活动加剧诱发了各种违法犯罪活动,扰乱了社会治安,给社会安定带来了巨大威胁;④破坏社会生产力:吸毒者首先导致身体疾病,影响生产,其次是造成社会财富的巨大损失和浪费,同时毒品活动还造成环境恶化,缩小了人类的生存空间。

**(五)防范吸毒的社会对策**

1. 制定禁毒法律法规 强制性的法律和行政手段,是控制吸毒的关键。世界上许多国家都制订了有关禁毒和打击走私贩毒的法令,包括取缔罂粟和大麻的地下种植场所,焚毁果实等消除毒源行动。我国也制订了一系列相关法律条文,禁止吸毒,严惩对走私、贩卖、运输、制造毒品的人。

2. 加强精神文明建设,建立良好的社会环境 从西方国家吸毒流行现况看,青少年是危害最深的人群。我国青少年吸毒也日趋严重。因此，加强精神文明建设，建立一个有良好社会道德风尚的文明社会环境，有利于青少年的健康成长。

3. 加强心理卫生健康教育　对付吸毒最好的武器就是精神健康，消除成瘾倾向的本质是心理卫生。加强对青少年心理健康教育，对吸毒的高危人群应重点加强防范。

4. 加强禁毒的教育　禁毒教育，是预防和减少青少年吸毒行为的一项重要措施。青少年开始吸毒的动机，往往是出于好奇心或为了娱乐和消遣等盲从心理，而对毒品的危害和国家有关禁毒的法律法规往往并不清楚或不很清楚。通过禁毒宣传和教育，使青少年真正了解什么是毒品犯罪以及吸毒的危害性，以使其不错用、误用、试用毒品，并主动地避开毒品，以减少吸毒现象的发生。

5. 加强心理疗法　对吸毒者的干预治疗，除药物疗法、生理疗法、封闭疗法等外，更要重视心理疗法。所谓心理疗法，就是对青少年等吸毒者进行引导和教育，逐步恢复他们的自信心和自尊心，重新培养其具有意志控制的能力，从而达到戒毒的目的。

（曾　明）

# 第三篇 人群健康研究方法

# 第十五章 医学统计学概述

医学统计学（medical statistics）是以医学理论为指导，运用数理统计学的原理和方法，研究医学科研中有关数据的收集、整理和分析的应用科学。随着医学的发展，作为医学科学研究方法学的医学统计学已逐渐为广大医务工作者和医学科学工作者所认识、所接受，并在基础医学、临床医学、预防医学等各个研究领域广为应用。

## 第一节 统计学中的几个基本概念

### 一、同质与变异

统计的研究对象是由观察单位（observed unit）构成的群体。统计研究中，给观察单位规定一些相同的因素情况，称为同质（homogeneity）。如研究儿童的生长发育，规定的同性别、同年龄、同地区、同民族、健康的儿童即为同质的儿童。但即使是同质个体，其研究因素也存在差异，称为变异（variation）。如同质的儿童身高有高有矮，体重有重有轻。统计学的任务就是在同质的基础上，对个体变异进行分析研究，揭示由变异所掩盖的同质事物内在的本质和规律。

### 二、总体与样本

根据研究目的而确定的同质观察单位的全体称为总体（population），更确切地说，它是同质的所有观察单位某种观察值的集合。例如调查某地 2008 年 7 岁正常女童的身高，则观察对象是该地 2008 年全体正常 7 岁女童，观察单位是每个女童，观察值（变量值）是测得的身高值，该地 2008 年全体 7 岁正常女童的身高值就构成一个总体。它的同质基础是同一地区、同一年份、同一年龄的正常女童。这里的总体明确规定了空间、时间、人群范围内有限的观察单位，称为有限总体（finite population）。在另一些情形下，总体的概念是设想或抽象的，如研究用某药治疗缺铁性贫血的疗效，这里总体的同质基础是缺铁性贫血患者，同时用某药治疗，该总体应包括用该药治疗的所有缺铁性贫血患者的治疗结果，是没有时间和空间范围限制的，因而观察单位数是无限的或不易确定的，称为无限总体（infinite population）。

医学研究中，多数的总体是无限的，即使是有限总体，由于观察单位数太多，耗费很大的人力、物力和财力，也不可能甚至是不必要对总体进行全面的研究。实际研究中，常常是从总体中随机抽取一部分观察单位组成样本，对样本进行研究，用样本信息来推断总体特征。样本（sample）是从总体中随机抽取的部分观察单位变量值的集合。样本的例数称为样本含量（sample size）。如上例，可从某地 2008 年 7 岁正常女童中，随机抽取 110 名女童，逐个进行身高测量，得到 110 名女童的身高测量值，组成样本。抽样一定遵循随机的原则，并要有足够的样本含量。应当强调，获取样本仅仅是手段，而通过样本信息来推断总体特征才是研究的目的。

## 三、参数与统计量

根据总体个体值统计计算出来的描述总体（更确切地说，是指有规律分布的总体）的特征量，称为总体参数（parameter）。总体参数一般用希腊字母表示，如总体均数 $\mu$，总体标准差 $\sigma$，总体率 $\pi$ 等。和总体参数相对应，根据样本个体值统计计算出来的描述样本的特征量，称为样本统计量（statistic）。样本统计量用拉丁字母表示，如样本均数 $\overline{X}$，样本标准差 $S$，样本率 $p$ 等。如研究某年某地 50 岁以上男子慢性支气管炎的患病情况，该地所有 50 岁以上男子慢性支气管炎的患病率即为总体参数。若进行抽样研究，用随机的方法从该地抽取一部分 50 岁以上男子来调查其患病情况，计算的患病率即为统计量。总体参数一般是不知道的，抽样研究的目的就是用样本统计量来推断总体参数，包括区间估计和假设检验。

## 四、误差

误差（error）是指实测值与真值之差，按其产生原因和性质可分为随机误差（random error）与非随机误差（nonrandom error）两大类，后者又可分为系统误差（systematic error）与非系统误差（nonsystematic error）两类。

1. 随机误差　是一类不恒定的、随机变化的误差，由多种尚无法控制的因素引起。例如，在实验过程中，在同一条件下对同一对象反复进行测量，虽极力控制或消除系统误差后，每次测量结果仍会出现一些随机变化即随机测量误差（random error of measurement）以及在抽样过程中，由于抽样的偶然性而出现的抽样误差（sampling error）。统计分析主要是针对抽样误差。

2. 系统误差　是一类恒定不变或遵循一定变化规律的误差，其产生原因往往是可知的或可能掌握的。可能来自于受试者抽样不均匀，分配不随机；可能来自于不同实验者个人感觉或操作上的差异；可能来自于不标准的仪器，也可能来自于外环境非实验因素的不平衡等。应尽可能地设法预见到各种系统误差的具体来源，力求通过周密的研究设计和严格的技术措施对系统误差加以消除或控制。

3. 非系统误差　亦称为过失误差（gross error），是由研究者偶然失误而造成的误差。例如，抄错数字，点错小数点，写错单位等，这类误差应当通过认真检查核对予以清除。

## 五、概率

概率（probability）是描述事件发生的可能性大小的一个量值，常用符号 $P$ 表示。概率的取值范围在 0～1 之间。在一定条件下，肯定发生的事件称为必然事件，肯定不发生的事件称为不可能事件；可能发生也可能不发生的事件称为随机事件。必然事件的概率等于 1，不可能事件的概率等于 0，随机事件的概率在 0～1 之间。在实际问题中，当重复观测次数足够大时，可以频率作为概率的估计值。例如用某药治疗某病患者的预后有治愈、好转、无效、死亡 4 种结果，但对于每个患者治疗后发生哪种结果是不确定的，这里的每一种可能结果都是一个随机事件，如果将结果为“治愈”这个事件记为 $A$，则该患者治愈的概率可记为 $P$（$A$），或简记为 $P$。本例在相同的条件下，经过一定数量患者的治疗，就可得到治愈例数 $f$ 占总病例数 $n$ 的比值，即频率 $f/n$。当 $n$ 逐渐增大时，这个比值越来越接近一个稳定的数值，即该病治愈的概率 $P$（$A$）。

统计上一般将 $P\leqslant 0.05$ 或 $P\leqslant 0.01$ 的事件称为小概率事件，表示其发生的可能性很小，可以认为在一次抽样中不会发生。由于存在抽样误差，用样本统计量推断总体参数不可能是肯定推断，只能是概率推断。

## 第二节　统计资料的类型

确定总体之后，研究者应对每个观察单位的某项特征进行观察或测量，这种特征能表现观察单位的变异性，称为变量（variable）。对变量的观测值称为变量值（value of variable）或观察值（observed value），由变量值构成资料（data）。例如，以人为观察单位调查某地某年 7 岁健康儿童的生长发育状况，性别、身高、体重等都可视为变量，性别有男有女，身高可高可矮，体重可轻可重，不同个体不尽相同。变量的观察结果可以是定量的，如身高的厘米数；也可以是定性的，例如新生儿属男属女。按变量属定量或定性的类型，医学统计资料一般可分为数值变量资料和分类变量资料两大类，后者又可分为无序分类变量资料和有序分类变量资料。不同类型的资料应采取不同的统计方法分析处理。

### 一、数值变量资料

数值变量（numerical variable）资料又称定量资料（quantitative data）或计量资料（measurement data），为观测每个观察单位某项指标的大小而获得的资料。其变量值是定量的，表现为数值大小，一般有度量衡单位。根据其观测值取值是否连续，又可分为连续型（continuous）或离散型（discrete）两类。前者可在实数范围内任意取值，如身高、体重、血压等；后者只取整数值，如某医院每年的病死人数等。

### 二、无序分类变量资料

无序分类变量（unordered categorical variable）资料又称定性资料（qualitative data）或计数资料（enumeration data），亦称名义变量（nominal variable）资料，为将观察单位按某种属性或类别分组计数，分组汇总各组观察单位数后而得到的资料。其变量值是定性的，表现为互不相容的属性或类别，如试验结果的阳性阴性，有无家族史等。定性资料分两种情形：

1. 二分类：如检查某小学学生大便中的蛔虫，以每个学生为观察单位，结果可报告为蛔虫卵阴性与阳性两类；如观察某药治疗某病患者的疗效，以每个患者为观察单位，结果可归纳为治愈与未愈两类。两类间相互对立，互不相容。

2. 多分类：如观察某人群的 ABO 血型分布，以人为观察单位，结果可分为 A 型、B

型、AB 型与 O 型，为互不相容的四个类别。

### 三、有序分类变量资料

有序分类变量（ordinal categorical variable）资料又称半定量资料（semi-quantitative data）或等级资料（ranked data）。为将观察单位按某种属性的不同程度分成等级后分组计数，分类汇总各组观察单位数后而得到的资料。其变量值具有半定量性质，表现为等级大小或属性程度。如观察某人群某血清反应，以人为观察单位，根据反应强度，结果可分－、±、＋、＋＋、＋＋＋、＋＋＋＋6 级；又如观察用某药治疗某病患者的疗效，以每名患者为观察单位，结果可分为治愈、显效、好转、无效 4 级。

统计分析方法的选用，是与资料类型密切联系的。在资料分析过程中，根据需要在有关专业理论指导下，各类资料间可以互相转化，以满足不同统计分析方法的要求。例如，以人为观察单位观察某人群脉搏数（次/分钟），属计量资料；若根据医学专业理论，定义脉搏数在 60 次/分钟至 100 次/分钟为正常，小于 60 次/分钟或大于 100 次/分钟为异常，按“正常”与“异常”两种属性分别清点人数，汇总后可转化为计数资料；若进一步定义脉搏数小于 60 次/分钟为缓脉，大于 100 次/分钟为速脉，按“缓脉”，“正常”与“速脉”3 个等级分别清点人数，汇总后可转化为等级资料。

## 第三节　统计工作的基本步骤

统计工作可分为 4 个步骤，即统计设计、收集资料、整理资料和分析资料。这 4 个步骤密切联系，缺一不可，任何一个步骤的缺陷和失误，都会影响统计结果的正确性。

### 一、统计设计

设计（design）是统计工作的第一步，也是关键的一步，是对统计工作全过程的设想和计划安排。统计设计就是根据研究目的确定研究因素、研究对象和观察指标，并在现有的客观条件下决定用什么方式和方法来获取原始资料，并对原始资料如何进行整理，以及整理后的资料应该计算什么统计指标和统计分析的预期结果如何等进行计划安排，力争以较少的人力、物力和时间取得较好的效果。医学科研设计按是否对研究对象施加处理因素分为调查设计和实验设计。

### 二、收集资料

收集资料（collection of date）是根据设计的要求，获取准确可靠的原始资料，是统计分析结果可靠的重要保证。没有完整、准确的原始数据，即使有先进的整理和分析方法，也不会产生准确的分析结果。医学统计资料的来源主要有以下 3 个方面：① 统计报表，如法定传染病报表、出生死亡报表、医院工作报表等；② 医疗卫生工作记录，如病历、医学检查记录、卫生监测记录等；③ 专题调查或实验研究。

### 三、整理资料

整理资料（sorting data）就是将收集到的原始资料进行反复核对和认真检查，纠正错误，分类汇总，使其系统化、条理化，便于进一步的计算和分析。资料整理的过程如下：①审核：即将收集到的原始资料进行认真的检查核对，以保证资料的准确性和完整性；②分组：将完整准确的原始资料按照观察单位的类别或数值大小进行归纳分组；③汇总：即按照设计的要求将分组后的资料汇总整理成统计表。

## 四、分析资料

分析资料（analysis of data）是根据设计的要求，对整理后的数据进行统计学分析，结合专业知识，做出科学合理的解释。统计分析包括以下两大内容：①统计描述（statistical description），是利用统计指标、统计表和统计图相结合来描述样本资料的数量特征及分布规律；②统计推断（statistical inference），是使用样本信息来推断总体特征。统计推断包括区间估计和假设检验。

医学科研一般是抽样研究，得到的是样本统计量，所以对样本分析并不是真正的科研目的。通过样本统计量进行总体参数的估计和假设检验，以达到了解总体的数量特征及其分布规律，才是最终的研究目的。

# 第四节　统计表与统计图

统计表（statistical table）和统计图（statistical graph）是统计描述的重要方法，也是科研论文中数据表达的主要工具。统计表是表达统计分析结果中数据和统计指标的表格形式；合理的统计表可简明正确地表达统计数据和分析结果，既可避免冗长的文字叙述，又可使数据条理化、系统化，便于理解、分析和比较。统计图是用点、线、面等各种几何图形表达统计数据和分析结果；合理的统计图可以更加生动形象地表达数据和结果，更直观地反映出事物间的数量关系，更易于事物的理解、分析和比较。统计表和统计图常一起使用。

## 一、统计表

1. 统计表的种类　统计表按分组标志多少可分为简单表（simple table）与组合表（combinative table）。只按一个标志分组的为简单表（表 15－1），只按死因一个标志分组，可比较不同死因的死亡率；按两个或两个以上标志分组的为组合表或复合表（表 15－2），按疾病和年份两个分组标志分组，可比较某医院不同年份不同疾病死亡人数和构成比。但为了便于理解，分组标志不宜超过 3 个。

**表 15－1　某地 1992 年 3 种死因别死亡率（1/10 万）**

| 死因 | 死亡率（%） |
|---|---|
| 肺结核 | 24.7 |
| 心脏病 | 83.4 |
| 恶性肿瘤 | 156.3 |

表 15-2　某医院 1990 年和 1998 年住院病人 5 种疾病死亡人数和构成比

| 疾　病 | 1990 年 | | 1998 年 | |
|---|---|---|---|---|
| | 死亡人数 | 构成比（%） | 死亡人数 | 构成比（%） |
| 恶性肿瘤 | 58 | 30.53 | 40 | 26.85 |
| 循环系统疾病 | 44 | 23.16 | 44 | 29.53 |
| 呼吸系统疾病 | 37 | 19.47 | 29 | 19.46 |
| 消化系统疾病 | 19 | 10.00 | 18 | 12.08 |
| 传染病 | 32 | 16.84 | 18 | 12.08 |
| 合　计 | 190 | 100.00 | 149 | 100.00 |

2. 统计表的基本结构与要求　从外形上看，统计表通常由标题、标目、线条、数字 4 部分组成。表中数字区不插入文字，也不列备注项。必须说明者标“*”号等，在表下方说明。

（1）标题：它是每张统计表的总名称，高度概括表的主要内容，一般包括研究的时间、地点和研究内容，左侧加表号，置于表的上方。

（2）标目：有横标目和纵标目，分别说明表格每行和每列数字的意义。横标目位于表头的左侧，代表研究的对象；纵标目位于表头右侧，表达研究对象的指标。注意标明指标的单位。

（3）线条：力求简洁，多采用三条线，即顶线、底线、纵标目下横线。其中，表格的顶线和底线将表格与文章的其他部分分隔开来，纵标目下横线将标目的文字区与表格的数字区分隔开来。部分表格可再用短横线将合计分隔开，或用短横线将两重纵标目分割开。其他竖线和斜线一概省去。

（4）数字：用阿拉伯数字表示。同一指标小数点位数一致，位次对齐。表内不留空项，无数字用“—”表示，缺失数字用“…”表示，数值为 0 者记为“0”。

3. 制表原则　统计表的制表原则首先是重点突出，即一张表一般只包括一个中心内容，不要把过多的内容放在一个庞杂的大表里，宁愿用多个表格表达不同指标和内容。其次，统计表要主谓分明，层次清楚，即主谓语的位置准确，标目的安排及分组层次清楚，符合逻辑，便于分析比较。统计表就如完整的一句话，有其描述的对象（主语）和内容（宾语）。通常主语放在表的左边，作为横标目；宾语放在右边，作为纵标目。由左向右读，构成完整的一句话。如表 15-1 可读成某地 1992 年肺结核死亡率为 24.7（1/10 万）。但应指出：有时统计表的主语项目少而谓语项目多（表 15-3），或者主语项目多而谓语只有一项（表 15-4），这时为了节省篇幅，可将纵标目作主语、横标目作谓语，阅读时从上至下。最后，统计表应简单明了，一切文字、数字和线条都尽量从简。在实际工作中，有的统计表由于未遵守上述原则和要求，未能起到应有的作用。

表 15-3 某部新、老兵几项运动能力的比较

| 运动项目 | 新兵 | | 老兵 | | $P$ |
|---|---|---|---|---|---|
| | $n$ | $\bar{x}\pm s$ | $n$ | $\bar{x}\pm s$ | |
| 100 m 跑（s） | 924 | 14.80±1.13 | 1198 | 14.48±1.26 | <0.01 |
| 3000 m 跑（s） | 722 | 12.56±1.41 | 1006 | 12.08±1.53 | <0.01 |
| 立定跳远（m） | 933 | 2.07±0.18 | 1220 | 2.20±0.19 | <0.01 |
| 原地投弹（m） | 935 | 36.80±6.20 | 1217 | 39.20±6.50 | <0.01 |
| 引体向上（次） | 933 | 10.60±4.00 | 1218 | 11.10±4.80 | <0.01 |

表 15-4 某石棉厂不同工作部门的石棉肺患病率（%）

| 工作部门 | 原棉车间 | 纤维车间 | 仓库运输 | 科室后勤 | 橡胶车间 |
|---|---|---|---|---|---|
| 患病率（%） | 15.1 | 14.0 | 7.9 | 4.2 | 2.0 |

**例 15-1** 某研究欲分析居民饮用水源与肠道传染病的患病情况的关系，结果见下表 15-5。请指出其中缺点并加以改正。

表 15-5 水源与肠道传染病（原表）

| | 塘水 | | 井水 | | 合计 | |
|---|---|---|---|---|---|---|
| 患病 | 患病人数 | 患病率 | 患病人数 | 患病率 | 患病人数 | 患病率 |
| 结果 | 50 | 20% | 15 | 5% | 65 | 11.8% |
| 调查人数 | 250 | | 300 | | 550 | |

表 15-5 的制作存在许多缺点：①标题太简单，不能说明统计表的内容，不知是何时何地的情况；②主、谓语位置颠倒，符号“%”应写在“患病率”的后面，并用括号括上；③线条太多，不应画纵线条和不必要的某些横线条。现修正如表 15-6。

表 15-6 某年某村居民饮用水源与肠道传染病的患病情况（修正表）

| 水　源 | 调查人数 | 患病人数 | 患病率（%） |
|---|---|---|---|
| 塘　水 | 250 | 50 | 20.0 |
| 井　水 | 300 | 15 | 5.0 |
| 合　计 | 550 | 65 | 11.8 |

## 二、统计图

1. 统计图的种类　常用的统计图有直条图、直方图、百分比条图和圆图、线图、散点图、统计地图、箱式图等。

2. 统计图的基本结构　统计图通常由标题、标目、刻度、图例 4 部分组成。

（1）标题：高度概括统计图资料的时间、地点和主要内容，与统计表相似。统计图的标题一般放在图的下方，左侧加图号。

（2）标目：分为横标目和纵标目，分别表示横轴和纵轴数字刻度的意义，一般有度量衡单位。

（3）刻度：指在纵轴和横轴上的坐标。刻度数值按从小到大的顺序排列，纵轴由下向

上，横轴由左向右。纵横轴的比例一般以 5∶7 或 7∶5 为宜。

（4）图例：说明统计图中各种图形所代表的事物。当统计图用不同线条和颜色表达不同事物和对象的统计量时，需要附图例加以说明。图例可放在图的右上角空隙处或下方中间位置。

3. 统计图制作的一般原则　首先，根据资料性质和分析目的正确选用适当的统计图。例如描述某连续变量的频数分布宜选用直方图，分析、比较独立的或不连续的多个组或多个类别的统计量宜选用条图，分析某指标随时间或其他连续变量变化而变化的趋势宜选用线图，描述或比较不同事物内部构成时用圆图或百分比条图等。其次，除圆图外，一般用直角坐标系的第一象限的位置表示图域（制图空间），或者用长方形的框架表示。最后，绘制图形应注意准确、美观，给人以清晰的印象。

4. 常用统计图的适用条件与要求

（1）条图（bar chart）：条图又称直条图，用相同宽度的直条长短表示某统计指标的数值大小和它们之间的对比关系。适用于比较、分析独立的或离散变量的多个组或多个类别的统计指标。指标既可以是绝对数，也可以是相对数。常用的条图有如下两种：① 单式条图：具有一个统计指标，一个分组因素；② 复式条图：具有一个统计指标，两个分组因素。条图的绘制：通常横轴安排相互独立的事物，纵轴表示欲比较的指标，直条竖放；当分析的事物较多时，可将直条横放，此时纵轴安排相互独立的事物，横轴表示欲比较的指标。直条尺度必须从 0 开始，且等距，否则会改变各对比组间的比例关系；各直条的宽度相等，间隔一般与直条等宽或为其一半；直条排列顺序可按指标值大小排列，也可按分组的自然顺序排列。

**例 15－2**　某地 1952 年与 1992 年 3 种死因的死亡率比较，结果见图 15－1。该图按死因和年份两个因素分类，为复式条图。由图 15－1 可知，该地 1992 年与 1952 年相比，恶性肿瘤、心脏病的死亡率均上升，且恶性肿瘤死亡率的上升幅度较心脏病大；肺结核的死亡率则下降。

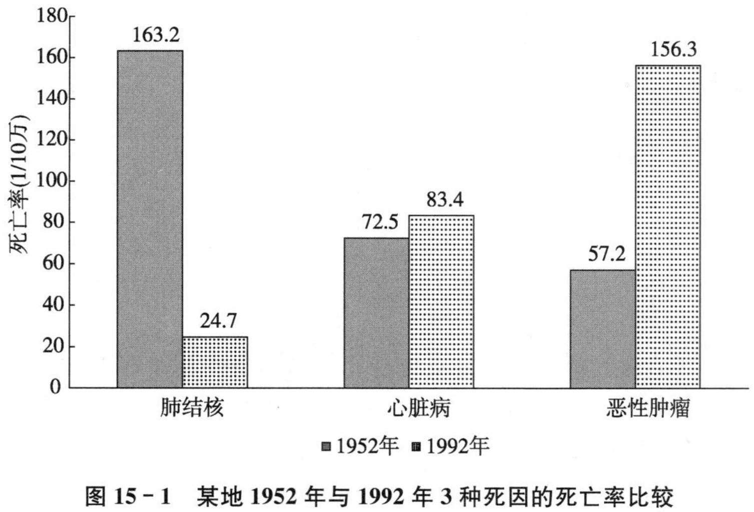


**图 15－1　某地 1952 年与 1992 年 3 种死因的死亡率比较**

（2）圆图和百分比条图：圆图（pie chart）是以圆的总面积表示事物的全部，将其分割成若干个扇面表示事物内部各构成部分所占的比重。百分比条图（percent bar chart）是以某一矩形总长度表示事物的全部，将其分割成不同长度的段表示各构成的比重。圆图和百分比条图适合描述分类变量的各类别所占的构成比。圆图的绘制：以圆形的360°角为100%，1%相当于3.6°角，以统计资料中各构成的百分比乘以360°即得各构成扇面的角度；各扇面按大小顺时针方向排列，一般从相当于时钟12点位置作为起点，其他项放最后。百分比条图的绘制：以矩形总长度L为100%，将长度L乘以各类别的构成比得到各构成的长度，由大到小或按类别的自然顺序依次排列，其他项放最后。不同的扇面或段用不同的颜色或花纹区别，需要用图例说明各种颜色或花纹代表的类别，条件允许的情况下可以将各类别标目和构成比数值标在图中。此外，百分比条图特别适合作多个构成比的比较，将不同组别，不同时间或不同地区的某分类指标的构成比平行地绘制成多个百分比条图，可以方便地比较其构成比的差异。

**例15-3** 某医院1998年住院病人5种疾病构成比结果见图15-2。图15-2为圆图。

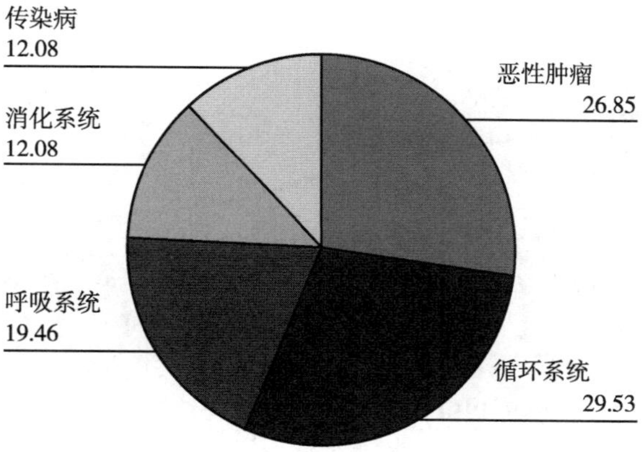


**图15-2　某医院1998年住院病人5种疾病构成比（%）**

**例15-4** 某医院1990年和1998年住院病人5种疾病构成比结果见图15-3。图15-3为百分比条图。

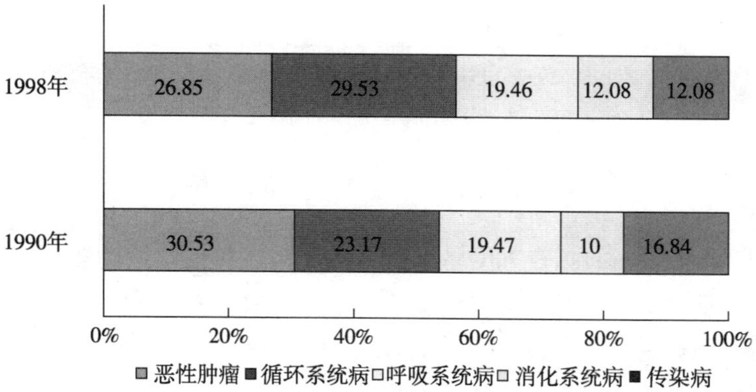


**图15-3　某医院1990年和1998年住院病人5种疾病构成比**

（3）线图：线图（line chart）是用线段的升降来表示数值的变化，适合于描述某统计量随另一连续性数值变量变化而变化的趋势，常用于描述统计量随时间变化而变化的趋势。通常横轴是时间或其他连续性变量，纵轴是统计指标。如果横轴和纵轴都是算术尺度，称普通线图；横轴是算术尺度，纵轴是对数尺度，称半对数线图（semi-logarithmic linear chart）。普通线图描述的是绝对变化趋势，半对数线图描述的是相对变化趋势，特别适宜作不同指标变化速度的比较。普通线图的绘制：纵轴一般以 0 点作起点，否则需作特殊标记或说明；不同指标或组别可以用不同的线段如实线、虚线等表示，各测定值标记点间用直线连接，不可修匀成光滑曲线。绘制半对数线图时，可使用特制的半对数坐标纸，将纵、横轴的两个指标的每一对实际观察值在半对数纸上作图；若无印好的半对数纸，也可将纵轴指标的实际观察值取对数后再在普通算术尺度纸上作图。

**例 15－5** 图 15－4、图 15－5 是根据某地区 1950 年至 1966 年伤寒与结核病死亡率资料绘制的普通线图和半对数线图。普通线图描述了伤寒与结核病死亡率随时间变化的趋势，可以看出该地区在 1950 年至 1966 年间伤寒与结核病死亡率逐渐下降，结核病死亡率的下降幅度较大。半对数线图则描述了伤寒与结核病死亡率随时间变化的速度，伤寒的下降速度更快。

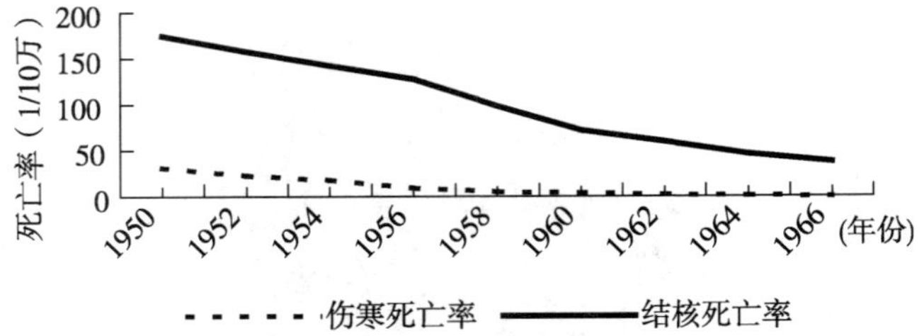


**图 15－4　某地区 1950 年至 1966 年伤寒与结核病死亡率普通线图**

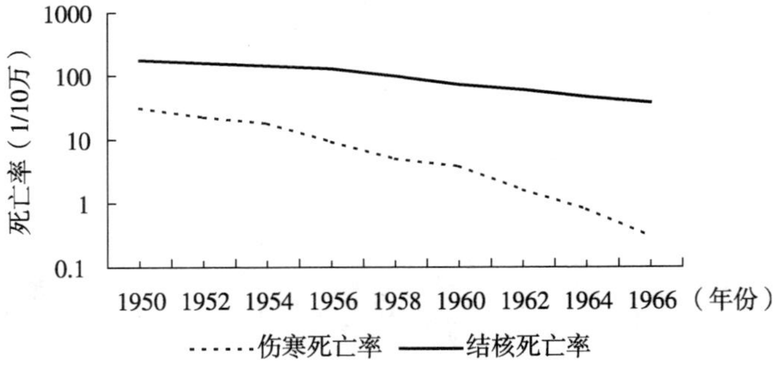


**图 15－5　某地区 1950 年至 1966 年伤寒与结核病死亡率半对数线图**

（4）直方图（histogram）：直方图是以直方面积描述各组频数的多少，面积的总和相当于各组频数之和，适合表示数值变量的频数分布。直方图的横轴尺度是数值变量值，纵轴是频数。注意：如各组的组距不等时，要折合成等距后再绘图。即将频数除以组距得到单位组距的频数作为直方的高度，组距为直方的宽度。

**例 15－6** 某地某年 175 例乙型病毒性脑炎患者的年龄分布如表 15－7。表中第①栏年龄组不等距，9 岁以前每岁一组，10 岁以后每 10 岁一组，因此要先计算各年龄组每岁患者数，见表 15－7 第③栏，再按第①、③栏资料绘图，得图 15－6（a），反映了某市乙脑患者年龄分布的特点：高峰在 10 岁前，其中 4～5 岁患者人数最多。如果直接按表 15－7 第①、②栏资料作图得图 15－6（b），则是错误的，错在横轴尺度不相等，没有按每岁患者人数取纵坐标，因此给人以错觉。

**表 15－7　某地某年乙型病毒性脑炎患者的年龄分布**

| 年龄（岁）<br>① | 患者人数<br>② | 每岁患者人数<br>③ |
|---|---|---|
| 0～ | 3 | 3 |
| 1～ | 3 | 3 |
| 2～ | 9 | 9 |
| 3～ | 11 | 11 |
| 4～ | 23 | 23 |
| 5～ | 22 | 22 |
| 6～ | 11 | 11 |
| 7～ | 14 | 14 |
| 8～ | 8 | 8 |
| 9～ | 6 | 6 |
| 10～ | 36 | 3.6 |
| 20～ | 13 | 1.3 |
| 30～ | 11 | 1.1 |
| 40～ | 4 | 0.4 |
| 50～60 | 1 | 0.1 |
| 合　计 | 175 | — |

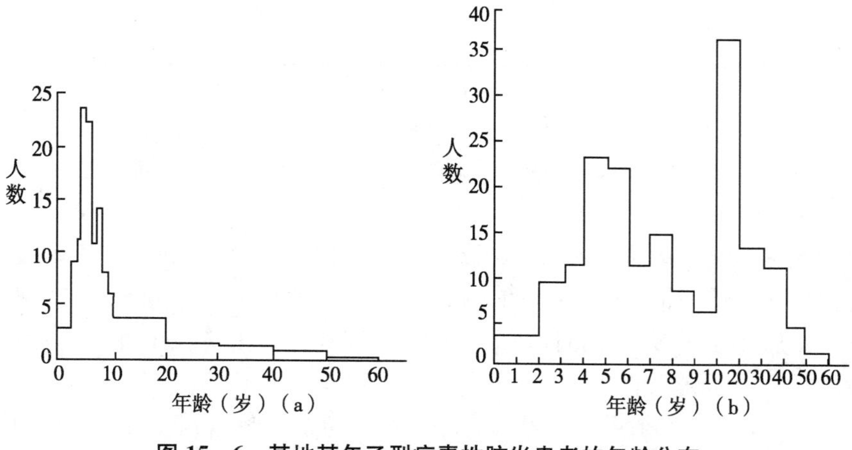


**图 15－6　某地某年乙型病毒性脑炎患者的年龄分布**

（5）散点图（scatter diagram）：以直角坐标上点的密集程度和趋势来表示两个变量间的数量关系（见本书第十八章）。绘制散点图时，通常横轴代表自变量，纵轴代表应变量。散点图与线图不同的是：对于横轴上的每个值，纵轴上可以有多个点与其相对应，且点与点之间不能用直线连接。

（6）箱式图（box plot）：箱式图的箱子两端分别是上四分位数 $P_{75}$ 和下四分位数 $P_{25}$，中间横线是中位数 $M$，两端连线分别是除异常值外的最小值和最大值。另外标记可能的异常值。箱式图通过使用 5 个统计量反映原始数据的分布特征，将数据的经验分布的重要特征（数据分布中心位置、分布、偏度、变异范围和异常值）展示出来。箱子越长，数据变异程度越大。中间横线在箱子中点表明分布对称，否则不对称。箱式图特别适合多组数据分布的比较。

**例 15－7** 图 15－7 为 4 个处理组（安慰剂组，降血脂新药 2.4 g 组、4.8 g 组、7.2 g 组）患者低密度脂蛋白（LDL）含量分布的箱式图。图中显示安慰剂组，降血脂新药 2.4 g 组、4.8 g 组、7.2 g 组 LDL 含量的分布近似对称分布，可能的异常值有 3 例（样品号分别为 13、33、59）。

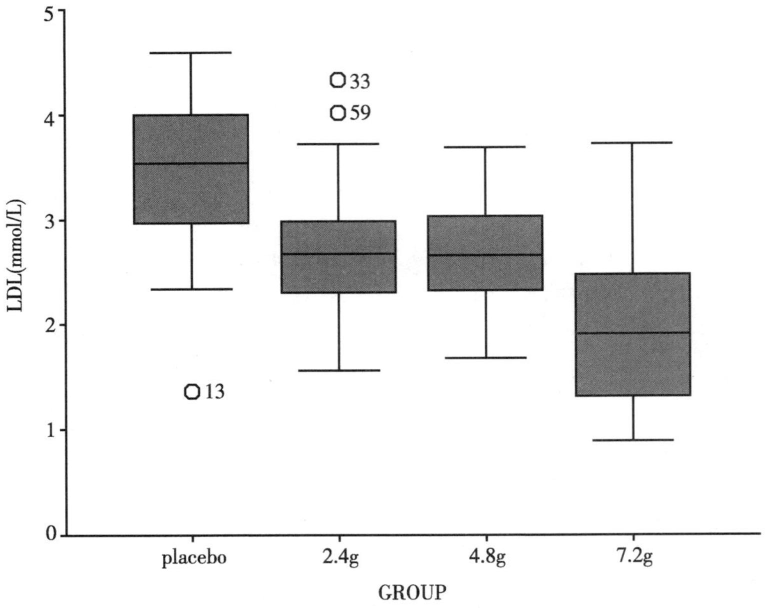


**图 15－7　4 个处理组患者低密度脂蛋白含量分布箱式图**

（7）统计地图：统计地图（statistical map）是用不同的颜色和花纹表示统计量的值在地理分布上的变化，适宜描述研究指标的地理分布。统计地图先绘制按行政区域或地理特征分区的地图，然后按各区域统计指标值分别标记不同颜色或花纹，并加上图例说明不同颜色或花纹的意义。

**例 15－8** 图 15－8 为某年某病患病率的统计地图。该图以省（直辖市或自治区）为观察单位，根据某患病率高、中、低大小，用不同的图案绘在地图上。

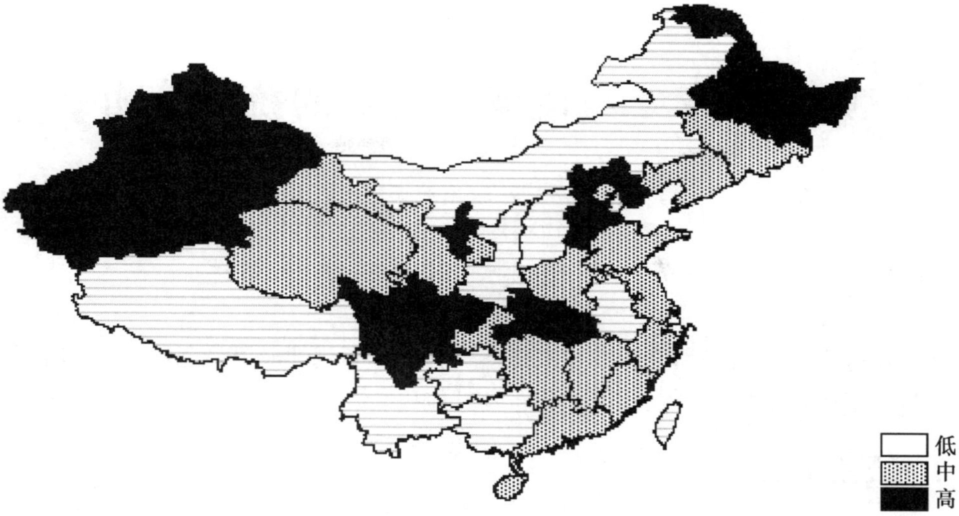


**图 15-8　某年某病各省（直辖市或自治区）患病率统计地图**

以上介绍的是基本的统计图。为达到直观、形象描述的目的，在实际应用中可以几种图形结合使用。

（王乐三）

# 第十六章　数值变量资料的统计分析

## 第一节　数值变量资料的统计描述

统计描述是用统计图表和统计指标来描述资料的分布规律及其数量特征。本节主要介绍常用的数值变量资料描述性指标，正态分布及其应用。

### 一、频数分布表

对于一群同质个体的某项定量指标，收集到计量数据之后，欲了解其分布的范围、数据最集中的区间以及分布的形态，可通过编制频数分布表或简称频数表（frequency table）来实现。频数分布（frequency distribution）通常是针对样本而言。对于连续变量（continuous variable），频数分布为 $n$ 个变量值在各变量值区间内的变量值个数的分配。对于离散变量（discrete variable），频数分布为 $n$ 个变量值在各（或各几个）变量值处的变量值个数的分配。现以连续变量为例介绍频数分布表的编制步骤。

**例 16－1**　某年某市 120 名 12 岁健康男孩身高资料如表 16－1，试编制频数分布表。

**表 16－1　某年某市 120 名 12 岁健康男孩身高（cm）测量资料**

| | | | | | | | | | |
|---|---|---|---|---|---|---|---|---|---|
| 142.3 | 156.6 | 142.7 | 145.7 | 138.2 | 141.6 | 142.5 | 130.5 | 132.1 | 135.5 |
| 134.5 | 148.8 | 134.4 | 148.8 | 137.9 | 151.3 | 140.8 | 149.8 | 143.6 | 149.0 |
| 145.2 | 141.8 | 146.8 | 135.1 | 150.3 | 133.1 | 142.7 | 143.9 | 142.4 | 139.6 |
| 151.1 | 144.0 | 145.4 | 146.2 | 143.3 | 156.3 | 141.9 | 140.7 | 145.9 | 144.4 |
| 141.2 | 141.5 | 148.8 | 140.1 | 150.6 | 139.5 | 146.4 | 143.8 | 150.0 | 142.1 |
| 143.5 | 139.2 | 144.7 | 139.3 | 141.9 | 147.8 | 140.5 | 138.9 | 148.9 | 142.4 |
| 134.7 | 147.3 | 138.1 | 140.2 | 137.4 | 145.1 | 145.8 | 147.9 | 146.7 | 143.4 |
| 150.8 | 144.5 | 137.1 | 147.1 | 142.9 | 134.9 | 143.6 | 142.3 | 143.3 | 140.2 |
| 125.9 | 132.7 | 152.9 | 147.9 | 141.8 | 141.4 | 140.9 | 141.4 | 146.7 | 138.7 |
| 160.9 | 154.2 | 137.9 | 139.9 | 149.7 | 147.5 | 136.9 | 148.1 | 144.0 | 137.4 |
| 134.7 | 138.5 | 138.9 | 137.7 | 138.5 | 139.6 | 143.5 | 142.9 | 146.5 | 145.4 |
| 129.4 | 142.5 | 141.2 | 148.9 | 154.0 | 147.7 | 152.3 | 146.6 | 139.2 | 139.9 |

1. 计算全距　一组变量值最大值和最小值之差称为全距（range），亦称极差，常用 $R$ 表示。本例最大值为 160.9，最小值为 125.9，故 $R=160.9-125.9=35$（cm）。

2. 确定组距　组距（class interval）用 $i$ 表示，组距大小决定于分组多少。变量值在 100 例左右一般分为 8～15 组。若变量值较少，组数可相应少些，变量值很多，组数可酌情多些，总之，以能显示变量值的分布规律为宜。组距＝全距/组数，本例拟分 10 组，组距＝35/10＝3.5，一般取靠近的整数作为组距，本例取 $i=4$ cm。

3. 划分组段　每个组段的起点称组下限，终点称组上限。第 1 组段应包括最小变量值，故其下限取小于或等于最小值的方便数，本例取小于 125.9 的 125 作为第 1 组段的下限。本例为连续变量，组段应写为上限开口型，如 125～，129～，133～，……。第 2 组段的下限 129 为第 1 组段的上限，第 3 组段的下限 133 为第 2 组段的上限，余类推。最后 1 个组段应包括最大变量值，一般写为上限闭口型，本例最大值为 160.9，最后 1 个组段写为 157～161。如表 16－1 第①栏，本例共分 9 组，写成 9 个组段。

4. 统计频数　将所有变量值通过划记逐个归入相应组段，如表 16－2 第①栏 125～，表示所有身高值≥125 cm，<129 cm，都应归入此组，余仿此。表 16－2 第①、②栏即为所需的频数表。

5. 频率与累计频率　频数表中的各组频数之和等于总例数 $n$，将各组的频数除以 $n$ 所得的比值被称为频率。频率描述了各组频数在全体中所占的比重，各组频率之和应为 100%。见表 16－2 第③栏为相应的频率。累计频数等于该组段及前面各组段的频数之和，累计频率等于累计频数除以总例数。见表 16－2 第④栏和第⑤栏。累计频率描述了累计频数在总例数中所占的比例。图 16－1 为描述 120 名 12 岁健康男孩身高的频数分布的直方图。

**表 16－2　某年某市 120 名 12 岁健康男孩身高（cm）的频数分布**

| 身高组段<br>① | 频　数<br>② | 频率（%）<br>③ | 累计频数<br>④ | 累计频率（%）<br>⑤ |
|---|---|---|---|---|
| 125～ | 1 | 0.83 | 1 | 0.83 |
| 129～ | 4 | 3.33 | 5 | 4.17 |
| 133～ | 10 | 8.34 | 15 | 12.50 |
| 137～ | 27 | 22.50 | 42 | 35.00 |
| 141～ | 35 | 29.19 | 77 | 64.17 |
| 145～ | 27 | 22.50 | 104 | 86.67 |
| 149～ | 11 | 9.17 | 115 | 95.83 |
| 153～ | 4 | 3.33 | 119 | 99.17 |
| 157～161 | 1 | 0.83 | 120 | 100.00 |
| 合　计 | 120 | 100.00 | — | — |

6. 频数分布表的主要用途

（1）揭示资料的分布类型：频数分布的类型可分为对称分布和偏态分布两种。若各组段的频数以频数最多组段为中心左右两侧大体对称，就认为该资料是对称分布，如表 16－2 及图 16－1；反之，则认为是偏态分布，如表 16－3 及图 16－2、表 16－4 及图 16－3。图 16－2 频数最多组段（21～）右侧的组段数多于左侧的组段数，频数向右侧拖尾，称右偏态分布（skewed to the right distribution），也称正偏态分布（positive skewness distribution）。图 16－3 频数最多组段（30～）左侧的组段数多于右侧的组段数，频数向左侧拖尾，称左偏态分布（skewed to the left distribution），也称负偏态分布（negative skewness distribution）。

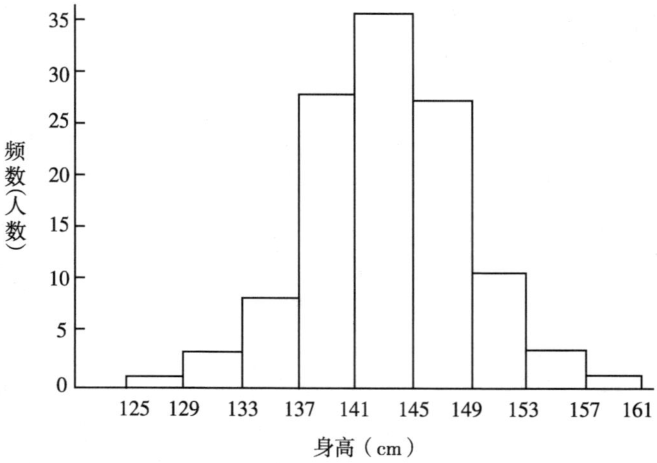


**图 16-1　某年某市 120 名 12 岁健康男孩身高的频数分布**

**表 16-3　某年某市 110 名正常成年女子的血清转氨酶（mmol/L）含量分布**

| 血清转氨酶含量 | 人　数 |
|---|---|
| 12～ | 2 |
| 15～ | 8 |
| 18～ | 13 |
| 21～ | 22 |
| 24～ | 18 |
| 27～ | 13 |
| 30～ | 11 |
| 33～ | 9 |
| 36～ | 7 |
| 39～ | 4 |
| 42～45 | 3 |

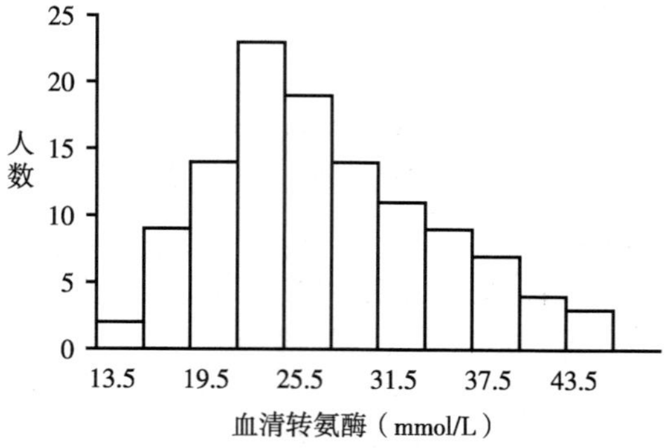


**图 16-2　某年某市 110 名正常成年女子血清转氨酶的频数分布**

表 16－4　某年某市 100 名正常成年人的血清肌红蛋白（μg/ml）含量分布

| 血清肌红蛋白含量 | 人　数 |
|---|---|
| 0～ | 2 |
| 5～ | 3 |
| 10～ | 7 |
| 15～ | 9 |
| 20～ | 10 |
| 25～ | 22 |
| 30～ | 23 |
| 35～ | 13 |
| 40～ | 9 |
| 45～50 | 2 |

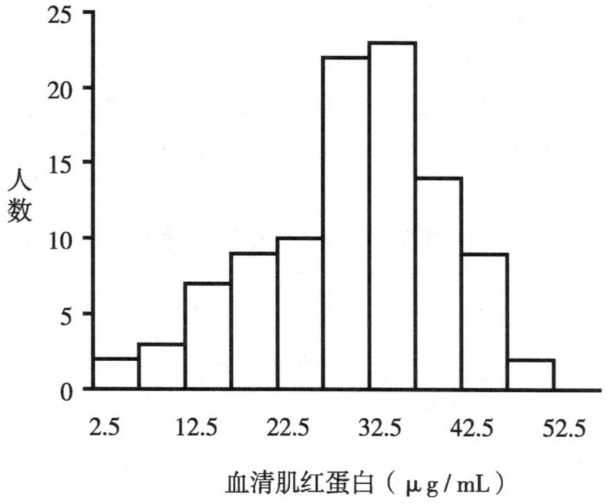


图 16－3　某年某市 100 名正常成年人血清肌红蛋白的频数分布

（2）观察资料的集中趋势和离散趋势：如表 16－2 可见 120 名 12 岁男孩身高位于中央部分“141～”组段人数最多，为集中趋势；从中央部分到两侧频数分布逐渐减少，为离散趋势。

（3）便于发现某些特大或特小的离群值：若在频数表的两端，连续出现几个组段的频数为 0 后，又出现一些特大或特小值，需要进一步检查和核对这些离群值（outlier），如有错，应予纠正。

（4）便于进一步计算统计指标和作统计处理。

## 二、集中趋势指标

数值变量资料的集中趋势指标是用平均数（average）来描述的，代表一组同质变量值的平均水平。常用的平均数有算术均数、几何均数和中位数。

### （一）算术均数

算术均数（arithmetic mean）简称均数。适用于对称分布或近似对称分布的资料。习惯

上以希腊字母 $\mu$ 表示总体均数（population mean），以 $\bar{x}$ 表示样本均数（sample mean）。常用计算方法有直接法和加权法。

1. 直接法　计算公式为：

$$\bar{x}=\frac{X_1+X_2+\cdots+X_n}{n}=\frac{\sum X}{n} \tag{16.1}$$

式中 $X_1$，$X_2$，…，$X_n$ 为所有变量值，$n$ 为样本含量，$\sum$（希腊字母，读作 sigma）为求和的符号。

**例 16-2**　现有 11 名 5 岁女孩的身高值（cm）为 112.9、99.5、100.7、101.0、112.1、118.7、107.9、108.1、99.1、104.8、116.5，求其均数。

将身高数值代入公式（16.1）得：

$$\bar{x}=\frac{112.9+99.5+\cdots 116.5}{11}=\frac{1181.3}{11}=107.39\ (\mathrm{cm})$$

2. 频数表法　计算公式为：

$$\bar{x}=\frac{f_1X_1+f_2X_2+f_3X_3+\cdots+f_kX_k}{f_1+f_2+f_3+\cdots+f_k}=\frac{\sum fX}{\sum f} \tag{16.2}$$

式中 $k$ 表示频数表的组段数，$f_1$，$f_2$，…，$f_k$ 及 $X_1$，$X_2$，…，$X_k$ 分别表示各组段的频数和组中值［(本组下限＋下组下降）/2］。在这里，频数 $f$ 起到了“权”（weight）的作用，即某个组段频数多，权数就大，其组中值对均数的影响也大；反之，影响则小。

**例 16-3**　对表 16-2 资料用加权法计算平均身高值。

**表 16-5　120 名 12 岁健康男孩身高（cm）均数和标准差频数表法计算表**

| 身高组段<br>① | 组中值 $X$<br>② | 频数 $f$<br>③ | $fX$<br>④=②③ | $fX^2$<br>⑤=②④ |
|---|---|---|---|---|
| 125～ | 127 | 1 | 127 | 16 129 |
| 129～ | 131 | 14 | 524 | 68 644 |
| 133～ | 135 | 10 | 1350 | 182 250 |
| 137～ | 139 | 27 | 3753 | 521 667 |
| 141～ | 143 | 35 | 5005 | 715 715 |
| 145～ | 147 | 27 | 3969 | 583 443 |
| 149～ | 151 | 11 | 1661 | 250 811 |
| 153～ | 155 | 4 | 620 | 96 100 |
| 157～161 | 159 | 1 | 159 | 25 281 |
| 合　计 | — | 120 | 17 168 | 2 460 040 |

本例 $\sum f=120$，$\sum fX=17168$，代入公式（16.2）得：

$$\bar{x}=\frac{17168}{120}=143.07\ (\mathrm{cm})$$

即 120 名 12 岁健康男孩身高均数为 143.07cm。

均数的应用：① 反映一组同质观察值的平均水平，并可作为样本的代表值与其他样本进行比较；② 适用于描述单峰对称分布，特别是正态分布或近似正态分布资料的集中趋势。由于均数易受到极端值的影响，故不适用于描述偏态分布资料的集中趋势，这时需要采用几何均数或中位数；③ 在描述正态分布特征方面具有重要意义。

### （二）几何均数

对于数值变量值呈倍数关系或呈对数正态分布（正偏态分布），如抗体效价及抗体滴度，某些传染病的潜伏期，细菌计数等，宜用几何均数（geometric mean，简记为 $G$）表示其平均水平。计算公式亦可用直接法和加权法。

1. 直接法　计算公式为：

$$G=\sqrt[n]{X_1 \cdot X_2 \cdot X_3 \cdots X_n} \tag{16.3}$$

写成对数的形式为：

$$G=\lg^{-1}\left(\frac{\lg X_1+\lg X_2+\cdots+\lg X_n}{\mathrm{n}}\right)=\lg^{-1}\left(\frac{\sum \lg X}{n}\right) \tag{16.4}$$

**例 16－4**　6 人的血清滴度分别为 1∶2，1∶4，1∶8，1∶16，1∶32，1∶64。求平均滴度。

本例以用几何均数为宜，先求平均滴度的倒数。

$$G=\sqrt[6]{2\times4\times8\times16\times32\times64}=11.31$$

或 $G=\lg^{-1}\left(\frac{\lg2+\lg4+\lg8+\lg16+\lg32+\lg64}{6}\right)=\lg^{-1}1.0536=11.31$

故 6 人血清平均滴度为 1∶11.31。

2. 频数表法　计算公式为：

$$G=\lg^{-1}\left(\frac{\sum f\lg X}{\sum f}\right) \tag{16.5}$$

**例 16－5**　某医院预防保健科用流脑疫苗为 75 名儿童进行免疫接种后，抗体滴度测定结果如表 16－6，求平均滴度。

**表 16－6　75 名儿童的平均抗体滴度计算表**

| 抗体滴度 | 滴度倒数 $X$ | $\lg X$ | 频数 $f$ | $f\lg X$ |
|---|---|---|---|---|
| 1∶4 | 4 | 0.6021 | 4 | 2.4084 |
| 1∶8 | 8 | 0.9031 | 9 | 8.1279 |
| 1∶16 | 16 | 1.2041 | 21 | 25.2861 |
| 1∶32 | 32 | 1.5051 | 20 | 30.1020 |
| 1∶64 | 64 | 1.8062 | 12 | 21.6744 |
| 1∶128 | 128 | 2.1072 | 5 | 10.5360 |
| 1∶256 | 256 | 2.4082 | 4 | 9.6328 |
| 合计 | — | — | 75 | 107.7676 |

按式（16.5）计算几何均数：

$$G=\lg^{-1}\left(\frac{107.7676}{75}\right)=27.35$$

75 名儿童进行流脑疫苗免疫接种后，平均抗体滴度为 1∶27.35。

计算几何均数应注意：① 变量值中不能有 0；② 不能同时有正值和负值；③ 若全是负值，计算时可先把负号去掉，得出结果后再加上负号。

**（三）中位数和百分位数**

将一组变量值从小到大按顺序排列，位次居中的变量值称为中位数（median，简记为 *M*）。在全部变量值中，大于和小于中位数的变量值的个数相等。

用中位数表示平均水平主要适用于：① 变量值中出现个别特小或特大的数值；② 资料的分布呈明显偏态，即大部分的变量值偏向一侧；③ 变量值分布一端或两端无确定数值，只有小于或大于某个数值；④ 资料的分布类型不清。

1. 直接法　先将变量值由小到大顺序排列，再按公式（16.6）或公式（16.7）计算。

$n$ 为奇数时
$$M=X_{(\frac{n+1}{2})} \tag{16.6}$$

$n$ 为偶数时
$$M=[X_{(\frac{n}{2})}+X_{(\frac{n}{2}+1)}]/2 \tag{16.7}$$

**例 16-6**　某病患者 7 人的潜伏期（天）分别为 5、6、6、7、9、10、20，求中位数。

本例 $n=7$，为奇数，按公式（16.6）得：

$$M=X_{(\frac{7+1}{2})}=X_4=7\text{（天）}$$

**例 16-7**　设例 16.6 增加 1 例患者，其潜伏期为 21 天，求中位数。

本例 $n=8$，为偶数，按公式（16.7）得：

$$M=[X_{(\frac{8}{2})}+X_{(\frac{8}{2}+1)}]/2=(X_4+X_5)/2=(7+9)/2=8\text{（天）}$$

2. 频数表法　计算公式为：

$$M=L+\frac{i}{f_m}\left(\frac{n}{2}-\sum f_L\right) \tag{16.8}$$

式中 $L$ 为中位数所在组段的下限，$i$ 为该组段的组距，$f_m$ 为该组段的频数，$\sum f_L$ 为小于 $L$ 的各组段累计频数。

**例 16-8**　现有 145 例食物中毒病人，其潜伏期分布如表 16-7 的第①、②栏，求中位数。

**表 16-7　145 例食物中毒病人潜伏期分布表**

| 潜伏期（小时）<br>① | 频数 $f$<br>② | 累计频数<br>③ | 累计频率（%）<br>④ |
|---|---|---|---|
| 0～ | 17 | 17 | 11.7 |
| 6～ | 46 | 63 | 43.4 |
| 12～ | 38 | 101 | 69.6 |
| 18～ | 32 | 133 | 91.7 |
| 24～ | 6 | 139 | 95.9 |
| 30～ | 0 | 139 | 95.9 |
| 36～ | 4 | 143 | 98.6 |
| 42～ | 2 | 145 | 100.0 |
| 合　计 | 145 | — | — |

由表 16－7 第①、④栏可见，$M$ 在"12～"组段。现 $L=12$，$i=6$，$f_m=38$，$\Sigma f_L=63$，代入公式（16.8）得：

$$M=12+\frac{6}{38}\times(145\times50\%-63)=13.5\text{（小时）}$$

145 例食物中毒病人平均潜伏期为 13.5 小时。

百分位数（percentile）是一种位置指标，以 $P_x$ 表示。一组观察值从小到大按顺序排列，理论上有 $x\%$ 的变量值比 $P_x$ 小，有 $(100-x)\%$ 的变量值比 $P_x$ 大。故 $P_{50}$ 分位数也就是中位数，即 $P_{50}=M$。百分位数的计算公式为：

$$P_x=L+\frac{i}{f_x}(n\cdot x\%-\Sigma f_L) \tag{16.9}$$

式中 $f_x$ 为 $P_x$ 所在组段的频数，$i$ 为该组段的组距，$L$ 为该组段下限，$\Sigma f_{Lg}$ 为小于 $L$ 的各组段累计频数。

**例 16－9** 试求例 16－8 资料中百分位数 $P_{25}$、$P_{75}$。

由表 16－7 第①、④栏可见，$P_{25}$ 在"6～"组段，$L=6$，$i=6$，$f_x=46$，$\Sigma f_L=17$，代入公式（16.9）得

$$P_{25}=6+\frac{6}{46}(145\times25\%-17)=8.51\text{（小时）}$$

同理可知 $P_{75}$ 在"18～"组段，$L=18$，$i=6$，$f_x=32$，$\Sigma f_L=101$，代入公式（16.9）得

$$P_{75}=18+\frac{6}{32}(145\times75\%-101)=19.45\text{（小时）}$$

## 三、离散趋势指标

变异是生物医学数据最显著的特征，因而，要全面刻画一组数据（变量值）的数量特征，除了计算反映数据平均水平的指标外，还必须计算反映变异程度的指标。描述数据变异大小的常用统计指标有极差、四分位数间距、方差、标准差和变异系数。

### （一）极差和四分位数间距

1. 极差　极差（range，简记为 $R$）亦称全距，即一组变量值中最大值与最小值之差，反映变量值的离散范围。$R$ 值大，离散度就大；$R$ 值小，离散度就小。极差计算简便，概念清晰，因而应用比较广泛，如说明传染病、食物中毒的最长、最短潜伏期等。

**例 16－10** 试分析下面 3 组同龄男孩的身高（cm）的集中趋势及离散趋势。

甲组：90　95　100　105　110　$\bar{X}_{甲}=100$ cm　　$R_{甲}=110-90=20$ cm

乙组：96　98　100　102　104　$\bar{X}_{乙}=100$ cm　　$R_{乙}=104-96=8$ cm

丙组：96　99　100　101　104　$\bar{X}_{丙}=100$ cm　　$R_{丙}=104-96=8$ cm

比较以上 3 组数据发现：虽然均数都等于 100 cm，但极差却不尽相同，甲组 5 个儿童身高差异 20 cm，乙组和丙组只有 8 cm。显然，若仅仅比较 3 组的均数，而不比较个体差异的大小，则不能全面反映 3 组儿童身高的分布特征。但仅用极差来描述数据的变异程度也不全面。从例 16－10 可看出，极差不能反映所有数据的变异大小，且受样本含量 $n$ 的影响较大。一般来说，$n$ 大，$R$ 也会大。即使在 $n$ 不变的情况下，每次抽样得到的极差值相差也大，故其稳定性较差，所以只能用来粗略地说明变量值的变动范围。

2. 四分位数间距　极差的不稳定主要受两端值的影响，如将两端数据各去掉一部分，这样所得的数据就比较稳定了。例如两端各去掉 25%，取中间 50%的数据，这样可以先计算 $P_{25}$ 和 $P_{75}$，求出 $P_{75}$ 与 $P_{25}$ 之差，即为四分位数间距（quartile interval，简记为 $Q$）。它一般和中位数一起描述偏态分布资料的分布特征。计算公式为：

$$Q=P_{75}-P_{25} \tag{16.10}$$

**例 16－11**　试计算表 16－7 中 145 例食物中毒病人潜伏期的四分位数间距。

已知 $P_{75}=19.45$ 小时，$P_{25}=8.51$ 小时，代入公式（16.10）得：

$$Q=19.45-8.51=10.94\text{（小时）}$$

由以上的结果可以看出：位次居中间范围的 50%食物中毒病人潜伏期在 8.51～19.45 小时之间，其四分位数间距为 10.94 小时。

四分位数间距也可以看成中间 50%变量值的极差。$Q$ 值越大，说明离散度就越大；$Q$ 值越小，说明离散度就越小。四分位数间距比极差稳定，但仍然是两点间的距离，也不能反映出所有变量值的离散情况。

**（二）方差和标准差**

方差（variance）也称均方差（mean square deviation），反映一组数据的平均离散水平。就总体而言，应该考虑其每一个变量值 $X$ 与均数 $\mu$ 的差值，即离均差 $X-\mu$。由于 $X-\mu$ 有正有负，使得 $\sum(X-\mu)=0$，故离均差和 $\sum(X-\mu)$ 无法描述一组数据的变异大小。倘若将离均差 $X-\mu$ 平方后相加得到 $\sum(X-\mu)^2$，此为离均差平方和（sum of squares of deviations from mean），就消除了正、负值的影响。但离均差平方和尚未考虑到变量值个数 $N$ 的影响。即 $N$ 越大，$\sum(X-\mu)^2$ 也越大。为了解决这一问题，故将离均差平方和除以 $N$，就得到了方差，总体方差用 $\sigma^2$ 表示，计算公式为：

$$\sigma^2=\frac{\sum(X-\mu)^2}{N} \tag{16.11}$$

标准差（standard deviation）是方差的正平方根，其量纲与原变量值相同。总体标准差用 $\sigma$ 表示，计算公式为：

$$\sigma=\sqrt{\frac{\sum(X-\mu)^2}{N}} \tag{16.12}$$

一般情况下，总体均数 $\mu$ 未知，需用样本均数 $\bar{X}$ 估计。数理统计证明：若用样本个数 $n$ 代替 $N$，计算出的样本方差对 $\sigma^2$ 的估计偏小，需将 $n$ 用 $n-1$ 代替。样本方差记为 $S^2$，其标准差为 $S$。计算公式为：

$$S^2=\frac{\sum(X-\bar{X})^2}{n-1} \tag{16.13}$$

$$S=\sqrt{\frac{\sum(X-\bar{X})^2}{n-1}} \tag{16.14}$$

为了简化计算，标准差的公式还可以写成为：

$$S=\sqrt{\frac{\sum X^2-\frac{(\sum X)^2}{n}}{n-1}} \tag{16.15}$$

利用频数表计算标准差的公式为：

$$S=\sqrt{\frac{\sum fX^2-\frac{(\sum fX)^2}{\sum f}}{\sum f-1}} \tag{16.16}$$

式中 $f$ 为各组频数。

**例 16-12** 续例 16-10，计算 3 组资料的标准差。

甲组：$n=5$，$\sum X=90+95+100+105+110=500$

$$\sum X^2=90^2+95^2+100^2+105^2+110^2=50\,250$$

代入公式（16.15），得：

$$S=\sqrt{\frac{50250-\frac{(500)^2}{5}}{5-1}}=7.91\ (\text{cm})$$

同理得：乙组：$S=3.16$ cm，丙组：$S=2.92$ cm。

由于丙组的标准差最小，故认为其均数的代表性较其他组要好。

**例 16-13** 对表 16-5 资料用加权法计算 120 名 12 岁健康男孩身高值的标准差。

在表 16-5 中已算得 $\sum fX=17\,168$，$\sum fX^2=2\,460\,040$，代入公式（16.16）得：

$$S=\sqrt{\frac{2460040-\frac{17168^2}{120}}{120-1}}=5.70\ (\text{cm})$$

该市 120 名 12 岁健康男孩身高值的标准差为 5.70 cm。

### （三）变异系数

对于对称分布资料，特别是正态分布资料，标准差反映变量值的绝对离散程度。当两组或多组变量值的单位不同或均数相差较大时，不能或不宜用两个或多个标准差的大小来比较其离散程度的大小。为此引入反映变量值的相对离散程度的指标，即变异系数（coefficient of variation，简记 $CV$），样本变异系数 $CV$ 的计算公式为：

$$CV=\frac{s}{\bar{x}}\times 100\% \tag{16.17}$$

由上式可以看出：① 变异系数为无量纲单位，可以比较不同单位指标间的变异度；② 变异系数消除了均数的大小对标准差的影响，所以可以比较两均数相差较大时指标间的变异度。

**例 16-14** 某地 20 岁男子 160 人，身高均数为 166.06 cm，标准差为 4.95 cm；体重均数为 53.72 kg，标准差为 4.96 kg。试比较身高与体重的变异程度。

$$\text{身高 } CV=\frac{4.95}{166.06}\times 100\%=2.98\%$$

$$\text{体重 } CV=\frac{4.96}{53.72}\times 100\%=9.23\%$$

20 岁男子体重的变异程度比身高的变异程度大。

**例 16-15** 某地不同年龄女童的身高资料如表 16-8 的第①、②、③、④栏，试比较不同年龄身高的变异程度。

由表 16-8 第⑤栏算得的变异系数可见，1 个月至 5.5 岁女童随年龄增加身高的变异程度逐渐减小。

**表 16-8　某地不同年龄女童身高（cm）的变异程度**

| 年龄组<br>① | 人数<br>② | 均数<br>③ | 标准差<br>④ | 变异系数（%）<br>⑤=④/③ |
|---|---|---|---|---|
| 1～2 个月 | 100 | 56.3 | 2.1 | 3.7 |
| 5～6 个月 | 120 | 66.5 | 2.2 | 3.3 |
| 3～3.5 岁 | 300 | 96.1 | 3.1 | 3.2 |
| 5～5.5 岁 | 400 | 107.8 | 3.3 | 3.1 |

## 四、正态分布与参考值范围的制定

### （一）正态分布

1. 正态分布的概念　正态分布（normal distribution）也称高斯分布，是医学和生物学最常见、最重要的一种连续性分布。例 16-1 中频数分布图 16-1 是以变量值为横坐标，各组段频数为纵坐标所绘制的直方图，频数分布是以均数 143.07 cm 为中心，左右两侧基本对称的分布。若以各组段频率密度（频率/组距）为纵坐标绘制直方图（和前种直方图形状相同），使各直方面积相应于频率，其和为 1（100%），设想当例 16-1 的原始数据个数逐渐增加且组段不断分细时，这种直方图的直方就不断变窄，其顶端则逐渐接近于一条光滑的曲线（见图 16-4）。这条曲线形态呈钟形，两头低、中间高，左右对称，近似于数学上的正态分布。在处理资料时，就把它看成是正态分布。

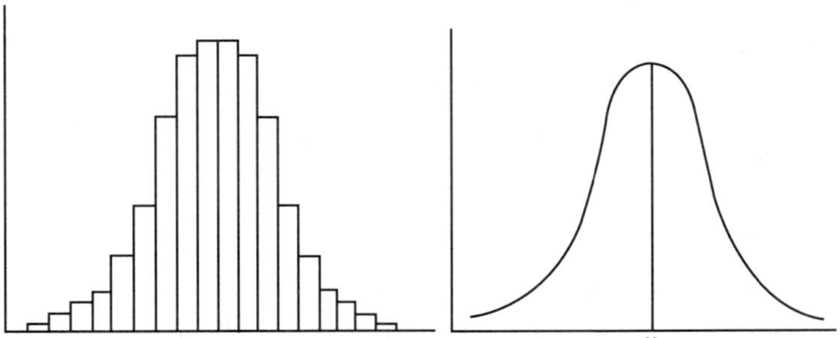


**图 16-4　频数分布逐渐接近正态分布示意图**

2. 正态分布的特征

（1）在直角坐标的横轴上方呈钟型曲线，两端与 $X$ 轴永不相交，且以 $X=\mu$ 为对称轴，左右完全对称。

（2）在 $X=\mu$ 处，$f(X)$ 取最大值，其值为 $f(\mu)=1/(\sigma/\sqrt{2\pi})$；$X$ 越远离 $\mu$，$f(X)$ 值越小。

（3）正态分布有两个参数，即均数 $\mu$ 和标准差 $\sigma$。均数 $\mu$ 描述了正态分布的集中趋势位置，若固定 $\sigma$，改变 $\mu$ 值，曲线沿着 $X$ 轴平行移动，其形状不变（见图 16-5），故 $\mu$ 称为位置参数。标准差 $\sigma$ 描述了正态分布的离散程度，若固定 $\mu$，$\sigma$ 越小，曲线越陡峭；反之，$\sigma$ 越大，曲线越平坦（见图 16-6），故 $\sigma$ 称为形状参数或离散度参数。为了叙述方便，一般用 $N(\mu, \sigma^2)$ 表示均数为 $\mu$，标准差为 $\sigma$ 的正态分布。

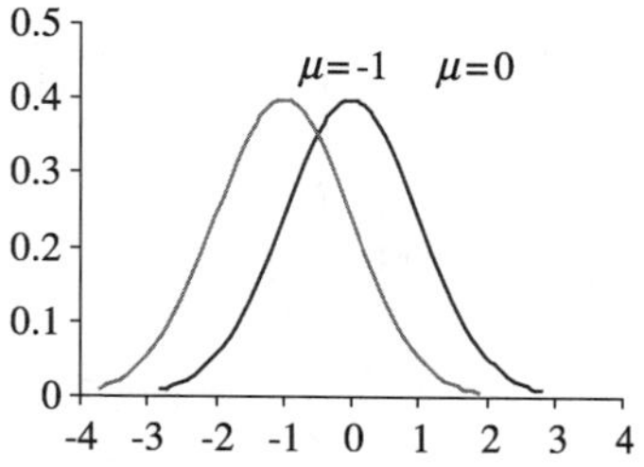


**图 16－5　正态分布位置变换示意图**

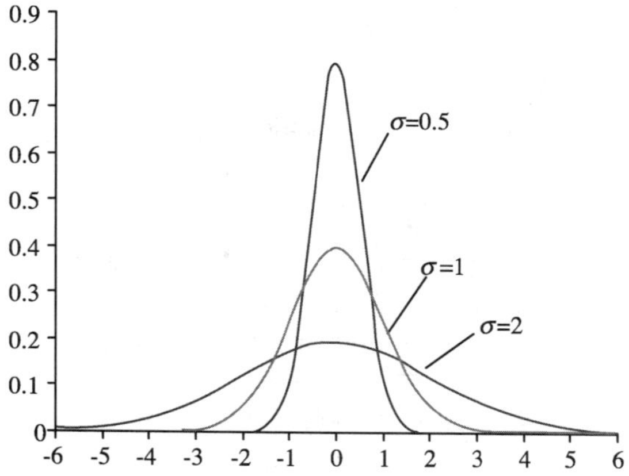


**图 16－6　正态分布形态变换示意图**

（4）正态曲线下的面积分布有一定的规律。详见下述。

3. 标准正态分布　正态分布是一个分布簇，对应于不同的参数 $\mu$ 和 $\sigma$ 会产生不同位置、不同形状的正态分布。为了应用方便，常按公式（16.18）将正态变量 $X$ 进行变换，使原始变量 $X$ 转换成 $u$ 值。

$$u=\frac{X-\mu}{\sigma} \tag{16.18}$$

数理统计证明：$u$ 值的均数等于 0，标准差等于 1，$\mu$ 的位置移到零点，横轴以 $\sigma$ 为单位。这样将正态分布变换为标准正态分布（standard normal distribution），记为 $N$（0，$1^2$）。$u$ 值称为标准正态变量或标准正态离差。

4. 正态曲线下面积的分布规律　$X$ 轴上正态分布和标准正态分布曲线下一定区间的面积，可通过对公式（16.19）或公式（16.20）积分来实现。

$$F(X)=\frac{1}{\sigma\sqrt{2\pi}}\int_{-\infty}^{X} e^{\frac{-(X-\mu)^2}{2\sigma^2}}dX \tag{16.19}$$

$$F(u)=\frac{1}{\sqrt{2\pi}}\int_{-\infty}^{u} e^{\frac{-u^2}{2}}du \tag{16.20}$$

理论上：① $X$ 轴与正态曲线所夹面积恒等于 1 或 100%；②（$\mu-1\sigma\sim\mu+1\sigma$），（$\mu-1.96\sigma\sim\mu+1.96\sigma$）和（$\mu-2.58\sigma\sim\mu+2.58\sigma$）的区间面积分别占总面积的 68.27%，95% 和 99%。由于标准正态分布的 $\mu=0$，$\sigma=1$，即相对应的（$-1\sim1$），（$-1.96\sim1.96$）和（$-2.58\sim2.58$）的区间面积也分别占总面积的 68.27%，95%和 99%，如图 16－7 所示。

标准正态分布曲线下面积的计算方法参考相关统计学教材。

在实际工作中，总体均数 $\mu$ 和总体标准差 $\sigma$ 往往不易知道，只能由样本进行估计。如果资料呈正态分布或近似正态分布，并且样本例数在 100 例以上，则可以用样本均数 $\overline{X}$ 作为总体均数 $\mu$ 的估计值，用样本标准差 $S$ 作为总体标准差 $\sigma$ 的估计值，用正态曲线下面积的分布规律来估计其频数分布情况。

**例 16－16**　前例 16－1 中，某年某市 120 名 12 岁健康男孩身高，已知均数 $\bar{x}=143.07$ cm，标准差 $s=5.70$ cm，分别求出 $\bar{x}\pm s$、$\bar{x}\pm1.96s$、$\bar{x}\pm2.58s$ 范围内 12 岁男孩人数占该 120 名男孩总数的实际百分数，并与理论百分数进行比较。

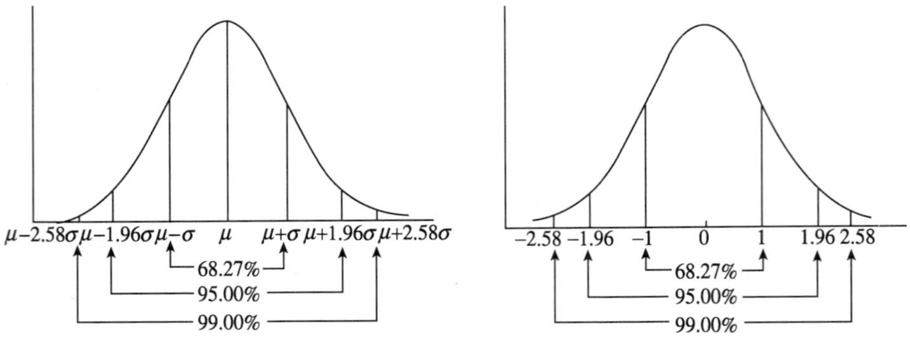


a 正态分布　　　b 标准正态分布

**图 16－7　正态分布曲线下的面积分布示意图**

本例计算得 3 个范围内的实际百分数见表 16－9。由于儿童身高资料近似正态分布，本例频数的实际分布和理论分布非常接近。

**表 16－9　某市 120 名 12 岁健康男孩身高（cm）的实际分布与理论分布比较**

| 分布范围 | | | 实际分布 | | 理论分布 |
|---|---|---|---|---|---|
| 公式 | 数值 | 身高范围（cm） | 人数 | （%） | （%） |
| $\bar{x}\pm s$ | 143.07±1×5.70 | 137.37～148.77 | 84 | 70.00 | 68.27 |
| $\bar{x}\pm 1.96s$ | 143.07±1.96×5.70 | 131.90～154.24 | 114 | 95.00 | 95.00 |
| $\bar{x}\pm 2.58s$ | 143.07±2.58×5.70 | 128.36～157.76 | 118 | 99.00 | 99.00 |

### （二）医学参考值范围的制定

医学参考值（reference value）是指绝大多数正常人的人体形态、功能和代谢产物等各种生理及生化指标常数，也称正常值。这里的"绝大多数"可以是 90%，95%，99%，最常用的是 95%。由于存在个体差异，生物医学数据并非常数而是在一定范围内波动，故采用医学参考值范围（medical reference range）作为判定正常和异常的参考标准。

医学参考值范围涉及到采用单侧界值还是双侧界值的问题，这通常依据医学专业知识而定。若一个指标过大过小均属异常，则相应的参考值范围既有上限又有下限，是双侧参考值范围；若一个指标仅过大或过小属异常，则此指标的参考值范围只有上限或下限，是单侧参考值范围。

对于服从正态分布的指标，其参考值范围的制定可根据正态分布的面积分布规律；对于不服从正态分布的指标，可利用百分位数法制定参考值范围。对于一个指标，随机抽取一个大样本（一般大于 100 例）后，如何根据样本资料利用正态分布法或百分位数法制定参考值范围，可参阅表 16－10。

**表 16－10　参考值范围的制定**

| 范围 | 正态分布法 | | 百分位数法 | |
|---|---|---|---|---|
| % | 双侧 | 单侧 | 双侧 | 单侧 |
| 90 | $\bar{x}\pm 1.64s$ | $\bar{x}-1.28s$ 或 $\bar{x}+1.28s$ | $P_{5}\sim P_{95}$ | $P_{10}$ 或 $P_{90}$ |
| 95 | $\bar{x}\pm 1.96s$ | $\bar{x}-1.64s$ 或 $\bar{x}+1.64s$ | $P_{2.5}\sim P_{97.5}$ | $P_{5}$ 或 $P_{95}$ |
| 99 | $\bar{x}\pm 2.58s$ | $\bar{x}-2.33s$ 或 $\bar{x}+2.33s$ | $P_{0.5}\sim P_{99.5}$ | $P_{1}$ 或 $P_{99}$ |

**例 16－17**　某地调查正常成年女子 200 人的血清总蛋白含量（近似正态分布），得均数 $\bar{x}=$

73.5g/L，标准差 $s=3.9$g/L。试估计该地成年女子血清总蛋白含量的 90%参考值范围。

因血清总蛋白含量过多或过少均为异常，故此参考值范围应是双侧范围。又因为此指标近似正态，故可用正态分布法求 90%参考值范围的下、上限如下：

下限为 $\bar{x}-1.64s=73.5-1.64\ (3.9)\ =67.1\ (g/L)$

上限为 $\bar{x}+1.64s=73.5+1.64\ (3.9)\ =79.9\ (g/L)$

**例 16-18** 某地调查 110 名健康成年男性的第一秒肺通气量得均数 $\bar{x}=4.2$ (L)，标准差 $s=0.7$ (L)。请据此估计该地成年男子第一秒肺通气量的 90%参考值范围。

因为第一秒肺通气量仅过低属异常，故此参考值范围属仅有下限的单侧参考值范围。又因为此指标近似正态分布，故可用正态分布法求其 90%参考值范围如下：

下限为：$\bar{x}-1.28s=4.2-1.28\times0.7=3.3$ (L)

即该地成年男子的第一秒肺通气量 90%参考值范围为：不低于 3.3L。

**例 16-19** 测得某年某地 282 名正常人的尿汞值如表 16-11。试制定该地正常人尿汞值的 95%参考值范围。

**表 16-11 某年某地 282 名正常人尿汞值（μg/L）测量结果**

| 尿汞值 | 频数 $f$ | 累计频数 $\sum f$ | 累计频率（%） |
|---|---|---|---|
| 0～ | 45 | 45 | 16.0 |
| 8.0～ | 64 | 109 | 38.6 |
| 16.0～ | 96 | 205 | 72.7 |
| 24.0～ | 38 | 243 | 86.2 |
| 32.0～ | 20 | 263 | 93.3 |
| 40.0～ | 11 | 274 | 97.2 |
| 48.0～ | 5 | 279 | 98.9 |
| 56.0～ | 2 | 281 | 99.6 |
| 64.0～ | 1 | 282 | 100.0 |

鉴于正常人的尿汞值为偏态分布，且过高为异常，故用百分位数法计算上侧界值即第 95 百分位数：

$$P_{95}=L_{95}+\frac{i_{95}}{f_{95}}\ (n\times95\%-\sum f_L)\ =40.0+\frac{8.0}{11}\ (282\times95\%-263)\ =43.6\ (\mu g/L)$$

故该地正常人的尿汞值的 95%医学参考值范围为<43.6μg/L。

## 第二节 数值变量资料的统计推断

### 一、均数的抽样误差与标准误

医学研究中常采用抽样研究的方法，从某总体中随机抽取一个样本来进行研究，并根据样本提供的信息推断总体的特征。例如欲了解某地 2008 年正常成年男性血清总胆固醇的平均水平，随机抽取该地 200 名正常成年男性作为样本观测对象，算得其血清总胆固醇的样本均数，并以此样本均数估计该地正常成年男性血清总胆固醇总体的平均水平。由于存在个体差异，抽得的样本均数不太可能恰好等于总体均数，因此通过样本推断总体会有误差。而且，这些来自同一总体的若干样本统计量（如上述多次抽样的均数）间，也存在抽样误差。抽样误差是由个体变异和抽样引起的，因此，只要有个体变异，抽样就必将导致抽样误差，即抽样误差是不可避免的。抽样误差有两种表现形式，其一是样本统计量与总体参数间的差异，其二是样本统计量间的差异。这种由个体变异和抽样造成的样本统计量与总体参数和样本统计量之间的差异，称为抽样误差。均数的抽样误差是指由抽样引起的样本均数与总体均数和样本均数间的差异。

从同一正态总体 $N$（$\mu$，$\sigma^2$）中抽取样本含量 $n$ 相等的许多样本，由于抽样误差的存在，所得各样本均数有大有小，但这些样本均数的分布仍是以总体均数为中心呈正态分布；或者虽然总体呈偏态分布，但样本含量足够大时，样本均数的分布仍近似正态分布。如以样本均数作变量值，则可求得说明样本均数变异情况的标准差，样本均数的标准差称为均数的标准误，简称为标准误（standard error），用 $\sigma_{\overline{X}}$ 来表示。$\sigma_{\overline{X}}$ 是反映均数抽样误差大小的指标。

数理统计证明，标准误的大小与总体标准差成正比，而与样本含量的平方根成反比，即：

$$\sigma_{\bar{x}}=\frac{\sigma}{\sqrt{n}} \tag{16.21}$$

实际工作中总体标准差 $\sigma_{X}$ 往往是不知道的，而只知道样本标准差 $s$，所以只能用 $s$ 代替 $\sigma$，求得标准误的估计值 $s_{\bar{x}}$，即：

$$s_{\bar{x}}=\frac{s}{\sqrt{n}} \tag{16.22}$$

**例 16-20** 某年某市 120 名 12 岁健康男孩，已求得均数为 143.07 cm，标准差为 5.70 cm，按公式（16.22），则标准误为：

$$s_{\bar{x}}=\frac{5.70}{\sqrt{120}}=0.523\ (\text{cm})$$

说明该样本的抽样误差为 0.52 cm。

## 二、t 分布

### （一）t 分布的概念

若某一随机变量 $X$ 服从总体均数为 $\mu$、总体标准差为 $\sigma$ 的正态分布 $N$（$\mu$，$\sigma^2$），则通过 $u$ 变换（$\frac{X-\mu}{\sigma}$）可将一般的正态分布转化为标准正态分布 $N$（0，$1^2$），即 $u$ 分布。同理，若样本含量为 $n$ 的样本均数 $\bar{x}$ 服从总体均数为 $\mu$、总体标准差为 $\sigma_{\overline{X}}$ 的正态分布 $N$（$\mu$，$\sigma_{\overline{X}}^2$），则通过同样方式的 $u$ 变换（$\frac{\bar{x}-\mu}{\sigma_{\bar{x}}}$）也可将其转换为标准正态分布 $N$（0，$1^2$），即 $u$ 分布。

在实际工作中，由于 $\sigma_{\overline{X}}$ 未知，用 $s_{\bar{x}}$ 代替，则 $\frac{\bar{x}-\mu}{S_{\bar{x}}}$ 不再服从标准正态分布，而服从 $t$ 分布（$t$-distribution）。即：

$$t=\frac{\bar{x}-\mu}{s_{\bar{x}}}=\frac{\bar{x}-\mu}{s/\sqrt{n}},\quad \nu=n-1 \tag{16.23}$$

上式中 $\nu$ 为自由度（degree of freedom），在数学上指能够自由取值的变量个数。

$t$ 分布于 1908 年由英国统计学家 W. S. Gosset 以“Student”笔名发表，故又称学生 $t$ 分布（Students' $t$-distribution）。它的发现，开创了小样本统计推断的新纪元，$t$ 分布主要用于总体均数的区间估计和 $t$ 检验等。不同自由度下的 $t$ 分布见图 16－8。

**（二）$t$ 分布曲线的特征**

由图 16－8 可见，$t$ 分布曲线是单峰分布，以 0 为中心，左右两侧对称，曲线的中间比标准正态曲线（$u$ 分布曲线）低，两侧翘得比标准正态曲线略高。当样本含量越小（严格地说是自由度 $\nu=n-1$ 越小），$t$ 分布与 $u$ 分布差别越大；当 $\nu$ 逐渐增大时，$t$ 分布逐渐逼近于 $u$ 分布，当 $\nu=\infty$时，$t$ 分布就完全成为 $u$ 分布。所以 $t$ 分布曲线的形状随 $\nu$ 的变动而变化。

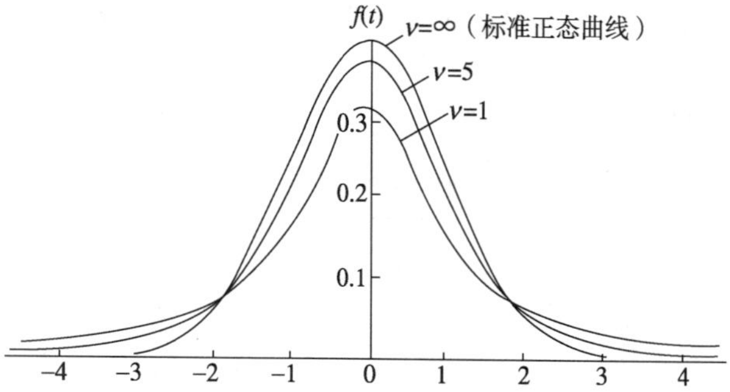


**图 16－8　不同自由度下的 $t$ 分布图**

同标准正态分布曲线一样，统计应用中最为关心的是 $t$ 分布曲线下的面积（即概率 $P$ 或 $\alpha$）与横轴 $t$ 值间的关系。为使用方便，统计学家编制了不同自由度 $\nu$ 下 $t$ 值与相应概率关系的 $t$ 界值表，见附表 1。

在 $t$ 界值表中，横标目为自由度，纵标目为概率（$P$ 或 $\alpha$）。一侧尾部面积称为单侧概率或单尾概率（one-tailed probability），两侧尾部面积之和称为双侧概率或双尾概率（two-tailed probability），即表右上角图例中阴影部分。表中数字表示当 $\nu$ 和 $\alpha$ 确定时，对应的 $t$（临）界值（critical value），其中与单尾概率相对应的 $t$ 界值用 $t_{\alpha,\nu}$ 表示，与双尾概率相对应的 $t$ 界值用 $t_{\alpha/2,\nu}$ 表示。由于 $t$ 分布以 0 为中心左右对称，表中只列出了正 $t$ 值，故查表时，不管 $t$ 值正负均用绝对值查表得概率 $P$ 值。

从表右上角图例及表中数字变化规律可看出：① 在相同自由度时，$|t|$ 值越大，概率 $P$ 越小；② 在相同 $|t|$ 值时，同一自由度的双尾概率 $P$ 为单尾概率 $P$ 的两倍，如双尾 $t_{0.10/2,10}$＝单尾 $t_{0.05,10}=1.812$。

## 三、总体均数的区间估计

前面讲述了从已知总体中抽样所得样本的性质，以及样本统计量的抽样分布规律。然而实际工作中需要的是与之思路相反的统计推断（statistical inference）：即根据样本提供的信息和抽样分布的规律，以一定的概率推断总体的特征。统计推断包括两个重要内容：参数估计（parameter estimation）和假设检验（hypothesis testing）。参数估计是指用样本指标值（统计量）推断总体指标值（参数）。参数估计分为点（值）估计（point estimation）和区间估计（interval estimation）两种方法。点估计就是用相应样本统计量直接作为其总体参数的估计值。例如上述某市 120 名 12 岁健康男孩身高均数 $\bar{x}$ 为 143.07 cm，可作为该市全部 12 岁健康男孩的平均身高 $\mu$ 的估计值。此方法虽然简单，但没有考虑抽样误差的大小。要使得参数估计可信，就必须考虑抽样误差。区间估计是按预先给定的概率（$1-\alpha$）所确定的包含未知总体参数的一个范围。

总体均数的区间估计是按一定的概率（$1-\alpha$）用一个区间范围来估计总体均数，这个范围称作可信度为（$1-\alpha$）的可信区间（confidence interval，CI），又称置信区间；预先给定的概率（$1-\alpha$）称为可信度或置信度（confidence level），常取 95％或 99％，如没有特别说明，一般取双侧 95％。总体均数可信区间估计的理论基础是样本均数的抽样分布规律。

总体均数可信区间的计算方法，随总体标准差 $\sigma$ 是否已知，以及样本含量 $n$ 的大小而异，通常有 $t$ 分布和 $u$ 分布两类方法。下面将总体均数可信区间的计算方法分述于下。

### （一）$t$ 分布方法

根据均数的抽样分布理论：从正态分布总体 $N(\mu, \sigma^2)$ 中随机抽取样本含量为 $n$ 的一个样本，则统计量 $t=(\bar{x}-\mu)/s_{\bar{x}}$ 服从自由度为 $\nu=n-1$ 的 $t$ 分布。根据 $t$ 分布的原理可得：

$$P\left(-t_{\alpha/2,\nu}<\frac{\bar{x}-\mu}{s_{\bar{x}}}<t_{\alpha/2,\nu}\right)=1-\alpha$$

即：

$$P\left(\bar{x}-t_{\alpha/2,\nu}s_{\bar{x}}<\mu<\bar{x}+t_{\alpha/2,\nu}s_{\bar{x}}\right)=1-\alpha$$

故总体均数的可信度为 $100(1-\alpha)\%$ 的可信区间为：

$$(\bar{x}-t_{\alpha/2,\nu}s_{\bar{x}},\ \bar{x}+t_{\alpha/2,\nu}s_{\bar{x}}) \tag{16.24}$$

其中 $\nu=n-1$ 为自由度，$t_{\alpha/2,\nu}$ 为自由度是 $\nu$、双侧尾部面积为 $\alpha$ 的 $t$ 界值，可查 $t$ 界值表（附表 1）获得。在该区间中，$\bar{x}-t_{\alpha/2,\nu}S_{\bar{x}}$ 为可信区间的下限，$\bar{x}+t_{\alpha/2,\nu}s_{\bar{x}}$ 为可信区间的上限，可信度为 $100(1-\alpha)\%$。当 $\alpha=0.05$ 时，该可信区间的可信度为 95％；当 $\alpha=0.01$ 时，该可信区间的可信度为 99％。

可信区间通常由两个可信限（confidence limit）构成，其中较小者称为下限或下可信限，记为 $C_L$，较大者称为上限或上可信限，记为 $C_U$。严格地讲，可信区间并不包括上可信限和下可信限两个值，即可信区间（$C_L$，$C_U$）是一开区间。有时将两个可信限简记为：$\bar{x}\pm t_{\alpha/2,\nu}s_{\bar{x}}$。

同理，总体均数的单侧 $1-\alpha$ 可信区间则为：

$$\mu>\bar{x}-t_{\alpha,\nu}s_{\bar{x}} \text{ 或 } \mu<\bar{x}+t_{\alpha,\nu}s_{\bar{x}} \tag{16.25}$$

**例 16-21** 为了解某地 2002 年 7 岁正常发育男孩的身高均数，从该地随机抽取了 7 岁正常发育男孩 9 人，测得其身高均数 $\bar{x}=121.44$（cm），标准差 $s=5.75$。试求该地 7 岁正常发育男孩的身高均数 95％的可信区间。

解：本例 $n=9$，按公式（16.22）算得样本均数的标准误为：

$$s_{\bar{x}}=\frac{5.75}{\sqrt{9}}=1.96167$$

$\nu=9-1=8$，取双尾 0.05，查 $t$ 界值表得 $t_{0.05/2,8}=2.306$。按公式（16.24）

（121.44－2.306×1.9167，121.44＋2.306×1.9167）即（117.02，125.86）cm

故该地 2002 年 7 岁正常发育男孩的身高均数的 95％可信区间为（117.02，125.86）cm

### （二）$u$ 分布方法

1. 当总体标准差 $\sigma$ 已知时　根据 $u$ 服从标准正态分布的原理得到

$$P\left(-u_{\alpha/2}<\frac{\bar{x}-\mu}{\sigma_{\bar{X}}}<u_{\alpha/2}\right)=1-\alpha$$

即：

$$P\left(\bar{x}-u_{\alpha/2}\cdot\sigma_{\bar{X}}<\mu<\bar{x}+u_{\alpha/2}\cdot\sigma_{\bar{X}}\right)=1-\alpha$$

故总体均数的可信度为 100（1－$\sigma$）%的可信区间为：

$$(\bar{x}-u_{\alpha/2}\sigma_{\bar{x}},\ \bar{x}+u_{\alpha/2}\sigma_{\bar{x}}) \tag{16.26}$$

同理，总体均数的单侧 100（1－$\sigma$）%可信区间则为：

$$\mu>\bar{x}-u_{\alpha}\sigma_{\bar{x}} \text{或} \mu<\bar{x}+u_{\alpha}\sigma_{\bar{x}} \tag{16.27}$$

2. 当总体标准差 $\sigma$ 未知，但 $n$ 足够大（如 $n>60$）时，$t$ 分布近似标准正态分布，此时可用标准正态分布代替 $t$ 分布，作为可信区间的近似计算。用 $u_{\alpha/2}$ 代替公式（16.24）中的 $t_{\alpha/2,\nu}$，则总体均数的可信度为 100（1－$\sigma$）%的可信区间为：

$$(\bar{x}-u_{\alpha/2}S_{\bar{X}},\ \bar{x}+u_{\alpha/2}S_{\bar{X}}) \tag{16.28}$$

同理，总体均数的单侧 100（1－$\sigma$）%可信区间则为：

$$\mu>\bar{x}-u_{\alpha}s_{\bar{X}} \text{或} \mu<\bar{x}+u_{\alpha}s_{\bar{X}} \tag{16.29}$$

**例 16-22** 测得某地 90 名正常成年女性红细胞数（$10^{12}$/L）的均值为 4.18、标准差为 0.29。试求该地正常成年女性红细胞数总体均数的 95%可信区间。

解：本例总体标准差 $\sigma$ 未知，但 $n=90>50$，故可用 $u$ 分布方法来近似估计该地正常成年女性红细胞数总体均数的 95%可信区间。

上限：$\bar{x}+1.96s_{\bar{x}}=4.18+1.96\times0.29/\sqrt{90}=4.24$（$10^{12}$/L）

下限：$\bar{x}-1.96s_{\bar{x}}=4.18-1.96\times0.29/\sqrt{90}=4.12$（$10^{12}$/L）。

即（4.12，4.24）$10^{12}$/L。

实际工作中，常常需要估计两总体均数之差 $\mu_1-\mu_2$。例如：正常成年男女的红细胞数之差为多少？我们可以用两样本均数之差 $\bar{X}_1-\bar{X}_2$ 作为两总体均数之差 $\mu_1-\mu_2$ 的点估计，但点估计没有考虑抽样误差的大小。故需估计两总体均数之差的可信区间。

假定两个总体的方差相等，设两样本的样本含量、均数和方差分别为：$n_1$、$n_2$，$\bar{X}_1$、$\bar{X}_2$ 和 $S_1^2$、$S_2^2$，根据数理统计结果

$$t=\frac{(\bar{X}_1-\bar{X}_2)-(\mu_1-\mu_2)}{s_{\bar{x}_1-\bar{x}_2}} \tag{16.30}$$

服从自由度为 $\nu=n_1+n_2-2$ 的 $t$ 分布。其中：

$$S_{\bar{X}_1-\bar{X}_2}=\sqrt{S_c^2\times\left(\frac{1}{n_1}+\frac{1}{n_2}\right)},\ S_c^2=\frac{(n_1-1)S_1^2+(n_2-1)S_2^2}{n_1+n_2-2} \tag{16.31}$$

$S_{\bar{X}_1-\bar{X}_2}$ 为均数之差的标准误，$S_c^2$ 为合并方差。因 $P(-t_{\alpha/2,\nu}<t<t_{\alpha/2,\nu})=1-\alpha$，故 $\mu_1-\mu_2$ 的可信度为 100（1－$\alpha$）%的可信区间为

$$([\bar{x}_1-\bar{x}_2]-t_{\alpha/2,(n_1+n_2-2)}s_{\bar{x}_1-\bar{x}_2},\ [\bar{x}_1-\bar{x}_2]+t_{\alpha/2,(n_1+n_2-2)}s_{\bar{x}_1-\bar{x}_2}) \tag{16.32}$$

同理，也可得到两总体均数之差（$\mu_1-\mu_2$）单侧的可信度为 100（1－$\alpha$）%的可信区间为

$$(\mu_1-\mu_2)>(\bar{x}_1-\bar{x}_2)-t_{\alpha,\nu}s_{\bar{x}_1-\bar{x}_2} \text{或} (\mu_1-\mu_2)<(\bar{x}_1-\bar{x}_2)+t_{\alpha,\nu}s_{\bar{x}_1-\bar{x}_2} \tag{16.33}$$

当两样本的样本含量均较大时（如 $n_1$ 和 $n_2$ 均大于 60），上述计算可信区间的公式

（16.32）和（16.33）中的 $t_{\alpha/2,\nu}$ 和 $t_{\alpha/2,\nu}$ 可用相应的 $u_{\alpha/2}$ 和 $u_{\alpha}$ 代替，$S_{\bar{X}_1-\bar{X}_2}$ 也可用 $\sqrt{S_1^2/n_1+S_2^2/n_2}$ 来计算。

**例 16－23** 某医师观察某新药治疗肺炎的疗效，将肺炎病人随机分为新药组和旧药组，得两组的退热天数如表 16－12。试计算两药平均退热天数之差的 95％可信区间。

**表 16－12 新旧两药的退热天数**

| 分组 | 例数 | 平均退热天数 | 退热天数的标准差 |
|---|---|---|---|
| 新药 | 35 | 3.8 | 0.8 |
| 旧药 | 37 | 5.2 | 0.9 |

解：将旧药和新药的例数、平均退热天数及标准差分别以 $n_1$，$\bar{x}_1$，$s_1$ 和 $n_2$，$\bar{x}_2$，$s_2$ 表示，按照公式 16.31 和公式 16.32，$t_{0.05/2,70}=1.994$，两药平均退热天数之差的 95％CI 为：

$$下限：(5.2-3.8)-1.994\times\sqrt{\frac{(37-1)\times0.9^2+(35-1)\times0.8^2}{37+35-2}\left(\frac{1}{37}+\frac{1}{35}\right)}=1.00$$

$$上限：(5.2-3.8)+1.994\times\sqrt{\frac{(37-1)\times0.9^2+(35-1)\times0.8^2}{37+35-2}\left(\frac{1}{37}+\frac{1}{35}\right)}=1.80$$

即（1.00，1.80）天。

在区间估计中，总体参数虽未知，但却是固定的值，而不是随机变量值，其大小与抽样无关。可信度为 95％的可信区间的涵义是：如果重复 100 次样本含量相同的抽样，每个样本均按同一方法构建 95％的可信区间，则理论上平均有 95 个可信区间包含了总体均数，还有 5 个可信区间未包含总体均数。95％的可信区间不能理解为：总体参数有 95％的可能落在该区间内；更不能理解为：有 95％的总体参数在该区间内，而 5％的参数不在该区间内，因为相应的总体参数只有一个。所谓 95％的可信度指的是可信区间的构建方法，理论上用该方法建立的 95％可信区间能包含总体参数的概率为 95％。在实际工作中，只能根据一次试验结果估计可信区间。根据小概率事件不太可能在一次试验中发生的原理，该结论错误的概率小于或等于 0.05。

可信区间估计的优劣取决于两个要素。第一个要素是准确性，又称可靠性，反映为可信度 $1-\alpha$ 的大小，显然可信度愈接近 1 愈好。准确性常根据研究目的和实际问题的背景由研究者自行决定，常用的可信度为 90％、95％和 99％，但并不以此为限。第二个要素是估计精确性，常用可信区间的长度 $C_U-C_L$ 衡量。当然长度愈小愈好。精确性与变量的变异度大小、样本例数和 $1-\alpha$ 取值有关。当 $1-\alpha$ 确定后，可信区间的长度受制于个体变异和样本含量：个体变异越大，区间越宽；样本含量越小，区间越宽；反之，区间越窄。当样本含量确定后，准确性和精确性是相互牵制的：若要提高可信度，可取较小的 $\alpha$ 值，此时势必使区间变宽，致精确性下降。故不能笼统地认为 99％可信区间比 95％可信区间好。实际工作中一般常用 95％可信区间，认为它能较好地兼顾准确性和精确性。

总体均数的可信区间与个体值的参考值范围无论在含义、用途还是计算上均不相同。实际应用时，不能将两者混淆。表 16－13 说明其区别。

表 16－13　总体均数的可信区间与参考值范围的区别

| 区别点 | 总体均数可信区间 | 参考值范围 |
| --- | --- | --- |
| 含义 | 按预先给定的概率，确定的未知参数 $\mu$ 的可能范围。实际上一次抽样算得的可信区间要么包含了总体均数，要么不包含。但可以说：当 $\alpha=0.05$ 时，95%CI 估计正确的概率为 0.95，估计错误的概率小于或等于 0.05，即有 95%的可能性包含了总体均数。 | “正常人”的解剖，生理，生化某项指标的波动范围 |
| | 总体均数的波动范围 | 个体值的波动范围 |
| 计算公式 | $\sigma$ 未知：$\bar{x}\pm t_{\alpha,\nu}s_{\bar{x}}$ * <br> $\sigma$ 已知或 $\sigma$ 未知但 $n>60$：$\bar{x}\pm u_{\alpha}\sigma_{\bar{x}}$ 或 $\bar{x}\pm u_{\alpha}s_{\bar{x}}$ * * | 正态分布：$\bar{x}\pm u_{\alpha}s$ * * <br> 偏态分布：$P_X \sim P_{100-X}$ |
| 用途 | 总体均数的区间估计 | 绝大多数（如 95%）观察对象某项指标的分布范围 |

* $t_{\alpha,\nu}$ 也可用 $t_{\alpha/2,\nu}$（对应于双尾概率时）

* * $u_{\alpha,\nu}$ 也可用 $u_{\alpha/2,\nu}$（对应于双尾概率时）

## 四、假设检验的意义和基本步骤

假设检验（hypothesis test）旧称显著性检验（significance test），是统计推断的重要内容。它是指先对总体的参数或分布作出某种假设，再用适当的统计方法根据样本对总体提供的信息，推断此假设应当拒绝或不拒绝。其意义和基本步骤可用下例来说明。

**例 16－24**　通过以往大量资料得知某地 20 岁男子平均身高为 168 cm，今随机测量当地 16 名 20 岁男子，得其平均身高为 172 cm，标准差为 14 cm。问当地现在 20 岁男子是否比以往高？

本例其目的是推断是否 $\mu>\mu_0$。从所给条件看，样本均数 $\bar{X}$ 与已知总体均数 $\mu_0$ 不等，造成两者不等的原因有二：① 非同一总体，即 $\mu>\mu_0$；②虽为同一总体，即 $\mu=\mu_0$，但有抽样误差。

要直接判断是否 $\mu>\mu_0$ 很困难。但可利用反证法思想，从 $\mu>\mu_0$ 的对立面 $\mu=\mu_0$ 出发间接判断是否 $\mu>\mu_0$。

假设：$\mu=\mu_0$，看由于抽样误差造成的可能性有多大？

如果 $\bar{x}$ 与 $\mu_0$ 接近，其差别可用抽样误差解释，可认为 $\bar{x}$ 来自 $\mu_0$ 总体；如果 $\bar{X}$ 与 $\mu_0$ 相差甚远，不宜用抽样误差解释，则怀疑 $\bar{X}$ 不是来自 $\mu_0$ 总体。那么 $\bar{X}$ 与 $\mu_0$ 的相差多大算是由抽样误差造成的？若假设 $\mu=\mu_0$ 成立，则可用公式 $\frac{\bar{x}-\mu}{s/\sqrt{n}}=t$ 或 $\frac{\bar{x}-\mu}{\sigma/\sqrt{n}}=u$ 计算 $t$ 值或 $u$ 值，由 $t$ 值或 $u$ 值求得 $P$ 值（P-value）来判断。如果 $\bar{x}$ 与 $\mu_0$ 相差较远，$t$ 或 $u$ 值就大，$P$ 值就小。当 $P$ 小于或等于预先规定的概率值 $\alpha$（如 0.05），则为小概率事件。小概率事件在一次抽样中发生的可能性很小，如果它发生了，则有理由怀疑原假设 $\mu=\mu_0$ 可能不成立，认为其对立面 $\mu>\mu_0$ 成立，该结论的正确性冒着 5%的错误风险。因此，假设检验蕴含着自己独特的逻辑和统计学思维方式，其基本步骤可归纳为如下 3 大步。

1. 建立检验假设，确定检验水准　假设有两种：

（1）$\mu=\mu_0$：即检验假设（hypothesis under test/to be tested），常称无效假设或零/原假设（null hypothesis）。用 $H_0$ 表示。

（2）$\mu>\mu_0$ 或 $\mu<\mu_0$ 或 $\mu\neq\mu_0$：即备择假设，常称对立假设（alternative hypothesis）。用 $H_1$ 表示。

$H_0$ 是从反证法的思想提出的，$H_1$ 是和 $H_0$ 相联系的对立的假设。两者都是根据统计推断目的而提出的对总体参数或分布特征的假设。对于检验假设，须注意：① 检验假设是针对总体而言，而不是针对样本；② $H_0$ 和 $H_1$ 是相互联系、对立的假设，后面的结论是根据 $H_0$ 和 $H_1$ 作出的，因此两者不是可有可无，而是缺一不可；③ $H_0$ 为无效假设，其假定通常是：某两个（或多个）总体参数相等，或某两个总体参数之差等于 0，或……无效，或某资料服从某一特定分布（如正态分布、Poisson 分布）等；④ $H_1$ 的内容直接反映了检验的单双侧。若 $H_1$ 只是 $\mu>\mu_0$ 或 $\mu<\mu_0$，则此检验为单侧检验（one-sided test），它不仅考虑有无差异，而且还考虑差异的方向，例如上述例 16－24 中研究人员只关心当地现在 20 岁男子是否比以往 20 岁男子身高平均值 168 cm 高；若 $H_1$ 为 $\mu\neq\mu_0$，则此检验为双侧检验（two-sided test），例如上述例 16－24 的问题：当地现在 20 岁男子是否不同于以往 20 岁男子身高平均值 168 cm？此时高于和低于以往 20 岁男子身高平均值的两种可能性都存在。单双侧检验的确定，首先根据专业知识，其次根据所要解决的问题来确定。一般认为双侧检验较保守和稳妥。现以单样本和两样本均数比较的 $t$ 检验为例，用表 16－14 和表 16－15 说明。

**表 16－14　样本均数（代表的未知总体均数 $\mu$）与已知总体均数 $\mu_0$ 比较的 $t$ 检验**

| | 目的 | $H_0$ | $H_1$ |
|---|---|---|---|
| 双侧检验 | 是否 $\mu\neq\mu_0$ | $\mu=\mu_0$ | $\mu\neq\mu_0$ |
| 单侧检验 | 是否 $\mu>\mu_0$ | $\mu=\mu_0$ | $\mu>\mu_0$ |
| | 是否 $\mu<\mu_0$ | $\mu=\mu_0$ | $\mu<\mu_0$ |

**表 16－15　两样本均数（各自代表未知总体均数 $\mu_1$ 与 $\mu_2$）比较的 $t$ 检验**

| | 目的 | $H_0$ | $H_1$ |
|---|---|---|---|
| 双侧检验 | 是否 $\mu_1\neq\mu_2$ | $\mu_1=\mu_2$ | $\mu_1\neq\mu_2$ |
| 单侧检验 | 是否 $\mu_1>\mu_2$ | $\mu_1=\mu_2$ | $\mu_1>\mu_2$ |
| | 是否 $\mu_1<\mu_2$ | $\mu_1=\mu_2$ | $\mu_1<\mu_2$ |

（3）检验水准（size of a test）亦称显著性水准（significance level），符号为 $\alpha$。它是判别差异有无统计学意义的概率水准，其大小应根据分析的要求确定。通常取 $\alpha=0.05$。

2. 计算检验统计量　应根据变量和资料类型、设计方案、统计推断的目的、方法的适用条件等选择检验统计量。如完全随机设计中，两样本均数的比较可用 $t$ 检验，样本含量较大时（$n>60$），可用 $u$ 检验。有的检验方法可跳过检验统计量的计算，无需这一中间步骤，直接计算 $P$ 值，如四格表的确切概率计算法。

上述例 16－24，在 $H_0$ 假设 $\mu=\mu_0=168$ cm 的情况下，根据公式（16.23）计算出检验统计量：

$$t=\frac{172-168}{14\ \sqrt{16}}=1.143，\nu=16-1=15$$

3. 确定 $P$ 值，作出推断结论　$P$ 的含义是指从 $H_0$ 规定的总体随机抽样，抽得等于及大于（或/和等于及小于）现有样本获得的检验统计量（如 $t$、$u$ 等）值的概率。当求得检验统计量后，一般可根据有关统计用表查得 $P$ 值。

根据获得的事后概率 $P$，与事先规定的概率——检验水准 $\alpha$ 进行比较，看其是否为小概率事件而得出结论。一般来说，推断结论应包含统计结论和专业结论两部分。统计结论只说明有统计学意义（statistical significance）或无统计学意义（no statistical significance），而不能说明专业上的差异大小。它必须同专业结论有机地相结合，才能得出恰如其分、符合客观实际的最终推断结论。若 $P\leqslant\alpha$，则结论为按所取的 $\alpha$ 检验水准，拒绝 $H_0$，接受 $H_1$，有统计学意义（统计结论）。可认为……不等或不同（专业结论）。若 $P>\alpha$，则结论为按（检验水准，不拒绝 $H_0$，无统计学意义（统计结论）。还不能认为……不等或不同 $\alpha$ 专业结论）。

计量资料的假设检验中，最为简单、常用的方法是 $t$ 检验（t-test / Student's t-test）。实际应用时，应弄清各种检验方法的用途、适用条件和注意事项。

## 第三节　均数的 *t* 检验与 *u* 检验

对于样本均数与总体均数 $\mu_0$ 的比较以及两样本均数的比较，当样本含量 $n$ 较小时（如 $n<60$），理论上要求 $t$ 检验的样本随机地取自正态总体，两小样本均数比较时还要求两样本所对应的两总体方差相等（$\sigma_1^2=\sigma_2^2$），即方差齐性（homogeneity of variance）。当样本含量 $n$ 较大时，$t$ 值近似和 $u$ 值相等，将其称为 $u$ 检验（$u$-test），实际上它是 $t$ 检验的特例。

### 一、单样本 *t* 检验

单样本 $t$ 检验（one sample / group t-test）适用于样本均数 $\overline{X}$ 与已知总体均数 $\mu_0$ 的比较，其比较的目的是检验样本均数 $\overline{X}$ 所代表的未知总体均数 $\mu$ 是否与已知总体均数 $\mu_0$ 有差别。已知总体均数 $\mu_0$ 一般指理论值、标准值或经过大量观察所得的稳定值。单样本 $t$ 检验的应用条件是资料服从正态分布，检验统计量 $t$ 按公式（16.34）计算：

$$t=\frac{\overline{x}-\mu}{s_{\overline{x}}}=\frac{\overline{x}-\mu}{s/\sqrt{n}}=\frac{\overline{x}-\mu_0}{s/\sqrt{n}}，\nu=n-1 \qquad (16.34)$$

例 16－24 即为此类型例题，目的是比较样本均数所来自的总体均数是否高于已知的总体均数。根据经验身高服从正态分布，可用单样本均数的 $t$ 检验。具体假设检验步骤如下：

1. 建立检验假设，确定检验水准

$H_0$：$\mu=168$，即现在该地 20 岁男子平均身高与以往 20 岁男子平均身高相等。

$H_1$：$\mu>168$，即现在该地 20 岁男子平均身高高于以往 20 岁男子平均身高。

$\alpha=0.05$

2. 计算检验统计量　本例 $n=16$，$\overline{x}=172\,\text{cm}$，$s=14\,\text{cm}$，$\mu_0=168\,\text{cm}$。按公式（16.34）

$$t=\frac{172-168}{14/\sqrt{16}}=1.143，\nu=16-1=15$$

3. 确定 $P$ 值，作出推断结论　查 $t$ 界值表，得单尾概率 $0.10<P<0.20$，按 $\alpha=0.05$

水准，不拒绝 $H_0$，无统计学意义，还不能认为该地 20 岁男子身高比以往要高。

## 二、配对样本 t 检验

简称配对 $t$ 检验，也称成对 $t$ 检验（paired / matched t-test），适用于配对设计的计量资料，其比较的目的是检验两相关样本均数所代表的未知总体均数是否有差别。配对设计（paired design）有两种情况：① 自身配对：同一受试对象分别接受两种不同的处理；同一受试对象（一种）处理前后，如同一个体治疗前后某项指标测量值可视为一对；② 异体配对：为消除混杂因素的影响，将实验对象按某些重要特征（重要的影响因素）如性别、年龄等相近的原则配对，并分别实施两种处理，如同性别、同窝的两只动物配成一对。

配对设计下的数据具有一一对应的特征，研究者关心的变量常常是对子的效应差值而不是各自的效应值，因此在进行配对资料的 $t$ 检验时，首先应求出各对数据间的差值 $d$，将 $d$ 作为变量值计算均数，若两处理因素的效应无差别，理论上差值 $d$ 的总体均数 $\mu_d$ 应为 0，故可将该检验理解为样本均数 $\bar{d}$ 所对应的总体 $\mu_d$ 与总体均数 0 的比较，因此其应用条件是差值 $d$ 变量服从正态分布。配对 $t$ 检验的检验统计量 $t$ 可按前述公式（16.34）构造如下：

$$t=\frac{\bar{d}-\mu_d}{s_{\bar{d}}}=\frac{\bar{d}-0}{s_d/\sqrt{n}}=\frac{\bar{d}}{s_d/\sqrt{n}},\quad \nu=n-1 \tag{16.35}$$

公式中 $d$ 为每对数据的差值，$\bar{d}$ 为差值的样本均数，$s_d$ 为差值的标准差，$s_{\bar{d}}$ 为差值样本均数的标准误，$n$ 为对子数。

**例 16-25** 某医院用中药治疗 9 例再生障碍性贫血患者，治疗前后血红蛋白（g/L）的结果见表 16-16 第①～③栏。问：治疗前后血红蛋白是否有差别。

**表 16-16 再生障碍性贫血患者治疗前后血红蛋白（g/L）的结果**

| 患者编号<br>① | 治疗前<br>② | 治疗后<br>② | 差值<br>④=③-② |
|---|---|---|---|
| 1 | 68 | 128 | 60 |
| 2 | 65 | 82 | 17 |
| 3 | 55 | 80 | 25 |
| 4 | 75 | 112 | 37 |
| 5 | 50 | 125 | 75 |
| 6 | 70 | 110 | 40 |
| 7 | 76 | 85 | 9 |
| 8 | 65 | 80 | 15 |
| 9 | 72 | 105 | 33 |

本例为自身配对设计。计算治疗前后血红蛋白差值的结果见表 16-16 第④栏。对差值进行正态性检验满足正态性（SPSS 计算结果：Shapiro-Wilk 统计量 $W=0.931$，$\nu=9$，$P=0.493$）。可用配对样本 $t$ 检验。

1. 建立检验假设，确定检验水准

$H_0$：$\mu_d=0$，即治疗前后血红蛋白相同。

$H_1$：$\mu_d\neq 0$，即治疗前后血红蛋白不相同。

$\alpha=0.05$

2. 计算检验统计量　本例 $n=9$，$\sum d=311$，$\sum d^2=14503$，$\bar{d}=\sum d/n=311/9=34.5556$

$$S_d=\sqrt{\frac{\sum d^2-\frac{(\sum d)^2}{n}}{n-1}}=\sqrt{\frac{14503-\frac{(311)^2}{9}}{9-1}}=21.6686$$

按公式（16.35）

$$t=\frac{34.5556}{21.6686/\sqrt{9}}=4.784，\nu=9-1=8$$

3. 确定 $P$ 值，做出推断结论　查 $t$ 界值表，得双尾概率 $0.001<P<0.002$，按 $\alpha=0.05$ 水准，拒绝 $H_0$，接受 $H_1$，有统计学意义。可认为治疗前后血红蛋白有差别，治疗后的血红蛋白较高。应注意的是此类研究为非随机的自身前后对比研究，要确认疗效，应设立平行对照。

**例 16－26**　某医院病理科研究人体两肾的重量，20 例男性尸解时的左、右肾的称重记录见表 16－17 第①～③栏。问左、右肾重量有无不同？

**表 16－17　20 例男性尸解时左、右肾的称重记录结果**

| 编号<br>① | 左肾（克）<br>② | 右肾（克）<br>③ | 差值<br>④=②－③ |
|---|---|---|---|
| 1 | 170 | 150 | 20 |
| 2 | 155 | 145 | 10 |
| 3 | 140 | 105 | 35 |
| 4 | 115 | 100 | 15 |
| 5 | 235 | 222 | 13 |
| 6 | 125 | 115 | 10 |
| 7 | 130 | 120 | 10 |
| 8 | 145 | 105 | 40 |
| 9 | 105 | 125 | －20 |
| 10 | 145 | 135 | 10 |
| 11 | 155 | 150 | 5 |
| 12 | 110 | 125 | －15 |
| 13 | 140 | 150 | －10 |
| 14 | 145 | 140 | 5 |
| 15 | 120 | 90 | 30 |
| 16 | 130 | 120 | 10 |
| 17 | 105 | 100 | 5 |
| 18 | 95 | 100 | －5 |
| 19 | 100 | 90 | 10 |
| 20 | 105 | 125 | －20 |

本例为异体配对设计。计算左、右肾的称重的差值的结果见表 16－17 第④栏。对差值进行正态性检验满足正态性（SPSS 计算结果：Shapiro-Wilk 统计量 $W=0.939$，$\nu=20$，$P$

=0.225)。可用配对样本 $t$ 检验。

1. 建立检验假设，确定检验水准

$H_0$：$\mu_d=0$，即男性左、右肾的称重相同。

$H_1$：$\mu_d\neq 0$，即男性左、右肾的称重不相同。

$\alpha=0.05$

2. 计算检验统计量　本例 $n=20$，$\sum d=158$，$\sum d^2=6344$，$\bar{d}=\sum d/n=158/20=7.90$

$$S_d=\sqrt{\frac{\sum d^2-\frac{(\sum d)^2}{n}}{n-1}}=\sqrt{\frac{6344-\frac{(158)^2}{20}}{20-1}}=16.377$$

按公式（16.35）

$$t=\frac{7.90}{16.377/\sqrt{20}}=2.157，\nu=20-1=19$$

3. 确定 $P$ 值，做出推断结论　查 $t$ 界值表，得双尾概率 $0.02<P<0.05$，按 $\alpha=0.05$ 水准，拒绝 $H_0$，接受 $H_1$，有统计学意义。可认为男性左、右肾的称重不相同，左肾的称重较重。

## 三、两样本 *t* 检验

两样本 $t$ 检验（two-samples $t$-test）又称成组 $t$ 检验，适用于完全随机设计两样本均数的比较。比较的目的是推断它们各自所代表的总体均数 $\mu_1$ 和 $\mu_2$ 是否相等。两样本含量可以相等也可以不相等，但在总例数不变的条件下，两样本含量相等时，统计检验的效率最高。本检验要求：两样本是相互独立的随机样本，均服从总体分布，且方差齐同 $\sigma_1^2=\sigma_2^2$。两组完全随机设计是将受试对象完全随机分配到两个不同处理组。

当两总体方差相等，即 $\sigma_1^2=\sigma_2^2$ 时， 两样本 $t$ 检验的检验统计量可按前述公式（16.34）在 $H_0$：$\mu=\mu_1-\mu_2=0$ 条件下构造如下：

$$t=\frac{(\bar{x}_1-\bar{x}_2)-(\mu_1-\mu_2)}{s_{\bar{x}_1-\bar{x}_2}}=\frac{\bar{x}_1-\bar{x}_2}{s_{\bar{x}_1-\bar{x}_2}}，\nu=n_{+}n_2-2 \quad (16.36)$$

式中 $\bar{X}_1$ 和 $\bar{X}_2$ 为两样本均数，$s_{\bar{x}_1-\bar{x}_2}$ 为均数之差的标准误，$S_c^2$ 为合并方差。$s_{\bar{x}_1-\bar{x}_2}$ 及 $S_c^2$ 的计算公式为：

$$s_{\bar{x}_1-\bar{x}_2}=\sqrt{S_c^2\times\left(\frac{1}{n_1}+\frac{1}{n_2}\right)}，S_c^2=\frac{(n_1-1)S_1^2+(n_2-1)S_2^2}{n_1+n_2-2} \quad (16.37)$$

**例 16－27**　为了解某一新降血压药物的效果，将 28 名高血压病患者随机分为试验组和对照组，试验组采用新降压药，对照组则用标准药物治疗，测得两组治疗前后的舒张压（mm Hg）的下降值结果如表 16－18。问：新药和标准药的疗效是否不同。

表 16-18　两种药物治疗前后的舒张压（mmHg）下降值结果

| 新药组 | 标准药组 |
|---|---|
| 12 | −2 |
| 10 | 9 |
| 7 | 10 |
| 8 | 5 |
| 4 | 0 |
| 5 | −2 |
| 16 | 10 |
| 18 | −8 |
| 11 | 4 |
| 13 | 1 |
| 4 | 12 |
| 8 | −3 |
| 14 | 4 |
| 14 | 5 |

本例为完全随机设计。对两组进行正态性检验均满足正态性（SPSS 计算结果：① 新药组：Shapiro-Wilk 统计量 $W=0.957$，$\nu=14$，$P=0.681$；② 标准药组：Shapiro-Wilk 统计量 $W=0.960$，$\nu=14$，$P=0.731$）。对两组进行两样本方差齐性检验满足方差齐性（$F=1.717$，$\nu_1=13$，$\nu_2=13$，$P>0.10$）。可用两样本 $t$ 检验。

1. 建立检验假设，确定检验水准

$H_0$：$\mu_1=\mu_2$，即两药治疗前后舒张压下降值的总体均数相等。

$H_1$：$\mu_1\neq\mu_2$，即两药治疗前后舒张压下降值的总体均数不等。

$\alpha=0.05$

2. 计算检验统计量　今算得标准药组治疗前后舒张压下降值均数 $\overline{X}_1=3.214$ mm Hg（1 mm Hg=0.133 kPa），标准差 $S_1=5.846$ mm Hg；新药组治疗前后舒张压下降值均数 $\overline{X}_2=10.826$ mm Hg，标准差 $S_2=4.462$ mm Hg。按公式（16.36）、（16.37）得：

$$t=\frac{3.214-10.286}{\sqrt{\frac{(14-1)\times 5.846^2+(14-1)\times 4.462^2}{14+14-2}\left(\frac{1}{14}+\frac{1}{14}\right)}}=-3.597,\ \nu=14+14-2=26$$

3. 确定 $P$ 值，作出推断结论　查 $t$ 界值表，得双尾概率 $0.001<P<0.002$，按 $\alpha=0.05$ 水准，拒绝 $H_0$，接受 $H_1$，有统计学意义，可以认为新药和标准药的疗效不同。

## 四、两样本 $u$ 检验

两样本 $u$ 检验（two-samples $u$-test）适用于两样本含量较大（如 $n_1>60$ 且 $n_2>60$）时完全随机设计两样本均数的比较。计算公式为：

$$u=\frac{|\overline{x}_1-\overline{x}_2|}{\sqrt{\frac{S_1^2}{n_1}+\frac{S_2^2}{n_2}}} \tag{16.38}$$

**例 16-28**　测得某地 20～24 岁健康女子 100 人收缩压均数为 15.27 kPa（1 kPa=7.5

mm Hg)，标准差为 1.16 kPa；又测得该地 20～24 岁健康男子 100 人收缩压均数为 16.11 kPa，标准差为 1.41 kPa。问该地 20～24 岁健康女子和男子之间收缩压均数有无差别?

1. 建立检验假设，确定检验水准

$H_0$：$\mu_1=\mu_2$，即该地 20～24 岁健康女子和男子之间收缩压均数相同。

$H_1$：$\mu_1\neq\mu_2$，即该地 20～24 岁健康女子和男子之间收缩压均数不同。

$\alpha=0.05$。

2. 计算检验统计量　本例 $n_1=100$，$\bar{x}_1=15.27$，$S_1=1.16$，$n_2=100$，$\bar{x}_2=16.11$，$S_2=1.41$，

代入公式（16.38），得：

$$u=\frac{|15.27-16.11|}{\sqrt{\frac{1.16^2}{100}+\frac{1.41^2}{100}}}=4.60$$

3. 确定 $P$ 值，作出推断结论　查 $u$ 界值表（附表 1，$t$ 界值表中 $\nu$ 为∞行），得 $P<0.001$。按 $\alpha=0.05$ 水准，拒绝 $H_0$，接受 $H_1$，有统计学意义。可认为该地 20～24 岁健康人的收缩压均数男性高于女性。

## 五、正态性检验和两样本方差齐性检验

应用 $t$ 检验对两样本均数进行比较时要求原始数据满足如下 3 个条件：① 独立性（independence）：各观察值间相互独立，不能互相影响，各样本为独立样本；② 正态性（normality）：理论上要求样本取自正态总体；③ 方差齐性（homogeneity）：两样本所对应的总体方差相等。

检验实验结果是否满足第 1 个条件，在实践中主要根据专业知识判断。检验实验结果是否满足第 2 个条件，要分别对各组实验结果进行正态性检验，但在实践中主要根据专业知识判断，当各组例数较少时尤其如此，必要时，也可对资料进行正态性检验（normality test）。检验实验结果是否满足第 3 个条件，可对资料进行方差齐性检验。

正态性检验的方法有两大类：一是图示法，二是计算法。图示法常用 P-P plot（proportion-proportion plot）和 Q-Q plot（quantile-quantile plot）来粗略了解观察资料是否服从正态分布。一般统计软件均提供 P-P plot 和 Q-Q plot。若 P-P plot 和 Q-Q plot 中散点基本成直线，则可粗略认为观察资料服从正态分布。计算法是通过计算反映正态分布特征的指标来了解观察资料是否服从正态分布。读者可参考相关书籍。

判断两总体方差 $\sigma_1^2$ 与 $\sigma_2^2$ 是否相等的方法常用的有 $F$ 检验、Bartlett 检验、Levene 检验。$F$ 检验、Bartlett 检验要求资料服从正态分布；Levene 检验不依赖总体分布具体形式，更为稳健。$F$ 检验只用于两样本方差齐性检验，Bartlett 法检验和 Levene 检验既可用于两样本方差齐性检验也可用于多样本方差齐性检验。现介绍两样本方差齐性的 $F$ 检验。检验统计量 $F$ 按公式（16.39）计算：

$$F=\frac{S_1^2\text{（较大）}}{S_2^2\text{（较小）}}，\nu_1=n_1-1，\nu_2=n_2-1 \tag{16.39}$$

式中 $S_1^2$ 为较大的样本方差，$S_2^2$ 为较小的样本方差，分子的自由度为 $\nu_1$，分母的自由度为 $\nu_2$。

检验统计量 $F$ 值为两个样本方差之比，如仅是抽样误差的影响，它一般不会偏离 1 太

远。求得 $F$ 值后，查 $F$ 界值表（$F$ 界值表参考相关统计学教材）可得 $P$ 值（$F$ 值愈大，$P$ 值愈小），然后按所取的 $\alpha$ 水准作出推断结论。因公式（16.39）规定以较大方差作分子，求得的 $F$ 值必然大于 1，故 $F$ 界值表只给出不对称 $F$ 分布的右侧界值，实则对应双尾概率 $P$。

**例 16-29** 对例 16-27，用 $F$ 检验判断两总体舒张压下降值的方差是否不等。

由例 16-27 知 $S_1=5.846$ mm Hg，$n_1=14$；$S_2=4.462$ mm Hg，$n_2=14$。

1. 建立检验假设，确定检验水准

$H_0$：$\sigma_1^2=\sigma_2^2$，即新药组与标准药组治疗前后舒张压下降值的总体方差相等。

$H_1$：$\sigma_1^2\neq\sigma_2^2$，即新药组与标准药组治疗前后舒张压下降值的总体方差不等。

$\alpha=0.10$（欲不拒绝 $H_0$，宜取稍大 $\alpha$ 以减少Ⅱ型错误）。

2. 计算检验统计量　按公式（16.39）计算：

$$F=\frac{5.846^2}{4.462^2}=1.72,\quad \nu_1=14-1=13,\quad \nu_2=14-1=13$$

3. 确定 $P$ 值，作出推断结论　以 $\nu_1=12$（表中无 13）、$\nu_2=13$ 查 $F$ 界值表。因 $1.72<2.60=F_{0.10,(12,13)}$，故 $P>0.10$。按 $\alpha=0.10$ 水准，不拒绝 $H_0$，无统计学意义。还不能认为新药组与标准药组治疗前后舒张压下降值的总体方差不等。故例 16-27 采用了方差相等情形的两样本 $t$ 检验。

成组 $t$ 检验，若两总体方差不等，即 $\sigma_1^2\neq\sigma_2^2$ 时，可采用数据变换或 $t'$ 检验或秩和检验。变量变换是将原始数据作某种函数转换后（如对数变换，平方根变换，平方根反正弦变换）。使数据满足成组 $t$ 检验的方差齐性和正态分布要求，但有时函数转换值并不满足方差齐性和正态分布要求。秩和检验见本章第四节。现介绍 $t'$ 检验。$t'$ 检验亦称近似 $t$ 检验（separate variance estimation t-test），统计软件中普遍使用的 $t'$ 为 Satterthwaite 法，其计算公式为：

$$t'=\frac{|\bar{x}_1-\bar{x}_2|}{\sqrt{\frac{S_1^2}{n_1}+\frac{S_2^2}{n_2}}},\quad \nu=\frac{(S_1^2/n_1+S_2^2/n_2)^2}{\frac{(S_1^2/n_1)^2}{n_1-1}+\frac{(S_2^2/n_2)^2}{n_2-1}} \tag{16.40}$$

**例 16-30** 对 10 例肺癌病人和 12 例矽肺 0 期工人用 X 光片测量肺门横径右侧距 RD 值（cm），结果见表 16-19。问：肺癌病人的 RD 值是否高于矽肺 0 期工人的 RD 值。

**表 16-19　肺癌病人和矽肺 0 期工人的 RD 值（cm）比较**

| 矽肺 0 期工人 | 肺癌病人 |
|---|---|
| 3.23 | 2.78 |
| 3.50 | 3.23 |
| 4.04 | 4.20 |
| 4.15 | 4.87 |
| 4.28 | 5.12 |
| 4.34 | 6.21 |
| 4.47 | 7.18 |
| 4.64 | 8.05 |
| 4.75 | 8.56 |
| 4.82 | 9.60 |
| 4.95 | |
| 5.10 | |

本例肺癌病人组 $\bar{x}_1=5.9800$，$s_1=2.3230$，$n_1=10$；矽肺 0 期工人组 $\bar{x}_2=4.3558$，$s_2=0.5656$，$n_2=12$。资料经方差齐性检验，推断得两总体方差不等（两样本方差齐性 $F$ 检验：$F=16.869$，$P<0.05$；Levene 检验统计量 $=20.455$，$P=0.002$。），现采用 Satterthwaite 近似 $t$ 检验。

1. 建立检验假设，确定检验水准

$H_0$：$\mu_1=\mu_2$，即肺癌病人的 RD 值与矽肺 0 期工人的 RD 值相等。

$H_1$：$\mu_1>\mu_2$，即肺癌病人的 RD 值高于矽肺 0 期工人的 RD 值。

$\alpha=0.05$

2. 计算检验统计量　本例采用 Satterthwaite 法近似 $t$ 检验，按公式（16.40）计算得：

$$t'=\frac{5.9880-4.3558}{\sqrt{\dfrac{2.3230^2}{10}+\dfrac{0.5656^2}{12}}}=2.160$$

$$\nu=\frac{(2.3230^2/10+0.5656^2/12)^2}{\dfrac{(2.3230^2/10)^2}{10-1}+\dfrac{(0.5656^2/12)^2}{12-1}}=9.893\approx 10$$

3. 确定 $P$ 值，作出推断结论　查 $t$ 界值表，得单尾概率 $0.025<P<0.05$，按 $\alpha=0.05$ 水准，拒绝 $H_0$，接受 $H_1$，有统计学意义，可认为肺癌病人的 RD 值高于矽肺 0 期工人的 RD 值。

## 六、假设检验应注意的问题

1. 资料要来自严密的抽样研究设计　这是假设检验的前提，应保证样本是从同质总体中随机抽取的。另外，组间的均衡性和可比性特别重要，即除了对比的主要因素外，其他影响结果的因素应尽可能相同或基本相同。

2. 选用假设检验的方法应符合其应用条件　资料性质不同，设计类型不同，样本大小不等，所用假设检验的方法也不同。如检验配对数值变量资料，若用两样本 $t$ 检验，可使统计效率降低并可能得出错误的结论。而完全随机设计两样本均数的比较，当样本含量小且方差齐时，只能选用两样本 $t$ 检验而不宜用 $u$ 检验；若方差不齐（$S_1^2$ 与 $S_2^2$ 相差较大），则选用近似 $t'$ 检验或改用秩和检验。

3. 正确理解差别有无统计学意义的统计涵义　差别有统计学意义，过去称差别有“显著性”，不能理解为差异大。一般假设检验的结果并不指差异的大小，只能反映两者是否有差异，因此现采用“有无统计学意义”一词表达。差异的大小只能根据专业知识予以确定。假设检验是为专业服务的，统计结论必须和专业结论有机地相结合，才能得出恰如其分、符合客观实际的最终结论。若统计结论和专业结论一致，则最终结论就和这两者均一致（即均有或均无意义）；若统计结论和专业结论不一致，则最终结论需根据实际情况加以考虑。当统计结论有意义，而专业结论无意义时，可能由于样本含量过大或设计存在问题，那么最终结论就没有意义。例如：有人欲比较 A、B 两种降压药物的降压效果，随机抽取了高血压病人各 100 名，分别测定两组病人服药后舒张压的改变值，得两组舒张压改变值之差的平均数为 0.83 mm Hg（0.11 kPa）。作两样本 $t$ 检验得 $t=6.306$，$P<0.001$，有统计学意义。但因 A、B 两组高血压病人服药后舒张压改变值之差较小，仅 0.83 mm Hg，未达到有临床意义的差值 5 mm Hg（0.67 kPa），故最终结论没有意义。相反，当统计结论无意义，而专业结

论有意义时，则应当检查设计是否合理、样本含量是否足够。

4. 假设检验的推断结论不能绝对化　统计推断的结论是具有概率性的，不管拒绝 $H_0$ 或不拒绝 $H_0$ 都有可能发生推断错误，即Ⅰ型错误和Ⅱ型错误（typeⅡerror）。

Ⅰ型错误或第一类错误是指拒绝了实际上是成立的 $H_0$。如图 16－9，设 $H_0$：$\mu=0$，$H_1$：$\mu>0$。若 $\mu$ 确实为 0，则 $H_0$ 实际上是成立的，但由于抽样的偶然性，得到了较大的 $t$ 值，因 $t \geqslant t_\alpha$，$P \leqslant \alpha$，按所取检验水准 $\alpha$ 拒绝 $H_0$，接受 $H_1$，结论为 $\mu>0$，此推断当然是错误的。Ⅱ型错误或第二类错误是指不拒绝实际上是不成立的 $H_0$。如图 16－9，设 $H_0$：$\mu=0$，$H_1$：$\mu>0$。若 $\mu$ 确实大于 0，则 $H_0$ 实际上是不成立的，但由于抽样的偶然性，得到了较小的 $t$ 值，因 $t<t_\alpha$，$P>\alpha$，按所取检验水准 $\alpha$ 不拒绝 $H_0$，实际应用时，将其当作"接受" $H_0$，结论为 $\mu=0$，此推断当然也是错误的。

Ⅰ型错误的概率用 $\alpha$ 来表示，其大小是根据研究者的要求而确定的。如确定 $\alpha=0.05$，即Ⅰ型错误的概率为 0.05，理论上 100 次检验中平均有 5 次发生这样的错误；Ⅱ型错误的概率用 $\beta$ 表示，$\beta$ 只取单侧，它只有与特定的 $H_1$ 结合起来才有意义，但 $\beta$ 值的大小很难确切估计，仅知样本含量确定时，$\alpha$ 愈小，$\beta$ 愈大；反之 $\alpha$ 愈大，$\beta$ 愈小。若要同时减小Ⅰ型错误 $\alpha$ 以及Ⅱ型错误 $\beta$，唯一的方法就是增加样本含量 $n$。注意：拒绝 $H_0$，只可能犯Ⅰ型错误，不可能犯Ⅱ型错误；"接受" $H_0$，只可能犯Ⅱ型错误，不可能犯Ⅰ型错误。图 16－9 中的 $1-\beta$ 称为检验效能（power of test）或把握度，其意义是两总体确有差别，按 $\alpha$ 水准能发现它们有差别的能力。例如 $1-\beta=0.90$，若两总体确有差别，则理论上 100 次检验中，平均有 90 次能够得出有统计学意义的结论。$1-\beta$ 愈大，表示假设检验的效能愈高。可能发生的两类错误总结见表 16－20。

**表 16－20　可能发生的两类错误**

| 客观实际 | 假设检验的结果 | |
|---|---|---|
| | 拒绝 $H_0$ | 不拒绝 $H_0$ |
| $H_0$ 成立 | Ⅰ型错误（$\alpha$） | 推断正确（$1-\alpha$） |
| $H_0$ 不成立 | 推断正确（$1-\beta$） | Ⅱ型错误（$\beta$） |

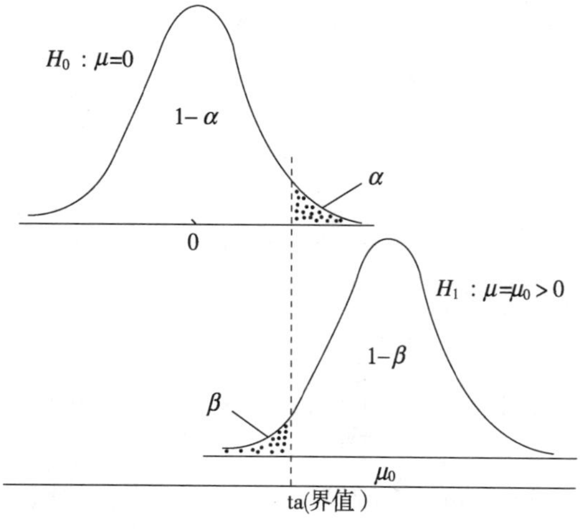


**图 16－9　Ⅰ型错误与Ⅱ型错误示意图（以单侧 $t$ 检验为例）**

在实际工作中，对同一份资料，由于分析目的要求不同，可灵活选用不同大小的 $\alpha$ 水平。若重点在减少 $\alpha$，一般取 $\alpha=0.05$；若重点在减少 $\beta$，一般取 $\alpha=0.10$ 甚至更高；另外，即使取同一个 $\alpha$ 水准，对现有抽样结果检验统计量的推断结论为不拒绝 $H_0$，但增大样本含量后，抽样误差减少了，则有可能获得一个较大的检验统计量，从而拒绝 $H_0$。所以，当 $P$ 值较接近检验水准 $\alpha$ 值时，即样本检验统计量在界值上下波动时，做推断结论应慎重。

在报告结论时，最好列出检验统计量的值，尽量写出具体的 $P$ 值或 $P$ 值的确切范围，如写成 $P=0.040$ 或 $0.02<P<0.05$，而不简单写成 $P<0.05$，以便读者与同类研究进行比较或进行循证医学时采用 Meta 分析。

5. 要根据资料的性质事先确定采用双侧检验或单侧检验　单侧检验或双侧检验及其检验方法等，都是在设计阶段早已事先确定了的，不受样本调查结果或实验结果的影响。由于在同一 $\alpha$ 水准上，单侧检验比双侧检验更易得出有统计学意义的结论，所以不能因双侧检验无统计学意义而改用单侧检验。

6. 假设检验与可信区间的区别和联系　假设检验用于推断质的不同即判断两总体均数是否不等，可信区间用于说明量的大小即推断总体均数的范围，两者既相互联系，又有区别。一方面，可信区间亦可回答假设检验的问题，算得的可信区间若包含了 $H_0$，则按 $\alpha$ 水准，不拒绝 $H_0$；若不包含 $H_0$，则按 $\alpha$ 水准，拒绝 $H_0$，接受 $H_1$。另一方面，可信区间不但能回答差别是否有统计学意义，而且还能比假设检验提供更多的信息，即提示差别有无实际的专业意义。如图 16 - 10 中①～③均有统计学意义（因可信区间未包含 $H_0$）。但其中：① 提示有实际的专业意义（因可信区间高于有实际专业意义的值），值得重视；② 提示可能有实际专业意义；③ 提示无实际专业意义。该图中④、⑤提示均无统计学意义，但其中：④ 因可信区间较宽，样本含量过小，抽样误差太大，难于作出结论；⑤ 提示从决策的观点，可“接受”$H_0$，因为即使增加样本含量，得到有统计学意义，也无实际专业意义。

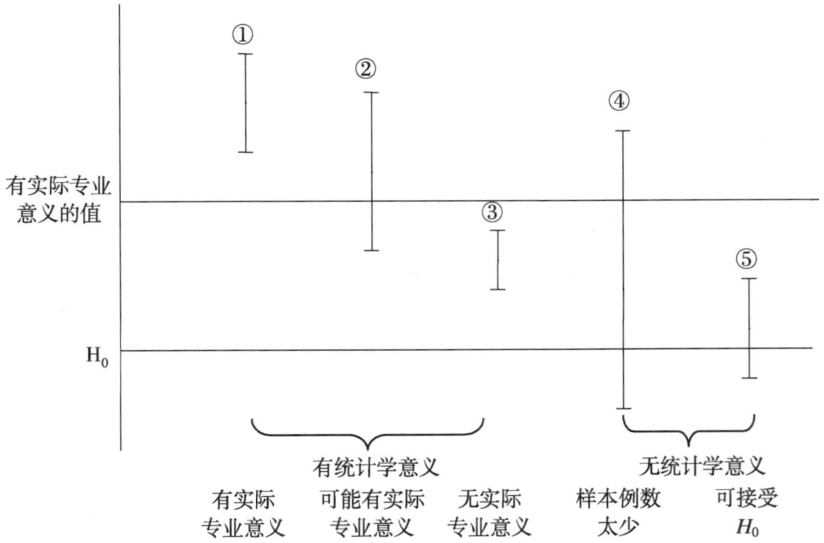


**图 16 - 10　可信区间在统计推断上提供的信息**

虽然可信区间亦可回答假设检验的问题，并能提供更多的信息，但并不意味着可信区间能够完全代替假设检验。可信区间只能在预先规定的概率——检验水准 $\alpha$ 的前提下进行计算，而假设检验能够获得较为确切的概率 $P$ 值。故将两者结合起来，才是完整的分析。

（王乐三）

# 第十七章　分类变量资料的统计分析

## 第一节　分类变量资料的统计描述

计数资料常见的数据形式是绝对数，如某病的出院人数、治愈人数、死亡人数等。但绝对数通常不具有可比性，如甲、乙两个医院某病出院人数不同时，比较两医院该病的死亡人数没有意义，因此需要在绝对数的基础上计算相对数。相对数（relative number）是两个有联系的指标之比。常用的相对数指标有比、比例和率 3 种。两个绝对数之比称为比（ratio）；当比的分子是分母的一部分时，称为比例（proportion）；当比例与时间有关系时称为率（rate）。

### 一、常用相对数

1. 率　率（rate）又称频率指标，是某现象实际发生的观察单位数与可能发生该现象的观察单位总数之比，用以说明某现象发生的频率或强度。计算公式为：

$$率=\frac{发生某现象的观察单位数}{可能发生某现象的观察单位总数}\times k \tag{17.1}$$

式中 $k$ 为比例基数，常以百分率（%）、千分率（‰）、万分率（1/万）、十万分率（1/10 万）表示，原则上使计算结果至少保留 1～2 位整数。但在医学资料中某些指标的比例基数的选择主要依据习惯，如治愈率、病死率，习惯上用百分率；出生率、死亡率，习惯上用千分率；肿瘤的患病率、死亡率，习惯上用十万分率。

**例 17－1**　某院某年收治 135 例不同类型葡萄球菌型肺炎患者 135 例，死亡 24 例，葡萄球菌型肺炎的病死率为 $\frac{24}{135}\times 100\% = 17.8\%$。

2. 构成比　构成比（proportion）表示事物内部某一部分的个体数与该事物各部分个体数的总和之比，用来说明各构成部分在总体中所占的比重或分布。常以 100%为比例基数。计算公式为

$$构成比=\frac{某一组成部分的观察单位数}{同一事物各组成部分的观察单位总数}\times 100\% \tag{17.2}$$

设某事物个体数的合计由 $A_1$，$A_2$，…，$A_k$ 个部分组成，构成比的计算为

$$构成比\ 1=\frac{A_1}{A_1+A_2+\cdots+A_k}\times 100\%$$

$$构成比\ 2=\frac{A_2}{A_1+A_2+\cdots+A_k}\times 100\%$$

$$构成比\ k=\frac{A_k}{A_1+A_2+\cdots+A_k}\times 100\%$$

$k$ 个构成比的合计应为 100%。

**例 17-2** 观察某健康成年男子的白细胞数 200 个，其白细胞 5 种分类计数见表 17-1 第①栏。中性粒细胞数占白细胞数的构成比为$\frac{140}{200}\times 100\%=70.0\%$。同理可分别计算淋巴细胞、单核细胞、嗜酸性粒细胞、嗜碱性粒细胞数占白细胞数的构成比，结果见表 17-1 第②栏。

**表 17-1　某健康成年男子白细胞分类计数和构成比**

| 白细胞分类 | 分类计数<br>① | 构成比（%）<br>② |
|---|---|---|
| 中性粒细胞 | 140 | 70.0 |
| 淋巴细胞 | 50 | 25.0 |
| 单核细胞 | 5 | 2.5 |
| 嗜酸粒细胞 | 4 | 2.0 |
| 嗜碱粒细胞 | 1 | 0.5 |
| 合　计 | 200 | 100.0 |

3. 相对比　相对比简称比（ratio），是两个有关指标之比，说明两指标间的比例关系。两个指标可以是性质相同，如不同时期发病数之比；也可以性质不同，如医院的门诊人次与病床数之比。通常以倍数或百分数（%）表示，计算公式为

$$相对比=\frac{甲指标}{乙指标}\ (\times 100\%) \tag{17.3}$$

式中两指标可以是绝对数、相对数或平均数。

**例 17-3** 某年某医院出生婴儿情况见表 17-2，由表可知，出生婴儿性别比为$\frac{370}{358}\times 100=103$，说明该医院该年每出生 100 名女婴儿，就有 103 名男性婴儿出生，它反映了男性婴儿与女性婴儿出生的对比水平。

据大量观察，出生婴儿男多于女，出生性别比一般在 104～107 之间。这个医院的出生性别比为 103，说明该年该医院出生女婴相对较多。

**表 17-2　某年某医院出生婴儿情况**

| 性别 | 人数 |
|---|---|
| 男性 | 370 |
| 女性 | 358 |
| 合计 | 728 |

## 二、应用相对数时应注意的问题

1. 计算相对数应有足够数量　如果例数较少会使相对数波动较大。如某种疗法治疗 5 例病人 5 例全部治愈，则计算治愈率为$\frac{5}{5}\times 100\%=100\%$；若 4 例治愈，则治愈率为$\frac{4}{5}\times 100\%=80\%$，由 100%至 80%波动幅度较大，但实际上只有 1 例的变化。

2. 分析时不能以构成比代替率　构成比只能说明某事物各组成部分的比重或分布，不能说明某现象发生的频率或强度。如表 17-3 是某地某年肿瘤普查统计资料，从患病率来

看，年龄越大，癌症患病频率越高；从构成比看，“60 岁～”组的构成比反而降低了，这不能说老年人癌症患病频率降低。因为该地 60 岁以上的老年人，尽管患病率很高，但是该年龄段的人口数比低年龄段的人口数少许多，致使该年龄段的患者人数少，故占总患者数的比重就小了。

**表 17－3　某地某年居民年龄别癌肿患病情况统计**

| 年龄组<br>① | 人口数<br>② | 癌肿病人数<br>③ | 构成比（%）<br>④ | 患病率（1/10 万）<br>⑤＝③/② |
|---|---|---|---|---|
| <30 | 633 000 | 19 | 1.3 | 3.0 |
| 30～ | 570 000 | 171 | 11.4 | 30.0 |
| 40～ | 374 000 | 486 | 32.6 | 129.9 |
| 50～ | 143 000 | 574 | 38.5 | 401.4 |
| 60～ | 30 250 | 242 | 16.2 | 800.0 |
| 合　计 | 1 750 250 | 1492 | 100.0 | 85.2 |

3. 注意资料的可比性　在比较相对数时，除了要对比的因素（如不同的药物），其余的影响因素应尽可能相同或相近。下列因素可能影响对比组之间的可比性：① 观察对象是否同质，研究方法是否相同，观察时间是否相等，以及地区、周围环境、风俗习惯和经济条件是否一致或相近等；② 观察对象内部结构是否相同，若两组资料的年龄、性别等构成不同，可以分别进行同年龄别、同性别的小组率比较或对总率（合计率）进行标准化后再作比较。

4. 对样本率（或构成比）的比较要作假设检验　抽样研究中，因为率和构成比同样存在着抽样误差，所以比较两样本率或构成比时，不能仅凭表面数字大小下结论，而需进行假设检验。

## 三、率的标准化法

### （一）标准化法的意义和基本思想

当比较的两组资料或多组资料，其内部各小组率明显不同，且各小组观察例数的构成比，诸如年龄、性别、工龄、病情轻重、病程长短等也明显不同时，直接比较两个或多个合计率是不合理的。因为其内部构成不同，往往影响合计率的大小。

表 17－4 为甲、乙两县食管癌死亡率的比较。从表 17－4 中各年龄组食管癌死亡率看，乙县各年龄组食管癌的死亡率均高于甲县，因此乙县食管癌死亡情况比甲县严重；然而从合计死亡率看，甲县食管癌死亡率为 43.1/10 万，乙县 39.5/10 万，似乎甲县的死亡情况较乙县严重。但后者的结论是不妥的，因为年龄与食管癌死亡率有关系，而这两县人口年龄构成不同。在食管癌死亡率较高的 50 岁以上年龄组，甲县人口所占比重均高于乙县；而在死亡率较低的 50 岁以下年龄组，则是乙县人口所占比重均高于甲县。这样就使得甲县食管癌死亡总人数相对增多，造成了甲县食管癌合计（总）死亡率高于乙县。

因此要正确比较两县的合计死亡率，必须先将两县人口构成按照统一标准进行校正，然后计算出校正后的标准化死亡率再进行比较。这种用统一的内部构成，然后计算标准化率（standardization rate）的方法，称为标准化（standardization）法。标准化法的基本思想是：采用某影响因素的统一标准构成以消除构成不同对合计率的影响，使通过标准化后的标准化合计（总）率具有可比性。

**表 17－4　甲、乙两县各年龄组人口数及食管癌死亡率（1/10万）**

| 年龄组 | 甲县 | | | | 乙县 | | | |
|---|---|---|---|---|---|---|---|---|
| | 人口数 | 人口构成 | 食管癌死亡数 | 食管癌死亡率 | 人口数 | 人口构成 | 食管癌死亡数 | 食管癌死亡率 |
| ① | ② | ③ | ④ | ⑤ | ⑥ | ⑦ | ⑧ | ⑨ |
| 0～ | 1 756 897 | 0.652 0 | 0 | 0.0 | 1 725 816 | 0.658 0 | 0 | 0.0 |
| 30～ | 244 942 | 0.090 9 | 12 | 4.9 | 289 298 | 0.110 3 | 25 | 8.6 |
| 40～ | 251 678 | 0.093 4 | 91 | 36.2 | 250 480 | 0.095 5 | 125 | 49.9 |
| 50～ | 206 947 | 0.076 8 | 307 | 148.3 | 191 204 | 0.072 9 | 344 | 179.9 |
| 60～ | 143 893 | 0.053 4 | 460 | 319.7 | 114 355 | 0.043 6 | 371 | 324.4 |
| 70～ | 90 270 | 0.033 5 | 292 | 323.5 | 51 670 | 0.019 7 | 170 | 329.0 |
| 合　计 | 2 694 627 | 1.000 0 | 1162 | 43.1 | 2 622 826 | 1.000 0 | 1035 | 39.5 |

### （二）标准化率的计算

标准化率（standardized rate）亦称调整率（adjusted rate）。常用的标准化方法有直接标准化法和间接标准化法，简称直接法和间接法。应根据已有资料的条件，采用不同的方法计算标准化率。

现以表 17－5 来说明标准化率的计算步骤与计算方法：

**表 17－5　计算标准化率的数据符号**

| 年龄组 | 标准组 | | | 被标化组 | | |
|---|---|---|---|---|---|---|
| | 人口数 | 死亡数 | 死亡率 | 人口数 | 死亡数 | 死亡率 |
| 1 | $N_1$ | $R_1$ | $P_1$ | $n_1$ | $r_1$ | $p_1$ |
| 2 | $N_2$ | $R_2$ | $P_2$ | $n_2$ | $r_2$ | $p_2$ |
| ⋮ | ⋮ | ⋮ | ⋮ | ⋮ | ⋮ | ⋮ |
| $i$ | $N_i$ | $R_i$ | $P_i$ | $n_i$ | $r_i$ | $p_i$ |
| ⋮ | ⋮ | ⋮ | ⋮ | ⋮ | ⋮ | ⋮ |
| $k$ | $N_k$ | $R_k$ | $P_k$ | $n_k$ | $r_k$ | $p_k$ |
| 合计 | $N$ | $R$ | $P$ | $n$ | $r$ | $p$ |

1. 根据对比资料所具备的条件选用直接法或间接法。如对死亡率的年龄构成标准化，若已知年龄别死亡率，可采用直接法；若只有总死亡数和年龄别人口数而缺乏年龄别死亡率时，或各年龄组人口数较小，年龄别死亡率不稳定时，宜用间接法。

2. 选定标准构成。这是标准化法计算的关键。标准构成选择的方法通常有 3 种：①任选两组资料中一组资料的人口数（或人口构成）作为两者的“共同标准”，这种方法适用于直接法；②将两组资料各部分人口之和组成的人口数（或人口构成）作为两者的“共同标准”，这种方法适用于直接法；③另外选用一个通用的或便于比较的标准作为两者的“共同标准”，如采用全国、全省或全地区的数据作为标准。这种方法适用于直接法和间接法。

3. 计算标准化率　选择公式（17.4）、（17.5）或（17.6）计算标准化率。公式（17.4）或公式（17.5）为选择年龄别人口数作标准或年龄别人口构成比作标准时，直接法的计算公式；公式（17.6）为选择年龄别死亡率（和总死亡率）作标准时间接法的计算公式。公式

（17.4）和（17.5）中 $N_i$ 为标准年龄别人口数，$p_i$ 为实际年龄别死亡率，$N$ 为标准人口总数，SMR 为标准化死亡比（standard mortality ratio，SMR）。

$$p'=\frac{\sum N_i p_i}{N} \tag{17.4}$$

$$p'=\sum\left(\frac{N_i}{N}\right) p_i \tag{17.5}$$

$$p'=p\frac{r}{\sum n_i P_i}=P\times \mathrm{SMR} \tag{17.6}$$

**例 17-4** 对表 17-4 资料，求甲、乙两县食管癌的标化死亡率。

1. 已知各年龄组食管癌死亡率，采用直接标准化法。

2. 选定某地各年龄组人口数为标准，见表 17-6 第②栏。

3. 求预期食管癌死亡治愈人数。将各组标准人口数分别乘甲、乙两县原食管癌死亡率，即得两县不同年龄组的预期食管癌死亡人数，见表 17-6 第④、⑥栏。

4. 计算甲、乙两县食管癌标准化死亡率。分别将表 17-6 第②、第④、第⑥栏中的合计值代入公式（17.4）得

甲县食管癌标准化死亡率 $p'=\frac{2\,721}{6\,015\,469}\times 100\,000/10$ 万 $=45.23/10$ 万

乙县食管癌标准化死亡率 $p'=\frac{3\,000}{6\,015\,469}\times 100\,000/10$ 万 $=49.87/10$ 万

经标准化后，甲县食管癌死亡率低于乙县，与分年龄组比较食管癌死亡率结论一致。

**表 17-6 甲、乙两县食管癌标准死亡率（1/10 万）计算表（直接法）**

| 年龄组（岁）① | 标准人口数 $N_i$ ② | 甲县 原食管癌死亡率 $p_i$ ③ | 甲县 预期食管癌死亡人数 $N_ip_i$ ④=②③ | 乙县 原食管癌死亡率 $p_i$ ⑤ | 乙县 预期食管癌死亡人数 $N_ip_i$ ⑥=②③ |
|---|---|---|---|---|---|
| 0～ | 3 860 241 | 0.0 | 0 | 0.0 | 0 |
| 30～ | 553 681 | 4.9 | 27 | 8.6 | 48 |
| 40～ | 566 717 | 36.2 | 205 | 49.9 | 283 |
| 50～ | 482 455 | 148.3 | 715 | 179.9 | 868 |
| 60～ | 344 998 | 319.7 | 1103 | 324.4 | 1119 |
| 70～ | 207 377 | 323.5 | 671 | 329.0 | 682 |
| 合计 | 6 015 469 $N$ | 43.1 | 2721 $(\sum N_ip_i)$ | 39.5 | 3000 $(\sum N_ip_i)$ |

**例 17-5** 已知某地 2000 年恶性肿瘤死亡总数 23 人，以及该地 2000 年各年龄组的平均人口数，见表 17-7 第③栏。试比较该地恶性肿瘤死亡率是否高于全国平均水平。

1. 已知该地恶性肿瘤死亡总数 $r$ 和各年龄组人口数 $n_i$，未知该地各年龄组恶性肿瘤死亡率 $p_i$，采用间接标准化法计算标准化死亡率。

2. 选择全国同期各年龄组恶性肿瘤死亡率 $P_i$ 作为标准死亡率，见表 17-7 第②栏。

3. 计算预期死亡数，见表 17－7 第④栏。

**表 17－7　某地 2000 年恶性肿瘤标准化死亡率（1/10 万）计算表（间接法）**

| 年龄组 | 标准死亡率 | 某　地 | |
|---|---|---|---|
| | | 人口数 | 预期死亡数 |
| $i$ | $P_i$ | $n_i$ | $n_iP_i$ |
| ① | ② | ③ | ④=②③ |
| ＜20 | 4.83 | 3 066 | 0.148 |
| 20～ | 25.73 | 2 516 | 0.647 |
| 40～ | 149.14 | 1 440 | 2.148 |
| 60～ | 341.48 | 1 738 | 5.935 |
| 合　计 | 53.86 | 8 760 | 8.878（$\sum n_iP_i$） |

4. 用公式（17.6）计算该地的恶性肿瘤标准化死亡率

标化死亡比　$SMR=\dfrac{23}{8.878}=2.59$

标准化死亡率　$p'=53.86/10$ 万$\times 2.59=139.50/10$ 万

注意：在本例中，标准化死亡比和标准化率的计算都是以同期全国平均水平作参照计算的。该地恶性肿瘤标化死亡比为 2.59，说明该地恶性肿瘤死亡是全国平均水平的 2.59 倍，与通过计算标准化死亡率 $p'$ 进行比较，其结论是一致的。

**（三）标准化法的注意事项**

1. 标准化法只适用于某因素两组内部构成不同，并有可能影响两组总率比较的情况。对于因其他条件不同而产生的不具可比性问题，标准化法不能解决。选定的标准不同，算得的标准化率也不同。

2. 由于选择的标准人口不同，算出的标准化率也不同。因此，当比较多个标准化率时，应采用同一标准人口。

3. 标准化后的标准化率，已经不再反映当时当地的实际水平，它只是表示相互比较的资料间的相对水平。如比较甲、乙两县食管癌死亡率时，经过标准化后的总死亡率，已不是两地当时实际原食管癌死亡水平，但它能够说明在人口年龄的共同标准下，两县食管癌死亡水平相比较，谁高谁低。

4. 两样本标准化率是样本值，存在抽样误差。比较两样本的标准化率，当样本含量较小时，还应作假设检验。

## 第二节　分类变量资料的统计推断

### 一、率的抽样误差与标准误

在数值变量资料的抽样研究中，样本均数与总体均数之间存在抽样误差。同样，在分类变量资料的抽样研究中，从同一总体中按一定的样本含量 $n$ 抽样，所得样本率和总体率或样本率之间也存在着差异，这种差异称为率的抽样误差。率的抽样误差的大小是用率的标准误

来表示的。其计算公式为

$$\sigma_p=\sqrt{\frac{\pi\ (1-\pi)}{n}} \tag{17.7}$$

式中：$\sigma_p$ 为率的标准误，$\pi$ 为总体率，$n$ 为样本含量。

实际工作中，总体率 $\pi$ 一般是未知的，若用样本率 $p$ 估计，率的标准误的估计值为

$$S_p=\sqrt{\frac{p\ (1-p)}{n}} \tag{17.8}$$

率的标准误越小，表示率的抽样误差越小，用样本率估计总体率的可靠性就越大，反之，率的抽样误差越大，则用样本率估计总体率的可靠性就越小。

**例 17-6** 检查居民 800 人粪便中蛔虫阳性 200 人，阳性率为 25%，试求阳性率的标准误。

本例：$n=800$，$p=0.25$，$1-p=0.75$，按公式（17.8）

$$S_p=\sqrt{\frac{0.25\times0.75}{800}}=0.0153=1.53\%$$

## 二、总体率的区间估计

与总体均数的估计相同，总体率的估计分点值估计和区间估计。点值估计是用样本率作为总体率的估计值；区间估计是求出总体率的可信区间。根据样本含量和样本率的大小，总体率的区间估计可分别采用以下两种方法。

1. 查表法　在样本例数较小，且样本率接近 1 或 0 时，即阳性事件发生率很高或很低时，可按照二项分布原理确定总体率的可信区间，但计算过程较为繁琐。为方便应用，统计学家根据二项分布原理，编制了在 $n\leqslant50$ 时，样本例数为 $n$ 与阳性例数为 $X$ 时查总体率 95%和 99%可信区间的百分率可信区间表参考相关统计学教材。因此，在 $n\leqslant50$ 时，可直接查表求总体率的 95%或 99%可信区间。

**例 17-7** 某疗法治疗某病 28 人，10 人有效，求该疗法有效率的 95%可信区间。

查百分率的置信区间表，在横行 $n=28$ 和纵列 $X=10$ 的交叉处，有两组数值，上行为 95%可信区间，其数值为 19～56。即该疗法有效率的 95%可信区间为（19%，56%）。

在表中，$X$ 值只列出了 $X\leqslant n/2$ 的部分。当 $X>n/2$ 时，可用 $n-X$ 值查表，所得可信区间为总体阴性率可信区间，再用 1 减去总体阴性率可信区间，即为总体阳性率可信区间。

**例 17-8** 某疗法治疗某病 10 人，7 人有效，求该疗法有效率的 95%可信区间。

本例 $n=10$，有效数$>n/2$。先以 $n=10$ 和无效数 $X=3$ 查表，得总体无效率 95%可信区间为（7%，65%），用 1 减去此区间的上、下限，即得总体有效率的 95%可信区间为（1－65%，1－7%）＝（35%，93%）。

2. 正态近似法　当 $n$ 较大，$p$ 和 $1-p$ 均不太小时，如 $np$ 与 $n\ (1-p)$ 均大于 5 时，样本率 $p$ 的抽样分布近似正态分布，可按正态近似法求总体率的 $1-\alpha$ 可信区间。

$$p\pm u_{\alpha/2}s_p \tag{17.9}$$

公式中：$p$ 为样本率，$S_p$ 为率的标准误。$u_{\alpha/2}$ 为标准正态分布 $\alpha$ 水平的双侧临界值，即 $\alpha=0.05$ 时，$u_{\alpha/2}=1.96$；$\alpha=0.01$ 时，$u_{\alpha/2}=2.58$。

**例 17-9** 为了解某医院剖宫产情况，在该医院随机抽查了 106 人，其中施行剖宫产者

62 人，试估计该医院剖宫产率。

样本率为 $p=\frac{62}{106}=0.585=58.5\%$，按公式（17.8），率的标准误为

$$S_p=\frac{p(1-p)}{n}=\sqrt{\frac{58.5\%(1-58.5\%)}{106}}=4.8\%$$

故该医院总体剖宫产率的 95%可信区间为

$$(58.5\%-1.96\times4.8\%，58.5\%+1.96\times4.8\%)=(49.1\%，67.9\%)$$

## 三、两总体率之差的区间估计

设两个独立样本率分别为 $p_1$ 和 $p_2$，当 $n_1$ 与 $n_2$ 均较大，且 $p_1$、$1-p_1$ 及 $p_2$、$1-p_2$ 均不太小，一般认为，当 $n_1p_1$，$n_1(1-p_1)$，$n_2p_2$，$n_2(1-p_2)$ 均大于 5 时，可利用样本率的分布近似正态分布，采用正态近似法对按公式（17.10）对两总体率差别作出区间估计。

$$([p_1-p_2]-u_{\alpha/2}S_{p_1-p_2}，[p_1-p_2]+u_{\alpha/2}S_{p_1-p_2}) \quad (17.10)$$

$$S_{p_1-p_2}=\sqrt{\frac{X_1+X_2}{n_1+n_2}\left(1-\frac{X_1+X_2}{n_1+n_2}\right)\left(\frac{1}{n_1}+\frac{1}{n_2}\right)} \quad (17.11)$$

**例 17-10** 对甲、乙两种降压药进行临床疗效评价，将某时间段内入院的高血压病人随机分为两组，每组均为 100 人。甲药治疗组 80 位患者有效，乙药治疗组 50 位患者有效，试估计两种降压药有效率之差的 95%可信区间？

将甲、乙两药治疗组的患者数、治疗有效数分别以 $n_1$，$X_1$ 和 $n_2$，$X_2$ 表示，则 $n_1p_1$，$n_1(1-p_1)$，$n_2p_2$，$n_2(1-p_2)$ 均大于 5，采用公式（17.10）两总体率差别作出区间估计。

$$p_1=80/100=0.8=80\%，$$

$$p_2=50/100=0.5=50\%$$

$$S_{p_1-p_2}=\sqrt{\frac{80+50}{100+100}\left(1-\frac{80+50}{100+100}\right)\left(\frac{1}{100}+\frac{1}{100}\right)}=0.0675$$

两种降压药有效率之差的 95%可信区间为

$$([0.8-0.5]-1.96\times0.0675，[0.8-0.5]-1.96\times0.0675)$$

即（0.1677，0.4323）或（16.77%，43.23%）。

## 四、率的 *u* 检验

当样本含量 $n$ 足够大，且样本率 $p$ 和 $(1-p)$ 均不太小，如 $np$ 与 $n(1-p)$ 均≥5 时，样本率 $p$ 也是以总体率 $\pi$ 为中心呈正态分布或近似正态分布的。这时，两率差别的假设检验可用 $u$ 检验。

### （一）样本率与总体率比较的 *u* 检验

样本率与总体率（一般为理论值、标准值或经大量观察所得的稳定值）比较的目的，是推断该样本所代表的未知总体率 $\pi$ 与已知的总体率 $\pi_0$ 是否有差别。$u$ 值的计算公式为

$$u=\frac{|p-\pi_0|}{\sigma_p}=\frac{|p-\pi_0|}{\sqrt{\pi_0(1-\pi_0)/n}} \quad (17.12)$$

式中：$p$ 为样本率，$\pi_0$ 为已知的总体率，$n$ 为样本含量。

**例 17-11** 根据以往经验，一般胃溃疡病患者有 20%发生胃出血症状。现某医生观察

65 岁以上胃溃疡病人 152 例，其中 48 例发生胃出血，占 31.6%。问老年胃溃疡病患者是否较一般胃溃疡病患者更易发生胃出血。

1. 建立检验假设，确定检验水准

$H_0$：$\pi=0.2$，即老年胃溃疡出血率与一般胃溃疡出血率相同。

$H_1$：$\pi>0.2$，即老年胃溃疡出血率高于一般胃溃疡出血率。

单侧 $\alpha=0.05$。

2. 计算检验统计量　本例 $p=0.316$，$\pi_0=0.2$，$n=152$，代入公式（17.12）得

$$u=\frac{|0.316-0.20|}{\sqrt{\frac{0.20\times(1-0.20)}{152}}}=3.58$$

3. 确定 $P$ 值，作出推断结论　查 $u$ 界值表（$t$ 界值表，$\nu=\infty$时），单侧 $u_{0.0005}=3.29$，现 $u>u_{0.0005}$，得 $P<0.0005$。在 $\alpha=0.05$ 水准上，拒绝 $H_0$，接受 $H_1$，差异有统计学意义。认为老年胃溃疡病患者较一般胃溃疡病患者容易发生胃出血。

**（二）两样本率比较的 $u$ 检验**

两样本率比较的目的，是推断两样本分别代表的未知总体率 $\pi_1$ 和 $\pi_2$ 是否有差别。适用条件为两样本的 $np$ 和 $n(1-p)$ 均大于 5。计算公式为

$$u=\frac{|p_1-p_2|}{S_{p_1-p_2}}=\frac{|p_1-p_2|}{\sqrt{p_c(1-p_c)\left(\frac{1}{n_1}+\frac{1}{n_2}\right)}}\qquad(17.13)$$

式中：$p_1$和 $p_2$为两样本率，$S_{p_1-p_2}$为两样本率之差的标准误，$p_c$为两样本合并率，$n_1$和 $n_2$分别为两样本含量。

**例 17-12**　某中药研究所试用某种草药预防流感，观察用药组和对照组（未用药组）的流感发病率，其结果见表 17-8。问两组流感发病率有无差别?

**表 17-8　用药组和对照组流感发病率比较**

| 组　别 | 观察人数 | 发病人数 | 发病率（%） |
|---|---|---|---|
| 用药组 | 100 | 14 | 14 |
| 对照组 | 120 | 30 | 25 |
| 合　计 | 220 | 44 | 20 |

1. 建立检验假设，确定检验水准

$H_0$：$\pi_1=\pi_2$，即用药组和对照组流感发病率相同。

$H_1$：$\pi_1\neq\pi_2$，即用药组和对照组流感发病率不同。

$\alpha=0.05$。

2. 计算检验统计量　本例 $n_1=100$，$p_1=14\%$，$n_2=120$，$p_2=25\%$，$p_c=20\%$，$1-p_c=80\%$，代入公式（17.13）得

$$u=\frac{|0.14-0.25|}{\sqrt{0.20\times0.80\ (1/100+1/120)}}=2.031$$

3. 确定 $P$ 值，作出推断结论　查 $u$ 界值表，得 $u_{0.05}<u<u_{0.02}$，故 $0.05>P>0.02$。在 $\alpha=0.05$ 水准上，拒绝 $H_0$，接受 $H_1$，差异有统计学意义。可认为用药组流感发病率较对照

组低。

## 第三节 $\chi^2$ 检验

$\chi^2$ 检验（chi square test）是英国统计学家 Pearson 提出的一种用途广泛的假设检验方法。该检验以 $\chi^2$ 分布（chi square distribution）和拟合优度检验（goodness of fit test）为理论依据。本节介绍它在计数资料中的应用，包括推断两个（或多个）总体率或构成比之间是否有差别和多个样本率间的多重比较。

### 一、四格表资料的 $\chi^2$ 检验

#### （一）四格表资料的 $\chi^2$ 检验的基本思想

**例 17－13** 为了解某中药治疗原发性高血压的疗效，将 70 名高血压患者随机分为两组。试验组用该药加辅助治疗，对照组用安慰剂加辅助治疗，观察结果见表 17－9，问该药治疗原发性高血压是否有效？

**表 17－9 两种疗法治疗原发性高血压的疗效**

| 组别 | 有效 | 无效 | 合计 | 有效率（%） |
|---|---|---|---|---|
| 对照组 | 20（25.8） $a$ | 24（18.2） $b$ | 44 $a+b$ | 45.45 |
| 试验组 | 21（15.2） $c$ | 5（10.8） $d$ | 26 $c+d$ | 80.77 |
| 合计 | 41 $a+c$ | 29 $b+d$ | 70 $n$ | 58.57 |

本例为两样本率比较的资料，表 17－9 内只有 4 个数 $\begin{array}{c|c} a & b \\ \hline c & d \end{array}$ 是该表的基本数据，其余数据都是由这 4 个基本数据推算出来的，称为四格表（fourfold table）资料。四格表资料可用 $\chi^2$ 检验推断两个总体率（或构成比）之间有无差别。$\chi^2$ 检验的检验统计量为 $\chi^2$，其基本公式为

$$\chi^2=\sum\frac{(A-T)^2}{T} \tag{17.14}$$

$$\nu=（行数-1）（列数-1） \tag{17.15}$$

公式（17.14）亦称 Pearson$\chi^2$。式中 $A$ 为实际频数（actual frequency），如上例中的 4 个基本数据 $a$、$b$、$c$、$d$；$T$ 为理论频数（theoretical frequency）。

理论频数 $T$ 是根据检验假设 $H_0$：$\pi_1=\pi_2$ 确定的。如例 17－13，无效假设是试验组与对照组治疗原发性高血压的总体有效率相等，均等于合计的有效率 58.57%。那么理论上，对照组的 44 例原发性高血压病患者中有效者应为44（41/70）＝25.8，无效者为 44（29/70）＝18.2；同理，试验组的 26 例原发性高血压病患者中有效者应为 26（41/70）＝15.2，无效者为 26（29/70）＝10.8。由此可得出理论频数 $T$ 的计算公式为

$$T_{RC}=\frac{n_R\cdot n_C}{n} \tag{17.16}$$

式中 $T_{RC}$ 为第 $R$ 行（row）第 $C$ 列（column）的理论频数，$n_R$ 为相应行的合计，$n_C$ 为相应列的合计，$n$ 为总例数。

由公式（17.14）可以看出：$\chi^2$ 值反映了实际频数与理论频数的吻合程度。若检验假设 $H_0$ 成立，实际频数与理论频数的差值会小，则 $\chi^2$ 值也会小；反之，若检验假设 $H_0$ 不成立，实际频数与理论频数的差值会大，则 $\chi^2$ 值也会大。由公式（17.14）还可以看出：$\chi^2$ 值的大小还取决于 $\frac{(A-T)^2}{T}$ 个数的多少（严格地说是自由度 $\nu$ 的大小）。由于各 $\frac{(A-T)^2}{T}$ 皆是正值，故自由度 $\nu$ 愈大，$\chi^2$ 值也会愈大；所以只有考虑了自由度 $\nu$ 的影响，$\chi^2$ 值才能正确地反映实际频数 $A$ 和理论频数 $T$ 的吻合程度。

由公式（17.15）可见，$\chi^2$ 检验的自由度 $\nu$ 取决于可以自由取值的格子数目，而不是样本含量 $n$。四格表资料只有两行两列，$\nu=1$，即在周边合计数固定的情况下，4 个基本数据当中只有一个可以自由取值，因此，对于四格表资料，只要根据公式（17.16）计算出一个理论值 $T_{RC}$ 后，其他 3 个理论值可用周边合计数减去相应的理论值 $T$ 得出。如例 17－13 中，$T_{11}=44$（41/70）$=25.8$，$T_{12}=44-25.8=18.2$，$T_{21}=41-25.8=15.2$，$T_{22}=26-15.2=10.8$（或 $T_{22}=29-18.2=10.8$）。

$\chi^2$ 检验时，要根据自由度 $\nu$ 查 $\chi^2$ 界值表。当自由度 $\nu$ 确定后，$\chi^2$ 分布曲线下右侧尾部的面积为 $\alpha$ 时，横轴上相应的 $\chi^2$ 值记作 $\chi^2_{\alpha,\nu}$ 即 $\chi^2$ 分布的分位数。$\chi^2$ 值与 $P$ 值的对应关系见附表 2 的 $\chi^2$ 分布界值表。在自由度 $\nu$ 确定后，$\chi^2$ 值愈大，$P$ 值愈小；反之，$\chi^2$ 值愈小，$P$ 值愈大。定检验水准为 $\alpha$，当 $\chi^2\geqslant\chi^2_{\alpha,\nu}$ 时，$P\leqslant\alpha$，拒绝 $H_0$，接受 $H_1$；当 $\chi^2<\chi^2_{\alpha,\nu}$ 时，$P>\alpha$，不拒绝 $H_0$。

现以例 17－13 为例说明 $\chi^2$ 检验的步骤。

1. 建立检验假设并确定检验水准

$H_0$：$\pi_1=\pi_2$，即试验组与对照组的总体有效率相等。

$H_1$：$\pi_1\neq\pi_2$，即试验组与对照组的总体有效率不等。

$\alpha=0.05$

2. 计算检验统计量　按公式（17.16）计算 $T_{11}$，然后用减法计算 $T_{12}$、$T_{21}$ 和 $T_{22}$：

$T_{11}=44\times$（41/70）$=25.8$，$T_{12}=44-25.8=18.2$，

$T_{21}=41-25.8=15.2$，$T_{22}=26-15.2=10.8$。

按公式（17.14）计算 $\chi^2$ 值

$$\chi^2=\frac{(20-25.8)^2}{25.8}+\frac{(24-18.2)^2}{18.2}+\frac{(21-15.2)^2}{15.2}+\frac{(5-10.8)^2}{10.8}=8.40$$

按公式（17.15）计算 $\nu$，$\nu=(2-1)\times(2-1)=1$

3. 确定 $P$ 值，作出推断结论　以 $\nu=1$ 查附表 2 的 $\chi^2$ 界值表得 $P<0.005$。按 $\alpha=0.05$ 水准，拒绝 $H_0$，接受 $H_1$，可以认为两组治疗原发性高血压的总体有效率不等，即可认为该中药治疗原发性高血压有效。

两样本率比较时，当总例数 $n\geqslant40$ 且所有格子的 $T\geqslant5$ 时，可用 $\chi^2$ 检验的基本公式（17.14）。实际应用时，为省去计算理论频数的步骤，简化计算公式，常用四格表资料 $\chi^2$ 检验的专用公式（17.17）计算检验统计量 $\chi^2$ 值

$$\chi^2=\frac{(ad-bc)^2n}{(a+b)(c+d)(a+c)(b+d)} \qquad (17.17)$$

式中 $a$，$b$，$c$，$d$ 为四格表的实际频数；$(a+b)$，$(c+d)$，$(a+c)$，$(b+d)$ 是周边合计数；$n$ 为总例数，$n=a+b+c+d$。公式（17－17）中相应符号见表 17－9。

仍以例 17－13 资料为例，用公式（17.17）计算 $\chi^2$ 值

$$\chi^2=\frac{(20\times5-24\times21)^2\times70}{44\times26\times41\times29}=8.40$$

结果与用公式（17.14）计算的相同。

**（二）四格表资料 $\chi^2$ 检验的校正公式**

$\chi^2$ 界值表的依据是 $\chi^2$ 分布，$\chi^2$ 分布是连续型分布。计数资料中的实际频数 $A$ 为分类资料，是不连续的，由公式（17.14）计算的 $\chi^2$ 值是离散型分布。因此，用公式（17.14）计算的 $\chi^2$ 值查 $\chi^2$ 界值表所得的概率 $P$ 偏小，特别是当自由度 $\nu$ 为 1 的四格表资料。为此，美国统计学家 F. Yates（1934 年）提出了用 $|A-T|-0.5$ 计算 $\chi^2$ 的连续性校正法（correction for continuity），其校正公式为

$$\chi_c^2=\sum\frac{(|A-T|-0.5)^2}{T} \tag{17.18}$$

$$\chi_c^2=\frac{\left(|ad-bc|-\frac{n}{2}\right)^2 n}{(a+b)(c+d)(a+c)(b+d)} \tag{17.19}$$

公式（17.18）和公式（17.19）分别是公式（17.14）和公式（17.17）的校正。在实际工作中，对于四格表资料，通常规定为

1. 当 $n\geqslant40$ 且所有的 $T\geqslant5$ 时，用 $\chi^2$ 检验的基本公式（17.14）或四格表资料 $\chi^2$ 检验的专用公式（17.17）；当 $P\approx\alpha$ 时，改用四格表资料的 Fisher 确切概率法。

2. 当 $n\geqslant40$ 但有 $1\leqslant T<5$ 时，用四格表资料 $\chi^2$ 检验的校正公式（17.18）或（17.19）；或改用四格表资料的 Fisher 确切概率法。

3. 当 $n<40$，或 $T<1$ 时，用四格表资料的 Fisher 确切概率法。

**例 17－14** 某医学院抽样调查大学四年级和五年级学生近视眼患病情况，四年级学生的近视率为 7.14%，五年级学生的近视率为 35.71%，调查结果见表 17－10。问该大学四年级与五年级学生的近视眼患病率是否不同？

**表 17－10 两个年级大学生的近视眼患病率比较**

| 年级 | 近视<br>例（%） | 非近视<br>例（%） | 合计 | 近视率（%） |
|---|---|---|---|---|
| 四年级 | 2（4.7） | 26（23.3） | 28 | 7.14 |
| 五年级 | 5（2.3） | 9（11.7） | 14 | 35.71 |
| 合计 | 7 | 35 | 42 | 16.67 |

备注：括号内数字为理论频数。

1. 建立检验假设并确定检验水准

$H_0$：$\pi_1=\pi_2$，即四年级与五年级学生的近视眼患病率相等。

$H_1$：$\pi_1\neq\pi_2$，即四年级与五年级学生的近视眼患病率不相等。

$\alpha=0.05$

2. 计算检验统计量　按照公式（17.16）计算各观察值的理论频数，记于表 17－10 的括号中。本例 $n=42$，但有 2 个格子的理论频数分别 2.3 和 4.7 均小于 5，需用四格表资料 $\chi^2$ 检验的校正公式（17.18）或公式（17.19）。本例用公式（17.19）计算校正 $\chi^2$ 值

$$\chi_c^2=\frac{\left(|2\times9-26\times5|-\frac{42}{2}\right)^2\times42}{(2+5)(26+9)(2+26)(5+9)}=3.62$$

$\nu=1$

3. 确定 $P$ 值，作出推断结论　以 $\nu=1$ 查附表 2 的 $\chi^2$ 界值表得 $P>0.05$。按 $\alpha=0.05$ 水准，不拒绝 $H_0$，还不能认为四年级与五年级学生近视眼患病率不等。

本资料若不校正时，$\chi^2=5.49$，$P<0.05$ 结论与之相反。

### (三) 四格表的确切概率法

当四格表资料中出现 $n<40$ 或 $T<1$，或用公式（17.14）与公式（17.17）计算出 $\chi^2$ 值后所得的概率 $P=\alpha$ 时，需改用四格表资料的 Fisher 确切概率（Fisher's exact Test）法。该法是一种直接计算概率的假设检验方法，其理论依据是超几何分布（hypergeometric distribution）。四格表的确切概率法不属于 $\chi^2$ 检验的范畴，但常作为四格表资料假设检验的补充。

确切概率计算法的基本思想是：在四格表边缘合计固定不变的条件下，利用公式（17.20）直接计算表内四个格子数据的各种组合的概率 $P_i$，然后计算单侧或双侧累计概率 $P$，并与检验水准 $\alpha$ 比较，作出是否拒绝 $H_0$ 的结论。

$$P_i=\frac{(a+b)!\,(c+d)!\,(a+c)!\,(b+d)!}{a!\,b!\,c!\,d!\,n!} \tag{17.20}$$

式中 $a$，$b$，$c$，$d$，$n$ 等符号的意义同表 17-9，$\sum P_i=1$；! 为阶乘符号，$0!=1$。

下面用实例说明其检验原理和检验方法。

**例 17-15**　将 17 名腰椎间盘脱出症患者随机分到两组，分别用两种方法治疗，结果见表 17-11，问两种疗法的疗效是否不同？

**表 17-11　两种疗法对腰椎间盘脱出症的疗效**

| 疗　法 | 治愈 | 未治愈 | 合计 | 治愈率（%） |
|---|---|---|---|---|
| 新疗法 | 7 | 2 | 9 | 77.78 |
| 保守疗法 | 2 | 6 | 8 | 25.00 |
| 合　计 | 9 | 8 | 17 | 52.94 |

本例 $n=17<40$，不满足 $\chi^2$ 检验的应用条件，宜用 Fisher 确切概率法。其假设检验步骤如下：

1. 建立检验假设并确定检验水准

$H_0$：$\pi_1=\pi_2$，即两种疗法对腰椎间盘脱出症的疗效相同。

$H_1$：$\pi_1\neq\pi_2$，即两种疗法对腰椎间盘脱出症的疗效不同。

$\alpha=0.05$

2. 计算概率　在四格表周边合计数不变的条件下，表 17-11 内 4 个实际频数变动的组合数共有“周边合计中最小数+1”个即 8+1=9 个，根据公式（17.20）计算各种组合的四格表概率，结果见表 17-12。例如实际观察到的四格表资料的概率为

$$P^*=\frac{9!\,8!\,8!\,9!}{7!\,2!\,2!\,6!\,17!}=0.041464$$

**表 17-12　各种组合的四格表计算的概率四格表序号**

| 四格表序号 | 治愈 | 未治愈 | $a-T_a$ | $P$ |
|---|---|---|---|---|
| 1 | 18 | 80 | −3.76 | 0.000 370 |
| 2 | 27 | 71 | −2.76 | 0.011 847 |
| 3 | 36 | 62 | −1.76 | 0.096 750 |
| 4 | 45 | 53 | −0.76 | 0.290 251 |
| 5 | 54 | 44 | 0.24 | 0.362 814 |
| 6 | 63 | 35 | 1.24 | 0.193 501 |
| 7* | 72 | 26 | 2.24* | 0.041 464* |
| 8 | 81 | 17 | 3.24 | 0.002 962 |
| 9 | 90 | 08 | 4.24 | 0.000 041 |

*：为实际四格表

3. 确定累计概率 $P$ 值，作出推断结论　双侧检验：在没有足够临床经验认为新疗法治愈率可能高于保守疗法的情况下，应作双侧检验假设。在四格表周边合计数不变的条件下，$a$ 值的理论频数为 $T_{11}=T_a=9\times(9/17)=4.76$；在实际观察频数 $a=7$ 时，$|a-T_a|=|7-4.76|=2.24$。观察上述 9 个 2×2 表，$a$ 值越大，$c$ 值越小，$|a-T_a|$ 值越大；$a$ 值越小，$c$ 值越大，$|a-T_a|$ 值越大。欲拒绝 $H_0$，$P$ 值的计算应包括 $|a-T_a|\geqslant 2.24$（并 $P\leqslant 0.041464$）的四格表的概率之和。双侧累计概率 $P$ 值为

$$P=P(1)+P(2)+P(7)+P(8)+P(9)$$
$$=0.000370+0.011847+0.041464+0.002962+0.000041$$
$$=0.057$$

$P=0.057>0.05$，在 $\alpha=0.05$ 检验水准下，不拒绝 $H_0$，还不可以认为两种疗法不同。

单侧检验：若本例有充足的医学知识认为新疗法不会比保守疗法差，只需做单侧检验，计算包括 $a-T_a\geqslant 2.24$ 的四格表的概率之和。单侧累计概率 $P$ 值为

$$P=P(7)+P(8)+P(9)=0.041464+0.002962+0.000041$$
$$=0.044$$

$P<0.05$，在 $\alpha=0.05$ 检验水准下，拒绝 $H_0$，接受 $H_1$。可以认为两种疗法不同，新疗法的治愈率高于保守疗法。

同一个资料，由于选择检验的单、双侧不同，得出了不同的结论。如前所述，在资料分析时，用单侧检验还是用双侧检验，应根据研究目的在实验设计时确定，不应该在实验结束后进行统计分析时，为达到主观愿望而临时作出选择。

## 二、配对四格表资料的 $\chi^2$ 检验

**例 17-16**　现有 198 份痰标本，每份标本分别用 A、B 两种培养基培养结核菌，结果见表 17-13。问 A、B 两种培养基的阳性培养率是否不等？

**表 17-13　A、B 两种培养基的培养结果**

| A 培养基 | B 培养基 | | 合计 |
| --- | --- | --- | --- |
| | + | − | |
| + | 48（$a$） | 24（$b$） | 72 |
| − | 20（$c$） | 106（$d$） | 126 |
| 合计 | 68 | 130 | 198 |

本例为配对设计的计数资料。计数资料的配对设计常用于两种检验方法、两种培养方法、两种诊断方法的比较。其特点是对样本中各观察单位分别用两种方法处理，然后观察两种处理方法的某两分类变量的计数结果。观察结果有四种情况，可整理成表 17-13 的形式：①A、B 两种检测方法皆为阳性数（$a$）；②A、B 两种检测方法皆为阴性数（$d$）；③A 法为阳性、B 法为阴性数（$b$）；④A 法为阴性、B 法为阳性数（$c$）。其中，$a$，$b$ 为两法观察结果一致的两种情况，$b$，$c$ 为两法观察结果不一致的两种情况。当两种处理方法无差别时，对总体有 $B=C$，即两总体率相等 $\pi_1=\pi_2$。由于在抽样研究中，抽样误差是不可避免的，样本中的 $b$ 和 $c$ 往往不等（$b\neq c$，即两样本率不等：$p_1\neq p_2$）。为此，需进行假设检验（McNemar test），其检验统计量为

$$\chi^2=\frac{(b-c)^2}{b+c}，\nu=1 \tag{17.21}$$

$$\chi_c^2=\frac{(|b-c|-1)^2}{b+c}，\nu=1 \tag{17.22}$$

公式（17.21）适用于（$b+c$）$\geqslant 40$，公式（17.22）适用于（$b+c$）$<40$。值得注意的是，该法一般用于样本含量不太大的资料。因本法仅考虑了两法结果不一致的两种情况（$b$，$c$），而未考虑样本含量 $n$ 和两法结果一致的两种情况（$a$，$d$）。所以，当 $n$ 很大且 $a$ 与 $d$ 的数值很大（即两法的一致率较高），$b$ 与 $c$ 的数值相对较小时，即便是检验结果有统计学意义，其实际意义往往也不大。

本例的检验步骤如下：

1. 建立检验假设并确定检验水准

$H_0$：$B=C$，即两种培养基的阳性培养率相等。

$H_1$：$B\neq C$，即两种培养基的阳性培养率不相等。

$\alpha=0.05$

2. 计算检验统计量　本例 $b+c>40$，用公式（17.21）计算得

$$\chi^2=\frac{(24-20)^2}{24+20}=0.36，\nu=1$$

3. 确定 $P$ 值，作出推断结论　查 $\chi^2$ 界值表得 $P>0.05$。按 $\alpha=0.05$ 水准，不拒绝 $H_0$。尚不能认为两种培养基的阳性培养率不同。

应该注意，配对设计的四格表资料只能用配对 $\chi^2$ 检验，而不能随意转化为两组独立样本的 $\chi^2$ 检验。

## 三、行×列表资料的 $\chi^2$ 检验

前面介绍了两个样本率比较的 $\chi^2$ 检验方法，其基本数据有 2 行 2 列，称 2×2 表或四格

表资料。本节介绍的行×列表资料的 $\chi^2$ 检验，用于多个样本率的比较、两个或多个构成比的比较。其基本数据有以下 3 种情况：①多个样本率比较时，有 $R$ 行 2 列，称为 $R\times2$ 表；②两个样本的构成比比较时，有 2 行 $C$ 列，称 $2\times C$ 表；③多个样本的构成比比较，有 $R$ 行 $C$ 列，称为 $R\times C$ 表。以上 3 种情况可统称为行×列表资料。

行×列表资料的 $\chi^2$ 检验仍用 Pearson $\chi^2$ 公式，即公式（17.14）计算检验统计量 $\chi^2$ 值。因该式需先计算理论频数 $T_{RC}$，计算较繁琐，可将计算理论频数的公式（17.16）代入公式（17.14），化简后得行×列表资料 $\chi^2$ 检验的专用公式为

$$\chi^2=n\left(\sum\frac{A^2}{n_R n_C}-1\right),\ \nu=(\text{行数}-1)(\text{列数}-1) \tag{17.23}$$

式中各符号的意义同前。

**（一）行×列表资料的 $\chi^2$ 检验**

**例 17-17** 某医院用 3 种方案治疗急性无黄疸型病毒肝炎 254 例，观察结果见表 17-14，问 3 种疗法的有效率是否不等。

**表 17-14 3 种方案治疗肝炎的疗效**

| 组别 | 有效 | 无效 | 合计 | 有效率（%） |
|---|---|---|---|---|
| 西药组 | 51 | 49 | 100 | 51.00 |
| 中药组 | 35 | 45 | 80 | 43.75 |
| 中西药结合组 | 59 | 15 | 74 | 79.73 |
| 合计 | 145 | 109 | 254 | 57.09 |

本例为 3 个样本率的比较，是 3×2 表资料。

1. 建立检验假设并确定检验水准

$H_0$：3 种治疗方案的有效率相等。

$H_1$：3 种治疗方案的有效率不全相等。

$\alpha=0.05$

2. 计算检验统计量　按公式（17.23）计算 $\chi^2$ 值：

$$\begin{aligned}\chi^2&=254\times\left(\frac{51^2}{100\times145}+\frac{49^2}{100\times109}+\frac{35^2}{80\times145}+\frac{45^2}{80\times109}+\frac{59^2}{74\times145}+\frac{15^2}{74\times109}-1\right)\\&=254\times(0.1794+0.2203+0.1056+0.2322+0.3244+0.0279-1)\\&=22.81\end{aligned}$$

$\upsilon=(3-1)\times(2-1)=2$

3. 确定 $P$ 值，作出推断结论　查 $\chi^2$ 界值表得 $P<0.05$，在 $\alpha=0.05$ 的检验水准下，拒绝 $H_0$，接受 $H_1$，可以认为 3 种疗法的有效率有差别。

**例 17-18** 某研究人员收集了亚洲、欧洲和北美洲人的 A、B、AB、O 血型资料，结果见表 17-15，问不同地区人群 ABO 血型分类构成比是否不同。

表 17-15　3 个不同地区血型样本的频数分布

| 地区 | A | B | AB | O | 合计 |
|---|---|---|---|---|---|
| 亚洲 | 321 | 369 | 95 | 295 | 1080 |
| 欧洲 | 258 | 43 | 22 | 194 | 517 |
| 北美洲 | 408 | 106 | 37 | 444 | 995 |
| 合计 | 987 | 518 | 154 | 933 | 2592 |

本例为 3 个样本的构成比的比较，是 3×4 表资料。

1. 建立检验假设并确定检验水准

$H_0$：不同地区人群血型分布总体构成比相同。

$H_1$：不同地区人群血型分布总体构成比不全相同。

$\alpha=0.05$

2. 计算检验统计量　按公式（17.23）计算 $\chi^2$ 值：

$$\chi^2=2592\left(\frac{321^2}{987\times1080}+\frac{369^2}{518\times1080}+\cdots\cdots+\frac{444^2}{933\times995}-1\right)=297.38$$

$$\nu=(3-1)\times(4-1)=6$$

3. 确定 $P$ 值，作出推断结论　查 $\chi^2$ 界值表得 $P<0.05$，在 $\alpha=0.05$ 检验水准下，拒绝 $H_0$，认为 3 个不同地区的人群血型分布总体构成比有差别。

当多个样本率比较的 $R\times2$ 表资料 $\chi^2$ 检验，推断结论为拒绝 $H_0$，接受 $H_1$ 时，只能认为各总体率之间总的来说有差别，但不能说明任两个总体率之间有差别。多个样本率间的两两比较若直接用四格表资料的 $\chi^2$ 检验进行多重比较，将会加大犯Ⅰ型错误的概率。因此，样本率间的多重比较不能直接用四格表资料的 $\chi^2$ 检验。下面介绍多个样本率间多重比较的 $\chi^2$ 分割法（partitions of $\chi^2$ method）。

**（二）行×列表资料的分割**

应用 $\chi^2$ 分割法进行多个样本率间的多重比较，为保证检验假设中Ⅰ型错误 $\alpha$ 的概率不变，必须重新规定检验水准。因分析目的不同，$k$ 个样本率两两比较的次数不同，故重新规定的检验水准的估计方法亦不同。通常有两种情况：

1. 多个实验组间的两两比较　分析目的为 $k$ 个实验组间，任两个率均进行比较，检验水准 $\alpha'$ 可用下式估计

$$\alpha'=\frac{\alpha}{\binom{k}{2}+1} \tag{17.24}$$

式中 $\binom{k}{2}=\frac{k(k-1)}{2}$，$k$ 为样本率的个数。

2. 实验组与同一个对照组的比较　分析目的为各实验组与同一个对照组比较，而各实验组间不需比较。检验水准 $\alpha'$ 可用下式估计：

$$\alpha'=\frac{\alpha}{2(k-1)} \tag{17.25}$$

式中 $k$ 为样本率的个数。由该式估计的检验水准 $\alpha'$ 较保守。

由于重新估计的检验水准 $\alpha'$ 通常较小，无法从附表 2 的 $\chi^2$ 界值表中得出 $P$ 值作比较，

特将其常用的 $\chi^2$ 值与对应的概率 $P$ 值整理于表 17－16 中，以便于读者应用。

**表 17－16　$\nu=1$ 时的 $\chi^2$ 界值表（供多个样本率间的多重比较用）**

| $\chi^2$ | $P$ | $\chi^2$ | $P$ | $\chi^2$ | $P$ |
|---|---|---|---|---|---|
| 6.24 | 0.01250 | 7.48 | 0.00625 | 8.21 | 0.00417 |
| 6.96 | 0.00833 | 7.88 | 0.00500 | 8.49 | 0.00358 |
| 7.24 | 0.00714 | 8.05 | 0.00455 | 8.73 | 0.00313 |

**例 17－19**　对例 17－17 中表 17－14 的资料进行两两比较，以推断是否任两种疗法治疗急性无黄疸型病毒肝炎的有效率均有差别？

本例研究目的为 3 个实验组间的两两比较，检验水准 $\alpha'$ 用公式（17.24）估计得

$$\alpha'=\frac{0.05}{3\times(3-1)/2+1}=\frac{0.05}{4}=0.0125$$

1. 建立检验假设并确定检验水准

$H_0$：$\pi_A=\pi_B$，即任两对比组的总体有效率相等。

$H_1$：$\pi_A\neq\pi_B$，即任两对比组的总体有效率不等。

$\alpha=0.05$

2. 计算检验统计量　本例研究目的为 3 个实验组间的两两比较，两两比较的 2×2 表及用公式（17.17）分别计算任两对比组的检验统计量 $\chi^2$ 值结果见表 17－17。

3. 确定 $P$ 值，作出推断结论　查表 17－16，任两对比组的 $P$ 值结果见表 17－17。按 $\alpha'=0.0125$ 水准，西药组与中药组的疗效比较不拒绝 $H_0$，尚不能认为西药与中药治疗肝炎的有效率有差异；中药组与中西药结合组的疗效比较拒绝 $H_0$，接受 $H_1$，可以认为中药与中西药结合治疗肝炎的有效率有差异，中西药结合的疗法好于单纯用中药的疗法；西药组与中西药结合组的疗效比较拒绝 $H_0$，接受 $H_1$，可以认为西药与中西药结合治疗肝炎的有效率有差异，中西药结合的疗法好于单纯用西药的疗法。

**表 17－17　3 种疗法有效率的两两比较**

| 对比组 | 有效 | 无效 | 合计 | $\chi^2$ | $P$ |
|---|---|---|---|---|---|
| 西药组 | 51 | 49 | 100 | | |
| 中药组 | 35 | 45 | 80 | 0.94 | >0.0125 |
| 合计 | 86 | 94 | 180 | | |
| 中药组 | 35 | 45 | 80 | | |
| 中西药结合组 | 59 | 15 | 74 | 20.93 | <0.00313 |
| 合计 | 94 | 60 | 154 | | |
| 西药组 | 51 | 49 | 100 | | |
| 中西药结合组 | 59 | 15 | 74 | 15.10 | <0.00313 |
| 合计 | 110 | 64 | 174 | | |

**例 17－20**　以例 17－17 中表 17－14 资料中的中药治疗组为对照组，西药治疗组与中西药结合为试验组，试分析两试验组与对照组的总体有效率有无差别？

本例研究目的为各试验组与同一对照组的比较，检验水准 $\alpha'$ 用公式（17.25）估计得

$$\alpha'=\frac{0.05}{2\times(3-1)}=\frac{0.05}{4}=0.0125$$

1. 建立检验假设并确定检验水准

$H_0$：$\pi_T=\pi_C$，即各试验组与对照组的总体有效率相等。

$H_1$：$\pi_T\neq\pi_C$，即各试验组与对照组的总体有效率不等。

$\alpha=0.05$

2. 计算检验统计量　本例为各试验组与同一对照组的比较，由表 17－17 可知

西药组与中药组的疗效比较：$\chi^2=0.94$

中西药结合组与中药组的疗效比较：$\chi^2=20.93$

3. 确定 $P$ 值，作出推断结论　查表 17－16，各试验组与同一对照组比较的 $P$ 值结果见表 17－17。按 $\alpha'=0.0125$ 水准，西药组与中药组的疗效比较不拒绝 $H_0$，尚不能认为西药与中药治疗肝炎的有效率有差异；中药组与中西药结合组的疗效比较拒绝 $H_0$，接受 $H_1$，可以认为中药与中西药结合治疗肝炎的有效率有差异，中西药结合的疗法好于单纯用中药的疗法。

**（三）行×列表资料 $\chi^2$ 检验的注意事项**

1. 一般认为，行×列表资料中各格的理论频数不应小于 1，并且 $1\leqslant T<5$ 的格子数不宜超过格子总数的 1/5。若出现上述情况，可通过以下方法解决：① 最好是增加样本含量，使理论频数增大；② 根据专业知识，考虑能否删去理论频数太小的行或列，能否将理论频数太小的行或列与性质相近的邻行或邻列合并；③ 改用 $R\times C$ 表资料的 Fisher 确切概率法。

2. 多个样本率比较，若所得统计推断为拒绝 $H_0$，接受 $H_1$ 时，只能认为各总体率之间总的来说有差别，但不能说明任两个总体率之间均有差别。

## 第四节　秩和检验

第 16 章已提到 $t$ 检验要求数据来自正态总体，各总体间方差相等。在实际工作中，对于不满足 $t$ 检验应用条件的数值变量资料（计量资料），或有序分类变量资料（等级资料），可选用本节介绍的秩和检验（rank sum test）。秩和检验是将定量数据从小到大、等级从弱到强或从强到弱转换成秩后（秩转换），求秩和，计算检验统计量—秩统计量，作出统计推断。秩统计量的分布与原数据总体分布无关，秩和检验可以避免 $t$ 检验对总体分布的假定不当而可能产生的错误，具有较好的稳健性，可用于任何分布类型的资料。此外，秩和检验通常还用于一端或二端是不确定数值（如 $<0.1$、$>10.0$ 等）的资料、分布类型不明资料。

本节介绍用于配对设计资料的符号秩检验，成组设计两组及多组资料的秩和检验，配伍设计资料的秩和检验。

### 一、配对设计资料的符号秩检验

对于配对设计计量资料两处理效应的比较，如果差值不符合配对 $t$ 检验的应用条件，可采用 Wilcoxon 符号秩检验（Wilcoxon signed-rank test），亦称符号秩和检验。Wilcoxon 符号秩检验用于推断配对的两个相关样本所来自的两个总体是否有差别。设有 $n$ 个对子，其差

值的绝对值的秩为 1，2，…，$n$，$n$ 个秩的秩和为 $1+2+\cdots+n=(n+1)/2$。符号秩检验基本思想是：在 $H_0$ 成立的条件下，差值中正号与负号出现的机会均等，正号秩和（$T_+$）与负号秩和（$T_-$）的期望值（理论数）相等，均为 $n(n+1)/4$，统计量 $T$（$T_+$ 或 $T_-$）在 $n(n+1)/4$ 两侧附近并呈对称分布。$T$ 与 $n(n+1)/4$ 的差距越小，$P$ 值就越大；$T$ 与 $n(n+1)/4$ 的差距越大，$P$ 值就越小。当 $P\leqslant\alpha$ 时，拒绝 $H_0$。理论上可证明：当样本含量 $n$ 增大时，$T$ 的分布逐渐逼近均数为 $n(n+1)/4$，方差为 $n(n+1)(2n+1)/24$ 的正态分布。在 $n$ 较小时，可直接计算统计量 $T$ 的概率分布，构造供实际应用的 $T$ 界值表以确定 $P$ 值；当 $n$ 较大时，对 $T$ 进行 $u$ 转换，利用近似分布 $u$ 确定 $P$ 值。Wilcoxon 符号秩检验的方法步骤见例 17－21。

**例 17－21** 采用配对设计，用两种饲料喂 8 对大鼠后，测得其肝中维生素 A 的含量（IU/mg）见表 17－18 第②、③栏，问：不同饲料大鼠肝中维生素 A 的含量有无差别？

**表 17－18 不同饲料组肝中维生素 A 的含量**

| 编号<br>① | 正常饲料组<br>② | 维生素 E<br>缺乏饲料组<br>③ | 差值 $d$<br>④=②－③ | 正秩次<br>⑤ | 负秩次<br>⑥ |
|---|---|---|---|---|---|
| 1 | 3.55 | 2.45 | 1.10 | 6 | |
| 2 | 2.00 | 2.40 | －0.40 | | 1 |
| 3 | 3.00 | 1.80 | 1.20 | 7 | |
| 4 | 3.95 | 3.20 | 0.75 | 3 | |
| 5 | 3.80 | 3.25 | 0.55 | 2 | |
| 6 | 3.75 | 2.70 | 1.05 | 5 | |
| 7 | 3.45 | 2.50 | 0.95 | 4 | |
| 8 | 3.05 | 1.75 | 1.30 | 8 | |
| 合计 | — | — | | 35（$T_+$） | 1（$T_-$） |

肝中维生素 A 含量的配对差值 $d$ 经正态性检验不满足正态性（Shapiro-Wilk 统计量 $W=0.810$，$P=0.044$。），现用 Wilcoxon 符号秩检验。

1. 检验假设：

$H_0$：两组饲料大鼠肝中维生素 A 含量总体相同。

$H_1$：两组饲料大鼠肝中维生素 A 含量总体不相同。

$\alpha=0.05$

2. 编秩　首先按差值的绝对值从小到大编秩次（即编秩序号），再让秩次保持原差值的正负号（即符号秩）。编秩时：①舍去差值为 0 的对子数，同时样本例数相应减少；②遇绝对值相等差值则取平均秩次，平均秩次又称同秩或结（ties）。本例编秩结果见表 17－18 第⑤、⑥栏。

3. 求秩和并确定检验统计量　分别求出正负秩次之和 $T_+$ 和 $T_-$，$T_++T_-=n(n+1)/2$，可用以核对。如本例 $T_++T_-=35+1=(8\times9)/2=36$，说明正负秩和计算正确。任取正秩和或负秩和为检验统计量 $T$。本例检验统计量取正秩和 $T=T_+=35$。

4. 确定 $P$ 值，作出推断结论　当 $n\leqslant50$ 时，查配对比较的符号秩和检验用 $T$ 界值表

（参考相关统计学教材）。查表时，自左侧找到 $n$，将检验统计量 $T$ 值与相邻左侧一栏的界值相比，若 $T$ 值在上、下界值范围内，其 $P$ 值大于表上方相应概率水平；若 $T$ 值等于界值，其 $P$ 值等于（一般是近似等于）相应概率水平；若 $T$ 值在上、下界值范围外，其 $P$ 值小于相应概率水平，可向右移一栏，再与界值相比。本例 $n=8$，$T=35$，查 $T$ 界值表，得双侧 $P=0.02$，按 $\alpha=0.05$ 水准拒绝 $H_0$，接受 $H_1$，有统计学意义。可认为两种饲料大鼠肝中维生素 A 的含量不同，正常饲料大鼠肝中维生素 A 的含量较维生素 E 缺乏饲料大鼠肝中维生素 A 的含量高。维生素 E 有提高大鼠肝中维生素 A 含量的作用。

若 $n>50$，超出 $T$ 界值表的范围，可用正态近似法作 $u$ 检验，按下式计算 $u$ 值。

$$u=\frac{T-n(n+1)/4}{\sqrt{\frac{n(n+1)(2n+1)}{24}}} \tag{17.26}$$

如果存在多个差值同秩，需对 $u$ 作校正，校正公式如下：

$$u_c=\frac{T-n(n+1)/4}{\sqrt{\frac{n(n+1)(2n+1)}{24}-\frac{\sum(t_j^3-t_j)}{48}}} \tag{17.27}$$

式中 $t_j$（$j=1, 2, \cdots$）为第 $j$ 个同秩的个数。假定相同秩中有 2 个 2.5，5 个 9，3 个 14，则 $t_1=2$，$t_2=5$，$t_3=3$。

$$\sum(t_j^3-t_j)=(2^3-2)+(5^3-5)+(3^3-3)=150$$

符号秩检验若用于配对设计的等级资料，则一般是先把等级从弱到强转换成秩（1，2，3，…）；然后求各对秩的差值，按差值编正秩次和负秩次，求正秩和或负秩和。但对于等级资料，同秩多，小样本的检验结果会存在偏性，最好用大样本。

## 二、两组资料的秩和检验

成组设计两组计量资料的处理效应的比较，如果不符合成组设计 $t$ 检验的应用条件，可用 Wilcoxon 秩和检验（Wilcoxon rank sum test）。Wilcoxon 秩和检验用于推断计量资料或等级资料的两个独立样本所来自的两个总体是否有差别。设有 2 个样本，样本含量分别为 $n_1$ 与 $n_2$，$N=n_1+n_2$ 且 $n_1 \leqslant n_2$，两个样本合并后的秩为 1，2，…，$N$，两个样本的秩和分别为 $T_1$ 和 $T_2$。Wilcoxon 秩和检验的基本思想是：在 $H_0$ 成立的条件下，两个样本中的任何观察值取秩为 1，2，…，$N$ 的概率相等，每个观察值所对应的秩的期望值均为 $(N+1)/2$，样本中 $n_1$ 个观察值所对应的秩和的期望值为 $n_1(N+1)/2$，统计量 $T$ 取 $T_1$ 值在 $n_1(N+1)/2$ 两侧附近并且呈对称分布。$T$ 值与 $n_1(N+1)/2$ 的差距越小，$P$ 值就越大；$T$ 值与 $n_1(N+1)/2$ 的差距越大，$P$ 值就越小。当 $P \leqslant \alpha$ 时，拒绝 $H_0$。理论上可证明：随着 $n_1$ 或/和 $n_2$ 的增大，$T$ 的分布逐渐逼近均数为 $n_1(N+1)/2$，方差为 $n_1 n_2(N+1)/12$ 的正态分布。当 $n_1$、$n_2$ 较小时，可直接计算统计量 $T$ 的概率分布，构造供实际应用的 $T$ 界值表以确定 $P$ 值。当 $n_1$ 或/和 $n_2$ 较大时，对 $T$ 进行 $u$ 转换，利用近似分布 $u$ 确定 $P$ 值。Wilcoxon 秩和检验的方法步骤见例 17－22、例 17－23。

**例 17－22** 为研究口服二号避孕药对血液凝固的影响，随机抽取服药组 12 例，对照组 10 例，分别测定其抗凝血酶活力（U），结果见表 17－19 第①、③栏。问：服用二号避孕药对抗凝血酶活力是否有影响？

表 17-19 两组人群抗凝血酶活力（U）比较

| 对照组 | | 服药组 | |
|---|---|---|---|
| 抗凝血酶活力（U）① | 秩 ② | 抗凝血酶活力（U）③ | 秩 ④ |
| 162 | 17.5 | 126 | 5 |
| 172 | 20 | 135 | 6 |
| 177 | 22 | 136 | 7 |
| 170 | 19 | 143 | 12 |
| 175 | 21 | 141 | 10 |
| 152 | 13 | 138 | 8 |
| 157 | 14 | 142 | 11 |
| 159 | 15 | 116 | 4 |
| 160 | 16 | 110 | 2 |
| 162 | 17.5 | 108 | 1 |
| | | 115 | 3 |
| | | 140 | 9 |
| $n_1=10$ | $T_1=175$ | $n_2=12$ | $T_2=78$ |

本例两样本资料经方差齐性检验，推断得两总体方差不等（Levene 统计量＝5.693，$P=0.027$），现用 Wilcoxon 秩和检验。

1. 检验假设

$H_0$：两组人群抗凝血酶活力总体相同。

$H_1$：两组人群抗凝血酶活力总体不相同。

$\alpha=0.05$

2. 编秩　将两组原始数据混合由小到大统一编秩；如遇到相同的数值，则取其平均秩次。本例有 2 个 162，其秩次本应为 17 和 18，取平均秩次为（17＋18）/2＝17.5。编秩结果见表 17-19 第②、④栏。

3. 求秩和并确定检验统计量　分组求秩和。以样本例数小者（$n_1$）的秩和（$T_1$）为检验统计量 $T$；若 $n_1=n_2$，可任取一样本的秩和（$T_1$或 $T_2$）为 $T$（假设就为 $T_1$）。本例 $T=T_1=175$。

4. 确定 $P$ 值，作出推断结论　当 $n_1\leqslant 10$ 和（$n_2-n_1$）$\leqslant 10$ 时，查两样本比较的秩和检验用 $T$ 界值表。查表时，先找到 $n_1$与 $n_2-n_1$ 相交处所对应的 4 行界值，再逐行将检验统计量 $T$ 值与界值相比，若 $T$ 值在界值范围内，其 $P$ 值大于相应概率水平；若 $T$ 值恰好等于界值，其 $P$ 值等于（一般是近似等于）相应概率水平；若 $T$ 值在界值范围外，其 $P$ 值小于相应概率水平。本例 $n_1=10$，$n_2-n_1=2$，$T=175$，查 $T$ 界值表，得 $P<0.01$，按 $\alpha=0.05$ 水准拒绝 $H_0$，接受 $H_1$，可认为两组人群抗凝血酶活力不相同，服药组抗凝血酶活力（平均秩为 78/12＝6.5）低于对照组抗凝血酶活力（平均秩为 175/10＝17.5）。二号避孕药对抗凝血酶活力有降低作用。

若 $n_1>10$ 或 $n_2-n_1>10$，超出 $T$ 界值表的范围，可用正态近似法作 $u$ 检验，按下式计算 $u$ 值。

$$u=\frac{T-n_1\ (N+1)\ /2}{\sqrt{\frac{n_1 n_2\ (N+1)}{12}}} \tag{17.28}$$

如果存在多个观测值同秩，需对 $u$ 作校正，校正公式如下：

$$u_c=\frac{T-n_1\ (N+1)\ /2}{\sqrt{\frac{n_1 n_2\ (N+1)}{12}\left(1-\frac{\sum\ (t_j^3-t_j)}{N^3-N}\right)}} \tag{17.29}$$

式中 $t_j$（$j$=1，2，…）为第 $j$ 个同秩的个数。

**例 17－23** 某医院用中草药治疗两种不同类型小儿肺炎的疗效见表 17－20 第①、②、③栏，问：该药对两种病情的疗效是否不同。

**表 17－20 某医院用中草药治疗两种不同类型小儿肺炎的疗效比较**

| 疗效<br>① | 病毒性肺炎<br>② | 细菌性肺炎<br>③ | 合计<br>④ | 秩次范围<br>⑤ | 平均秩次<br>⑥ | 秩和<br>病毒性肺炎<br>⑦＝②×⑥ | 秩和<br>细菌性肺炎<br>⑧＝③×⑥ |
|---|---|---|---|---|---|---|---|
| 控制 | 65 | 42 | 107 | 1～107 | 54 | 3510 | 2268 |
| 显效 | 18 | 6 | 24 | 108～131 | 119.5 | 2151 | 717 |
| 有效 | 30 | 23 | 53 | 132～184 | 158 | 4740 | 3634 |
| 无效 | 13 | 11 | 24 | 185～208 | 196.5 | 2554.5 | 2461.5 |
| 合计 | 126（$n_2$） | 82（$n_1$） | 208 | — | — | 12955.5（$T_2$） | 8780.5（$T_1$） |

本例指标分组变量—疗效是有序分类变量，实验分组变量—肺炎类型是无序分类变量，若选行×列表资料的 $\chi^2$ 检验，只能推断两组肺炎样本构成比差别有无统计学意义，损失疗效的“等级”信息；采用秩和检验，可推断两组等级强度的差别有无统计学意义，比较两种病情的疗效。

1. 检验假设

$H_0$：两组疗效总体相同。

$H_1$：两组疗效总体不相同。

$\alpha$=0.05

2. 编秩　首先确定各等级的合计人数，再确定其秩次范围和平均秩次，见表17－20的第④、⑤、⑥栏。例如疗效“控制”有 107 人，秩次范围为 1～107，平均秩次为（1＋107）/2＝54。余类推。

3. 求秩和并确定检验统计量　计算两样本各等级的秩和，见表 17－20 第⑦、⑧栏。例如细菌性肺炎组的秩和 $T_1$＝ 2268＋717＋3634＋2461.5＝8780.5

4. 确定 $P$ 值，作出推断结论　由于 $n_1$＝82，超过 $T$ 界值表范围，有同秩，用公式（17.29）计算 $u_c$ 值。本例 $n_1$ ＝ 82，$n_2$ ＝ 126，$N$ ＝ 82 ＋ 126 ＝ 208，检验统计量$T$＝$T_1$＝8780.5。

$$u_c=\frac{8780.5-82\times\ (208+1)\ /2}{\sqrt{\frac{82\times 126\times\ (208+1)}{12}\ \left(1-\frac{1401360}{208^3-208}\right)}}=0.543$$

其中：$\sum\ (t_j^3-t_j)\ =\ (107^3-107)\ +\ (24^3-24)\ +\ (53^3-53)\ +\ (24^3-24)\ =1401360$，

查 $t$ 界值表（附表 1）得双侧 $P>0.50$，按 $\alpha=0.05$ 水准不拒绝 $H_0$，尚不能认为该药对两种病情的疗效不同。本例编秩是按疗效由好到差排列，即等级从强到弱进行秩转换，如疗效不同，则平均秩次越小，疗效越好。

两独立样本比较还常用 Mann-Whitney $U$ 检验（Mann-Whitney $U$test）。Wilcoxon 秩和检验和 Mann-Whitney $U$ 检验两种方法是独立提出的，检验结果完全等价。

## 三、应用中的注意事项

1. 秩和检验一方面由于其方法的稳健性而具备不受总体分布限制，适用范围广的优点，但另一方面，在秩转换的过程中损失了原数据的部分信息。如果已知计量资料满足（或近似满足）$t$ 检验应用条件，这时若选秩和检验，由于没有充分利用资料提供的信息，会降低检验效能。即当 $H_0$ 不真时，秩和检验将不如 $t$ 检验能较灵敏地拒绝 $H_0$，犯第 2 类错误的概率要比 $t$ 检验大。

2. 对于计量资料，若满足正态和方差齐性条件，应选 $t$ 检验对总体均数作假设检验；当资料偏离假定条件时，选用秩和检验才是可靠的。

3. 对于大样本资料，通过把原变量值或等级转换成秩后，可采用 $t$ 检验方法对平均秩次进行检验，其结论与本章介绍的相应方法相同。

（王乐三）

# 第十八章　直线回归和直线相关

单变量计量资料的统计分析方法，着重于描述某一变量的统计特征或比较该变量的组间差别。但是在大量的医学科研与实践中，经常会遇到对两个变量之间关系的研究，例如糖尿病人的血糖与其胰岛素水平的关系如何，某年龄人群的体重变化与其肺活量大小的关系怎样等，此时常用回归与相关分析。回归分析用于研究两变量间依存变化的数量关系，相关分析用于研究两变量间互依变化的数量关系。直线回归与直线相关是分析两个变量间数量关系最简单的统计方法。

## 第一节　直线回归

### 一、直线回归方程

**例 18－1**　随机抽取某地 10 名女中学生，测量体重（kg）与肺活量（L），数据如表 18－1第①、第②栏。试求体重对肺活量的直线回归方程。

**表 18－1　某地 10 名女中学生的体重 $X$（kg）与肺活量 $Y$（L）测量结果**

| 学生编号 | $X$ ① | $Y$ ② | $X^2$ ③ | $Y^2$ ④ | $XY$ ⑤ |
|---|---|---|---|---|---|
| 1 | 35 | 1.60 | 1225 | 2.5600 | 56.00 |
| 2 | 37 | 1.60 | 1369 | 2.5600 | 59.20 |
| 3 | 37 | 2.40 | 1369 | 5.7600 | 88.80 |
| 4 | 40 | 2.10 | 1600 | 4.4100 | 84.00 |
| 5 | 40 | 2.60 | 1600 | 6.7600 | 104.00 |
| 6 | 42 | 2.50 | 1764 | 6.2500 | 105.00 |
| 7 | 42 | 2.65 | 1764 | 7.0225 | 111.30 |
| 8 | 43 | 2.75 | 1849 | 7.5625 | 118.25 |
| 9 | 44 | 2.75 | 1936 | 7.5625 | 121.00 |
| 10 | 45 | 2.20 | 2025 | 4.8400 | 99.00 |
| 合计 | 405 | 23.15 | 16501 | 55.2875 | 946.55 |

在定量描述体重大小与肺活量数量上的依存关系时，将体重称为自变量（independent variable），用 $X$ 表示；肺活量称为应变量（dependent variable），用 $Y$ 表示。以 10 名女中学生的体重（kg）与其肺活量（L）数据在直角坐标纸上描点，得到图 18－1 所示散点图（scatter plot）。

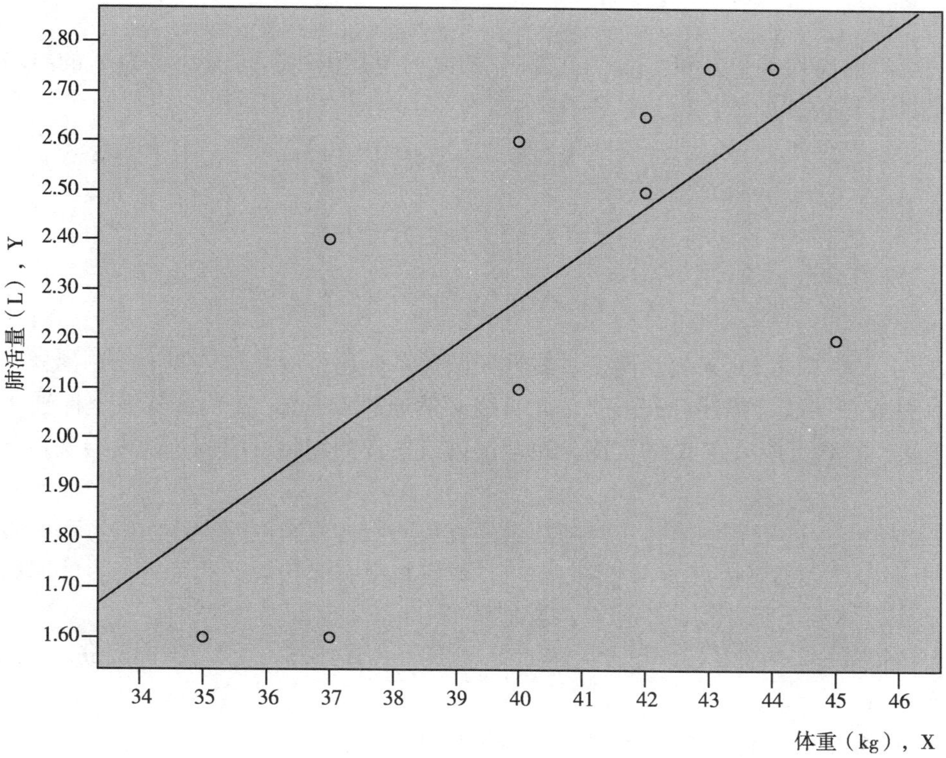


**图 18-1　10 名女中学生肺活量与体重散点图及其回归直线**

由图 18-1 可见，肺活量大小 $Y$ 随体重 $X$ 增加而增大且呈直线趋势，但 10 个点不恰好全都在一条直线上，此与两变量间严格的直线函数关系不同，称为直线回归（linear regression），用以下直线回归方程（linear regression equation）表示：

$$\hat{Y}=a+bX \tag{18.1}$$

公式中 $X$ 为自变量，$\hat{Y}$ 为 $X$ 所对应 $Y$ 的总体均数 $\mu_{Y|X}$ 的估计值，称为回归方程的预测值（predicted value）；$a$ 为回归直线在 $Y$ 轴上的截距（intercept），称为常数项（constant term），其统计意义是当 $X$ 取值为 0 时相应 $Y$ 的均数估计值；$b$ 为直线的斜率（slope），称为样本回归系数（coefficient of regression），其统计意义是当 $X$ 变化一个单位时 $Y$ 的平均改变的估计值，它描述了 Y 依赖 X 的直线变化的数量关系的大小和方向。$b>0$ 时直线从左下方走向右上方，$Y$ 随 $X$ 的增大而增大；$b<0$ 时直线从左上方走向右下方，$Y$ 随 $X$ 的增大而减小；$b=0$ 时直线与 $X$ 轴平行，$Y$ 与 $X$ 无直线关系。

实际应用中要根据样本数据建立直线回归方程，从散点图中来看，就是怎样“合理地”找到一条能最好地代表数据点分布趋势的直线。常用的估计方法是依据最小二乘法（least square method）原则，其基本原理是使观测值 $Y$ 与 $\hat{Y}$ 差值的平方和 $\sum(Y-\hat{Y})^2=\sum(Y-a-bX)^2$ 达到最小，即使各实测点到直线的纵向距离的平方和为最小。可推导出计算 $a$、$b$ 的公式为

$$b=\frac{\sum(X-\bar{X})(Y-\bar{Y})}{\sum(X-\bar{X})^2}=\frac{l_{XY}}{l_{XX}} \tag{18.2}$$

$$a=\bar{Y}-b\bar{X} \tag{18.3}$$

式中 $l_{XX}$ 为 $X$ 的离均差平方和，$l_{XY}$ 为 $X$ 与 $Y$ 的离均差乘积和。同理：$l_{YY}$ 为 $Y$ 的离均差平方和。它们的计算公式如下：

$$l_{XX}\sum(X-\bar{X})^2=\sum X^2-\frac{(\sum X)^2}{n} \tag{18.4}$$

$$l_{YY}=\sum(Y-\bar{Y})^2=\sum Y^2-\frac{(\sum Y)^2}{n} \tag{18.5}$$

$$l_{XY}=\sum(X-\bar{X})(Y-\bar{Y})=\sum XY-\frac{(\sum X)(\sum Y)}{n} \tag{18.6}$$

除了用公式（18.1）来表示两变量线性回归关系，还可以在散点图上绘制出样本回归直线作为一种直观的统计描述补充形式，此直线必然通过点（$\bar{X}$，$\bar{Y}$）且与纵坐标轴相交于截距 $a$。注意：回归直线应在 $X$ 的实测全距范围内或估计的实际可应用范围内绘制，不要任意延长。

现以例 18－1 的资料中求体重对肺活量的直线回归方程来说明直线回归方程的步骤。

1. 根据原始数据画散点图，如图 18－1，本资料呈直线趋势，故可进行直线回归分析。

2. 计算 $\sum X$、$\sum Y$、$\sum X^2$、$\sum Y^2$、$\sum XY$

$\sum X=405$，$\sum Y=23.15$，$\sum X^2=16501$，$\sum Y^2=55.2875$，$\sum XY=946.55$

$\bar{X}=40.5$，$\bar{Y}=2.315$。

3. 计算离均差平方和 $l_{XX}$、$l_{YY}$ 和离均差乘积和 $l_{XY}$

$$l_{XX}=\sum X^2-\frac{(\sum X)^2}{n}=16501-\frac{405^2}{10}=98.5$$

$$l_{YY}=\sum Y^2-\frac{(\sum Y)^2}{n}=55.2875-\frac{23.15^2}{10}=1.6953$$

$$l_{XY}=\sum XY-\frac{(\sum X)(\sum Y)}{n}=946.55-\frac{405\times 23.15}{10}=8.975$$

4. 求回归系数 $b$ 和截距 $a$

按公式（18.2）求回归系数：$b=\frac{l_{xy}}{l_{xx}}=\frac{8.975}{98.5}=0.091$

按公式（18.3）求回归方程的截距：$a=\bar{Y}-b\bar{X}=2.3156-0.091\times 40.5=-1.375$

5. 列出回归方程

$$\hat{Y}=-1.375+0.0991X$$

取 $X_1=35$，则 $\hat{Y}_1=-1.375+0.911\times 35=1.81$；

取 $X_2=45$，则 $\hat{Y}=-1.375+0.911\times 45=2.72$

以（35，1.81）和（45，2.72）两点绘制直线，见图 18－1，该直线即为回归直线。

此回归方程说明，女中学生体重每增减 1 kg，肺活量平均增减 0.091 L。

## 二、总体回归系数的假设检验

前面所求得的回归方程是否成立，即 $X$ 和 $Y$ 是否存在直线关系，是回归分析首先要考虑的问题。即使 $X$、$Y$ 的总体回归系数 $\beta$ 为 0，由于抽样误差，其样本的回归系数 $b$ 也不一定为 0，因此需要对总体回归系数 $\beta$ 是否不为 0 进行假设检验，可用方差分析或 $t$ 检验方法进行统计推断。

1. 方差分析　方差分析的方法是从变异分解的角度对回归系数进行检验。为了理解方差分析的基本思想，先对应变量 $y$ 的离均差平方和 $l_{YY}$ 作分解，如图 18－2 所示。

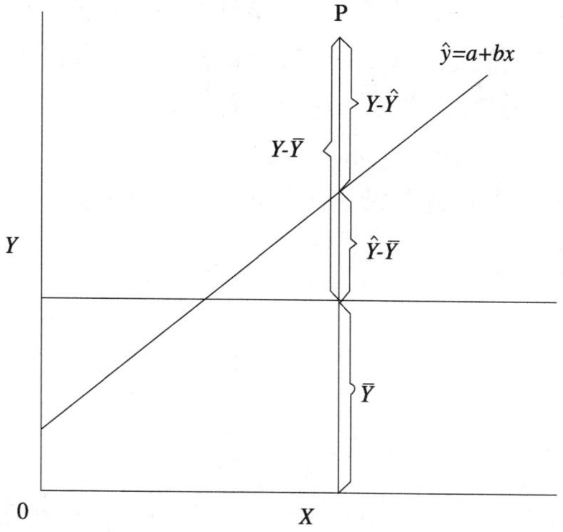


**图 18－2　应变量 Y 的离均差平方和划分示意图**

图 18－2 中，任意一点 $P$ 的纵坐标被回归直线 $\hat{Y}$ 与均数 $\bar{Y}$ 截成 3 个线段，其中：$Y-\bar{Y}=(\hat{Y}-\bar{Y})+(Y-\hat{Y})$。由于 $P$ 点是散点图中任取的一点，将全部数据点都按上法处理，并将等式两端平方后再求和则有

$\sum(Y-\bar{Y})^2=\sum(\hat{Y}-\bar{Y})+\sum(Y-\hat{Y})^2$［数理统计证明：$\sum(\hat{Y}-\bar{Y})(Y-\hat{Y})=0$］
上式用符号表示为

$$SS_{总}=SS_{回}+SS_{残} \tag{18.7}$$

式中 $SS_{总}$ 即 $\sum(Y-\bar{Y})^2$，为 $Y$ 的离均差平方和，表示未考虑 $Y$ 与 $X$ 的回归关系时 $Y$ 的总变异。

$SS_{回}$ 即 $\sum(\hat{Y}-\bar{Y})^2$，为回归平方和，反映了在 $Y$ 的总变异中可以用 $Y$ 与 $X$ 的直线关系解释的那部分变异。$SS_{回}$ 越大，说明回归效果越好。

$SS_{残}$ 即 $\sum(Y-\hat{Y})^2$，为残差平方和，反映除了 $X$ 对 $Y$ 的线性影响之外的一切因素对 $Y$ 的变异的作用，也就是在总平方和中无法用 $X$ 解释的部分，表示考虑回归之后 $Y$ 真正的随机误差。在散点图中，各实测点离回归直线越近，$SS_{残}$ 也就越小，说明直线回归的估计误差越小，回归的作用越明显。

上述 3 个平方和，各有其相应的自由度 $\nu$，并有如下的关系

$$\nu_{总}=\nu_{回}+\nu_{残}，\nu_{总}=n-1，\nu_{回}=1，\nu_{残}=n-2 \tag{18.8}$$

从以上离均差平方和及其自由度的分解可见，不考虑回归时，随机误差是 $Y$ 的总变异 $SS_{总}$；而考虑回归以后，由于回归的贡献使原来的随机误差减小为 $SS_{残}$。如果两变量间总体回归关系确实存在，回归的贡献就要大于随机误差，大到何种程度时可以认为具有统计学

意义，可计算如下 $F$ 统计量：

$$F=\frac{SS_{回}/\nu_{回}}{SS_{残}/\nu_{残}}=\frac{MS_{回}}{MS_{残}}，\nu_{回}=1，\nu_{残}=n-2 \tag{18.9}$$

式中 $MS_{回}$、$MS_{残}$ 分别称为回归均方与残差均方。统计量 $F$ 服从自由度为 $\nu_{回}$、$\nu_{残}$ 的 $F$ 分布。求 $F$ 值后，查 $F$ 界值表，得 $P$ 值，按所取检验水准作出推断结论。

实际计算时，可先将 $X_i$ 依次代入回归方程求得 $\hat{Y}_i$，再求得 $SS_{残}$ 与 $SS_{回}$；也可以利用公式（18.10）直接求得 $SS_{回}$ 再得到 $SS_{残}$。其中后者更为简便一些。

$$SS_{回}=bl_{XY}=l_{XY}^2/l_{XX}=b^2l_{XX} \tag{18.10}$$

2. $t$ 检验　对 $\beta=0$ 这一假设是否成立还可进行如下 $t$ 检验：

$$t=\frac{b-0}{S_b}，\nu=n-2 \tag{18.11}$$

$$S_b=\frac{S_{Y\cdot x}}{\sqrt{l_{XX}}} \tag{18.12}$$

$$S_{Y\cdot X}=\sqrt{\frac{SS_{残}}{n-2}} \tag{18.13}$$

式中 $S_{Y\cdot X}$ 为回归的剩余标准差（standard deviation of residuals），$S_b$ 为样本回归系数标准误。

**例 18-2**　对例 18-1 求出的回归系数作假设检验，即判断某地女中学生胸围与肺活量的直线回归关系是否成立。

1. 方差分析

$H_0$：$\beta=0$，即女中学生胸围与肺活量无直线回归关系。

$H_1$：$\beta\neq0$，即女中学生胸围与肺活量有直线回归关系。

$\alpha=0.05$

已知：$l_{XX}=98.5$，$l_{YY}=1.6953$，$l_{XY}=8.975$，$b=0.091$

按公式（18.10）　$SS_{回}=0.091\times8.975=0.817$

按公式（18.7）　$SS_{剩}=1.695-0.817=0.878$

按公式（18.9）　$F=\frac{0.817/1}{0.878/8}=7.49$

查 $F$ 界值表参考相关统计学教材得：$F_{0.05(1,8)}=5.32$，$F_{0.01(1,8)}=11.26$。因此 $0.01<P<0.05$，按 $\alpha=0.05$ 水准，拒绝 $H_0$，接受 $H_1$，可以认为该地女中学生的肺活量对体重的直线回归关系存在。

列方差分析表，如表 18-2。

**表 18-2　方差分析表**

| 变异来源 | $SS$ | $\nu$ | $MS$ | $F$ | $P$ |
|---|---|---|---|---|---|
| 回归 | 0.817 | 1 | 0.817 | 7.49 | $<0.05$ |
| 残差 | 0.878 | 8 | 0.109 | | |
| 总变异 | 1.695 | 9 | | | |

2. $t$ 检验

$H_0$、$H_1$ 及 $\alpha$ 同上

本例 $n=10$，$SS_{残}=0.878$，$l_{XX}=98.5$，$b=0.091$

按公式（18.13）、（18.12）和（18.11）

$$S_{Y\cdot X}=\sqrt{\frac{0.878}{10-2}}=0.3312$$

$$S_b=\frac{0.331}{\sqrt{98.5}}=0.033$$

$$t=\frac{0.0091}{0.033}=2.758$$

查 $t$ 界值表，得 $P<0.05$。按 $\alpha=0.05$ 水准，拒绝 $H_0$，接受 $H_1$，与 $F$ 检验的结论相同。

## 三、直线回归方程的应用

1. 描述变量间数量关系　经回归系数的假设检验，认为两变量间线性依存关系存在时，可用直线回归方程来描述两变量间依存变化的数量关系。如例 18-1 中，求得直线回归方程 $\hat{Y}=-1.375+0.091X$，就是描述某地女中学生肺活量随体重变化的定量表达式。

2. 统计预测　所谓预测就是把预报因子（自变量 $X$）代入回归方程对预报量（应变量 $Y$）进行估计。

（1）Y 的总体均数的可信区间：给定 $X$ 的数值 $X_0$，由样本回归方程算出的 $\hat{Y}_0$ 只是相应总体均数 $\mu_{Y|X_0}$ 的一个点估计。$\hat{Y}_0$ 会因样本而异，存在抽样误差。反映其抽样误差大小的标准误按公式（18.14）计算

$$S_{\hat{Y}_0}=S_{Y\cdot X}\sqrt{\frac{1}{n}+\frac{(X_0-\bar{X})^2}{\sum(X-\bar{X})^2}} \tag{18.14}$$

给定 $X=X_0$ 时，总体均数 $\mu_{Y|X_0}$ 的 $1-\alpha$ 可信区间为

$$\hat{Y}_0\pm t_{\alpha/2,\nu}S_{\hat{Y}_0} \tag{18.15}$$

各 $X$ 点 $\mu_{Y|X}$ 的 $1-\alpha$ 可信区间的两端点形成两条光滑的曲线，围绕在直线回归方程 $\hat{Y}=-1.375+0.091X$ 的上下侧，构成一带状区域，称为 $\mu_{Y|X}$ 的置信带。如图 18-3 中两条实曲线所示，其中最窄处对应于 $X_0=\bar{X}$。

（2）个体 $Y$ 值的预测区间：给定 $X$ 的数值 $X_0$，对应的个体 $Y$ 值也存在一个波动范围。其标准差 $S_{Y_0}$ 按公式（18.16）计算

$$S_{Y_0}=S_{Y\cdot X}\sqrt{1+\frac{1}{n}+\frac{(X_0-\bar{X})^2}{\sum(X-\bar{X})^2}} \tag{18.16}$$

给定 $X=X_0$ 时个体 $Y$ 值的 $1-\alpha$ 预测区间为

$$\hat{Y}_0\pm t_{\alpha/2,\nu}S_{Y_0} \tag{18.17}$$

同样，各 $X$ 点 $Y$ 的预测区间的两端点形成两条光滑的曲线，位于 $\mu_{Y|X}$ 的置信带的外侧，这是两条比实曲线之间范围更宽的虚曲线，也是中间窄、两头宽，同样在 $X_0=\bar{X}$ 处最窄。利用此方法，可构建某指标 $Y$ 在不同 $X$ 情况下的参考值范围，如例 18-1 中不同体重的人其肺活量的参考值范围。

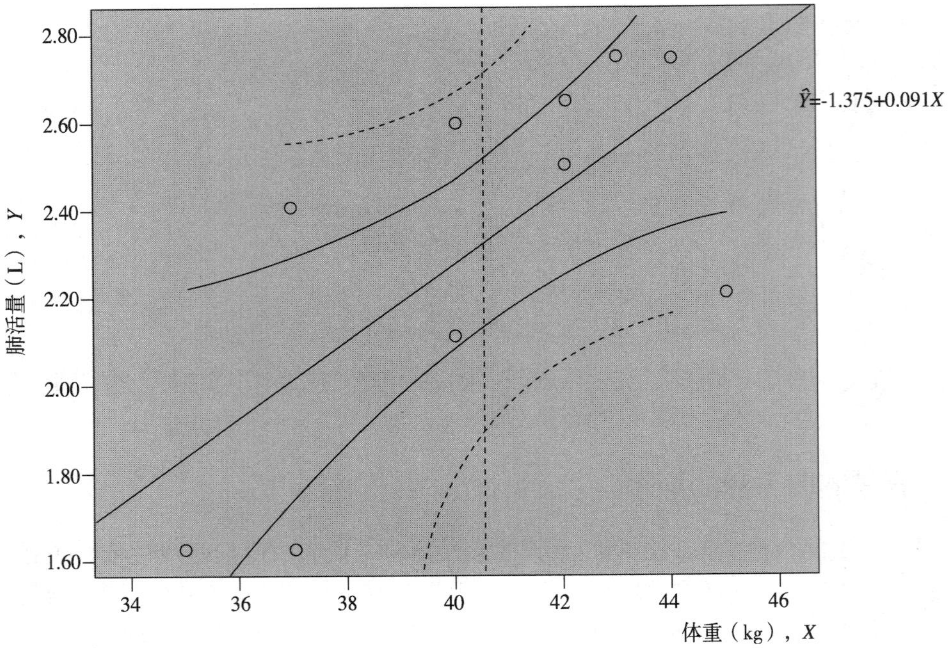


**图 18－3　总体均数 $\mu_{Y|X}$ 的可信区间和个体 Y 值的预测区间示意图**

**例 18－3**　用例 18－1 所得直线回归方程，计算当 $X_0=35$ 时，$\mu_{Y|X_0}$ 的 95%可信区间和相应个体 Y 值的 95%预测区间。

由例 18－1 得到回归方程为 $\hat{Y}=-1.375+0.091X$，$\bar{X}=40.5$，$l_{XX}=98.5$；由例 18－2 得到 $S_{Y\cdot X}=0.3312$。当 $X_0=35$ 时，$\hat{Y}=1.6617+0.1392\times35=1.813$。按公式（18.14）和（18.16）

$$S_{\hat{Y}_0}=0.3312\sqrt{\frac{1}{10}+\frac{(35-40.5)^2}{98.5}}=0.2213$$

$$S_{Y_0}=0.3312=\sqrt{1+\frac{1}{10}+\frac{(35-40.5)^2}{98.5}}=0.3929$$

查 t 界值表得 $t_{0.05/2,9}=2.262$，按公式（18.15），$X_0=35$ 时肺活量总体均数的 95%可信区间为

（1.813－2.262×0.2113，1.813＋2.262×0.2113）＝（1.34，2.29）

按公式（18.17），$X_0=35$ 时肺活量个体值的 95%预测区间为

（1.813－2.262×0.3929，1.813＋2.262×3929）＝（0.92，2.70）

3. 统计控制　统计控制是利用回归方程进行逆估计。即若要求应变量 Y 在一定数值范围内变化时，可以通过控制自变量 X 的取值来实现。如为了解城市汽车流量与大气中二氧化氮污染的关系，可建立汽车流量 X（辆/小时）估计大气中二氧化氮浓度 Y（mg/L）的回归方程。现欲将大气中二氧化氮的浓度限制在某一浓度范围，可以通过控制城市汽车流量的方法来帮助决策。

## 第二节　直线相关

医学研究中，两变量间关系并非都要求反映依存变化规律，有时只想了解两变量 $X$、$Y$ 有无相关关系？若有相关关系，其相关的方向及其密切程度如何？这就是直线相关分析的任务。直线相关（linear correlation）又称简单相关（simple correlation）用于描述两个变量之间线性关联程度与相关方向，适用于双变量正态分布（bivariate normal distribution）资料。如生长发育研究中身高与体重的关系。

### 一、相关系数

直线相关的性质可由散点图直观地说明。如图 18－4 中，左上两图散点呈椭圆形分布，若两变量 $X$、$Y$ 同时增大或减小，变化趋势是同向的，称为正相关（positive correlation）；反之 $X$、$Y$ 间呈反向变化，称为负相关（negative correlation）。左下两图散点在一直线上，若 $X$、$Y$ 是同向变化，称为完全正相关（perfect positive correlation）；反之 $X$、$Y$ 呈反向变化，称为完全负相关（perfect negative correlation）。右四图，散点分布为圆形等一些形状，两变量间没有直线相关关系，称为零相关（zero correlation）。正相关或负相关并不一定表示一个变量的改变是另一个变量变化的原因，有可能同受另一个因素的影响。因此，相关关系并不一定是因果关系。

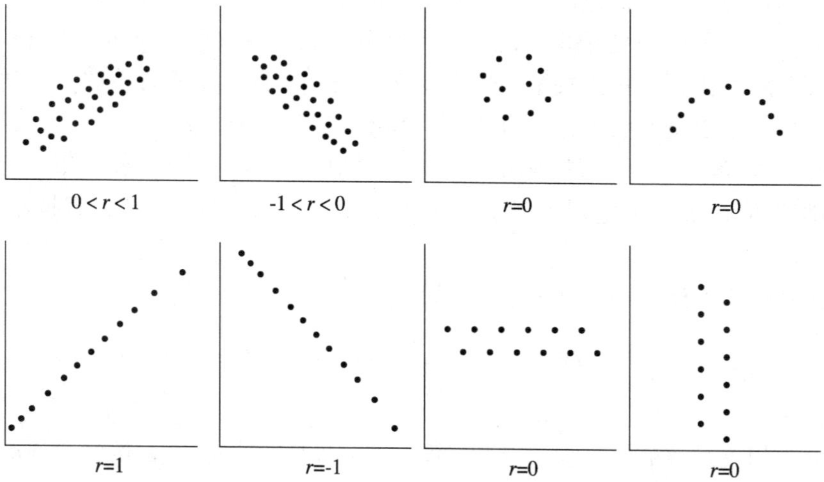


**图 18－4　直线相关示意图**

用来描述具有直线关系的两变量间相关的密切程度与相关方向的统计指标是相关系数（correlation coefficient），又称 Pearson 积差相关系数（coefficient of product-moment correlation）。以符号 $r$ 表示样本相关系数，以符号 $\rho$ 表示总体相关系数。

### 二、相关系数的计算

样本相关系数的计算公式为

$$r=\frac{\sum (X-\bar{X})(Y-\bar{Y})}{\sqrt{\sum (X-\bar{X})^2}\sqrt{\sum (Y-\bar{Y})^2}}=\frac{l_{XY}}{\sqrt{l_{XX}l_{YY}}} \tag{18.18}$$

相关系数没有单位，其值为$-1 \leqslant r \leqslant 1$。$r$值为正表示正相关，$r$值为负表示负相关，$r$的绝对值等于1为完全相关，$r=0$为零相关。

**例 18－4** 对例18－1中10名某地女中学生的体重与肺活量资料，计算体重与肺活量的相关系数。

由例18－1计算得

$l_{XX}=16\,501-\frac{405^2}{10}=98.5$

$l_{YY}=55.2875-\frac{23.15^2}{10}=1.695\,3$

$l_{XY}=946.55-\frac{405\times 23.15}{10}=8.975$

按公式（18.18）计算相关系数

$$r=\frac{8.975}{\sqrt{98.5\times 1.695\,3}}=0.6945$$

## 三、相关系数假设检验

例18－4中的相关系数$r=0.695\,4$仅用10名女中学生的体重与肺活量资料计算，它只是一个样本指标，必然存在抽样误差。根据抽样的原理，即使女中学生的体重与肺活量的总体相关系数为$\rho=0$，从该总体中也可能会抽出相关系数$r$不为0的样本。因此要判断两个变量$X$、$Y$是否真的存在直线相关关系，仍需要作$r$是否来自总体相关系数$\rho \neq 0$的假设检验。

常用的对相关系数进行检验方法有查表法和$t$检验法两种：

1. 查表法　根据$\nu=n-2$直接查相关系数临界值表（$r$界值表，参考相关统计学教材），比较$|r|$与临界值，统计量绝对值越大，概率$P$值越小；统计量绝对值越小，概率$P$值越大。

2. $t$检验　检验统计量$t$值的计算公式如下：

$$t=\frac{r-0}{S_r}=\frac{r}{\sqrt{\frac{1-r^2}{n-2}}},\ \nu=n-2 \tag{18.19}$$

式中分母为相关系数的标准误。求得$t$值后查$t$界值表得$P$值，按所取检验水准作出推断结论。

**例 18－5** 对例18－4所得$r$值，检验体重与肺活量是否有直线相关关系？

$H_0$：$\rho=0$，即体重与肺活量之间无直线相关关系。

$H_1$：$\rho \neq 0$，即体重与肺活量有直线相关关系。

$\alpha=0.05$

本例$n=10$，$r=0.695\,4$，按公式（18.19）

$$t=\frac{0.695\,4}{\sqrt{\frac{1-0.695\,4^2}{10-2}}}=2.730$$

按 $\nu=8$，查 $t$ 界值表，得 $P<0.05$。按 $\alpha=0.05$ 水准，拒绝 $H_0$，接受 $H_1$，可认为该地女中学生的体重与肺活量之间有正的直线相关关系。

直接查 $r$ 界值表，结论相同。

注意：对同一份数据，对总体相关系数作假设检验的 $t$ 值与前述对总体回归系数作假设检验的 $t$ 值相等。对既可以作回归又可以作相关的同一样本，理论上二者的假设检验等价。

## 四、决定系数

决定系数（coefficient of determination），定义为回归平方和与总平方和之比，是直线回归与相关分析中重要的统计量。在双变量分析中，决定系数等于相关系数 $r$ 的平方。即：

$$r^2=\frac{l_{xy}^2}{l_{xx}l_{yy}}=\frac{l_{xy}^2/l_{xx}}{l_{yy}}=\frac{SS_{回}}{SS_{总}} \tag{18.20}$$

$r^2$ 取值在 0～1 之间且无单位，其数值大小反映了回归贡献的相对程度，也就是在 $Y$ 的总变异中回归关系所能解释的百分比。公式（18.20）说明当 $SS_{总}$ 固定不变时，回归平方和的大小决定了相关系数 $r$ 绝对值的大小。回归平方和越接近总平方和，则 $r$ 绝对值越接近 1，说明相关的实际效果越好。例 18－1 中 10 名女中学生的体重与肺活量之间直线相关系数 $r=0.6954$，得到 $r^2=0.4836$，表示此例中体重可解释肺活量大小变异性的 48.36%，另外约 52%的变异不能用体重来解释。

## 五、直线回归与相关应用的注意事项

1. 根据分析目的选择变量及统计方法　直线相关用于说明两变量之间直线关系的方向和密切程度，$X$ 与 $Y$ 没有主次之分；直线回归更进一步地用于定量刻画应变量 $Y$ 对自变量 $X$ 在数值上的依存关系，其中哪一个作为应变量主要是根据专业上的要求而定，可以考虑把易于精确测量的变量作为 $X$，另一个随机变量作 $Y$，例如用身高估计体表面积。无论是回归还是相关，两个变量的选择一定要结合专业背景，不能把毫无关联的两种现象勉强作回归或相关分析。

2. 进行相关、回归分析前应绘制散点图　两变量之间可能的关系除了从专业角度考虑，对现有数据来说散点图是很重要的提示。通过散点图，可提示散点有无线性趋势，数据中有无异常点，两变量间是否满足线性模型条件，从而杜绝和减少不合专业意义的解释。在图 18－5 中，18－5（a）表明两变量间散点有线性趋势，可进行回归分析；18－5（b）表明变量间散点呈较明显的曲线关系，应进行曲线拟合；图 18－5（c）中两变量间散点虽呈线性关系，但提示存在一个离群值，应先进行离群值诊断后再进行分析；18－5（d）中两变量间实际存在的线性趋势非常弱，但由于一个离群值的出现，可使两者间线性趋势大为增强；18－5（e）表明要注意分析资料的同质性。

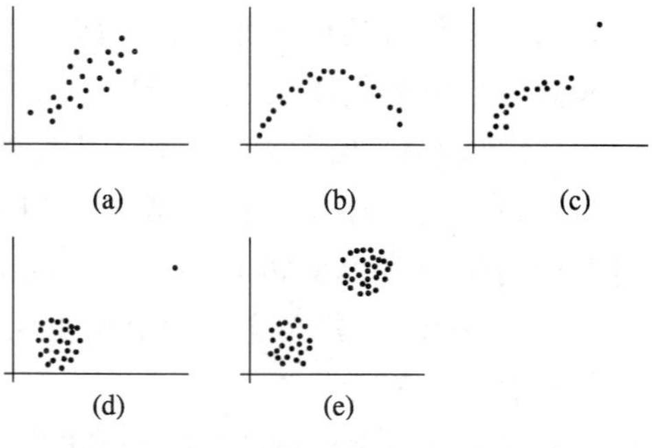

**图 18－5　两变量线性回归分析散点图**

3. 相关与回归的其应用条件　直线相关分析一般要求 $X$、$Y$ 服从二元正态分布（binormal distribution），又称为双变量正态分布。如果 $X$、$Y$ 不能满足双变量正态分布，最好计算 Spearman 秩相关。直线回归分析要求两变量呈直线关系外，且对于每个 $X$ 值相应的 $Y$ 要服从正态分布，各个正态分布的总体方差相等且各次观测相互独立；$X$ 可以是服从正态分布的随机变量——称为Ⅰ型回归，如例 18－1 中的体重和肺活量，也可以是能精确测量和严格控制的非随机变量——称为Ⅱ型回归，如在某种溶液设定浓度（$X$）下测其光密度值（$Y$），此时 $X$ 是事先确定的，是非随机的。Ⅰ型回归资料既可建立由 $X$ 预测 $Y$ 的回归方程，又可以建立由 $Y$ 预测 $X$ 的方程，视具体需要而定。Ⅱ型回归资料只能建立由 $X$ 预测 $Y$ 的回归方程。

实际数据是否满足模型假定条件可用残差图来考察。残差图一般是将现有模型求出的各点残差 $e_i = Y_i - \hat{Y}_i$ 作为纵坐标，相应的预测值 $\hat{Y}$ 或者自变量取值 $X$ 作为横坐标来绘制的。如果数据符合模型的基本假定，残差与回归预测值的散点图不应有任何特殊的结构。

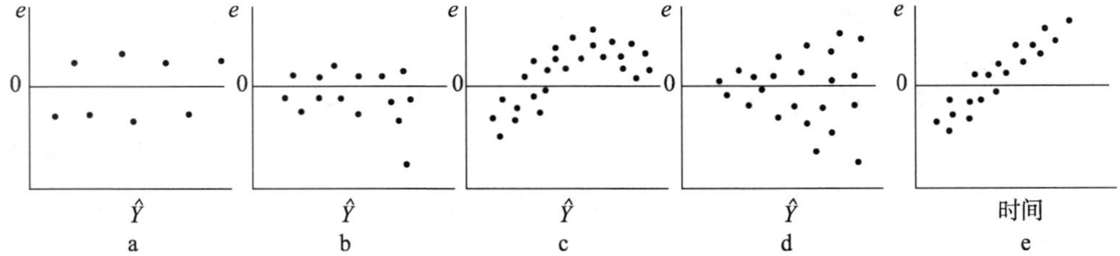


**图 18－6　残差示意图**

图 18－6（a）中残差在关于 0 对称的水平带内，没有明显的散布趋势和明显的离群值，为较理想的残差图；图 18－6（b）有一个点的残差相对其他点来说大很多，存在离群值，需进一步考察；图 18－6（c）中残差与回归预测值呈曲线关系；图 18－6（d）中的残差呈喇叭口形状，说明误差的方差不齐；图 18－6（e）残差与各个观测的测量时间存在较强的相关，表示残差之间不独立的情况。

4. 结果的解释及正确应用　当两变量间有线性关系存在时，只是从统计学角度反映两变量间的变化有某种规律性，不能直接把这种关系解释为因果关系。反应两变量关系密切程度或数量上影响大小的统计量应该是相关系数或回归系数的绝对值，而不是假设检验的 $P$ 值。$P$ 值越小只能说越有理由认为变量间的直线关系存在，而不能说关系越密切或越“显著”。另外，直线回归用于预测时，其适用范围一般不应超出样本中自变量的取值范围，此时求得的预测值称为内插（interpolation），而超过自变量取值范围所得预测值称为外延（extrapolation）。若无充分理由说明现有自变量范围以外两变量间仍然是直线关系，应尽量避免不合理的外延。

5. 直线相关与回归的区别和联系　直线相关与回归的既有区别又有联系。区别主要体现在：① 反映两个变量间数量关系的目的不同。相关分析用于反映两个变量间的数量互依关系，变量间地位平等，通过相关系数描述两变量的相关程度和相关方向；回归分析用于反映两变量的数量依存关系，有自变量与应变量之分，通过回归系数来描述自变量对应变量作用的大小和方向；② 对变量的分布要求不同。直线相关分析中要求两变量均为随机正态变量，即双变量正态分布；回归分析中 $Y$ 要服从正态分布，$X$ 可以是服从正态分布的随机变量，也可以是能精确测量和严格控制的非随机变量。联系主要体现在：① 同一资料同时作相关与回归分析时，其相关系数 $r$ 与回归系数 $b$ 的符号相同。即 $r>0$，$b>0$；$r<0$，$b<0$；$r=0$，$b=0$；② 同一资料 $r$ 和 $b$ 的假设检验等价。即检验统计量 $t_r=t_b$；③ 相关与回归可以相互解释。因为 $r^2=SS_{回}/SS_{总}$，用它可以说明 $Y$ 变量的总变异中能够由 $X$ 变量解释的变异。例如，当 $r=0.6$，且 $P<0.01$ 时，则有 $r^2=0.36$，即 $Y$ 变量的变异有 36%可由 $X$ 变量的变异来解释。

（王乐三）

# 第十九章　流行病学调查方法

## 第一节　概　述

### 一、流行病学研究目的

一般认为，流行病学学科体系包括原理、方法和应用3个部分。当今，由于流行病学原理和方法的快速发展，流行病学的用途即研究目的也越来越广泛，已经深入到医疗卫生领域的各个方面。更重要的是，在许多方面与其他学科比较而言，流行病学研究的作用和目的是独特的、不可缺少和不可替代的。

**（一）描述疾病与健康的分布**

疾病的分布是指疾病的人群现象，包括疾病在什么地区、什么时间和什么人群中高发，有何规律和特点等，即在人群中对一种疾病测量到的某种变量值或特征类别的频率的总概括，在流行病学中简称“三间分布”。描述疾病的分布是流行病学调查研究的起点和基础。

疾病和健康的概念随着时代的发展而不断地变化丰富，从健康到疾病是一个连续的动态过程，称其为健康疾病连续带（health-disease continuum，HDC）。因此，对于分布的研究不但包括疾病的分布，而且也包括健康的分布。研究疾病的分布，有助于揭示疾病流行规律，为疾病的诊断和治疗提供信息，并可为制定疾病防制策略与措施以及评价防制措施效果提供科学依据。

**（二）研究疾病的病因**

在疾病防治、健康促进的医疗实践中，有一项很重要的工作就是要了解疾病的病因或发病危险因素。因为只有弄清了疾病发生或流行的原因才能很好地防治或消灭某种疾病。但疾病的病因、发病危险因素、发病影响因素是很复杂的。某些传染病的病因是单一的，慢性非传染病的病因是由多因素综合作用的。许多疾病的病因目前仍不十分清楚，如恶性肿瘤、心血管疾病等。流行病学的主要目的之一就是弄清这些原因不明疾病的病因，为疾病的防制提供依据。流行病学在研究与评价疾病病因上的作用是独特的和不可缺少的。诚然，目前有些疾病的真正病因尚未被完全阐明，但众多的危险因素已经被认识，据此制定的防制疾病的措施效果很好。比如吸烟可能导致肺癌，但吸烟只是肺癌的一个危险因素，真正的病因可能是烟草中的某些物质，尽管如此，控烟仍能有效地预防肺癌。

**（三）研究疾病的自然史**

疾病从发生到结局的自然发展过程称为疾病的自然史（natural history of disease）。传染病的自然史一般包括潜伏期、前驱期、发病期、恢复期。慢性非传染性疾病的自然史一般包括亚临床期、症状早期、症状明显期、症状缓解期、恢复期等。但是，某种疾病的自然史在不同的人中可有不同的表现，要全面了解疾病的自然史就必须用流行病学方法进行研究，只有这样才能揭示疾病的“冰山现象”，提高疾病的防治水平与防治效果。

**（四）研究疾病预防控制的策略和措施**

流行病学的根本目的就是预防疾病、促进健康，具体体现在流行病学对疾病预防策略和措施的研究。当今，通过疾病的三级预防已经在传染病和慢性非传染病的预防控制方面取得了巨大的成效。比如，通过接种疫苗预防相应的传染病，通过控制高危因素来预防慢性非传染性疾病。

疾病预防有策略和措施两部分。策略是预防疾病的原则与方针，是战略与全局性问题；措施是预防疾病的具体方法，是战术与局部性问题。过去，疾病预防领域往往只注重预防措施而有些忽略预防策略，其实，预防策略和措施都是同等重要的，策略有时比措施更重要，这在预防天花和控制血吸虫病等方面有生动的诠释。只有运用流行病学原理和方法对疾病预防控制的策略和措施进行广泛深入的研究，才能制定出科学适宜的疾病预防策略和措施，实现流行病学的根本任务。

**（五）疾病监测**

疾病监测是疾病预防的一项重要措施，是流行病学研究的目的之一。疾病监测是监测疾病发生发展以及防制效果的一个动态过程，是主动的工作。疾病监测包括传染病和慢性非传染病，乃至所有的疾病和健康状态。我国目前已建立了全国传染病监测系统和某些慢性非传染病监测系统，正在发挥着越来越重要的作用。

**（六）疾病防治效果的评价**

疾病防治效果的最终判定必须通过流行病学研究才能实现。例如，儿童接种某疫苗后相应疾病的发生是否下降了以及下降了多少，需要用实验流行病学的方法进行研究评价。新药的安全性和有效性评价，在上市前需开展三期临床试验，上市后仍需进行大规模的人群监测，即药物上市后监测，这称为临床流行病学、药物流行病学。在社区人群中开展控制吸烟以预防肺癌、开展健康教育以降低心血管病发病率的干预研究，也需要采用实验流行病学的方法去研究评价。类似的评价还用于卫生政策、卫生管理工作的效果评价。

总之，在评价疾病的防治效果时，除个体测量、实验室研究等方法外，最终要看人群中真正的、实际的效果，才能说明问题，而只有流行病学研究才能达到此目的。

## 二、流行病学研究方法

流行病学既是一门应用学，也是一门方法学。流行病学研究方法按照设计类型分为观察法、实验法和数理法 3 大类。观察法中又有描述性研究和分析性研究 2 种设计类型，其中描述性研究主要是描述人群中疾病与健康状况的分布，揭示流行或分布的现象，提供病因线索，提出病因假设，它包括个案报告、现况调查、疾病监测、生态学研究等。分析性研究主要是研究影响分布的因素，检验病因假设，它主要包括病例对照研究和队列研究。实验法主要是研究评价疾病防治干预措施的效果，可确证病因假设，它可分临床试验和现场试验，后者包括个体试验与群体试验。数理法主要是通过对分布及其影响因素的研究，建立数学模型来预测疾病流行趋势、描述疾病流行规律、考核疾病防治效果。限于篇幅，本章主要介绍观察法中的描述性研究和分析性研究。

## 第二节　描述性研究

描述性研究（descriptive study）又称描述流行病学（descriptive epidemiology），是利用已有的资料或专门调查资料，按不同地区、时间和人群特征，描述疾病或健康状况的分布，提出疾病病因线索和病因假设，为进一步的病因研究打下基础。描述性研究是流行病学研究最常用的方法之一，它既是流行病学研究工作的起点，也是其他流行病学研究方法的基础。

### 一、描述性研究常用的指标

描述疾病或健康状况的分布，需要恰当的指标，下面介绍描述性研究中常用的频率测量指标。

**（一）发病率**

发病率（incidence rate）是表示某特定人群在一定时期内（一般为 1 年）出现某病新病例的频率。

$$发病率=\frac{某人群一定时期内某病新发病例数}{同期暴露人口数}\times k \qquad (19.1)$$

式中 $k=100\%$，$1000‰$，10 000/万或 100 000/10 万……

对于描述疾病的分布，探讨发病因素和评价预防措施效果，发病率都是一个非常重要的指标。在计算发病率时，要准确理解和计算分子和分母。

1. 新病例数　新病例是指在观察期间新发生的病例。例如流行性感冒、急性心肌梗死这类急性疾病，其发病时间容易确定，新旧病例容易区分；而对于慢性病，如高血压和肿瘤等，其发病时间则难以确定，此时一般以首次确诊时间为发病时间。在观察期间内，如果同一个人发生一次以上同种疾病，如感冒一年内可患几次，则应分别计为几个新发病例数。

2. 暴露人口数　暴露人口必须符合两个条件：① 必须是观察时间内、观察地区内的人群；② 必须具备可能罹患所要观察的疾病的可能。正在患病或因曾经患病或接受了预防接种而在观察期内肯定不会再患该病的人不能算作暴露人口。在研究女性疾病时，暴露人口只限于女性。若可能患某病的人群不易明确界定（如高血压等），则以全人群作为暴露人群。在实际工作中，往往由于人群较大，准确的暴露人口数不易得到，一般用该人群该时期内的平均人口数代替暴露人口。期间平均人口数的计算有两种方法：一是以该期间的期初人口数与期末人口数之和除以 2 所得的人口数作为平均人口数；二是以该期间的期中人口数作为平均人口数。

发病率可按年龄、性别、民族、职业、婚姻、病种等特征分别计算，称发病专率。由于发病率的影响因素很多，所以在进行多个地区或人群的发病率比较时，要考虑年龄、性别等构成不同的影响，直接比较不能得出合理的结论，应采用标化发病率或发病专率进行比较。

发病率可反映疾病对人群健康的影响程度，可用作描述疾病的分布。发病率的变化预示着影响疾病的因素发生了改变，通过流行病学研究探讨病因和防治措施效果的评价。

**（二）罹患率**

罹患率（attack rate）与发病率一样是测量新发病例频率的指标，计算方法同发病率。

与发病率比较，其区别在于罹患率常用来衡量小范围人群中在较短时间内新发病例的频率，观察时间可以日、周、旬、月为单位，可精确测量发病率，常用于疾病流行或爆发时的调查，如传染病、食物中毒爆发调查。

**（三）患病率**

患病率（prevalence rate）又称现患率或流行率，是指某特定时间内总人口中某病新旧病例所占的比值。

$$\text{患病率}=\frac{\text{某观察期间一定人群中某病的新旧病例数}}{\text{同期平均人口数}}\times k \qquad (19.2)$$

$k$=100%，1000‰，10 000/万或 100 000/10 万……

由于计算患病率的特定时间长短不同，可将患病率分为时点患病率（point prevalence）和期间患病率（period prevalence）。时点患病率要求调查时间尽可能短，一般在 1 个月以内；调查时间超过 1 个月时用期间患病率。

患病率取决于两个因素，即发病率和病程。因此患病率的变化可反映出发病率的变化及疾病结果的变化或两者兼有。患病率下降既可由于发病率下降，也可由于病人恢复快或死亡快，病程缩短所致。如果病程缩到很短，尽管发病率增高，但患病率仍可降低。当某地某病的发病率和该病的病程在相当长时间内保持稳定时，患病率、发病率和病程三者的关系是：

$$\text{患病率}=\text{发病率}\times\text{病程} \qquad (19.3)$$

患病率通常用来描述病程较长的慢性病发生或流行情况，如冠心病、肺结核等。这可为制定卫生政策、规划医疗设施、估算医院床位周转、卫生设施及人力的需要量、评价预防措施的效果、评估医疗质量和分析医疗费用等提供科学依据。

**（四）感染率**

感染率（infection rate）是指在检查人群中某病现有感染人数所占的比例。感染率的性质与患病率相似。主要用于隐性感染率较高的疾病的研究。

$$\text{感染率}=\frac{\text{受检者中阳性人数}}{\text{受检人数}}\times 100\% \qquad (19.4)$$

流行病学工作中对这一指标的应用甚为广泛，常用于研究某些传染病或寄生虫病的感染情况和防治工作的效果，估计某病的流行形式，也可为制定防制措施提供依据。感染率是评价人群健康状况常用的指标，特别是对那些隐性感染、病原携带及轻型和不典型病例的调查较为常用。

**（五）续发率**

续发率（secondary attack rate，SAR）指在某些传染病最短潜伏期到最长潜伏期之间，易感接触者中发病的人数占所有易感接触者总数的百分率。

$$\text{续发率}=\frac{\text{易感接触者中发病的人数}}{\text{易感接触者总数}} \qquad (19.5)$$

在一个家庭内、病房、集体宿舍、托儿所、幼儿园班组中第一个病例发生后，在该病最短与最长潜伏期之间出现的病例称续发病例，也称二代病例。在进行续发率的计算时，需将原发病例从分子及分母中去除。

续发率可用于比较传染病传染力的强弱，分析传染病流行因素，包括不同条件对传染病传播的影响（如年龄、性别、家庭中的儿童数、家庭人口数、经济条件等）及评价卫生防疫措施效果等。

### （六）死亡率

死亡率（mortality rate）是指某人群在一定期间内（一般为 1 年）的总死亡人数与该人群同期平均人口数之比。

$$死亡率=\frac{某时期内死亡总数}{同期平均人口数}\times k \tag{19.6}$$

$k$=100%，1000‰，10 000/万或 100 000/10 万。一般用年中人口数或用年初人口数加年终人口数除以 2 作为年平均人口数。计算时应注意分母必须是与分子相应的人口。

死于所有原因的死亡率是一种未经过调整的率，也称粗死亡率（crude death rate）。死亡率反映一个人群总的死亡水平，是衡量人群因病伤死亡危险大小的指标，是一个国家或地区卫生、经济和文化水平的综合反映。

和发病率一样，死亡率也可按不同特征分别计算死亡专率。不同地区、年代死亡率的比较，人口构成不同时，需要先对死亡率进行标化或使用死亡专率进行比较。死亡专率中婴儿死亡率（infant death rate）至关重要，婴儿死亡率是指年内周岁内婴儿的死亡数占年内活产数的比值，一般以千分率表示，该指标是反映社会经济及卫生状况的一项敏感指标。

### （七）病死率

病死率（fatality rate）表示在一定时间内患某病的人群中因该病而死亡者占总患病人群的比值。

$$病死率=\frac{某时期因某病死亡的人数}{同期患某病的人数} \tag{19.7}$$

病死率表示确诊疾病的死亡概率，可表明疾病的严重程度，也可反映医疗水平和诊断能力，通常多用于急性传染病，较少用于慢性病。一种疾病的病死率可因病原体、宿主和环境之间的平衡发生变化而变化。用病死率作为评价不同医院的医疗水平时，要注意可比性。

### （八）生存率

生存率（survival rate）又称存活率，是指在随访期末仍存活的病例数与随访病例的总数之比。$n$ 年生存率是评价慢性、病死率高的疾病远期疗效的重要指标。

$$n\,年生存率=\frac{随访满\,n\,年后仍存活的病例数}{开始随访时间的病例数}\times 100\% \tag{19.8}$$

计算生存率时需确定起算时间及结算时间。一般以确诊日期、手术日期、住院日期为起算时间。结算时间通常以 1、3、5 年计算，以 5 年最常用。

## 二、疾病暴发应急调查

疾病暴发应急调查（outbreak survey of disease）是指对特定人群在短时间内突然发生同一种疾病的大量病例所进行的调查，属于流行病学研究方法中的描述性研究。疾病暴发后，根据已掌握的信息尽快组织力量开展调查研究，查明原因，同时采取控制措施扑灭疫情。疾病暴发应急调查的步骤和内容如下。

### （一）核实诊断、确认暴发

接到疫情报告后，首先需立即做好现场调查的准备工作，成立调查小组，成员包括流行病学人员、临床医生、检验人员、后勤保障人员及有关部门的专家和领导等，同时准备好现场使用的检测仪器、试剂、日常生活用品及宣传手册等。到达现场后，首先需要对疾病暴发的全面情况进行一般了解，确定暴发的存在后再开展初步调查，包括核实诊断、发现新病例、确定爆发的范围、识别所有的处于危险期的病人，并掌握暴发疾病的临床和流行病学分布特征，收集当地所有可能与发病有关的水、食物、空气等样本的基础资料及相关设施的资料，并根据调查结果提出有关病因或暴发原因的假说。

**（二）现场调查**

现场调查是疾病爆发应急调查的核心，其内容与步骤为：

1. 调查人员的个人防护　现场调查人员应采取适当可靠的防护措施，充分做好个人的安全防护工作，确保自身不受到暴露或感染以及其他危险因素的威胁。

2. 病例调查　采用专门设计的病例调查表对暴发期内的全部病例进行登记调查，分析病例的宿主特征，如年龄、性别、民族、职业、当地居住时间、饮食史及最近活动情况等。

3. 采集标本　采集标本是为了分离、鉴定病原体，这对于查明暴发原因、采取有针对性的预防控制措施具有重要的意义。标本采集的范围可包括病人标本、相关动物标本及环境标本等。标本的储存和运输应严格按规定的要求和程序进行。

**（三）资料整理与分析**

通过深入细致的现场调查，可以收集到详细的临床资料、流行病学资料和实验室资料，应及时对这些资料进行整理和分析以验证假设。分析临床资料，可以了解疾病的临床过程、疾病的临床表现、诊断、治疗和预后等；分析流行病学资料，可计算发病率、死亡率，绘制“标点地图”和流行曲线（epidemic curves），描述疾病分布，发现可疑病因；分析实验室资料，可确定病原体，了解人群感染状况和免疫状况。通过以上综合分析，并结合相关知识和经验，可以探明疾病暴发的病原体以及传染源和传播途径。在现场调查过程中，应同时进行资料分析，并根据分析结果及时修改与完善预防控制措施，才能尽快扑灭疫情。

**（四）总结报告**

疾病暴发应急调查作最终结论时应符合下列条件：① 最初诊断及疾病暴发特点和初步假设二者必须符合；② 初步假设和进一步调查结果应该符合；③ 进一步调查结果和采取措施的效果也应该相符合。此外，病人的临床诊断、实验室检查结果与标本材料的检验结果最好也能相符合。

疾病暴发应急调查的总结报告一般包括调查过程、调查内容与方法、疾病暴发经过、采取的措施与效果、经验教训与结论等内容。报告中应尽可能地采用数字及图表来说明问题，语言应简练，结果准确可靠。最后将总结报告报送上级机关。

## 三、普查

普查（census）是指在特定时间内，对特定范围人群的每一个成员所进行的调查，也称全面调查。特定时间应该较短，可以是一个时点，也可以是几天或几周，最长不宜超过 3 个月。特定范围人群可以是某个地区或某个单位、某年龄组或者从事某种职业人群中的每个人，也可以是某个家庭中的每个成员。

**（一）普查的用途**

1. 早发现、早诊断、早治疗病人　普查能在很短的时间内发现普查人群中的全部病例，并给予早期和及时的治疗，达到延长寿命、降低病死率的目的。例如，开展妇女阴道细胞涂片检查，发现早期宫颈癌病人，开展血清抗 EB 病毒抗体滴度的检测，发现早期鼻咽癌病人。

2. 了解疾病的基本分布情况　通过普查并将普查资料制成相应的图、表，可以全面了解疾病的分布，阐明疾病的患病率和流行特征，为病因研究提供线索，为疾病防治工作提供依据，如高血压普查。

3. 了解人群健康水平　如营养状况调查。

4. 了解人体生理生化指标的标准　如儿童生长发育指标、正常人血压指标等。

**（二）普查的优缺点**

1. 优点

（1）调查对象为某特定人群中的全体成员，没有抽样误差。

（2）可以全面描述疾病分布特征，为病因研究提供线索。

（3）可以发现目标人群中的全部病例并给予及时治疗。

（4）可以普及医药卫生知识。

2. 缺点

（1）工作量大，涉及的人员多，组织工作难度大，容易出错或遗漏，调查质量不易控制。

（2）耗费较大的人力、物力、财力，成本高。

（3）不适用于患病率较低且诊断方法复杂的疾病。

## 四、抽样调查

抽样调查（sampling survey）是从总体人群中随机抽取有代表性的一部分人（样本）进行调查，以样本结果来估计总体人群的疾病或健康状况的一种研究方法。

**（一）抽样调查的基本原则**

1. 随机抽样原则　样本代表性是抽样调查结果是否真实可靠的关键。因此，抽样调查应遵循随机化抽样的原则，以保证总体人群中的每一个人都有同等机会被抽中为调查对象。

2. 样本量适宜原则　抽样调查的样本大小应适宜。样本量太小，抽样误差大，样本的代表性差，难以推断总体情况。样本量太大，不但造成人力、物力和财力的浪费，而且因工作量大，使调查不够仔细而出现偏倚。

3. 调查对象变异小的原则　抽样调查要求调查对象间的变异程度较小，这样，所抽取样本的代表性就较好。

**（二）抽样调查的优缺点**

1. 优点　与普查相比，抽样调查节省人力、物力和时间。由于调查范围小，工作易于细致，因此易于保证调查质量。

2. 缺点　抽样调查的设计与实施比普查复杂，技术要求高，重复和遗漏不易发现。不适用于变异过大的研究对象和患病率很低的疾病。

**（三）抽样方法**

常用的随机抽样方法有以下几种：

1. 单纯随机抽样（simple random sampling）　也称简单随机抽样，是最简单最基本的抽样方法，是理解和实施其他抽样方法的基础。具体做法：事先拿到一份包含所有研究对象的名单，对每个研究对象逐一编号，然后根据样本量大小，用随机数字表或抽签等方法抽取研究对象。该方法不适用于大样本的调查工作。

2. 系统抽样（systematic sampling）　也称为机械抽样，是按照一定顺序，机械地每隔若干个研究对象抽取一个对象的抽样方法。具体做法：先确定抽样比例以及开始抽样的对象。主要优点为所抽取样本在整个研究人群中分布比较均匀，此时如果研究对象差异较小，样本代表性就好，不需要事先知道总体数量，可以根据预估数确定抽样间隔。主要缺点是当研究对象的差异较大或者呈现某种周期性变化时，抽样的代表性就差。

3. 分层抽样（stratified sampling） 先按照某些人口学特征或某些标志（如年龄、性别、民族、职业、住址、文化程度等）将研究对象的总体分成若干组，这些组在统计学上称为层。然后在各层中进行随机抽样，各层抽出的对象就构成该项研究的样本。主要优点是分层后，缩小了层内研究对象之间的差异，抽样误差小，样本的代表性较好。主要缺点是在抽样前不仅需要一个完整的研究人群名单，而且还应了解该人群的主要特征。

4. 整群抽样（cluster sampling） 以具有某种特征的群组（如家庭、单位、班级、工厂、村、镇、县等）作为抽样单位，经随机抽样后，对抽到的群组中的所有成员都进行调查的一种方法。此方法要求群组内研究对象的差异应与研究总体的变异相近，群组间的变异越小越好。主要优点是易于组织和实施、节省经费，常用于大规模调查。

5. 多级抽样（multistage sampling） 也称为多阶段抽样，是大型调查时常用的抽样方法。抽样分成两阶段或两阶段以上完成，每个阶段的抽样可以单独或联合应用以上各种抽样方法。该法可充分利用各种抽样方法的优点，克服各自的缺点，节省人力和物力。大规模调查常采用此方法。

#### （四）调查方法

抽样调查的调查方法有两类：一是调查表方法，如面访调查、信函调查、电话调查、网络调查等。另一种是测定或检查方法，如测定人体的血压、血糖、血清抗体等特征指标。

调查工作需要一批责任心强、踏实认真、训练有素的调查员，因此，对选定的调查员应进行培训，以统一调查方法和检测标准，防止产生信息偏倚。

调查对象的“无应答”是影响调查质量的重要因素，因此，在调查中应尽量提高“应答”率。一般认为“应答”率应该达到85%以上，否则将会产生较大偏倚，影响结果的真实性。

普查的调查方法和上述方法相同。

## 第三节　分析性研究

### 一、病例对照研究

#### （一）病例对照研究的原理

病例对照研究（case control study） 又称为回顾性研究，是选择患有所研究疾病的病人作为病例组，同时选择未患该病的人作为对照组，调查这两组人群既往暴露于假设危险因素的情况，然后比较两组人群对假设因素的暴露比例。如果两组人群的暴露比例有统计学差异，在评估偏倚对研究结果的影响之后，再使用病因推断方法，推断所假设的危险因素是否为疾病的危险因素，从而达到探索和初步检验病因假说的目的。

#### （二）病例对照研究的特点

病例对照研究与其他流行病学研究方法相比有以下特点。

1. 属于观察法 该研究在方法分类上属于观察法，研究中不给研究对象以干预措施，只是客观地收集和分析研究对象的暴露情况。

2. 设立对照　选择未患所研究疾病的人组成对照组，对照组与病例组具有可比性。

3. 研究方向由“果”追“因”　该方法在研究疾病与暴露因素的关系时，是从已有的结果去追溯其可能的原因，调查方向是回顾性的。因此，该研究只能证明暴露因素与疾病有无联系，不能证实因果联系。

4. 可研究一种疾病和多种因素之间的关系。

### (三) 病例对照研究的种类

1. 非匹配病例的对照研究　在选取病例和对照人群时不考虑两组人群的可比性条件，只要求对照人数等于或多于病例人数即可，无其他任何限制与规定。

2. 匹配病例对照研究　匹配(matching)又称配比，即要求对照在某些因素或特征上与病例保持一致，这些因素或特征称为匹配因素或匹配变量。匹配分为频数匹配和个体匹配。

(1) 频数匹配 (frequency matching)：又叫成组匹配，要求匹配因素所占的比例在病例组和对照组之间基本一致。例如性别作匹配因素时，如果病例组中男性占 2/3，则对照组中也应如此。

(2) 个体匹配 (individual matching)：以病例和对照的个体为单位进行匹配称为个体匹配。1 个病例可以匹配 1 个或 1 个以上的对照，表示为 1∶1、1∶2、…1∶M。1∶1 匹配又称配对 (pair matching)。

匹配的目的有两个：一是可提高研究效率，增加统计检验效能，表现为每个研究对象提供的信息量增加，所需样本量减少。二是可控制混杂因素，匹配变量是已知的混杂因素，通过恰当匹配即可控制其对研究的干扰作用。

匹配时如果期望使病例和对照完全一致而将不必要的因素列入匹配，不仅会增加工作难度，而且会丢失信息，降低研究效率，这种情况称为匹配过度 (over matching)，应该避免。

### (四) 研究对象的选择

正确选择病例和对照是决定研究是否成功、结果是否真实可靠的关键。

1. 病例的选择

(1) 选择病例的标准：病例对照研究在选择病例以前要确定病例的确诊标准。一般选择病例的标准尽量采用国际通用或国内统一的诊断标准，便于与他人的研究比较。而且最好采用较为灵敏、特异的诊断标准。

(2) 病例的来源：病例的来源主要有两个：医院和社区。

从医院选择病例是最常用的方法，病例可以是住院病例，也可以是门诊病例。为了增加病例的代表性，减少偏倚，病例应尽量选自不同地区、不同水平、不同种类的医院，而且最好选择新发病例。在医院选择病例有简便易行、诊断准确率高、病人容易合作等优点。

从社区选择病例是选择一定期间、一定人群中的全部病例。这种病例一般从社区疾病监测资料或普查资料中获得。这种病例的代表性强是其优点，但实施难度较大，所以一般不作为病例来源的首选。

2. 对照的选择　在病例对照研究中，选择适当的对照是非常重要的，而且较病例选择更复杂和困难。

(1) 选择对照的原则：候选对象必须来自产生病例的总体。也就是对照应当代表这个病例的源人群或靶人群，是可能发生该病的人群。当对照一旦发生所研究的疾病，就可能成为病例组的研究对象。

（2）对照的来源：①同一个或多个医院中的其他疾病病例；②社区人群中未患所研究疾病的人；③病例的邻居、同事、同学、亲属、配偶中未患所研究疾病的人。

**（五）资料分析**

病例对照研究资料分析的主要内容是比较病例与对照中暴露比例是否有差异，并由此估计暴露与疾病的联系程度。

1. 统计描述

（1）一般特征的描述：资料分析时一般首先对研究对象的各种特征进行描述，如性别、年龄、职业、出生地、居住地、疾病类型等，以便了解研究对象的一般特征及其代表性。

（2）齐性检验：是检验病例组和对照组除研究因素以外其他特征或因素是否具有可比性。齐性检验应对两组的主要特征分别比较，对确有显著差异的因素，在分析时应考虑其对研究结果的影响并控制混杂作用。

2. 联系强度分析

主要分析暴露因素与疾病的统计学联系及联系强度的大小。此处仅介绍两种基本的资料分析方法。

（1）非匹配和频数匹配资料的分析：非匹配和频数匹配病例对照研究的资料分析方法相同，是病例对照研究分析的基本形式。

①资料整理：将病例组和对照组按有无暴露分组整理成四格表 19－1。

**表 19－1　非匹配或频数匹配病例对照研究资料整理表**

| 暴露史 | 病例组 | 对照组 | 合计 |
|---|---|---|---|
| 有 | $a$ | $b$ | $n_1$ |
| 无 | $c$ | $d$ | $n_0$ |
| 合计 | $m_1$ | $m_0$ | $n$ |

②假设检验：利用 $\chi^2$ 检验病例组与对照组的暴露率是否有统计学差异。

$$\chi^2=\frac{(ad-bc)^2 n}{(a+b)(a+c)(c+d)(b+d)} \tag{19.9}$$

$$\chi^2=\frac{(|ad-bc|-n/2)^2 n}{(a+b)(a+c)(c+d)(b+d)} \tag{19.10}$$

如果病例组与对照组的暴露率有统计学差异，则提示暴露因素可能与疾病有联系，就可进一步测量联系的强度大小。

③联系强度测量：由于病例对照研究不能计算发病率或死亡率，因此不能直接计算相对危险度来测量联系强度大小，但可用比值比（odds ratio，OR）来估计联系强度的大小。

A. 比值比的点估计：

$$\text{比值比}=\frac{\text{病例组暴露与非暴露的比值}}{\text{对照组的暴露与非暴露的比值}}=\frac{a/c}{b/d}=\frac{a\cdot d}{b\cdot c} \tag{19.11}$$

病例对照研究中比值比的意义与队列研究中的相对危险度的含义完全相同，都可反映暴露者患某病的危险性较非暴露者高的程度。当 $OR=1$ 时，表示暴露因素与疾病无联系。当 $OR>1$ 时，表示暴露因素与疾病之间存在“正”联系，暴露因素是危险因素。当 $OR<1$ 时，

说明暴露因素与疾病之间存在“负”联系，暴露因素是保护性因素。

B. $OR$ 的区间估计：由于 $OR$ 值是通过一组样本调查所得的点估计值，存在抽样误差，因此，应该估计总体 $OR$ 值的范围，即 $OR$ 的可信区间。常用 95%可信区间。

Miettinen 法的 $OR$ 可信区间估计公式为：

$$OR_L,\ OR_U = OR^{(1\pm Z/\sqrt{\chi^2})} \tag{19.12}$$

Woolf 法 $OR$ 可信区间估计方法：

首先计算方差的自然对数，为：

$$\text{Var}\ (\ln OR) = \frac{1}{a}+\frac{1}{b}+\frac{1}{c}+\frac{1}{d} \tag{19.13}$$

$$\ln OR\ 95\%\ \text{CI} = \ln OR \pm 1.96\sqrt{Var\ (\ln OR)} \tag{19.14}$$

如果 $OR$ 的 95%可信区间包含 1，则表明暴露因素与疾病之间的联系无统计学意义，即暴露因素和疾病可能无联系。

**例 19－1** 某人对吸烟与食管癌的关系进行病例对照研究，选择 435 名食管癌患者为病例组，在一般人群中随机选择 451 名正常人作对照组，调查结果见表 19－2。

**表 19－2 吸烟与食管癌关系的病例对照研究结果**

| | 食管癌 | 正常人 | 合计 |
|---|---|---|---|
| 吸烟 | 309 | 208 | 517 |
| 不吸烟 | 126 | 243 | 369 |
| 合计 | 435 | 451 | 886 |

$\chi^2$ 检验：$$\chi^2 = \frac{(309\times243-208\times126)^2\times886}{435\times451\times517\times369} = 55.5$$

$\chi^2$ 检验结果表明吸烟与食管癌有联系，但联系的强度如何，应该用 $OR$ 估计。

比值比点估计：$$OR = \frac{309\times243}{208\times126} = 2.87$$

比值比 95%可信区间的估计：$OR_L,\ OR_U = 2.87^{(1\pm1.96\sqrt{55.5})} = 2.18,\ 3.78$

以上计算分析表明，吸烟与食管癌有联系，吸烟者患食管癌的危险性是不吸烟者的 2.87 倍，此危险性的 95%可信范围在 2.18～3.78 之间。

（2）1∶1 匹配资料的分析：1∶1 匹配资料是由 1 个病例与 1 个对照配成对子，分析时不应把对子拆开分析，应将资料整理成配对四格表的形式，见表 19－3。

**表 19－3 1∶1 匹配病例对照研究资料整理表**

| 对照 | 病例 | | 对子数合计 |
|---|---|---|---|
| | 有暴露史 | 无暴露史 | |
| 有暴露史 | $a$ | $b$ | $a+b$ |
| 无暴露史 | $c$ | $d$ | $c+d$ |
| 合计 | $a+c$ | $b+d$ | $a+b+c+d$ |

分析步骤：

①资料整理：按配对四格表 19－4 的形式整理资料。

②$\chi^2$ 检验：
$$\chi^2=\frac{(b-c)^2}{b+c} \tag{19.15}$$

当 $b+c<40$ 时，应使用校正公式：
$$\chi^2=\frac{(|b-c|)^2}{b+c} \tag{19.16}$$

③估计联系强度：

A. 计算 $OR$ 值：
$$OR=\frac{c}{b} \tag{19.17}$$

B. 计算 $OR$ 的 95%可信区间：仍按公式（19.12）计算。

**（六）病例对照研究的优缺点**

病例对照研究的优缺点是相对于队列研究而言的。

1. 优点

（1）组织实施较容易，省力、省钱、省时间。

（2）所需研究对象较少，特别适用于罕见病的研究，有时甚至是唯一的选择。

（3）可同时研究一种疾病与多个因素的关系，简称“一病多因”。

（4）一般无伦理学问题。

（5）用途较广泛，可用于病因探索、初步检验假设、干预措施效果考核等。

2. 缺点

（1）不适于研究人群中暴露率很低的因素，因为需要很大的样本量。

（2）暴露因素与疾病的时间先后常难以判断，因此不能确证因果关系。

（3）不能计算发病率或死亡率等，因而不能直接计算分析相对危险度。

（4）选择研究对象时易产生选择偏倚。

（5）回顾性调查时易产生信息偏倚。

## 二、队列研究

**（一）队列研究的原理**

队列研究（cohort study）是选定暴露于及未暴露于某因素的两组人群分别作为暴露组和非暴露组，随访观察一定的时期，比较两组人群某种（或某些）疾病的发生或死亡情况，以检验该暴露因素与疾病之间有无因果关联及关联强度的一种观察性和分析性研究方法。

**（二）队列研究的特点**

1. 属于观察法　暴露状况是客观、自然地存在于研究对象的，没有给予任何干预，这是与实验性研究的本质区别。

2. 设立对照　设立对照组旨在比较，这是分析性研究与实验性研究的共同点，但有别于描述性研究。只是分暴露组和非暴露组不是随机的，这与实验性研究不同。

3. 研究方向由“因”推“果”　该方法在研究疾病与暴露因素的关系时，是从已有暴露因素开始去推导其可能的结果，研究方向是前瞻性的。这点与实验性研究相同，而不同于病例对照研究。

4. 可确证暴露因素与疾病的因果关系　该研究从暴露入手进行随访观察，能确切掌握暴露因素的作用及疾病的发生情况，暴露因素与疾病的时间顺序清晰，能确证两者之间的因果关系。

5. 可研究一种因素和多种疾病之间的关系。

### （三）队列研究的类型

根据研究的性质及研究对象进入队列的时间不同，可将队列研究分为 3 种类型。

1. 前瞻性队列研究（prospective cohort study）　这是队列研究最基本的类型。研究对象的确定与分组根据研究开始时是否暴露来确定，研究的结局需前瞻性随访观察一段时间才能获得。这种研究的优点是所获得的资料真实可靠，偏倚较小，所得出的结果和结论可信度高。但缺点是需要观察的人群数量较大、观察时间较长、费用较高，因此实施难度大。

2. 历史性队列研究（historical cohort study）　又称为回顾性队列研究（retrospective cohort study）。该研究的开始时间是现在，但要追溯到过去某时期研究对象的暴露情况并进行分组，然后追踪至现在的发病或死亡情况。该研究的优点是省时、省人力、物力，适宜于潜伏期长的疾病研究。缺点是资料偏性较大，难以控制混杂因素，结论可信度不高。此外，该研究的前提是需获得完整、可靠的历史记录或档案材料，因此适用范围受限。

3. 双向性队列研究（ambispective cohort study）　该方法是前瞻性队列研究和历史性队列研究相结合的一种研究方法，所以又称混合性队列研究。根据过去的历史档案确定暴露与否，随访至未来某时刻确定结局，然后进行分析。该法兼有上述两类方法的优点，并可弥补两者的不足。

### （四）研究对象的选择

队列研究的研究对象包括暴露组人群和非暴露组人群。

1. 暴露组人群的选择

（1）职业暴露人群：如要研究某职业因素的疾病或健康的关系，必须选择职业人群作为暴露人群。如选择染料厂接触联苯胺的工人作为研究对象，研究联苯胺致膀胱癌的作用。选择石棉作业工人研究石棉与肺癌的关系。

（2）特殊暴露人群：某些人由于某种原因暴露于某些特殊的环境，如选择原子弹爆炸的受害者，核事故的暴露者等。这些特殊暴露人群是研究某些特殊因素的唯一选择。

（3）一般人群：从某行政区域或自然地理区域内选择暴露于所研究因素的人群作为暴露组。这种人群的代表性最好，结果的外推性好，但应注意 3 点：① 人群数量足够；② 人群稳定、易观察；③ 当地医疗条件好、领导支持、群众配合。

（4）有组织的团体人群：机关、团体、学校、部队、学会等成员。该人群易配合，应答率较高，代表性较好，易控制混杂。Doll 和 Hill 关于吸烟与肺癌的研究就是选择英国所有注册登记的男性医生中的吸烟者作为暴露组而开展队列研究的。

2. 对照组人群的选择　对照人群的选择是否正确直接影响研究结果的真实性。选择对照时应注意与暴露人群的可比性，即对照人群除了未暴露于所研究的因素外，其他因素如年龄、性别、职业等应尽可能与暴露人群一致或相近。

（1）内对照：对照组与暴露组来自同一个人群，将该人群中无暴露或暴露水平最低的人作为对照人群。选择内对照具有可比性好、对照易选取、工作实施较容易等优点，因此这是队列研究最理想的对照，应尽量选用。

（2）外对照：以特殊暴露人群或职业人群为暴露组时，常需在该人群之外寻找对照，即暴露组与非暴露组来自不同的人群。选择外对照时要特别注意比较组之间的可比性问题。

（3）总人口对照：将暴露人群与全人群的资料作比较。这种对照的优点是免去了选择对照人群的工作，可节省人力、物力，但比较组间的可比性较差，易产生偏倚。

（4）多重对照（multiple controls）：又称多种对照，即同时选择上述两种或两种以上的对照，以减少一种对照的偏倚，增强结果的真实性和可靠性。但多重对照增加了研究的工作量。

**（五）资料的收集**

1. 基线资料的收集　研究对象确定后，首先要收集研究对象的基础信息，也称基线资料。使用的方法通常有查阅历史档案、面访、体检、实验室检测、环境调查检测等，收集的内容一般包括：研究对象的一般人口学信息（年龄、性别、职业、文化、婚姻、家庭、生活习惯等）、暴露状况的信息、疾病与健康信息。

2. 随访（follow up）　随访是队列研究的关键环节。

（1）随访方法：随访的方法应根据随访的内容确定，一般有面访、信函访问、电话访问、自填问卷、体检、实验室检测、环境检测等。在整个随访过程中，随访方法应保持不变。

（2）结局变量：是指研究对象出现的预期疾病或结局，是观察的终点。对结局的判断应有严格而统一的标准。

（3）观察终点（end-point）：是指研究对象出现了预期疾病或结局，之后不再继续随访。研究对象未出现预期结局而中途脱离随访称为失访。

（4）观察终止时间：是指整个队列研究随访工作的截止时间。终止时间主要以疾病的潜伏期为依据来确定，在此原则下尽量缩短随访观察期限，以节约人力、物力，并可减少失访。

**（六）资料整理与分析**

1. 资料整理　队列研究随访工作结束后，首先审核资料，并进行纠错和补漏，对缺失的资料要作适宜的处理，不可简单删除。将审核合格的资料按固定队列和动态队列中暴露组和非暴露组的发病人数和人年数，归纳整理成表 19－4 和表 19－5。

**表 19－4　固定队列研究资料整理表**

| | 发病数 | 未发病数 | 合计 | 发病率 |
|---|---|---|---|---|
| 暴露组 | $a$ | $b$ | $n_1$ | $a/n_1$ |
| 非暴露组 | $c$ | $d$ | $n_0$ | $c/n_0$ |
| 合计 | $m_1$ | $m_0$ | $t$ | |

**表 19－5　动态队列研究资料整理表**

| | 发病数 | 暴露人年数 | 发病密度 |
|---|---|---|---|
| 暴露组 | $a$ | $b$ | $a/n_1$ |
| 非暴露组 | $c$ | $d$ | $c/n_0$ |
| 合计 | $m_1$ | | |

2. 资料分析　将经核实整理的资料首先做描述性分析，即描述研究对象的组成及人口学特征、随访时间及失访情况等，然后进行推断性分析，计算各组的发病率或死亡率等指标并分析比较两组率的差异，推断暴露与结局有无联系及联系强度的大小。

（1）率的计算：根据是固定队列还是动态队列，可计算两种率。

①累积发病率（cumulative incidence，CI）：当队列研究的人群在观察期间内流动小、较稳定时，不论观察时间的长短和发病率的高低，均可用观察开始时的人口数作分母，以整个观察期内发生的病例数作分子，按表 19-5 整理的资料分别计算暴露组和非暴露组某病的累积发病率或死亡率。

$$累积发病率=\frac{观察期间内发病例数}{观察开始时的人数}=\frac{a}{n} \tag{19.18}$$

②发病密度（incidence density，ID）：当观察期内队列人群因失访、迁移、死于他病、中途加入等原因流动较大、呈动态变化时，用观察开始的总人数作分母计算率是不合理的，而应该用发病密度来测量发病情况。发病密度是一定时期内的平均发病率，其分子仍是某人群在观察期内发生的病例数，分母则是该人群的每一个成员所提供的人时的总和。人时（person-time，PT）为观察人数乘以观察时间的积。因为以人时为单位计算的率带有瞬时频率的性质，故称为发病密度。观察时间可以是年、月、日等，一般以年为单位，称人年（person-year）数。人时的计算方法有精确法、近似法和寿命表法。目前已有专门计算人年的统计软件如 PYRS、OCMAP 等，使人年的计算变得简便、准确。

$$发病密度=\frac{观察期间内发病例数}{观察人时数} \tag{19.19}$$

（2）率差异的假设检验：暴露组与非暴露组累积发病率差异的显著性检验可用 $\chi^2$ 检验或 Z 检验，发病密度差异的显著性检验应该采用二项分布检验、泊松分布检验等方法。

（3）联系强度测量：队列研究可直接计算率，并借此测量暴露与疾病联系强度的大小。常用指标有如下几个。

①相对危险度（relative risk，RR）：是暴露组与非暴露组发病率或死亡率的比值，所以又称作率比（rate ratio）。

$$RR=\frac{I_e}{I_0} \tag{19.20}$$

式中，$I_e$和 $I_0$分别表示暴露组和非暴露组的发病率或死亡率。

*RR* 的意义和 *OR* 相同，表示暴露组发病或死亡的危险性是对照组的多少倍。*RR* 值越大，表示暴露与疾病的联系强度越大。*RR* 也需要估计总体的可信区间，计算方法同 *OR*。

②归因危险度（attributable risk，AR）：也称特异危险度或率差（rate difference，RD），为暴露组的率与非暴露组的率之差。

$$AR=I_e-I_0 \tag{19.21}$$

*AR* 表示暴露人群中因某暴露因素的作用而增加的发病率或死亡率，如果暴露人群中去除这个因素则可减少这个数量的发病率或死亡率。

③归因危险度百分比（*AR*%或 *ARP*）：又叫病因分值（etiologic fraction，EF），是指暴露人群的发病归因于暴露的成分占全部发病的百分比。

$$AR\%=\frac{I_e-I_0}{I_e}\times100\%=\frac{RR-1}{RR}\times100\% \tag{19.22}$$

④人群归因危险度（population attributable risk，PAR）：是总人群中某病发病率或死亡率与非暴露人群发病率或死亡率的差值，表示总人群中因某暴露因素的作用而增加的发病率或死亡率。

$$PAR=I_t-I_0 \tag{19.23}$$

直接影响试验的收益。但对收益的直接影响是复杂的。例如灵敏度增加，一方面，将能发现更多的新病例，使之得到早期诊断和治疗，取得较好的效益，但另一方面，又使假阳性增加，加大进一步确诊的费用。要权衡这两方面。

（3）早期发现病例对改善预后的程度：某项筛检试验方法若能早期发现病例，使之得到早期治疗，并能改善预后，降低并发症发生率和病死率，提高生存率，减少医疗费，则会取得良好的社会效益和经济效益。

2. 评价指标　对筛检试验方法收益的评价可从生物学效果和社会经济学效果进行评价。下面仅介绍两个间接反映收益的指标。

（1）预测值（predictive value）：是表示筛检试验结果判断正确的概率，它表明试验结果的实际临床意义。有阳性预测值和阴性预测值两种。

阳性预测值（positive predictive value）是指筛检试验阳性结果的人中真正有病的人所占的比例。也表示某人的筛检结果为阳性时，其患病的概率。

$$\text{阳性预测值}=\frac{a}{a+b}\times 100\% \qquad (19.34)$$

阴性预测值（negative predictive value）是指试验阴性结果的人中真正无病的人所占的比例。也表示某人的筛检结果为阴性时，其不患病的概率。

$$\text{阴性预测值}=\frac{d}{c+d}\times 100\% \qquad (19.35)$$

预测值受筛检试验的灵敏度、特异度和患病率的影响。筛检试验的灵敏度越高，则阴性预测值越好。筛检试验的特异度越高，则阳性预测值越好。受试人群的患病率越低，则阳性预测值越差。预测值与灵敏度、特异度及患病率的关系表达式如下。

$$\text{阳性预测值}=\frac{\text{灵敏度}\times\text{患病率}}{\text{灵敏度}\times\text{患病率}+(1-\text{患病率})(1-\text{特异度})}\times 100\% \qquad (19.36)$$

$$\text{阴性预测值}=\frac{\text{特异度}\times(1-\text{患病率})}{\text{特异度}\times(1-\text{患病率})+\text{患病率}(1-\text{灵敏度})} \qquad (19.37)$$

（2）似然比（likelihood ratio）：是指病人中出现某种检测结果的概率与非病人中出现该检测结果的概率之比，说明病人出现该结果的机会是非病人的多少倍。该指标只与灵敏度和特异度有关，综合了灵敏度和特异度的特征，不受患病率的影响，是对筛检试验方法进行综合评价的重要指标，可全面反映筛检试验方法的诊断价值，非常稳定。因试验结果有阴阳之分，故似然比也有阳性似然比（positive likelihood ratio）和阴性似然比（negative likelihood ratio）两种，计算公式如下。

$$\text{阳性似然比}=\frac{\text{灵敏度}}{1-\text{特异度}} \qquad (19.38)$$

$$\text{阴性似然比}=\frac{1-\text{灵敏度}}{\text{特异度}} \qquad (19.39)$$

阳性似然比越大或阴性似然比越小，均表明筛检试验方法的诊断价值越高。

## 五、提高筛检收益的方法

1. 选择患病率高的人群进行筛检　如前所述，当灵敏度和特异度一定时，筛检试验的阳性预测值随患病率升高而升高。在患病率高的人群中开展筛检，可发现较多的病例，提高阳性预测值，降低筛检成本，提高筛检收益。

2. 选用高灵敏度的筛检方法　如果筛检试验的灵敏度高，则可筛检出较多的病人，增加筛检收益。

3. 采用联合试验进行筛检　在实施筛检时，可采用多个筛检试验方法检测同一对象，以提高筛检的灵敏度和特异度，提高筛检收益，这种方法称为联合试验。根据联合的方式不同，分为串联试验和并联试验。

(1) 串联试验（series test）：又称系列试验，即几个筛检试验中只要有一个阴性即判为阴性，只有全部阳性才能判为阳性。该法可提高特异度，但降低了灵敏度。当疾病误诊可造成严重后果时，应采用串联试验。

(2) 并联试验（parallel test）：又称平行试验，即几个筛检试验中只要有一个试验呈阳性即可判为阳性。该法可提高灵敏度，但降低了特异度。当疾病漏诊能造成严重后果时可使用并联试验。

（刘桃成）

# 第二十章　疾病病因探讨

## 第一节　病因概述

疾病病因的研究不仅关系到疾病的预防，也关系到疾病的诊断和治疗。此外，疾病病因研究是分析性研究和实验性研究的指导原则，而且对于在流行病学研究中形成正确的因果思维和正确解释流行病学的研究结果具有重要的意义。因此，基础医学、临床医学和预防医学都十分重视疾病的病因研究，流行病学在疾病的病因研究方面有独特的作用。

### 一、病因的定义

#### （一）从决定论因果观到概率论因果观

传统的决定论因果观认为：某原因一定会导致某结果。但这种决定论不符合客观实际，客观实际是事物的发展变化是概率性的。因此，随着人们对客观世界的深入认识，产生了概率论因果观，或称广义因果观。该观点认为，使某结果发生的概率升高的事件或特征均称为原因，即某原因只是可能而不是必然导致某结果。

#### （二）从特异病因学说到多病因学说

早期的流行病学主要研究传染病。开始，对病因的研究局限于空气、水、饮食、居住条件等环境因素方面。如天气寒冷时易患感冒，就认为寒冷是感冒的病因。英国医生 Snow 认为伦敦霍乱流行的原因是饮水污染。随后，随着微生物学的创立，对病因有了新的认识，产生了“特异病因学说”，也称为病原体万能时代。该学说认为：每种疾病肯定是由于某种特异的病原物所引起。如研究发现，结核病、炭疽、霍乱和痢疾等疾病都是由相应的特定细菌所引起。该学说对当时十分猖獗的传染病的防治和控制起到了非常重大的作用。

随着医学科技的发展，流行病学研究范畴扩展到非传染病，特异病因学说不能解释非传染病的病因，即使是传染病学说也不能完全解释传染病发生与流行的原因，它仅关注病原体的作用而忽略了环境和机体的作用。如结核病，并不是所有感染了结核杆菌的人都会发生结核病，只有在贫困、缺乏营养、居住拥挤以及遗传等因素的共同作用下，才会发生结核病。因此，随着对病因研究的不断深入，认识到传染病和非传染病的病因并不仅仅只有生物因素，社会因素、宿主因素、其他环境因素等也起着重要作用，形成了“多病因学说”。

现代流行病学的病因定义即为这种多病因观：疾病病因是指在疾病发生中起重要作用的某个事件、条件、特征或者是这些要素的综合。流行病学中的病因一般称为危险因素，也可把多病因观表述为：疾病病因是指能使疾病发生的概率升高的因素。因此，现代流行病学的病因定义是符合概率论因果观的。

### 二、病因模型

根据多病因学说，流行病学可以用病因模型来表达因果关系，以此提供因果关系的思维框架和分析路径。随着对病因认识的深入，以及对因果关系的理解不同或侧重点不同，先后出现过多种病因模型。目前具有代表性的病因模型有以下 3 种类型。

**（一）生态学模型**

生态学模型将宿主与环境作为病因的整体来考虑。主要有两种模型。

1. 三角模型　也称流行病学三角（图 20－1）。该模型的主要思想是：疾病是否发生受动因、宿主和环境 3 个方面因素的影响，三者之间相互制约达到平衡时就构成一个等边三角形，此时疾病不会发生。若三者之中任一要素发生变化且超过另外两个因素对它的制约，等边三角形被打乱，疾病就会发生。该模型的特点是将启动疾病发生的必要病因从环境因素或宿主中分离出来并将它称之为动因（agent），对传染病来说就是病原体，但对非传染病而言则很难确定什么是动因。该模型对某些传染病的发生有较合理的解释，但把 3 个要素同等看待并不适合所有疾病，因为有些疾病中三者的作用是有所侧重的，特别是非传染病。

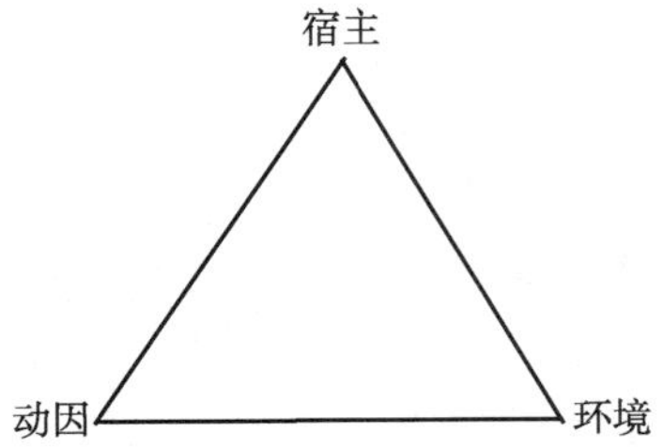


**图 20－1　三角模型**

2. 轮状模型　该模型由外圈和轮轴两部分组成，外圈为环境因素，轮轴为宿主因素。环境分为生物、理化和社会环境，宿主包含遗传内核，动因不再单列（图 20－2）。该模型各部分的相对大小可随不同的疾病而有所变动，如以遗传因素为主要病因的疾病，遗传内核会较大；传染病与宿主免疫状态和生物环境的关系较密切，相应部分也会放大。所以，该模型可合理反应环境与宿主在疾病发生中的作用大小。

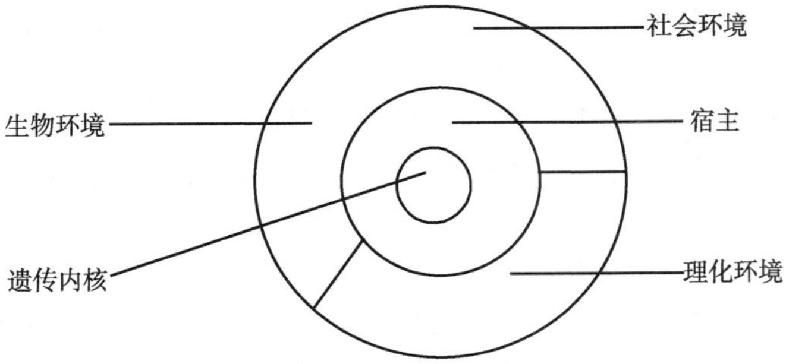


**图 20－2　轮状模型**

**（二）疾病因素模型**

该模型将病因分为远因和近因两个层次。远因包括社会经济、生物学、环境、心理行为和卫生保健等因素，近因是指致病机制。该模型在病因分类上操作性强，具有较强的实践指导意义。基础医学和临床医学的病因主要是指致病机制的近因，流行病学病因主要是指远因。因此，近因对疾病诊治的意义较大，远因对疾病预防的意义较大。

### （三）网络模型

大多数疾病都是由多种因素引起，而且病因与病因之间、病因与疾病之间的联系十分复杂。这些病因按时间先后连接起来就构成一条病因链，多条病因链交错连接起来就构成一张病因网络（web of causation），这就是网络模型，它提供了因果关系的完整路径，使人们能全面地认识病因与疾病之间的作用过程，对疾病防治具有重要指导意义。例如，肝癌的病因网络主要由3条病因链组成，这3条病因链的起点分别为乙肝病毒、食品中黄曲霉毒素和饮水中藻类毒素。该模型的优点是对病因的表达清晰具体，系统性强，能很好地阐述复杂的因果关系。

## 三、病因分类

### （一）直接病因和间接病因

直接病因主要是指引起的伤害的理化因素，如触电、化学毒物等。间接病因指某因素在导致疾病发生的过程中，中间经过若干环节。设X1、X2分别为某病的两个病因，Y为该疾病；X1→X2→Y，即：X1导致X2，X2导致Y。此时X2为直接病因，X1为间接病因，X1通过X2而间接引起疾病。通常，人类对病因的研究总是从间接到直接，从远因到近因不断深入的。既然无论什么病因皆可增加疾病发生的概率，所以就不必等到弄清直接病因后才去采取预防控制措施，只要针对当前已知的间接病因，仍可取得理想的预防效果。

### （二）充分病因和必要病因

机械的因果决定论将原因分为充分原因、必要原因和充分必要原因。同样，病因也可分为充分病因、必要病因和充分必要病因。若有某病因存在，就必定会导致某疾病发生，则该病因为充分病因（sufficient cause）。某些理化因素只要达到一定剂量就必定引起机体损伤，可将其视为充分病因。若某疾病的发生必须要有某病因的存在才行，则该病因为必要病因（necessary cause）。无必要病因某病就肯定不会发生，但仅有必要病因也还不一定能使疾病发生。病原体就是传染病的必要病因。同时符合充分病因和必要病因条件的病因就称为充分必要病因。

充分病因和必要病因的分类有一定的局限性。迄今为止人类发现的多数病因既不符合必要病因的条件又不符合充分病因的条件，充分必要病因就更是少之又少。大多数疾病很难见到某一因素单独构成充分病因，往往是多个既不是必要病因又不是充分病因的病因共同构成能引起某个疾病的复合病因。复合病因既发挥充分病因的作用，其中又包含着必要病因。如遗传、营养、环境、结核杆菌等多种因素才构成了结核病的充分病因，其中结核杆菌是必要病因。对多数非传染病而言，目前还不知道哪些因素组合起来才能够成为充分病因，更没有确定哪个因素为必要病因。或许随着人类对病因认识的深入会找到问题的答案；或许某些疾病根本就没有必要病因或充分病因。

概率论的因果观抛弃的正是充分病因，取而代之的是“病因是使疾病发生概率升高的因素”。因此，流行病学的病因研究不需要追求充分病因，而是测量某因素使疾病发生概率升高的程度。

## 第二节　病因探讨方法

疾病与病因间的关系十分复杂，病因之间既可独立作用、交互作用，亦可呈伴随关系。这些纷繁复杂的联系决定了探讨病因的过程是一个循序渐进、去伪存真的过程。流行病学探讨病因的过程既包括通过观察、实验以收集资料，又包括对资料进行比较和分析，经过综合判断作出结论，最后还要经过实践的检验。因此，流行病学病因研究过程可分为 4 个基本步骤，即提出病因线索、建立病因假设、检验病因假设和综合推断。

### 一、病因假设形成的基本方法（Mill 准则）

对收集到的资料进行分析、解释和推断，即可建立病因假设。假设的形成是从感性认识上升到理性认识的过程，这一过程必须借助逻辑思维方法，常应用著名哲学家 Mill 的逻辑推理方法，简称 Mill 准则，它包括 5 种法则。

#### （一）求同法

该法则是根据被研究现象出现的若干不同场合中，如果只有一个相关因素相同，进而确定这惟一的相同因素与被研究现象有因果联系。如某学校发生一次伤寒爆发，经调查发现所有病例均在学校食堂进餐，每个病例吃的食物不尽相同，但其中有一种食物是相同的，就是豆浆，因此可认为豆浆就是引起这次伤寒爆发的原因。

求同法的推理形式为：

| 场合 | 相关因素 | 被研究现象 |
|---|---|---|
| ① | A、B、C | a |
| ② | A、D、E | a |
| ③ | A、F、G | a |
| … | … | … |

所以，A 与 a 有因果联系。

求同法是辨别必要病因的方法，其特点是“异中求同”。但它是一种寻找因果联系的初步方法，其结论所反映的只是一个关于现象间因果联系的初步假设，尚需其他方法进一步验证。

#### （二）求异法

该法则是根据被研究现象出现和不出现的两个场合中，只有一个因素不同，其余因素都相同，从而确定这一差异因素与被研究现象有因果联系。如发生与不发生地方性甲状腺肿的地区，人口、气候、风俗、饮食习惯等情况无明显差别，唯一不同的是发生地方性甲状腺肿的地区饮水中碘含量低于不发生甲状腺肿的地区，则可以认为饮水中缺碘与甲状腺肿有关。

推理形式为：

| 场合 | 相关因素 | 被研究现象 |
|---|---|---|
| ① | A、B、C | a |
| ② | B、C | 无 a |
| … | … | … |

所以，A 与 a 有因果联系。

求异法是辨别充分病因的方法，其特点是“同中求异”，即通过寻求不同场合的差异因素来判断因果联系。

**（三）同异并用法**

该法则认为有两组场合，一组是由被研究现象出现的若干场合组成的，称之为正面场合；另一组是由被研究现象不出现的若干场合组成的，称之为反面场合。如果正面场合里只有一个惟一的共同因素，而且这个因素在反面场合里都不存在，那么这个因素就是被研究现象的原因。该法是辨别充分必要病因的方法，是所有比较性研究设计的逻辑学基础。

推理形式为：

| 场合 | 相关因素 | 被研究现象 |
|---|---|---|
| | A、B、C | a |
| 正面场合 | A、D、E | a |
| | A、F、G | a |
| | … | … |
| | B、C、D | 无 a |
| 反面场合 | D、E、F | 无 a |
| | F、G、H | 无 a |
| | … | … |

所以，A 与 a 有因果联系。

**（四）共变法**

该法则认为在被研究现象发生变化的各个场合中，如果其中只有一个因素是变化的，而其他因素都是保持不变的，那么这个惟一变化的因素就是被研究现象的原因。共变法是从量的变化方面来寻求因果联系。如流行病学调查显示，人均烟草消耗量越大的地区，人群中肺癌发病率也越高，提示烟草是导致肺癌的原因。又例如婴儿海豹短肢畸形随反应停药物上市量的增减而增减，提示反应停可能是导致婴儿海豹短肢畸形的原因。

推理形式为：

| 场合 | 相关因素 | 被研究现象 |
|---|---|---|
| ① | $A_1$、B、C | $a_1$ |
| ② | $A_2$、B、C | $a_2$ |
| ③ | $A_3$、B、C | $a_3$ |
| … | | |
| $n$ | $A_n$、B、C | $a_n$ |

所以，A 与 a 有因果联系。

**（五）剩余法**

该法则认为在一个复合的被研究现象中，如果已知这个复合现象的一部分是某些因素的结果，那么这个复合现象的剩余部分就是别的因素的结果。如在肝癌的病因研究中，肝癌的发病率除了乙肝病毒和黄曲霉毒素能解释的部分外，尚有未能解释的部分，这未能解释的部分就可归因于肝癌所有危险因素范围内“剩余”的其他因素。

推理形式为：

已知：复合因素由 A、B、C、D 组成

复合现象由 a、b、c、d 组成

复合因素与复合现象有因果联系

并且：A 与 a 有因果联系

B 与 b 有因果联系

C 与 c 有因果联系

所以：D 与 d 有因果联系

以上 5 种法则为流行病学病因推断提供了基本思路，是流行病学调查设计和实验设计的指导原则。但在应用时注意尽量把几种方法结合起来综合运用以减少偏倚，增加结论的可靠性，同时结合流行病学知识和其他专业知识综合分析。

### 二、病因假设检验

病因研究中，首先通过临床医学和流行病学的描述性研究提出病因线索，然后运用 Mill 准则建立病因假设，随后通过流行病学的分析性研究和实验性研究来检验病因假设。常见的检验步骤是：病例对照研究→队列研究→实验研究。最后根据因果推断的要求和原则对因果关系进行综合推断。

## 第三节　因果关联推断

### 一、关联的形式

暴露因素 E 与疾病 D 关联的形式归纳于图 20－3。

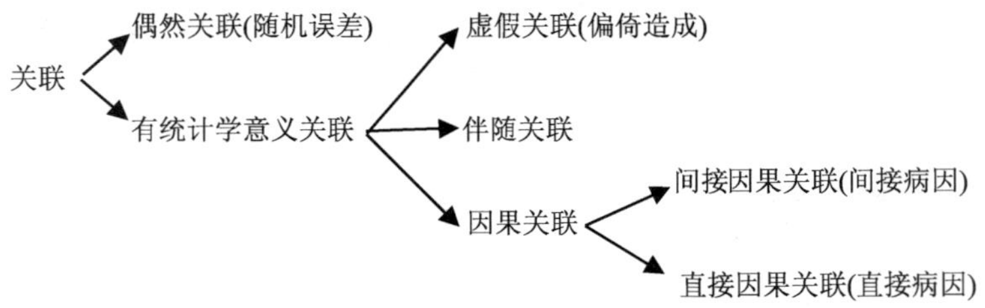


**图 20－3　关联的形式**

#### （一）偶然关联

暴露因素 E 与疾病 D 的偶然关联是指研究过程中的随机误差所造成的不真实的关联。

#### （二）虚假关联

暴露因素 E 与疾病 D 的虚假关联属于统计学关联，但不是因果关联。在研究中，由于采用的研究方法错误或各种偏倚的干扰均可产生这种不真实的关联。

#### （三）伴随关联

所谓伴随关联，即 E 与 D 原本不存在因果关系，但因为两者有共同的原因 C，使得 E 与 D 之间产生了统计学关联，也称之为继发关联或间接关联。如吸烟可引起肺癌，但吸烟者也多爱饮茶，若饮茶与肺癌之间存在统计学关联，就应该是伴随关联。又如，在公共卫生不好和个人卫生习惯差的地方，可能伤寒和痢疾都多，此时伤寒和痢疾之间的关联是间接关联而不是因果关联。

### （四）因果关联

排除了偶然关联、虚假关联和伴随关联之后，暴露因素 E 与疾病 D 之间的关联才有可能是因果关联，才可能进行因果关联的综合推断。

## 二、因果关联的推断标准

病因研究虽然经过流行病学的分析性研究和实验性研究检验病因假设之后，也还不能随便就判断两者之间存在因果关联。假如暴露因素 E 与疾病 D 有统计学关联，只能说明 E 与 D 的关联在排除了偶然性（随机误差）的干扰后仍然存在，并不一定存在因果关联。要确定因果关联，还得排除各种偏倚（系统误差）的干扰，以及确定 E 与 D 的时间先后关系。最后用因果关联的推断标准进行综合推断，得出不同程度的因果关系结论，包括推断因果关系的有无或存在因果关系的可能性大小。

常用的因果关联推断标准包括关联的强度、关联的时间性、关联的重复性、关联的合理性及病因研究方法的论证强度等，叙述如下。

### （一）关联的强度（strength of association）

关联强度是指暴露因素与疾病的关联程度。根据资料的性质或来源不同，可用比值比 OR（病例对照研究）、相对危险度 RR（队列研究）等指标反映分类资料的关联程度，用等级 OR 或 AR、等级绝对效应、相关系数等指标反映等级资料或连续性变量资料的关联程度。一般认为，因素与疾病之间关联强度越大，存在因果关联的可能性就越大。但有两点值得注意：第一，少数特殊情况下，弱的关联并不能排除因果关联，如吸烟与冠心病的关联强度虽然较弱，但却是因果关联。第二，在做因果关联推断时，目前尚无公认的、明确的关联强度的界值。

### （二）关联的时间性（temporality of association）

关联的时间性是指一个原因和结果何者在先的问题。有因才有果，因一定先于果，这是因果关联推断的必要条件，假如未证明某因素出现在某疾病之前，就不能认为该因素是该疾病的原因。还应注意，有时虽然暴露在前、疾病在后，若从暴露到发病之间的时间间隔不足某病潜伏期者，也不能视为因果关联。例如，石棉暴露到发生肺癌至少要 15～20 年，如石棉暴露 3 年后发生了肺癌，显然不能归因于石棉暴露。各种流行病学研究方法验证前因后果时间顺序的力度不同，实验性研究和队列研究最强，病例对照研究次之，横断面研究不能确定前因后果的时间顺序。

### （三）关联的重复性（replication of association）

关联的重复性也称一致性或恒定性，是指某因素与某疾病的关系在不同时间、不同地点、由不同学者用不同研究方法进行研究均可获得相同结果。因素与疾病之间关联的重复性越好，此关联成为因果关联的可能性越大。如吸烟与肺癌关系的流行病学研究，全球范围内大型的研究有 30～40 次之多，所有研究均得到相似结果，因而增强了因果关联成立的可能性。但是，当重复性不好时，不能轻易排除存在因果关联的可能性，因为某些疾病的多因性，同种疾病在不同地区其主要病因可能不同。另外，某些病因只是在某些特定条件下才能引起某疾病。例如，某因素是某病的病因，在该因素暴露率较高的人群中此关联易被发现，而在暴露率很低或无暴露的人群中，该因素就不会被选入病因研究模型，自然也就观察不到该因素与该疾病之间的关联，更无法做因果关联推断了，但该因素与该疾病是因果关联。

**（四）关联的合理性（plausibility of association）**

关联的合理性是指因素与疾病之间的因果关联可以用现代生物医学知识加以解释，与现有理论知识不矛盾，符合疾病的自然史和生物学原理。该标准在因果关联的推断中必不可少，是排除伴随关联的关键所在。但是，有些不能被当前已知科学理论解释的关联并非就不是因果关联，有可能在未来的科学发展中得到证实。因此，看似不合理的因果关联也不一定不成立。

**（五）研究方法的论证强度（demonstrability for association）**

病因研究方法的设计类型与它论证因果关联的强度密切相关（表 20－1）。一个较好的研究设计类型除了可达到因果关联的时间顺序和重复性标准外，主要还能较好地控制各种偏倚，所获结论较可靠。一般来讲，在因果关联论证强度上，实验性研究大于观察性研究，有对照的研究大于无对照的研究，以个体为分析单位的研究大于以群组为分析单位的研究。实验性研究控制偏倚的能力大于观察性研究，研究结论更可靠，但是，实验条件可能脱离真实环境，使研究结论推论到现实情况时受限。此外，实验研究需要考虑伦理问题，有时因为伦理问题的限制而难以开展。而观察性研究接近真实环境，使研究结论推论到现实情况时较可信。但由于观察性研究控制偏倚的能力弱于实验性研究，故其研究结论本身的可靠性低于实验研究结论的可靠性。

**表 20－1 研究方法设计类型的因果论证强度**

| 研究方法的设计类型 | 因果关联论证强度 |
|---|---|
| **观察性研究** | |
| 多个队列研究的系统综述 | 强 |
| 前瞻性队列研究 | 强 |
| 历史性队列研究 | 强 |
| 多个病例对照研究的系统综述 | 中 |
| 病例对照研究 | 中 |
| 横断面研究 | 中 |
| 生态学研究 | 弱 |
| 病例系列分析（无对照） | 弱 |
| **实验性研究** | |
| 多个随机对照试验的系统综述 | 强 |
| 随机对照试验 | 强 |
| 非随机对照试验 | 中 |
| 无对照前后比较试验 | 弱 |

综上所述，一个因果研究本身必须要求达到第 1、2 条标准（关联强度、关联时间顺序）。第 3、4 条标准（重复性、合理性）是该研究的外部评价，也有非常重要的意义，如果不吻合则因果关联的可信度降低。第 5 条标准（研究方法的论证强度）决定因果关联结论的把握度。此外，因果关联的推断还应结合流行病学研究以外的其他研究结果以及其他专业知识进行综合推断。

（刘桃成）

# 附录　统计用表

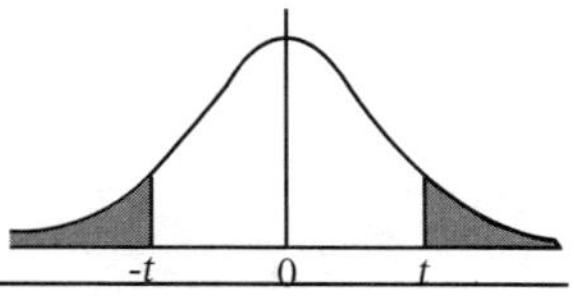


**附表 1　*t* 界值表**

| 自由度 $\upsilon$ | 概率，*P* 单侧： 0.25 | 0.20 | 0.10 | 0.05 | 0.025 | 0.01 | 0.005 | 0.0025 | 0.001 | 0.0005 |
|---|---|---|---|---|---|---|---|---|---|---|
| 双侧： | 0.50 | 0.40 | 0.20 | 0.10 | 0.05 | 0.02 | 0.01 | 0.005 | 0.002 | 0.001 |
| 1 | 1.000 | 1.376 | 3.078 | 6.314 | 12.706 | 31.821 | 63.657 | 127.321 | 318.309 | 636.619 |
| 2 | 0.816 | 1.061 | 1.886 | 2.920 | 4.303 | 6.965 | 9.925 | 14.089 | 22.327 | 31.599 |
| 3 | 0.765 | 0.978 | 1.638 | 2.353 | 3.182 | 4.541 | 5.841 | 7.453 | 10.215 | 12.924 |
| 4 | 0.741 | 0.941 | 1.533 | 2.132 | 2.776 | 3.747 | 4.604 | 5.598 | 7.173 | 8.610 |
| 5 | 0.727 | 0.920 | 1.476 | 2.015 | 2.571 | 3.365 | 4.032 | 4.773 | 5.893 | 6.869 |
| 6 | 0.718 | 0.906 | 1.440 | 1.943 | 2.447 | 3.143 | 3.707 | 4.317 | 5.208 | 5.959 |
| 7 | 0.711 | 0.896 | 1.415 | 1.895 | 2.365 | 2.998 | 3.499 | 4.029 | 4.785 | 5.048 |
| 8 | 0.706 | 0.889 | 1.397 | 1.860 | 2.306 | 2.896 | 3.355 | 3.833 | 4.501 | 5.041 |
| 9 | 0.703 | 0.883 | 1.383 | 1.833 | 2.262 | 2.821 | 3.250 | 3.690 | 4.297 | 4.781 |
| 10 | 0.700 | 0.879 | 1.372 | 1.812 | 2.228 | 2.764 | 3.169 | 3.581 | 4.144 | 4.587 |
| 11 | 0.697 | 0.876 | 1.363 | 1.796 | 2.201 | 2.718 | 3.106 | 3.497 | 4.025 | 4.437 |
| 12 | 0.695 | 0.873 | 1.356 | 1.782 | 2.179 | 2.681 | 3.055 | 3.428 | 3.930 | 4.318 |
| 13 | 0.694 | 0.870 | 1.350 | 1.771 | 2.160 | 2.650 | 3.012 | 3.372 | 3.852 | 4.221 |
| 14 | 0.692 | 0.868 | 1.345 | 1.761 | 2.145 | 2.624 | 2.977 | 3.326 | 3.787 | 4.140 |
| 15 | 0.691 | 0.866 | 1.341 | 1.753 | 2.131 | 2.602 | 2.947 | 3.286 | 3.733 | 4.073 |
| 16 | 0.690 | 0.865 | 1.337 | 1.746 | 2.120 | 2.583 | 2.921 | 3.252 | 3.686 | 4.015 |
| 17 | 0.689 | 0.863 | 1.333 | 1.740 | 2.110 | 2.567 | 2.898 | 3.222 | 3.646 | 3.965 |
| 18 | 0.688 | 0.862 | 1.330 | 1.734 | 2.101 | 2.552 | 2.878 | 3.197 | 3.610 | 3.922 |
| 19 | 0.688 | 0.861 | 1.328 | 1.729 | 2.093 | 2.539 | 2.861 | 3.174 | 3.579 | 3.883 |
| 20 | 0.687 | 0.860 | 1.325 | 1.725 | 2.086 | 2.528 | 2.845 | 3.153 | 3.552 | 3.850 |
| 21 | 0.686 | 0.859 | 1.323 | 1.721 | 2.080 | 2.518 | 2.831 | 3.135 | 3.527 | 3.819 |
| 22 | 0.686 | 0.858 | 1.321 | 1.717 | 2.074 | 2.508 | 2.819 | 3.119 | 3.505 | 3.792 |
| 23 | 0.685 | 0.858 | 1.319 | 1.714 | 2.069 | 2.500 | 2.807 | 3.104 | 3.485 | 3.768 |
| 24 | 0.685 | 0.857 | 1.318 | 1.711 | 2.064 | 2.492 | 2.797 | 3.091 | 3.467 | 3.745 |
| 25 | 0.684 | 0.856 | 1.316 | 1.708 | 2.060 | 2.485 | 2.787 | 3.078 | 3.450 | 3.725 |
| 26 | 0.684 | 0.856 | 1.315 | 1.706 | 2.056 | 2.479 | 2.779 | 3.067 | 3.435 | 3.707 |
| 27 | 0.684 | 0.855 | 1.314 | 1.703 | 2.052 | 2.473 | 2.771 | 3.057 | 3.421 | 3.690 |
| 28 | 0.683 | 0.855 | 1.313 | 1.701 | 2.048 | 2.467 | 2.763 | 3.047 | 3.408 | 3.674 |
| 29 | 0.683 | 0.854 | 1.311 | 1.699 | 2.045 | 2.462 | 2.756 | 3.038 | 3.396 | 3.659 |
| 30 | 0.683 | 0.854 | 1.310 | 1.697 | 2.042 | 2.457 | 2.750 | 3.030 | 3.385 | 3.646 |
| 31 | 0.682 | 0.853 | 1.309 | 1.696 | 2.040 | 2.453 | 2.744 | 3.022 | 3.375 | 3.633 |
| 32 | 0.682 | 0.853 | 1.309 | 1.694 | 2.037 | 2.449 | 2.738 | 3.015 | 3.365 | 3.622 |
| 33 | 0.682 | 0.853 | 1.308 | 1.692 | 2.035 | 2.445 | 2.733 | 3.008 | 3.356 | 3.611 |
| 34 | 0.682 | 0.852 | 1.307 | 1.691 | 2.032 | 2.441 | 2.728 | 3.002 | 3.348 | 3.601 |
| 35 | 0.682 | 0.852 | 1.306 | 1.690 | 2.030 | 2.438 | 2.724 | 3.996 | 3.340 | 3.591 |
| 36 | 0.681 | 0.852 | 1.306 | 1.688 | 2.028 | 2.434 | 2.719 | 2.990 | 3.333 | 3.582 |
| 37 | 0.681 | 0.851 | 1.305 | 1.687 | 2.026 | 2.431 | 2.715 | 2.985 | 3.326 | 3.574 |
| 38 | 0.681 | 0.851 | 1.304 | 1.686 | 2.024 | 2.429 | 2.712 | 2.980 | 3.319 | 3.566 |
| 39 | 0.681 | 0.851 | 1.304 | 1.685 | 2.023 | 2.426 | 2.708 | 2.976 | 3.313 | 3.558 |
| 40 | 0.681 | 0.851 | 1.303 | 1.684 | 2.021 | 2.423 | 2.704 | 2.971 | 3.307 | 3.551 |
| 50 | 0.679 | 0.849 | 1.299 | 1.676 | 2.009 | 2.403 | 2.678 | 2.937 | 3.261 | 3.496 |
| 60 | 0.679 | 0.848 | 1.296 | 1.671 | 2.000 | 2.390 | 2.660 | 2.915 | 3.232 | 3.460 |
| 70 | 0.678 | 0.847 | 1.294 | 1.667 | 1.994 | 2.381 | 2.648 | 2.899 | 3.211 | 3.435 |
| 80 | 0.678 | 0.846 | 1.292 | 1.664 | 1.990 | 2.374 | 2.639 | 2.887 | 3.195 | 3.416 |
| 90 | 0.677 | 0.846 | 1.291 | 1.662 | 1.987 | 2.368 | 2.632 | 2.878 | 3.183 | 3.402 |
| 100 | 0.677 | 0.845 | 1.290 | 1.660 | 1.984 | 2.364 | 2.626 | 2.871 | 3.174 | 3.390 |
| 200 | 0.676 | 0.843 | 1.286 | 1.653 | 1.972 | 2.345 | 2.601 | 2.839 | 2.131 | 3.340 |
| 500 | 0.675 | 0.842 | 1.283 | 1.648 | 1.965 | 2.334 | 2.586 | 2.820 | 3.107 | 3.310 |
| 1000 | 0.675 | 0.842 | 1.282 | 1.646 | 1.962 | 2.330 | 2.581 | 2.813 | 3.098 | 3.300 |
| ∞ | 0.6745 | 0.8416 | 1.2816 | 1.6449 | 1.9600 | 2.3263 | 2.5758 | 2.8070 | 3.0902 | 3.2905 |

注：表上右上角图中的阴影部分表示概率 *P*，以后附表同此。

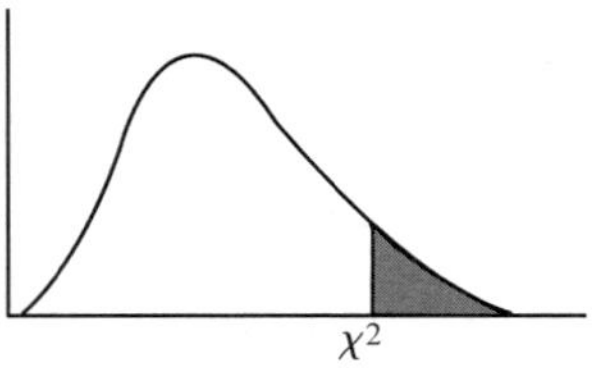


**附表 2　$\chi^2$ 界值表**

| 自由度 | 概率，$P$ | | | | | | | | | | | | |
|---|---|---|---|---|---|---|---|---|---|---|---|---|---|
| $\upsilon$ | 0.995 | 0.990 | 0.975 | 0.950 | 0.900 | 0.750 | 0.500 | 0.250 | 0.100 | 0.050 | 0.025 | 0.010 | 0.005 |
| 1 | | | | | 0.02 | 0.10 | 0.45 | 1.32 | 2.71 | 3.84 | 5.02 | 6.63 | 7.88 |
| 2 | 0.01 | 0.02 | 0.05 | 0.10 | 0.21 | 0.58 | 1.39 | 2.77 | 4.61 | 5.99 | 7.38 | 9.21 | 10.60 |
| 3 | 0.07 | 0.11 | 0.22 | 0.35 | 0.58 | 1.21 | 2.37 | 4.11 | 6.25 | 7.81 | 9.35 | 11.34 | 12.84 |
| 4 | 0.21 | 0.30 | 0.48 | 0.71 | 1.06 | 1.92 | 3.36 | 5.39 | 7.78 | 9.49 | 11.14 | 13.28 | 14.86 |
| 5 | 0.41 | 0.55 | 0.83 | 1.15 | 1.61 | 2.67 | 4.35 | 6.63 | 9.24 | 11.07 | 12.83 | 15.09 | 16.75 |
| 6 | 0.68 | 0.87 | 1.24 | 1.64 | 2.20 | 3.45 | 5.35 | 7.84 | 10.64 | 12.59 | 14.45 | 16.81 | 18.55 |
| 7 | 0.99 | 1.24 | 1.69 | 2.17 | 2.83 | 4.25 | 6.35 | 9.04 | 12.02 | 14.07 | 16.01 | 18.48 | 20.28 |
| 8 | 1.34 | 1.65 | 2.18 | 2.73 | 3.49 | 5.07 | 7.34 | 10.22 | 13.36 | 15.51 | 17.53 | 20.09 | 21.95 |
| 9 | 1.73 | 2.09 | 2.70 | 3.33 | 4.17 | 5.90 | 8.34 | 11.39 | 14.68 | 16.92 | 19.02 | 21.67 | 23.59 |
| 10 | 2.16 | 2.56 | 3.25 | 3.94 | 4.87 | 6.74 | 9.34 | 12.55 | 15.99 | 18.31 | 20.48 | 23.21 | 25.19 |
| 11 | 2.60 | 3.05 | 3.82 | 4.57 | 5.58 | 7.58 | 10.34 | 13.70 | 17.28 | 19.68 | 21.92 | 24.72 | 26.76 |
| 12 | 3.07 | 3.57 | 4.40 | 5.23 | 6.30 | 8.44 | 11.34 | 14.85 | 18.55 | 21.03 | 23.34 | 26.22 | 28.30 |
| 13 | 3.57 | 4.11 | 5.01 | 5.89 | 7.04 | 9.30 | 12.34 | 15.98 | 19.81 | 22.36 | 24.74 | 27.69 | 29.82 |
| 14 | 4.07 | 4.66 | 5.63 | 6.57 | 7.79 | 10.17 | 13.34 | 17.12 | 21.06 | 23.68 | 26.12 | 29.14 | 31.32 |
| 15 | 4.60 | 5.23 | 6.26 | 7.26 | 8.55 | 11.04 | 14.34 | 18.25 | 22.31 | 25.00 | 27.49 | 30.58 | 32.80 |
| 16 | 5.14 | 5.81 | 6.91 | 7.96 | 9.31 | 11.91 | 15.34 | 19.37 | 23.54 | 26.30 | 28.85 | 32.00 | 34.27 |
| 17 | 5.70 | 6.41 | 7.56 | 8.67 | 10.09 | 12.79 | 16.34 | 20.49 | 24.77 | 27.59 | 30.19 | 33.41 | 35.72 |
| 18 | 6.26 | 7.01 | 8.23 | 9.39 | 10.86 | 13.68 | 17.34 | 21.60 | 25.99 | 28.87 | 31.53 | 34.81 | 37.16 |
| 19 | 6.84 | 7.63 | 8.91 | 10.12 | 11.65 | 14.56 | 18.34 | 22.72 | 27.20 | 30.14 | 32.85 | 36.19 | 38.58 |
| 20 | 7.43 | 8.26 | 9.59 | 10.85 | 12.44 | 15.45 | 19.34 | 23.83 | 28.41 | 31.41 | 34.17 | 37.57 | 40.00 |
| 21 | 8.03 | 8.90 | 10.28 | 11.59 | 13.24 | 16.34 | 20.34 | 24.93 | 29.62 | 32.67 | 35.48 | 38.93 | 41.40 |
| 22 | 8.64 | 9.54 | 10.98 | 12.34 | 14.04 | 17.24 | 21.34 | 26.04 | 30.81 | 33.92 | 36.78 | 40.29 | 42.80 |
| 23 | 9.26 | 10.20 | 11.69 | 13.09 | 14.85 | 18.14 | 22.34 | 27.14 | 32.01 | 35.17 | 38.08 | 41.64 | 44.18 |
| 24 | 9.89 | 10.86 | 12.40 | 13.85 | 15.66 | 19.04 | 23.34 | 28.24 | 33.20 | 36.42 | 39.36 | 42.98 | 45.56 |
| 25 | 10.52 | 11.52 | 13.12 | 14.61 | 16.47 | 19.94 | 24.34 | 29.34 | 34.38 | 37.65 | 40.65 | 44.31 | 46.93 |
| 26 | 11.16 | 12.20 | 13.84 | 15.38 | 17.29 | 20.84 | 25.34 | 30.43 | 35.56 | 38.89 | 41.92 | 45.64 | 48.29 |
| 27 | 11.81 | 12.88 | 14.57 | 16.15 | 18.11 | 21.75 | 26.34 | 31.53 | 36.74 | 40.11 | 43.19 | 46.96 | 49.64 |
| 28 | 12.46 | 13.56 | 15.31 | 16.93 | 18.94 | 22.66 | 27.34 | 32.62 | 37.92 | 41.34 | 44.46 | 48.28 | 50.99 |
| 29 | 13.12 | 14.26 | 16.05 | 17.71 | 19.77 | 23.57 | 28.34 | 33.71 | 39.09 | 42.56 | 45.72 | 49.59 | 52.34 |
| 30 | 13.79 | 14.95 | 16.79 | 18.49 | 20.60 | 24.48 | 29.34 | 34.80 | 40.26 | 43.77 | 46.98 | 50.89 | 53.67 |
| 40 | 20.71 | 22.16 | 24.43 | 26.51 | 29.05 | 33.66 | 39.34 | 45.62 | 51.81 | 55.76 | 59.34 | 63.69 | 66.77 |
| 50 | 27.99 | 29.71 | 32.36 | 34.76 | 27.69 | 42.94 | 49.33 | 56.33 | 63.17 | 67.50 | 71.42 | 76.15 | 79.49 |
| 60 | 35.53 | 37.48 | 40.48 | 43.19 | 46.46 | 52.29 | 59.33 | 66.98 | 74.40 | 79.08 | 83.30 | 88.38 | 91.95 |
| 70 | 43.28 | 45.44 | 48.76 | 51.74 | 55.33 | 61.70 | 69.33 | 77.58 | 85.53 | 90.53 | 95.02 | 100.42 | 104.22 |
| 80 | 51.17 | 53.54 | 57.15 | 60.39 | 64.28 | 71.14 | 79.33 | 88.13 | 96.58 | 101.88 | 106.63 | 112.33 | 116.32 |
| 90 | 59.20 | 61.75 | 65.65 | 69.13 | 73.29 | 80.62 | 89.33 | 98.65 | 107.56 | 113.14 | 118.14 | 124.12 | 128.30 |
| 100 | 67.33 | 70.06 | 74.22 | 77.93 | 82.36 | 90.13 | 99.33 | 109.14 | 118.50 | 124.34 | 129.56 | 135.81 | 140.17 |

# 参考文献

1. 黄子杰，等．预防医学．北京：人民卫生出版社，2001.
2. 孙贵范，等．预防医学（7 年制）．北京：人民卫生出版社，2001.
3. 李德，等．预防医学．第 2 版．北京：人民卫生出版社，2002.
4. 凌文华，等．预防医学（护理专业）．第 2 版．北京：人民卫生出版社，2006.
5. 叶葶葶，等．预防医学．第 3 版．北京：人民卫生出版社，2001.
6. 傅华，等．预防医学．第 4 版．北京：人民卫生出版社，2004.
7. 仲来福，等．预防医学．第 6 版．北京：人民卫生出版社，2005.
8. 钟才高，等．预防医学．北京：高等教育出版社，2003.
9. 仲来福，等．卫生学．第 6 版．北京：人民卫生出版社，2005.
10. 仲来福，等．卫生学．第 7 版．北京：人民卫生出版社，2008.
11. 杨克敌，等．环境卫生学．第 6 版．北京：人民卫生出版社，2007.
12. 金泰廙，等．职业卫生与职业医学．第 6 版．北京：人民卫生出版社，2007.
13. 王心如，等．毒理学基础．第 5 版．北京：人民卫生出版社，2007.
14. 李立明，等．流行病学．第 5 版．北京：人民卫生出版社，2003.
15. 李立明，等．流行病学．第 6 版．北京：人民卫生出版社，2007.
16. 王建华，等．流行病学．第 7 版．北京：人民卫生出版社，2008.
17. 孙振球，等．医学统计学．第 2 版．北京：人民卫生出版社，2005.
18. 杨树勤，等．卫生统计学．第 3 版．北京：人民卫生出版社，1995.
19. 陈学敏，等．现代环境卫生学．第 2 版．北京：人民卫生出版社，2008.
20. 龚幼龙，等．社会医学．北京：人民卫生出版社，2002.
21. 李鲁，等．社会医学．第 3 版．北京：人民卫生出版社，2008.
22. 杨绍基，等．传染病学．第 7 版．北京：人民卫生出版社，2008.
23. 陆再英，等．内科学．第 7 版．北京：人民卫生出版社，2008.
24. 樊立华，等．卫生法学．北京：人民卫生出版社，2006.
25. 黄民主，等．临床流行病学．北京：高等教育出版社，2008.
26. 刑哲斌，等．医源性疾病学．北京：北京科学技术出版社，1999.
27. 郭祖超，等．医学统计学．北京：人民军医出版社，1999.
28. 赵耐青，等．医学统计学．第 2 版．北京：高等教育出版社，2004.
29. 陈静敏，等．社区卫生护理学．北京：科学技术文献出版社，1998.
30. 黄琏华，等．公共卫生护理概论．北京：科学技术文献出版社，1999.
31. 陈裕旭，等．突发公共卫生事件应急处理实用手册．湖南：湖南科技出版社，2005.
32. 全国卫生专业技术资格考试专家委员会编写．预防医学．北京：人民卫生出版社，2006.
33. 全国卫生专业技术资格考试专家委员会编写．预防医学．山东：山东大学出版社，2005.

# 后　记

经全国高等教育自学考试指导委员会同意，由全国高等教育自学考试指导委员会医药学类专业委员会负责高等教育自学考试医药学类专业教材的组编工作。

《预防医学（二）》教材由中南大学钟才高教授担任主编。参加编写的人员有中南大学钟才高教授（绪论、第一、二、四、七、八、九章），中南大学胡敏予教授（第三、十章），中南大学曾明副教授（第五、六、十三、十四章），湖南师范大学医学院刘桃成副教授（第十一、十二、十九、二十章）。中南大学王乐三教授（第十五、十六、十七、十八章）。最后，由钟才高教授统稿。在教材审稿会与统稿过程中，得到了谢颖、李艳红、蔡拓研究生的大力协助，在此表示感谢。

全国高等教育自学考试指导委员会医药学类专业委员会组织该教材的审稿会。中国医科大学蔡原教授担任主审，中南大学谭红专教授、孔杏云教授参加审稿，并提出改进意见。

全国高等教育自学考试指导委员会医药学类专业委员会最后审定通过本教材。

**全国高等教育自学考试指导委员会**
**医药学类专业委员会**
**2009 年 6 月**